旅游商品学概论

（第二版）

刘敦荣 等◎著

LüYOU SHANGPINXUE GAILUN

首都经济贸易大学出版社
Capital University of Economics and Business Press
·北 京·

图书在版编目(CIP)数据

旅游商品学概论/刘敦荣等著. --2 版. --北京:首都经济贸易大学出版社,2018.1

ISBN 978-7-5638-2672-8

Ⅰ.①旅… Ⅱ.①刘… Ⅲ.①旅游商品—商品学—概论 Ⅳ.①F762.7

中国版本图书馆 CIP 数据核字(2017)第 164763 号

旅游商品学概论(第二版)

刘敦荣 等 著

责任编辑 王玉荣

封面设计 砚祥志远·激光照排 TEL: 010-65976003

出版发行 首都经济贸易大学出版社

地 址 北京市朝阳区红庙(邮编 100026)

电 话 (010)65976483 65065761 65071505(传真)

网 址 http://www.sjmcb.com

E-mail publish@cueb.edu.cn

经 销 全国新华书店

照 排 北京砚祥志远激光照排技术有限公司

印 刷 北京建宏印刷有限公司

成品尺寸 170 毫米×240 毫米 1/16

字 数 369 千字

印 张 21

版 次 2013 年 4 月第 1 版 **2018 年 1 月第 2 版**

2024 年 8 月总第 5 次印刷

书 号 ISBN 978-7-5638-2672-8

定 价 42.00 元

新观点　新思维　新体系　新发展
（代序）

（一）

商品的概念，按照马克思主义的观点，是指经营者为了出卖而生产的社会劳动物品。这就是说，商品概念的核心就是为了出卖。这个出卖，是商品所有权的出卖，购买者购买商品后不但可以带走，而且可以任意处理和使用。由于经营者出卖了商品的所有权，商品便是属于购买者所有的财产。所以从这一角度看，商品的含义通常指的是物质商品，只有物质商品才可以被带走，才可以被购买者任意处理。应该说，这才是商品概念的正确观点，而且是分析一切商品概念的依据。可是，运用这个观点去理解旅游商品的概念时，学术界却走样了。本来，具体问题具体分析是马克思主义活的灵魂，而旅游学术界却没有这样做。由于旅游市场没有这种出卖所有权、可以被带走的物质商品，也找不到这样的商品，学术界找来找去，只找到游客在旅游过程中购买的工艺品、纪念品和某些旅游的生活物资商品，于是就认为工艺品、纪念品和游客的购物品，就是旅游商品。而且这一观点，长期以来成为占统治地位的观点。殊不知这种观点，不但在理论上未经科学论证，而且导致实践上的长期混乱。

本书以创新的科学思维纠正了这一错误。本书认为商品有出卖所有权的物质商品，也有不出卖所有权，只暂时出卖观赏权、感受权、体验权、享受权的非物质商品。本书这一立论是以马克思主义的理论为依据的。马克思指出："某些服务，或者说作为某些劳动或劳动的结果的使用价值，体现为商品……例如，一个歌唱家为我提供的服务，满足了我的审美的需要，但是我所享受的，只是同歌唱家本身分不开的活动，他的劳动一停止，我的享受也就停止，我所享受的是活动本身，是它引起我的听觉的反应。这些服务本身同我买的商品一样。"①马克思又指出："服务这种劳动所提供的特殊使用价值，就像其他一切商品也提供自己的特殊使用价值一样……这一点并不使它，例如同某种机器（如钟表）有什么

① 《马克思恩格斯全集》第26卷第1册，人民出版社1972年版，第436页。

区别。[1] 所以旅游商品与这种演出、歌唱、表演的商品，都是出卖观赏性质的非物质商品，都是出卖文化精神的"感受"、"经历"和"体验"的"观赏"性质的商品，都是不出卖所有权的无形商品。旅游商品出卖的"观赏"、"感受"和"体验"的商品功能，是通过整合了的旅游资源作为物质基础，和精心安排的全方位的文化服务来实现的。又通过具有文化品位的服务，使旅游者更好地"体验"、"感受"，并为其创造了便利方便的条件，而且更好地加深其文化"体验"和精神"感受"。如果说，作为旅游资源的景区、景点和景观，是旅客观赏、感受旅游商品的物质基础，那么具有文化品位的旅游服务则是旅游商品结构组成不可缺少的文化内涵。由此可见，旅游商品既包含了景区、景点有形的物质基础，又包含了具有一定文化品位的无形服务。可见，旅游商品与一般物质商品虽然不同，一个是物质商品，一个是非物质商品，但二者都具有商品性质，二者都是商品。

（二）

本书论述了旅游商品之所以成为商品，因为具有与物资商品概念同样性质的商品内涵。

(1)旅游商品同有形普通物质商品一样，不但具有使用价值，也是具有价值的商品。就旅游景区、景点商品来说，它的使用价值是游览、观赏价值；旅游服务商品的使用价值是文化服务，为游客创造方便、安全，加深其感受、体验、享受的功能（使用价值）。景区、景点和服务也具有价值，即凝结着无差别的社会必要劳动量。

(2)旅游商品同有形实体商品一样，都是为了出卖其使用价值的商品。旅游商品的使用价值是观赏、游览、体验、感受和服务提供的享受。这种使用价值不是商品生产经营者自己使用或享受的使用价值，而是为了出卖的使用价值。一般物质商品的使用价值，就是该商品所具有的具体使用价值（功能），如购买者购买一部照相机是为了购买它所具有的照相功能，购买者购买衣服是为了购买它的御寒和美观的功能。所以，旅游商品和一般物质商品一样，都是具有使用价值，并且是为了出卖其使用价值的商品。

(3)旅游商品的使用价值和价值的实现，也同有形物质商品的使用价值和价值的实现一样，通过市场交换得以实现。

（三）

本书辩证地论述了旅游商品具有与一般的物质商品不同性质的商品内涵。具体表现在以下几个方面。

(1)旅游商品出卖的观赏、感受和服务，其特点是生产与消费是同步进行

① 《马克思恩格斯全集》第26卷第1册，人民出版社1972年版，第435页。

的，游客的消费一结束，生产也就同时结束。而一般物质商品是不同步的，生产在先，消费在后，购买者购买前早就生产好了，并备有多种类型的商品供购买者选购，它的生产和消费是不同步的。

(2)旅游商品出卖的只是商品实体暂时的游览权、观赏权、体验权和服务的享受权，而不出卖商品实体的所有权，旅游者无权带走，也不可任意处理。普通物质商品出卖的却是商品实体的所有权，商品出卖后便成为购买者所有的资财，购买者可以带走并任意处理。

(3)旅游商品不出卖所有权，因而可以多次暂时出卖游览权、观赏权、感受权、享受权给游客。而普通的物质商品出卖所有权，而且只能出卖一次。

(4)旅游商品是属于精神享受型的不出卖所有权的非物质商品，物质商品是属于功能使用型的出卖所有权的物质实体商品。

(5)旅游商品市场交换出卖的过程，是游客从购买商品的出发地到游览完毕回归的整个过程，商品交换的时间较长。普通物质商品交换出卖的过程却是在商品市场的某一场所，不仅交换的地点范围狭小，而且商品交换的时间较快。

(四)

本书论述了事物的科学概念，是对事物本质属性的准确表述。属性，是组成事物的成分、结构、性质、功能和形态的本质反映。木材和钢材之所以具有不同的概念，是由于他们之间的属性不同，所以木材就是木材，不能把木材说成是钢材。同理普通物质商品和旅游商品的本质属性是不同的，所以不能混淆二者的科学概念。游客购买的工艺品、纪念品和购物品，与旅游商品有本质属性的区别，不但两者组成的结构、成分、性质、功能和形态不同，而且商品的文化内涵也不同。工艺品、纪念品、购物品是属于出卖所有权的物质商品。旅游商品却是不出卖所有权的商品，旅游商品实体的所有权是不会出卖给游客的。再说两者出卖使用价值的文化属性也是不同的。工艺品的使用价值是艺术欣赏的文化内涵；纪念品的使用价值是能够引起购买者的回忆和留念的文化内涵；购物品的使用价值是具有能够满足购物者某一种生活需要功能的文化内涵。而旅游商品的使用价值是暂时满足购买者的游览、观赏的文化精神需求，并提供安全、方便的服务，而且永远不出卖实体所有权，只暂时出卖游览权、观赏权、感受权。所以旅游商品与工艺品、纪念品、购物品的本质属性不同，是不能混为一谈的。

(五)

学术界还错误地认为工艺品、纪念品、购物品是在旅游市场出卖的，购买的人员是旅游者，所以就认为是旅游商品。本书指出：商品的本质属性是不能随着出卖场所的变化和购买人员的变化而变化的。同是一种工艺品，难道儿童购买时，就叫儿童商品？妇女购买时就变成妇女商品？同是工艺品，难道在百货商店出卖就是物质商品，而在旅游市场出卖就成为旅游商品？工艺品、纪念品永远是出卖所有权的物质商品，这是它的本质属性所决定的。它的性质是永远不可能随着购买人员和出卖场所的变化而变化的。工艺品、纪念品和购物品永远属于出卖所有权的物质商品。

学术界还有一种观点，说工艺品、纪念品之所以是旅游商品，是因为国外学术界都是这么说的。本书对此也作了分析，本书认为：事物的科学概念不是决定于国外或国内学术界说的，也不决定于哪个权威、领导说的，而是决定于是否准确地反映了它的本质属性。如果说，国外学术界说的就正确。那么美国学术界是中国的国外学术界，而中国的学术界又是美国的国外学术界，为什么中国要以美国这个国外学术界的观点为标准，而美国为什么又不以中国这个国外学术界为标准呢？显然，这种观点是自相矛盾的，是不科学的，是经不起分析推敲的，是一种形而上学的观点。

（六）

本书首次提出并论述了服务也是一种商品。服务具有使得游客旅游活动便捷、安全，获得更高文化品位和享受的使用价值。服务也具有价值，服务也凝结着服务者的劳动所展现的无差别的社会必要劳动量。旅游服务是配合游客游览、观赏活动，配合游客吃、住、行、游、购、娱等活动开展的需要，而出卖给游客的行为、策划、理念。由于这不是服务人员自我享用的，而是出卖给游客享用的，所以也是一种商品。

本书还进一步阐述，服务商品有面对面的可见性的直接服务商品，如服务人员直接为客人提供的服务行为或肢体的服务动作，如表情、微笑、解答问题、解决疑难、语言服务和肢体服务行为等。服务商品还有间接的不可见性的服务商品，如服务人员提供的服务理念、服务策划、旅游方案、服务管理等。

旅游服务不但是一种商品，还是旅游企业文化形象的展现。一个具有高文化品位的服务人员，不但具有科学的服务理念、文化修养，还懂得：服务是旅游的窗口、平台；是旅游商品的最为重要的组成部分；游客旅游的整个活动过程，都离不开服务；服务是旅游企业的文化品位和文化形象展现的平台。具有服务科学理念的服务人员，就会真情实意地热爱服务工作，主动地搞好服务工作，创造性地提供各项个性化的服务工作。服务工作还应规范化、程序化，服务人员应灵活地提供服务和无微不至的服务。

（七）

本书根据旅游商品的基本观点，还首次提出了一个创新的论点，即旅游市场只存在旅游商品，不存在旅游产品。因为马克思主义经济学指出：产品是指经过人类劳动生产或加工，具有价值和使用价值，不用于交换的社会劳动物品。也就是说，产品是指生产者不是以交换或出卖为目的而生产的社会劳动物品。特别是在自给自足的社会里，农民在衣、食、住、行等方面，所生产的相关劳动物品，大都是为满足其自身的需求而生产的。又如，农民生产的粮食和饲养的家禽家畜，其中供自身消费享受的那一部分劳动物品，则是属于产品概念的范畴。只有用以出卖或以出卖为目的的那一部分劳动物品，才是属于商品概念的范畴。基于这一观点，本书首次指出：旅游行业不存在旅游产品。因为旅游行业没有哪一位生产者、经营者或加工者，生产供给自身消费、享受的劳动物品。如果硬要说有，那就只有昔日的私家园林和皇家园林，才算是旅游产品。而旅游行业是不存在这种产品的。这样，就把旅游产品和旅游商品的理论概念及其区别，作出了科学的新的论述。

（八）

本书还创造了旅游商品学的全新结构体系，既有基本理论的创新论述，又有科学创新的实践应用。本书的理论体系结构包括：旅游商品的科学概念；旅游产品的科学概念；旅游商品文化的概念；自然景观旅游商品文化和社会人文景观旅游商品文化的概念；自然景观文化的概念；自然景观文化的四大类型；旅游商品的类型；旅游商品学的内容和任务等。本书实践应用体系结构包括：旅游景观商品；都市旅游商品；民俗旅游商品；旅游休闲商品；旅游服务商品；旅游设施商品；旅游商品文化建设；旅游商品的可持续发展；旅游商品的需求和供给；旅游商品的市场营销和市场开发，以及旅游商品的市场管理等。

值得特别提出的，本书创造性地把马克思主义的经济学、市场学、管理学、文化学等学科的基本原理，应用于旅游商品市场营运实践之中，从而创立了旅游商品学的全新学科体系。这是国内外旅游商品学科前沿理论的首创，是旅游学科建设的新发展。

2002 年春，本书作者刘敦荣教授在华东师范大学旅游系给研究生作了一次题为《旅游商品的理论与实践》的专题报告，论述了旅游前沿理论商品的基本概念及其理论体系；论述了旅游商品学的结构体系、主要内容和研究意义后，当时在场的领导、老师和听众，评价说那是一场“新观点、新思维、新体系、新发展”的学术报告。而那场报告的主要内容正是本书的观点、内容和结构体系。因此，本书的序言就采用了这个评价作为本书的标题。我们希望《旅游商品学概论》的出版，能对旅游商品学术理论作出一点贡献；对我国旅游商品实践和旅游人才培养，作出一点贡献。

是为序。

《旅游商品学概论》写作组

第二版前言

（一）旅游商品应该有自身领域的专业学科

毛泽东同志指出，“构成一门科学的对象”，是指“对于某一种现象的领域所特有的某一种矛盾的研究”。① 这就是说各行各业的各个领域都有其自身的特有矛盾，应该有其自身研究的专业学科。如：哲学、医学、政治经济学、中医学、经济学、市场学、商品学、市场营销学等，都是研究各自现象领域特有矛盾的专业学科，因而都能指导解决各自领域的特有矛盾，都能指导如何发展、繁荣各自行业领域的业务。因此，旅游商品领域，也应该有指导自身行业特有矛盾解决和经营发展的专业学科，即旅游商品学科。这门专业学科，就是指导旅游商品和旅游商品市场特有矛盾的学科。但是，现代旅游行业形成较晚，从旅游业之父托马斯·库克于1841年组建的世界第一家通济隆旅行社算起到现在，也不到两百年。可是旅游学术理论界对旅游商品、旅游商品市场等最基础的科学理论问题，对旅游商品的理论概念以及旅游商品市场经营、开发、可持续发展等问题，却存在着理论认识和观点的错误。因此，旅游商品领域的专业学科没有能够形成，旅游商品领域也就长期无法解决自身特有矛盾，也就无法形成指导自身发展的专业务学科，以致旅游商品市场经营的实践，受到严重影响，同时也导致旅游商品市场出现了十分混乱的局面。如果不是全世界生产力水平在不断提高，各国经济状况都有不同程度的改变，人们可自由支配的收入，总体上在不断增长，可自由支配的时间总体上也在不断地增多，旅游行业不能持续发展。可是，如果旅游商品领域早就产生自身的专业学科——旅游商品学，旅游商品市场就不是现在的这个样子了，就不会像现在这样混乱了，就会有序发展，就会繁荣发展了。所以创建旅游商品的专业学科，确实是当务之急。

（二）专业学科首先应该有科学的基础理论

理论源于实践，又高于实践，能够指导实践，是实践的导向。因此创建旅游

① 《毛泽东选集》第一卷，人民出版社，1952年版，第297页。

商品的专业学科，首先要有专业学科最基础的科学理论，然后在学科理论的基础去创建设学科的科学体系。只有创建起科学的专业学科，才能指导其自身的专业实践。那么这个最基础的理论是什么呢？应该说就是旅游商品的理论概念及其相关的基础理论。如果旅游商品的理论概念是科学的，则其指导市场实践的方向是正确的，旅游市场的发展也就会是积极的；如果理论概念是错误的，则其行业实践的发展、行业的繁荣也就无从谈起，因为它实践的方向错了，后果也就是消极的。那么旅游商品的科学概念是什么呢？

可是长期以来，旅游学术理论界，对旅游商品概念的理论观点是错误的。譬如：什么是产品？什么是商品？产品与商品的差别是什么？什么是旅游商品？旅游商品的特征是什么？类型有哪些？该怎样管理？什么是文化？什么是旅游文化？什么是旅游商品文化？旅游商品文化如何建设？等等问题，旅游理论学术界，都没有作出回答，有些人连概念都搞不清楚。

传统旅游理论学术界，一直把游客购买的纪念品、工艺品和游客的购物品看做旅游商品。这正确吗？当然是错误的，因为这些商品是出卖所有权的，是一般有形的物质实体商品，任何商品市场都可以销售。这种观点能科学地指导旅游商品市场的实践吗？当然不能。这只能导致旅游商品市场向着一般的物资商品市场方向发展。这样的观点只能说明游客的旅游是为了购买纪念品、工艺品等物质商品。试问，游客购买的这些商品，能够代替游客所要购买的游览、观赏、感受吗？能促进旅游市场的繁荣发展吗？当然不能。此外，还有许多与旅游商品的科学观点相反的理论观点，也是应该纠正的。

（三）专业学科要敢于纠正错误的理论观点

国内外旅游学术界，一直认为旅游商品就是游客在旅游过程中购买的纪念品、工艺品、购物品。这一观点正确吗？其实回答这个问题并不难。只要想一下，游客出游，难道是为了购买纪念品等物质商品吗？游客外出旅游的根本目的，难道不是为了通过游览、观赏获得一种特殊文化精神感受需求的满足吗？至于纪念品、工艺品这些东西是可买不可买的，根本不是游客旅游的目的。怎么能够成为游客所要购买的旅游商品呢？

纪念品、工艺品等本是一般的有形物质实体商品，是出卖所有权的，是一般的物资商品市场都有卖的，是可以带走的。而旅游景区、景点"出卖"的景色风光，只供游客游览、观赏，也只有旅游市场才有"出卖"的，而且是暂时"出卖"的，是无形的、不出卖实体所有权的，景区、景点实体是带不走的。可是旅游学术界为什么却偏要认为纪念品、工艺品等是旅游商品呢？这到底对不对呢？其实，马克思早就做了回答。他说，人们买票去看一场文化艺术演出，是为了通过观赏演员的表演，获得文化艺术的感受和体验，而不是为了购买演出者本人和演出的设备设施等物质实体，他还说："这同人们购买某种机器（如钟表）的性质没有什么区别。”[①]那么游客在旅游景区购买的游览、观赏，与人们在剧院购买的演出观赏，两者的性质又有什么区别呢？人们购买的表演观赏可以叫做文艺演出商品，那么人们在旅游景区购买的游览观赏，又叫做什么呢？难道不可以叫做旅游商品吗？难道两者性质有什么不同吗？其实，不管是文艺演出商品还是旅游商品，它们都是出卖观赏、感受，都是不出卖所有权的无形商品。

再说商品和产品科学概念的差别，凡是为了出卖而生产的社会劳动物品，都叫做商品；不是为了出卖，而是为了自己消费的社会劳动物品，叫做产品。而旅游业出卖景区、景点的游览、观赏，并不是为了自己的游览、观赏、感受而消费的，而是为了出卖供给他人消费的。所以旅游业出卖和游客购买的游览、观赏，当然也就是商品，也就是旅游商品了。顺便说一下，按照产品的科学概念，旅游业就不存在旅游产品了。因为根本没有哪个景区、景点开发者是专门为了供给自己游览、观赏、消费的。如果要说有，那就只有像过去的皇家园林如避暑山庄以及苏州园林之类的景区、景点了。

学术界还错误地以为，既然说旅游商品是一种商品，而商品都是有形的物资实体，而旅游业出卖的游览、观赏，却是无形的，不是物资实体的，旅游市场上却只有纪念品、工艺品的物资实体，所以传统学术界就错误地认为纪念品、工艺品就是旅游商品了，殊不知商品的类型有有形商品和无形商品之分。纪念品、工艺品、购物品当然是物质实体有形商品，游览、观赏当然就是无形商品了。那么认为纪念品等就是旅游商品的这种错误观点又有什么负面影响呢？

传统学术界还认为纪念品、工艺品等之所以被认为是旅游商品，那是因为国外都是这么说的，我们也就应该这么说了，殊不知这又是错误的了。一个事物的概念是否科学，依据不是国外说的或是国内说的，也不是哪个专家、学者、领导说的，而是看它是否符合事物本身的属性。属性是组成事物的成分、结构、性质、形态、功能，是客观存在的，属性是决定事物的根本性质的，是不能改变的。所以工艺品、纪念品和游客所买的购物品，是物质实体有形商品的性质，也是不能改变的，是不能因人、因购买者、因出卖地点的变化而变化的。难道纪念品、工艺品、购物品在普通物资商品市场出卖，就叫做物质实体的有形商品？难道换到旅游市场出卖就不叫做物质实体商品而叫做无形的旅游商品吗？难道物质实体的名称可以随着出卖地点的变化而变化吗？

显然，以上充分说明纪念品、工艺品等不是旅游商品，而是一般的有形物质实体商品。

（四）纪念品等错误理论的负面影响

理论是实践的导向，由于国内外旅游界长期错误地认为纪念品、工艺品和游

① 《马克思恩格斯全集》第26卷，第1册，人民出版社，1972年版，第436页。

客所购买的物品是旅游商品，因此在实践中产生了如下负面影响。

(1)搞乱了旅游商品市场的经营方向。由于旅游商品传统理论的错误，导致了市场经营方向的混乱。人们错误地以为，要发展旅游，就要在旅游市场经营发展纪念品、工艺品，这就是发展旅游，而不知道旅游市场的经营，应该以经营、出卖景区、景点的游览、观赏为市场营销的主体。经营不经营纪念品、工艺品等，那不是旅游市场的主体，是可有可无的。

(2)影响了旅游商品市场开发策略的制定。旅游经营开发商，由于受到旅游商品错误理论的影响，不知道如何开发旅游商品市场。想开发纪念品、工艺品、购物品市场呢？又感到不妥。开发旅游景区、景点，出卖游览、观赏呢？好像又违背了传统理论的认识，于是左右为难，不知所措。

(3)影响了旅游市场的统一管理。由于学术理论界一直认为纪念品、工艺品等都是旅游商品，于是旅游管理部门自然就要去管理，但是，实际上它们是物质商品，是属于物质商品市场的。于是物质管理部门、生产部门、统计部门也都会来管，则造成各个部门之间的工作矛盾，影响了行业的统一管理。

(4)影响了旅游的繁荣发展。总而言之，由于旅游理论的错误，导致旅游实践的各个方面的错误和混乱，从而影响了旅游的繁荣发展。

显然，认为纪念品、工艺品是旅游商品的理论是错误的，是难以指导旅游实践的。那么，旅游商品的科学概念是什么呢？

(五)旅游商品的科学概念

旅游商品的科学概念，是指商品供给者为满足旅游者特殊文化精神的需求，暂时出卖某些具有价值和使用价值的自然或社会的有形实体的使用权或某些无形社会人文旅游资源的观赏权、感受权、体验权、参与权以及各种无形服务的享受权的总和。

这里所指的有形实体主要指自然景区、景点的有形客体或经过加工、改造、组合的某些社会人文旅游资源客体。

这里所指的无形社会人文旅游资源，主要指民俗风情、传统文化、民间风俗、文化、艺术等社会人文现象。

这里所指的某些有形实体的使用权，主要是指饭店客房设备设施之类的有形实体的暂时使用权。

这里所指的各种无形服务，主要是指旅游供给方提供的各种各样的服务。如饭店服务、导游服务、景区景点服务等。

(六)专业学科要有自身的学科体系

旅游商品学只是商品学中的一种门类学科，其学科体系由总论和分论构成。总论是关于宏观的论述，分论是关于微观的论述。本书是属于微观方面论述的学科体系，本书建有十九章五十七节的学科体系，同时还论述了与此相关的许多重要问题。如：

(1)产品和商品问题。什么是产品？什么是商品？为什么纪念品、工艺品、购物品不是旅游商品？什么是旅游商品？为什么不存在旅游产品？旅游商品有哪些类型？是怎样划分的？

(2)旅游文化问题。什么是文化？什么是旅游文化？什么是旅游商品文化？景区、景点、大自然本身不具有文化，为什么？文化是人类社会的人文现象，大自然只有“附会文化”。什么是“附会文化”？什么是自然景区、景点文化形象的“形”和“意”？如何建设景区、景点的文化形象？

(3)景区、景点、景观、景素等及其相关的概念问题、开发问题、建设问题。

(4)对观光旅游商品、多功能复合型观光旅游商品、都市旅游商品、民俗旅游商品、旅游服务商品、旅游设施商品、旅游购物、旅游商品的可持续发展等问题都联系实际进行了论述。

(5)旅游商品的需求与供给、旅游商品十大需求、旅游商品市场营销、旅游商品需求与供给及其市场变化的对策与演算、旅游商品开发、旅游商品管理等问题，本书都分别列出章节，联系实际作出了论述。许多问题还有图表案例。

(6)其他许多问题的论述，在国内外也是第一次出现的。如：①旅游商品的概念，多功能复合形旅游商品的概念，游客的十大需求——求新、求奇、求异、求美、求特、求乐、求健康、求美食、求文化、求知识。②旅游商品市场问题，旅游文化问题，如首次提出自然界没有文化，文化是只有人类社会才有的人文现象，纠正了学术界提出的“旅游宗教文化”“旅游民俗文化”等错误理论。本书还创新提出并论述了自然景区的“附会文化”，回答了自然景观文化的“形”和“意”、旅游服务商品、旅游设施商品等相关问题。所以《中国旅游报》载文《旅游商品学》填补了国家空白。

专业学科的论述是否正确，还应经过实践的检验。

（七）专业学科要能经受实践的检验和社会的评价

实践是检验真理的标准，本书出版后，到现在已经历了近15年的历史检验，从2002年出版《旅游商品学》（南开大学出版社出版）到今天出版《旅游商品学概论》第二版（首都经济贸易大学出版社出版）经历了近15年历史实践的检验，全国有几百所大专院校将这本书作为教材，并给出了较好的评价。

(1)2002年本书前身《旅游商品学》出版后，《中国旅游报》报道，该书填补了国家空白，一时轰动了全国。如，上海《旅游时报》《桂林日报》《广西壮族自治区电视台》《桂林电视台》等新闻媒体都进行了报道。2005年该书再版。2013年在《旅游商品学》的基础上，出版了《旅游商品学概论》，现在又出版它的修订版。本书前后四次出版多次印刷，许多大专院校和旅游企业广泛用作高校教材或社会培训教材。

(2)2005 年,笔者在上海华东师范大学旅游学院作了《旅游商品的理论与实践》的报告,就是讲的《旅游商品学》的主要内容。系主任冯学纲总结时说,报告内容是“新观点、新思维、新体系、新发展”。

(3)2008 年笔者给广西壮族自治区旅游局人事教育处讲述了旅游商品的理论与实践问题,他们评价说:“你这些观点应该向全世界宣传,明年第六界联合国世界旅游组织/亚太旅游协会要在桂林召开旅游国际论坛,你就应该到那里去宣讲。”

(4)2011 年元旦前,笔者在北京国家旅游局旅游研究院,对 6 位专家领导讲述了旅游商品的理论与实践问题,他们评价说“你这些观点是我们中国旅游理论的宝贵财富”。

(5)笔者在《旅游商品学》和《旅游商品学概论》出版前后,发表了 160 多篇关于旅游商品的论文,刊登在许多刊物上,不少论文都得到了社会较好的评价。如:《中国思想宝库》(三)(一)就转登了 4 篇论文,都是关于旅游商品理论与实践方面的论述;论文《旅游商品和产品的理论与实践》获得国际特等奖。论文《走出低谷,重振旅游》在《旅游科学》发表后,被人民大学报刊复印资料全文复印,随后还被全国 8 个报刊转载;论文《关于旅游商品的理论与实践问题》在《经济日报》以整版篇幅刊出。《旅游商品学》等旅游著述在桂林旅游学会成立 15 周年纪念会上被评为一等奖。

Contents 目录

第一章 绪论
第一节 旅游商品学的概念和性质 / 2
第二节 旅游商品学研究的任务和意义 / 5
第三节 旅游商品学研究的内容与方法 / 9

第二章 旅游商品
第一节 产品和商品 / 16
第二节 旅游产品和旅游商品 / 20
第三节 旅游商品类型的划分 / 32
第四节 研究旅游商品的积极意义 / 42

第三章 旅游商品文化
第一节 文化 / 46
第二节 旅游文化 / 51
第三节 旅游商品文化 / 55

第四章 旅游商品文化建设
第一节 旅游商品文化建设概述 / 60
第二节 旅游商品文化形象识别设计 / 66

第五章 旅游景观商品
第一节 旅游景观商品概述 / 72
第二节 旅游景观商品的开发与设计 / 77
第三节 旅游景观商品文化建设 / 83
第四节 自然旅游景观四大类型的文化韵律美 / 87

第六章　观光旅游商品
第一节　单一观光功能旅游商品 / 98
第二节　复合型多功能观光旅游商品 / 102

第七章　都市旅游商品
第一节　都市旅游和都市旅游商品 / 112
第二节　都市旅游商品开发的原则和模式 / 115
第三节　都市旅游商品形象建设 / 118

第八章　民俗旅游商品
第一节　民俗旅游 / 126
第二节　民俗旅游商品概述 / 130
第三节　民俗旅游商品开发 / 136
第四节　民俗文化的保护与整合 / 140

第九章　休闲旅游商品
第一节　休闲与休闲旅游 / 144
第二节　休闲旅游商品开发概述 / 147

第十章　专项旅游商品
第一节　专项旅游与专项旅游商品 / 154
第二节　专项旅游资源评价与专项旅游商品开发 / 155

第十一章　旅游设施商品
第一节　旅游设施商品的的概念和类型 / 162
第二节　旅游设施商品的定位与设置 / 165

第三节　旅游设施商品的文化品位建设与管理　/　167

第十二章　旅游服务商品
第一节　旅游服务商品概述　/　174
第二节　旅游服务商品的类型　/　176
第三节　旅游服务商品建设　/　179

第十三章　餐饮商品
第一节　餐饮商品概述　/　186
第二节　餐饮商品的文化建设　/　190
第三节　酒文化　/　193
第四节　软饮料、茶文化　/　198

第十四章　旅游购物品
第一节　旅游购物品的概念和特性　/　206
第二节　旅游购物品的类型　/　208
第三节　旅游购物品的市场开发　/　216

第十五章　旅游商品的可持续发展
第一节　旅游商品可持续发展的含义　/　224
第二节　我国旅游商品可持续发展的问题和对策　/　228
第三节　旅游商品项目自我滚动发展　/　232

第十六章　旅游商品市场需求与供给
第一节　旅游商品市场需求　/　238
第二节　旅游商品市场供给　/　244

Contents 目录

第三节　旅游商品的供求平衡与调节　/　248
第四节　旅游市场商品需求规律与需求弹性　/　254
第五节　旅游商品市场供给规律与供给弹性　/　266

第十七章　旅游商品市场营销
第一节　商品市场营销观念概述　/　272
第二节　旅游商品市场营销策略　/　276

第十八章　旅游商品市场开发
第一节　旅游商品市场开发　/　284
第二节　旅游商品市场开发的类型和策略　/　287
第三节　旅游商品市场组合与创新　/　295

第十九章　旅游商品管理
第一节　旅游商品管理的概念、意义、任务和内容　/　300
第二节　旅游商品管理的方法　/　306

参考文献　/　315
后　记　/　317

第一章 绪论

● 学习要点

旅游商品学的概念和性质

旅游商品学的学科体系

旅游商品学研究的对象

旅游商品学研究的内容

旅游商品学研究的任务

旅游商品学研究的方法

旅游商品学研究的意义

第一节 旅游商品学的概念和性质

一、旅游商品学的概念和学科体系

（一）旅游商品学的概念

旅游商品学，是研究旅游商品的价值与使用价值的实现，研究影响价值与使用价值实现的因素，研究旅游商品的文化建设、市场开发、商品组合、营运管理的客观规律的一门综合性的应用学科。

（二）旅游商品学的学科体系

旅游商品学的学科体系要从学科组成结构本身来研究。

1. 旅游商品学只是商品学中的一个门类学科。商品，是市场所有商品的总称，在商品的旗帜下，因其属性不同，就会形成各种各样的门类商品。如：物质商品，非物质商品；有形商品，无形商品。物质商品主要是出卖所有权的商品，如服装商品、皮鞋商品、医药商品、饮食商品、文物商品等。非物质商品中主要有旅游商品、演出商品、舞蹈商品、音乐商品、服务商品等。所以旅游商品只是商品总类中的一种门类商品。旅游商品又是属于无形商品和不出卖所有权的商品。在各个门类商品中，由于本质属性的不同，就会形成不同门类的商品学科。如，医药商品学、服装商品学、家具商品学、旅游商品学等。所以，旅游商品学只是各类商品学中的一个门类学科。

2. 旅游商品学学科体系由总论和分论两部分构成。

（1）旅游商品学总论。旅游商品学总论，是指旅游商品学宏观框架体系的论述。如，旅游商品学概论、旅游商品学导论、旅游商品学、旅游商品学原理与应用等。在旅游商品总论中，可以包括分论的论述。

（2）旅游商品学分论。旅游商品学分论，是指构成旅游商品学微观框架体系的论述。如，旅游产品和旅游商品、景观旅游商品、观光旅游商品、民俗旅游商品、都市旅游商品、旅游饭店商品、旅游服务商品、旅游商品的需求与供给、旅游商品市场开发、旅游商品市场营销、旅游商品管理等。

二、旅游商品学的研究对象和学科性质

（一）旅游商品学的研究对象

旅游商品学的研究对象，是以旅游商品的价值和使用价值的实现，影响其价值实现的因素，以及市场发展规律、市场运营管理等内容为研究对象的。

1. 研究旅游商品的价值与使用价值的实现。价值，是指凝结在商品中一般的、无差别的社会必要劳动量。商品之所以能够交换，是因为它具有价值。商品

交换就是按照其社会劳动量进行的交换。商品通过交换,其价值就得到了实现。使用价值,是指各种物质商品所具有的能满足人们某种需要的功能、作用。如,衣服的功能是保暖,房屋的功能是安全。旅游商品的功能,则是满足游客的游览、观赏、体验、感受的精神文化生活需要的性能。

关于使用价值的实现,一般物质商品是指其所有权的出卖。但旅游商品却不能够出卖所有权。一般物质商品所有权出卖后,商品实体就归购买者所有,就可以被带走了。而旅游商品不一样,它是不出卖商品使用价值所有权的,是不能被带走的。它出卖的只是商品暂时的观赏权、体验权、感受权、使用权,以及无形服务暂时的享受权,和有形实体(如饭店、客房的设备设施)暂时的使用权,而不是所有权。所以旅游商品学研究的是不出卖所有权的商品的使用价值(观赏价值、体验价值)和价值的实现,而不是像物资商品学那样研究出卖所有权的商品的使用价值和价值的实现。

2. 研究影响旅游商品价值和使用价值实现的因素。影响旅游商品价值和使用价值实现的因素有:商品的文化品位、观赏功能、供求关系、质量特色、开发组合、营销观念、营销策划、市场竞争、政治经济环境、服务质量、运营管理等可控因素和不可控因素。这些因素都是影响旅游商品使用价值和价值实现的相关因素,而旅游商品学的研究对象,是商品的使用价值和价值的实现,因而这些影响旅游商品价值实现的因素,也必然是旅游商品学研究的对象。

旅游商品使用价值的内涵与一般物质商品使用价值的内涵不同。如,审美观赏价值、精神文化价值、商品实体使用价值都不同。因而影响这两种商品价值实现的因素也是不同的。又如,服务因素不是物质商品主体结构的组成因素,却是旅游商品结构组成的主体因素,因此服务因素对两种商品价值实现的影响是不同的。同理,其他影响因素也是不同的。所以旅游商品学更要以影响旅游商品价值实现的因素为研究对象。

3. 研究旅游商品价值和使用价值实现的特有矛盾。毛泽东同志指出:“构成一门科学的对象”,是指“对于某一种现象的领域所特有的某一种矛盾的研究。”①而旅游商品学研究的对象,是旅游商品的价值和使用价值的实现。通过研究,就可以揭示影响旅游商品质量的各种关联因素,进而可以揭示旅游商品形成及其特有矛盾的客观规律。可见,旅游商品的使用价值及其价值实现的特有矛盾,是旅游商品学的研究对象。

4. 研究旅游商品市场营运、经营管理、发展变化的客观规律。旅游商品不是物质商品,它的市场发展、商品组合和营运管理,有其自身的客观规律。如,物质商品的购买者,主要是从其生活实用需求出发去购买商品的,而旅游商品的购买者,主要是从精神文化生活需求出发去购买商品的,即从追求美的观赏、感受和

① 《毛泽东选集》第一卷,人民出版社,1952 年版,第 297 页。

体验出发去购买旅游商品。更具体地说是从求新、求奇、求异、求美、求特、求乐(娱乐)、求康(健康)、求食(美食)、求知识、求文化这十大文化需求出发去购买旅游商品的。所以购买者购买这两种商品的目的和内容是不完全相同的,这两种商品都各有其自身发展、市场营运、组织管理的不同的客观规律。所以旅游商品学,以研究旅游商品自身的市场发展、商品组合、市场营运、经营管理的客观发展变化规律为学科研究对象。

(二)旅游商品学的学科性质

旅游商品学是商品学学科类型中的一个门类学科。按照本书的论述,旅游商品不是出卖所有权的物质商品,而是暂时出卖景点的观赏权、设备设施的使用权与无形服务的享受权的特殊文化商品。因此,它不属于一般物质商品的范畴,从而便可形成与一般物资商品学不同,并具有自身特色的旅游商品学的独立学科,它是商品学科类型中的一种门类商品的学科。

1. 旅游商品学是一门文理结合的多学科交叉的边缘性学科。从旅游商品学研究的内容看,既有社会人文学科的研究内容,又有自然学科的研究内容。社会人文学科的研究内容,主要是指社会人文旅游客体商品,如民俗旅游商品、旅游服务商品、都市旅游商品、会议旅游商品、商务旅游商品、旅游商品供求、旅游商品营销、旅游商品管理等;自然学科研究的内容主要是指自然旅游商品客体,如自然山岳景观、水域景观、生物景观、天象气候景观等。所以旅游商品学是一门文理结合的多学科交叉的边缘性学科。

2. 旅游商品学是一门综合性的应用学科。从旅游商品学研究的对象看,它主要是以研究旅游商品的价值、使用价值及其实现为对象的学科。为此,旅游商品学不但要研究如何将旅游商品学的理论应用于旅游商品宏观战略实践的指导,而且要研究如何把旅游商品学的理论应用于旅游商品开发、经营、管理和服务微观策划操作的实践,才能使得商品的使用价值和价值更好地得以实现。所以,旅游商品学同时又是一门综合性的应用学科。

3. 旅游商品学是一门具有双重属性的学科。从旅游商品学的学科属性来看,旅游商品学是一门具有社会人文和自然双重属性的学科。它既具有自然学科的属性,又具有社会人文学科的属性。自然学科的属性,表现为旅游商品学围绕商品质量,研究旅游商品使用价值的构成、自然品质特性、功能、用途等;社会人文学科的属性,表现为旅游商品学围绕旅游商品质量和使用价值的实现研究其相关联的各种社会影响因素等。

综上所述,旅游商品学的学科性质,是一门独具特色的研究旅游商品使用价值及其价值实现的一种门类商品学科。它既是一门文理结合的多学科交叉、双重属性的边缘性学科,又是一门具有旅游商品开发、营运管理综合应用性质的学科,所以也是一门研究旅游商品经济理论和实践应用综合性质的新兴学科。

第二节 旅游商品学研究的任务和意义

学科的性质决定了学科的概念;学科的概念规定了学科的任务;学科任务体现了学科研究的意义。

一、旅游商品学研究的任务

(一)研究旅游商品理论与实践

1. 旅游现状呼唤学术界研究旅游商品理论与实践。人类在改造自然的活动过程中,因对自然环境美的感受而产生了审美的萌芽。只因受生产力水平、经济、时间和交通等因素的影响和制约,直到近代工业革命以后,特别是第二次世界大战以后,旅游才逐渐成为人们生活中不可缺少的组成部分,以旅游商品为核心内容的旅游业才迅猛崛起,并成为国民经济中的朝阳产业。其发展速度已远远超过国民经济的其他行业,在一些国家和地区,旅游业已成为国民经济的支柱产业。在我国,旅游业已成为国民经济新的增长点。理论是实践的导向,行业的产生与发展,需要行业理论的导向。然而国内外理论界关于旅游商品的理论却错误把认为旅游商品就是工艺品、纪念品和购物品,致使旅游商品市场实践陷入了盲目和混乱状态。所以旅游现状呼唤学术界对旅游商品的理论与实践进行积极研究。

2. 旅游实践需要创建旅游商品学。

(1)旅游商品的传统理论滞后于旅游实践。近半个世纪以来,我国学术界出版了数十部旅游专业著述,有力地推动了旅游实践的繁荣发展,但是仍然存在着许多问题。最为突出的是错误地把工艺品、纪念品等看做旅游商品。因为旅游者旅游的根本目的绝不是为了购买工艺品、纪念品等物资实体,而是购买景区的观赏权、体验权和客房与交通设施的使用权和无形服务的享受权。至于购买工艺品那是可有可无的附带活动。国内外旅游学术界至今仍然坚持工艺品等是旅游商品的观点,这不但是理论上的错误,也制造了实践上的混乱,导致旅游市场经营方向的混乱。他们错误地认为纪念品、工艺品是旅游者在旅游市场购买的,是供给商在旅游市场出卖的,于是就得出了纪念品、工艺品等物质商品是旅游商品的错误结论。

事物的科学概念,是事物本质属性的反映,是事物内在的质的规定性所决定的反映,是不能随购买人员和出卖地点的变化而改变的。商品,一般都是指用于出卖的实实在在的物质实体,而旅游学术界却错误地认为,旅游者游览、观赏的对象景观、景点等,都是物质实体,应该是商品;但又感到不对,后来就把出卖所有权的纪念品、工艺品、购物品等物质商品都叫做旅游商品。这当然是不对的。

其实马克思早就指出：观看一场演出或歌唱，这里的演出或歌唱也是商品，这种商品就是给人们以观赏和享受，与购买的传统物资商品，譬如购买的钟表一样，都是商品。所以旅游者所购买的，对景观的观赏和感受，与人们观看的演出或歌唱，没有任何本质的不同。所以，旅游者购买的旅游活动、游览、观赏、感受和体验，就是无形的旅游商品。可见，学术界认为工艺品是旅游商品理论观点，不但滞后于旅游实践的发展，而且使旅游实践成为盲目的实践、混乱的实践、错误的实践。

(2)实践创建科学的旅游商品学。现在旅游的理论研究、学科建设，都滞后于实践，对旅游商品理论的研究，至今学术界仍然没有形成氛围，我国学术界和旅游企业、旅游从业人员，基本上还没有统一认识、统一观点。旅游者在旅游过程中所购买的纪念品、工艺品等物质商品，仍然被认为是旅游商品，这一传统的错误观点仍然在学术界和实践中占据着统治地位。这就使得全国的旅游商品实践，仍然处在错误的实践和混乱之中。正是旅游商品理论研究的这种局面，说明了亟须加强对旅游商品的理论研究，亟须向旅游商品理论研究的深度和广度迈进。积极深入探索旅游商品的科学概念和旅游商品学学科建设相关理论的研究，实在是当务之急。应该说本书是继2002年《旅游商品学》出版之后又一部适应旅游实践呼唤的创新著述。

(3)实践需要旅游科学理论的指导。科学的理论是实践经验的科学总结，是客观事物的本质阐述。因此，科学理论源于实践，又高于实践，能指导实践。但理论研究不能把主观的错误想象、错误认识当做客观事物的本质阐述，主观一定要符合客观，否则只会导致实践的混乱和盲目的实践。

规律是客观事物发展的必然性，属性是事物的根本特性，科学理论则是对客观事物的本质属性及其发展规律的科学阐述。可见只有符合客观规律的理论，才是科学的理论，否则便是错误的理论。错误的理论，只会导致盲目的实践、混乱的实践。所以只有用科学理论指导实践，实践才能发展，事业才能繁荣。

认为纪念品、工艺品等是旅游商品，这种传统观点今天之所以仍然顽强地存在，正说明旅游商品理论的研究仍然很欠缺。因此，只有加强对旅游商品的理论研究，才能科学地指导旅游实践。

(二)完善旅游学科体系的建设

随着旅游的发展，我国学术界已先后出版了50多种旅游专业著述和学科教材，有力地指导和推动了旅游业的繁荣发展。但是美中不足的，是旅游理论研究和学科建设还滞后于旅游实践的发展。

现在最亟须完善旅游学科体系建设的是旅游三大前沿理论的学科建设，即旅游商品学、旅游文化学和生态旅游学三大学科体系的建设，商品是旅游市场供求的核心；文化是旅游的灵魂；生态旅游是旅游供求双方为保护生态环境，实现生态平衡，实现旅游可持续发展的理念、职责和行为规范。这三大前沿理论中，旅游商品学是亟须建设的学科。因为旅游商品是旅游市场交换的核心。由此可见，创建旅游商品学是完善旅游学科体系建设的首要任务。

（三）满足旅游专业教材建设的亟需

我国旅游专业教材建设，是从20世纪70年代才开始的。无论教材种类、结构体系，还是理论观点、内容组合，都有一个不断发展和完善的过程。但是，可以说，旅游学术界，还没有真正认识到：旅游教材建设，如果不从旅游市场、旅游商品交换的角度去研究，不从与旅游市场、旅游者的需求相适应的角度去研究，不从旅游商品的根本性质去研究，旅游商品学学科教材建设是无从谈起的。虽然2002年我们出版了全国第一部《旅游商品学》教材，《中国旅游报》《旅游时报》《桂林日报》等报刊、电台新闻媒体，也报道该书填补了国家空白。全国数以百计的学校将该书用作教材，而且经过了近十五年实践考验，证明了本书观点是正确的。但是可以说现在还有不少旅游专业的学生或实践界旅游从业人员，对旅游商品的科学概念还是处于无知或混乱的认识状态。可以说也许大多数人还不懂得旅游商品到底是什么。他们还难以判断纪念品、工艺品、购物品到底是不是旅游商品。如果说纪念品、工艺品不是旅游商品，那么为什么不是？到底错在哪里？如果认为是，那么旅游供应商又该如何去进行旅游商品的开发？应该如何策划？如何运作？是开发旅游景区、景点，去满足游客的游览、观赏、体验、感受特殊的文化需求呢？还是开发纪念品、工艺品、购物品呢？可以说他们还说不清楚。应该说，旅游商品是旅游行业的商品领域，凡是行业的某一个领域，都应该有自身的相关理论，才能指导自身领域的实践。因此，旅游业出版一本科学的《旅游商品学》学科教材，应该说是满足旅游专业教材建设的亟需，我们在《旅游商品学》的基础上，再一次编著的这本《旅游商品学概论》尽管会存在这样或那样的不足，但这毕竟是一种积极的探索。

（四）提高旅游从业人员的理论水平和市场营运的管理水平

我国旅游从业人员和旅游专业的学员，由于受到工艺品等是旅游商品观念的影响，基本上还不知道旅游商品的科学概念，也不理解旅游者所获得的感受、体验，以及留下难忘的印象和从服务中所获得的享受，才是旅游业出卖的旅游商品，它是无形的不出卖所有权的。

旅游商品学是研究旅游商品的使用价值与价值的实现，以及价值实现的影响因素和市场发展、文化建设、营运管理的客观规律的学科。它既从理论上对旅游商品及其相关问题进行了本质阐述，又从实践应用上进行了科学的总结，所以学习旅游商品学可以提高旅游从业人员的理论水平和市场商品实践管理水平。

二、研究旅游商品学的意义

（一）完善旅游学科建设

《旅游商品学概论》和2002年出版的《旅游商品学》，在国内外旅游学科建设中，尚属首次，应该说它完善并填补了旅游专业学科建设的空白。它第一次论述了旅游商品的科学概念，论述了工艺品、购物品不是旅游商品，论述了旅游商品的可持续发展，旅游商品市场的供给与需求，旅游商品市场开发、营销与管理。不但完善了整个旅游学科体系的建设，而且创建了旅游商品学的学科体系。《旅游商品学》从2002年首创出版以来，已多次印刷，前几年又出版发行了修订本，已为旅游市场需求和社会实践所确认。现在我们又在《旅游商品学》的基础上，从内容到结构重新撰写了这本《旅游商品学概论》，可以说这两本书应该视为姐妹篇，完善了旅游专业的学科建设。

（二）促进旅游经济的繁荣发展

1. 促使旅游商品的盲目实践转向科学的实践。旅游商品学是在旅游商品生产、交换和消费长期实践的基础上形成的学科，它源于实践，又高于实践，并指导实践，研究旅游商品学的理论，就能促进旅游商品的实践。但是旅游商品的传统理论，一直认为旅游商品就是纪念品、工艺品。应该说纪念品、工艺品是一般的有形的物资实体商品，是出卖所有权的，所以是错误的，是不能指导旅游商品市场实践的。但是旅游行业长期在错误理论的导向下，致使旅游商品市场的实践，成为错误的实践、盲目的实践。而科学的《旅游商品学》的出版，旅游行业就有了自己行业科学理论的指导，旅游商品市场的实践，就不会再是盲目的实践、混乱的实践，而是可以从错误的实践转向科学的实践。

2. 促进旅游消费的增长。旅游商品学是研究旅游商品使用价值与价值的实现以及影响其价值实现因素的学科。通过这一学科的学习，就可以使得旅游商品的价值更好地得以实现，从而促进旅游消费的有效增长。"按照一般规律，人均GDP超过1 000美元时，就产生旅游方面的需求，超过3 000美元时，旅游将成为大众化消费。而我国人均GDP已达5 432美元。我国居民消费结构已由物质消费为主转变为精神消费比重大大增加的阶段，这意味着我国的旅游人口和旅游消费将成倍增加，为旅游业爆发性'增长'提供了坚实的经济基础。"①

据世界旅游理事会预计，到2020年全球旅游总收入占GDP的比重达到11.6%。世界旅游组织《旅游业:2020年前瞻》报告，到2020年，全世界每年有16亿人到外国旅游，花费达20万亿美元，人均消费为1 250美元。

① 国家旅游局，《关于进一步促进旅游发展的意见》，中国旅游报，2007年9月14日。

又根据统计资料分析，在未来20年东亚和太平洋地区是全球旅游业发展速度最快的地区，国际旅游的重心正在向亚太地区转移。据世界旅游组织预测，到2020年，全世界将有3.97亿人次到这一地区旅游。那时整个东亚和太平洋地区的旅游者，将占全球旅游人数的1/4；而该地区的出境旅游者到2020年将达4.05亿人次。亚太旅游世纪正在悄然来临，世界旅游组织原秘书长弗朗西斯科·曼朗吉利亚预言，2020年中国将成为世界第一旅游大国，将有1.37亿人前往中国参观旅游。"世界旅游组织根据我国旅游业的增幅高于全球旅游业平均增幅3~5个百分点等的快速增长态势，曾预测：到2020年，中国将成为世界第一大旅游目的国和第四大客源输出国。最近根据我国旅游业的强劲增势，世界旅游组织再次预测，实现两项指标的时间将提前至2015年。届时，我国入境旅游可达2亿人次，出境旅游1亿人次，国际旅游总消费接近5 000亿美元。"①

这就说明了旅游已成为人们文化精神生活需求的重要组成部分，全球旅游消费的时代已经到来。旅游消费之所以不断增长，主要因素有两个：一是全球经济的发展，使得人们可自由支配的收入和可自由支配的时间不断增多，从而使得人们开展旅游的条件不断充实提高；二是旅游市场商品供应不断优化和供应领域不断扩大。这两个因素的形成，也是旅游商品市场供求关系不断变化发展的结果。而旅游商品学的研究，就能更好地促进旅游商品市场供求关系的协调、改善和融洽，就能促进旅游消费的不断扩大和增长。

3. 促进旅游就业人员的扩大。旅游业因其辐射性强，关联带动程度高等特点，就业门槛相对较低，就业方式灵活多样，适合于不同人群的就业，能更好地促进旅游商品市场供求关系变化的协调、改善和融洽，能促进旅游消费的不断扩大和增长。旅游业正在成为国民经济的重要产业，为吸纳就业提供了深厚的基础前提。1997年《马尼拉宣言》、2000年《海南宣言》、2001年《大阪宣言》都强调发展旅游业对促进就业的突出贡献，提出"旅游业是21世纪创造就业与促进保护环境的引导产业"。据世界旅游组织统计：旅游行业每直接收入1元，相关行业的收入就能增加4.3元；旅游行业每增加一个就业机会，社会就能增加5~7个就业机会。旅游业是世界上发展快、需求潜力大的新兴产业之一。持续增长的旅游产业规模，为促进旅游人员就业和发展相关产业的就业创造了有利的条件。

4. 促进旅游商品经济的繁荣发展。旅游商品经济的核心，是旅游市场的商品交换。旅游商品的交换，实质上就是旅游商品使用价值的交换。旅游商品交换的内容，也是旅游商品经济的核心内容，因此旅游商品经济实质上就是旅游经济。而旅游商品价值的交换，依赖于旅游者对旅游商品的消费，所以旅

① 国家旅游局，《关于进一步促进旅游发展的意见》，中国旅游报，2007年9月14日。

游商品的消费也是旅游商品经济的核心内容。旅游商品学中交换、消费的原理,用以指导旅游商品市场的交换与消费,就能有效地促进旅游经济的繁荣发展。

(三)促进国民经济的发展

中国旅游业发展"十一五"规划指出,"到2020年,全国旅游业增加值预计占国内生产总值的6%左右,占服务增加值的12%以上。"①同时,旅游业是一个联动辐射作用很强的行业,它将带动吃、住、行、游、购、娱等行业的发展。这些行业又是与整个社会的其他行业紧密地联系在一起的,从而形成了一个庞大的社会消费网络。所以旅游业的发展,必然会拉动国民经济及其他行业的发展,旅游的繁荣,必将为促进国民经济繁荣和发展做出贡献。

第三节 旅游商品学研究的内容与方法

一、旅游商品学研究的内容

(一)研究旅游商品的质量

1. 研究旅游者对旅游商品观赏、体验的满足程度。旅游商品质量是旅游商品学研究的核心内容。旅游商品质量是指旅游商品使用价值展现的高低,即有用性的高、低、优、劣。旅游商品有用性的内涵,与一般物质商品不同,旅游商品的有用性,是指旅游商品的美学功能带给游客的文化观赏性、感受性和体验性。旅游者的文化感受、体验越是深刻,兴趣就越高,旅游商品的有用性功能和作用以及美学功能就越大,其质量就越高。而一般物质商品的有用性则不同,它是指该商品作为一种生活工具和用品的有用性,它是出卖所有权由购买者带走供其需要时自行操作使用的具体物质实体。所以旅游商品的科学内涵与一般物质商品的内涵是不相同的。

旅游者之所以外出游览观赏,最根本的目的,就是为了追求文化精神的感受、体验和享受。所以旅游商品的质量,应该是指旅游者对旅游商品观赏、体验的精神文化感受程度与满意程度和评价的总和,因而游客感受、体验的满意程度,就成为旅游商品质量判断的尺度和标准。这可从游客对旅游商品的满意度、忠诚度、游客的增长率等指标进行测定。

2. 研究旅游商品质量的具体内容。旅游商品质量研究的具体内容,包括旅游商品质量标准、质量评价、质量影响因素、质量分析、文化品位、美学动能、质量管理等具体内容,也包括旅游商品质量设计、质量效益、旅游商品的可持续发展

① 胥波、羽欣,《全国发展旅游促进就业工作会议召开》,中国旅游报,2007年9月14日。

等内容。

（二）研究旅游商品组合与整体优化

1. 研究旅游商品的数量组合。旅游商品的数量组合，是指一个地区旅游商品的类型、数量设置的比例组合。也是该地区旅游商品的结构体系、层次水平的类型组合、比例配置等的管理活动。自然景观商品或人文旅游景观商品的开发，必须对其数量、规模、类别和层次进行最佳组合，作出最科学的规划设计。旅游商品的数量组合，既要符合旅游市场的需求变化，更要从本地旅游资源、环境条件的实际出发，还要设计如何展现旅游商品质量自身的特色。就旅游企业而言，有旅行社、旅游饭店、旅游交通（车辆、游船）等，他们应有各自的商品类型，应有各自数量的最佳组合和配置。

2. 研究旅游商品组合的范围。就一个旅游地区而言，旅游商品组合的范围包括：旅行社商品、旅游饭店、旅游交通商品、旅游设施商品、旅游服务商品、景观旅游商品、山岳旅游商品、水体旅游商品、民俗旅游商品等旅游商品类型的组合。就一个旅游企业而言，如一个旅游饭店的商品类型有客房、饮食、饮料、娱乐、保健、服务等，也要进行数量的最佳组合和配置。

要进行旅游商品组合，就必须对各类商品进行综合评价；了解市场需求、商品信息、生态环境、商品生命周期；研究旅游商品开发、设计、市场定位、文化品位、美学功能、旅游商品可持续发展。

研究旅游商品组合，就是要对旅游商品的范围、类型、数量进行最佳组合配置和最科学的设计策划。

3. 研究旅游商品的系统组合。旅游商品系统组合，是指商品的开发者，根据市场需求和资源与环境的具体实际，按照系统、关联的原则，对各种类型商品进行组合、系统设计，形成一个不可分割的系统整体。如，一个星级旅游饭店，商品是由硬件和软件两大系统组成的。在这两大系统中又由各自的子系统组合而成，在各个子系统中还可再由更小的子系统有机组合而成。不管哪一级系统，都要分工合作、相互依存、相互关联、相互衔接，成为不可分离的系统整体。

4. 研究旅游商品的整体优化。旅游商品的整体优化，是指旅游商品开发者在整体系统组合的同时，进行优化的组合，使整体的功能效益大大地大于各子系统效益之和。整体系统组合是整体优化组合的手段，整体优化组合则是整体系统组合的目的。

（三）旅游商品的宏观研究和微观研究

1. 旅游商品学的宏观课题研究。所谓宏观，最早是指宇宙的宏大、无边无际的宏观世界，随后引申其意是指事物的全局、整体、战略、谋略、共性等方向性的问题。如，旅游商品学宏观研究的课题有《旅游商品学》、《旅游商品学总论》、《旅游商品学概论》、《旅游商品学导论》、《旅游商品学基础》等，都是涉及各类旅游商品共性问题的研究。又如旅游商品学基础理论研究课题有:旅游商品、旅游商品学的概念,旅游商品学的研究对象、研究目的、研究任务和研究内容、研究方法,旅游商品质量,旅游商品开发、组合、评价标准、商品供求、美学功能、生态保护,旅游商品生命周期,旅游规划、发展战略、可持续发展等,都是属于宏观研究的课题。

2. 旅游商品学的微观课题研究。所谓微观,原是指微小的分子、原子、质子、中子等无限可分的微观世界,随后延伸其意是指事物的细小、具体、纵向的个性问题。如,《旅行社商品学》、《旅游饭店商品学》、《旅游交通商品学》、《旅游服务商品学》等课题,内容细小具体而富个性化。这些课题因自身特征不同而各自不同。主要是指研究的对象、特点、功能、生产、供给、销售、质量等方面有所不同,因而微观课题的结构、体系、内容、任务和方法也有所不同。旅游商品学就是要对这些课题进行研究。

二、旅游商品学研究的方法

任何科学的研究,都有与其他学科共性的研究方法,又有与其他学科相异的个性研究方法。这里论述的是共性研究方法。

(一)唯物辩证的研究方法

唯物辩证的研究方法,是任何学科研究所要应用的根本方法。唯物辩证的研究方法就是采用从实际出发,具体问题具体分析的唯物主义观点;采用一分为二、全面地、发展地观察问题、分析问题的辩证的方法。

1. 坚持从实际出发的唯物主义观点。唯物主义观点,就是从实际出发的观点,就是立足于客观的具体实际,而不是立足于脱离实际的主观认识的观点。旅游者旅游的实际,就是追求游览、感受、观赏、体验文化等精神需求满足的实际,而不是追求购买工艺品和其他物质商品满足的实际。观点问题是涉及方向性、整体性、全局性和战略性的问题。如果还按照学术界的传统观点,认为旅游商品是工艺品、购物品,那么旅游商品学便成为一般的物质商品学了,就必然围绕购买工艺品、购物品的方向去研究旅游商品学的结构、体系、任务和内容了。本书是研究旅游商品的学科、而非研究物质商品的学科,所以必须从旅游商品的具体实际出发去研究旅游商品学。旅游商品和工艺品是两种不同商品的实际,因此旅游商品学的研究必须坚持从旅游商品的实际出发,而不能从工艺品、纪念品、购物品的实际出发,这就是实事求是唯物主义的研究旅游商品学根本方法。

2. 坚持一分为二的辩证方法。辩证法是指一分为二、全面地、发展地研究问题的方法,这是人们观察、分析、处理问题的基本方法。旅游商品学的研究,既要研究什么是旅游商品,又要研究什么是旅游产品;既要研究旅游商品的宏观问题，又要研究旅游商品的微观问题，既要研究旅游商品的本质属性，又要研究旅游商品的非本质属性；既要研究旅游商品的产生又要研究旅游商品的未来；既要研究旅游商品概念的科学论述，又要研究旅游商品的错误论述。总之要全面、发展、一分为二地研究问题。

（二）特殊矛盾的特殊研究方法

辩证的方法、唯物的观点是指导研究一切学科的方法和观点，而各种学科又有各自不同的研究目的、对象、内容和任务，自然就应该有解决各自特殊矛盾的特殊方法。特殊矛盾的特殊研究方法也是一种唯物辩证的方法。

因此旅游商品学研究，在坚持唯物辩证方法的同时，还应采用符合自身特殊矛盾的特殊方法。这就要研究：旅游商品的特性；旅游商品结构的优化；商品市场供求；商品文化品位；商品可持续发展；商品质量；商品由粗放型经营向集约化经营的转变；商品由数量扩张向素质提升的转变；由满足游客的基本需求向满足多样化需求的转变等。通过这些特殊内容研究，去解决旅游商品这一特殊的矛盾。俗话说一把钥匙开一把锁，具体问题具体解决，只有这样研究旅游商品学，才能促进旅游的繁荣发展，才能把我国旅游业培育成为国民经济的支柱产业。

而我国要实现建设世界旅游强国的宏伟目标，最基础的课题，是旅游商品理论与实践的研究。为此深入研究旅游商品学，具有长远的理论意义和现实的实践意义。

思考题

1. 什么是旅游商品学？为什么要学习旅游商品学？
2. 怎样理解旅游商品学研究的对象？
3. 影响旅游商品价值实现的因素有哪些？
4. 试分析旅游商品学研究的任务。
5. 概述旅游商品学研究的主要内容。
6. 概述旅游商品学研究的主要方法。
7. 怎样理解旅游商品的科学概念？
8. 为什么说工艺品、纪念品、购物品不是旅游商品？
9. 如果认为工艺品、纪念品、购物品是旅游商品，会有什么负面影响？
10. 学习研究旅游商品学，有什么积极意义和现实意义？
11. 为什么说研究旅游商品学，能促进旅游经济的繁荣发展？
12. 如何促进游客旅游消费的增长？

13. 怎样理解旅游与国民经济的关系，以及旅游与就业的关系？
14. 为什么说旅游业是朝阳产业？
15. 试分析当前我国旅游业的发展趋势。
16. 当前我国旅游市场的实践，可以不需要旅游商品理论的指导吗？

第二章

旅游商品

● 学 习 要 点

产品、商品的科学概念

旅游商品、旅游产品的科学概念

旅游商品的特点

旅游商品类型的划分

第一节　产品和商品

一、产品和商品的科学概念

（一）产品的科学概念

产品是指不用于出卖或交换，是生产者自我生产或加工、自我消费的具有价值和使用价值的社会劳动物品。产品是人类自给自足自然经济社会的产物。

自然经济是指人类自给自足的社会经济形式。即生产者只是为了满足自身或经济单位（如氏族、庄园）的需要而进行的经济生产形式。

在自然经济社会的初期，由于人类生产力水平低下，生产的劳动物品还不能自给自足，到了后期，才初步能自给自足，但却无多余的劳动物品用于出卖或交换，故自然经济社会生产的劳动物品都是产品。

但是在商品经济社会，也有人们生产或加工的少量劳动物品是自我消费而不用于交换或出卖的。如人们自我加工的生活和饮食物品，农民自我消费的那一部分粮食、牲畜、水果等，所以这一部分劳动物品仍然属于产品的范畴。

（二）商品的科学概念

商品是指生产者以出卖或交换为目的而生产的具有价值和使用价值的有形的社会劳动物品或无形的社会劳动成果。有形的劳动物品，是指出卖所有权，归购买者所有，可以拿走的物质实体商品，如衣服、食品、机器、木材等；无形的社会劳动成果，是指不出卖所有权，只是暂时出卖使用权、观赏权、享受权，购买者拿不走的无形的商品，如知识、技术、服务、表演、景区游览观赏等。

由于社会生产力水平的不断提高和社会分工，人类生产的物品已经超过自身的需求，便出现了劳动物品的交换。牧业从农业分离出来，便出现了农业物品和畜牧业物品的交换，这是人类早期出现的商品交换，随着人们生产技能的提高、生产工具的改进、各种专业生产的出现，就更加促进专业商品的生产和交换，自给自足的自然经济便逐步发展为商品经济了。发展到现代市场经济，无论有形的还是无形的商品，其形态早已发展到数不胜数了。

（三）产品和商品的区别

根据产品和商品的科学概念，二者既有相同的地方，又有根本的区别。相同的地方是指二者都是人类社会劳动的结晶，都具有价值和使用价值，都凝结着无差别的社会必要劳动量。二者根本不同之处，是是否用于出卖和交换。凡是用于出卖或交换的，不管有形或无形，都是商品；否则，就属于产品的范畴。现在人们都习惯地把商品叫做产品，虽然这是理论概念上的混乱，但人们在实践中和感知中还是知道它是指为了出卖交换的产品。只要不影响市场运作和生产经济的发展，人们一时改变不过来，也可不必强求立即改变过来。

二、产品和商品的属性

（一）属性

1. 属性。属性是指事物本身所固有的质的规定性，即事物自身固有的基本特性，它是由组成事物的成分、结构、性质、功能、形态等要素形成的，因此不同的事物具有不同的属性。属性可分为本质属性和非本质属性、自然属性和社会属性。

2. 本质属性。本质属性是指事物的根本特性。根本特性是指事物与事物之间相区别的特性，并能以此与其他事物相区别。如，人能够劳动、思考、制造工具，这是人的本质属性，是人与动物相互区别的本质特性。产品与商品的本质区别，则是指是否用于交换或出卖，是否出卖所有权。

3. 非本质属性。非本质属性是指不能体现事物的基本特性，不能作为与其他事物相区别和判断依据的特性。如人有手脚四肢，但动物也有四肢，这是人与动物不能相互区别的非本质属性。

4. 自然属性。自然属性是指事物本身构成的成分、结构、性能、形态等要素所形成的具有某种使用价值的属性，是事物固有功能的特性，如水可以解渴、火可以加热升温。

5. 社会属性。社会属性是指劳动物品所具有的社会价值的属性。价值是指凝结在物品中一般的无差别的社会必要劳动量。价值展现了劳动物品对社会的依赖性、从属性和赖以存在的社会性，所以劳动物品的生产，如果没有全社会提供的条件和配合是不能进行生产的。任何生活用品、食品或生产工具，都不是哪一个人所能生产的，而是依靠全社会的合作共同生产的。

（二）产品的属性

1. 产品的属性。产品的属性是指产品本身所固有的质的规定性，它是由组成产品的成分、结构、性质、功能、形态等所决定的。具体表现为产品具有价值和使用价值的属性，即产品的自然属性和社会属性。

2. 产品的自然属性。产品的自然属性，是指产品本身因其结构、性质、功能、形态等要素所形成的某种使用价值的属性，即具有能满足人们某种生产、生活需求功能的有用性，人们之所以生产某一种产品，就是为了满足他自身的某种需求。产品的自然属性的形成是由其组成的各种因素所决定的，如果产品的自然属性所展现的有用性不能满足人们的某种需求，人们就不会生产它、研制它。产品的自然属性所展现的有用性越能满足人们的某种需求，人们就越能加工它、生产它，如粮食、棉花、蔬菜、牛羊牲畜等。

3. 产品的社会属性。产品的社会属性，是指产品具有社会价值的特性，价值是指全社会生产该商品所凝结在产品中无差别的社会必要劳动量。因此产品的生产或加工展现了对社会的巨大依赖性和从属性，不是哪一个人所能单独生产的，而是依靠全社会的合作共同生产的。

（三）商品的属性

1. 商品的属性。商品的属性，是指商品本身所固有的质的规定性，它是由组成商品的成分、结构、性质、功能、形态等所决定的。具体表现为商品具有价值和使用价值的属性，即商品的自然属性和社会属性。

2. 商品的自然属性。商品的自然属性，是指商品本身因其结构、性质、功能、形态等要素所形成的某种使用价值的属性，即商品的有用性。这是商品本身的自然构成所形成的固有的属性。如食盐是咸的、醋是酸的，咸味和酸味便是食盐和醋固有的有用性能，消费者愿意购买的便是商品的自然属性。

3. 商品的社会属性。商品的社会属性，是指商品具有价值的特性。价值是凝结在商品中无差别的一般的社会必要劳动量，因此商品的生产或加工反映了商品对社会的依赖性、从属性，即依附于社会而生产、存在的特性。

由于价值是凝结在商品中无差别的一般的社会必要劳动量，因而价值成为商品交换衡量评价的基础，并在价值的基础上形成商品的交换价值。所以价值是交换价值的基础，交换价值则是商品在市场交换时以价值为衡量基础所反映的价值。价值虽然是交换价值形成的基础，交换价值还受其他社会因素如供求关系等的影响，这都属于商品社会属性的反映。

（四）商品的特点

1. 商品具有为出卖而生产的特点。商品生产的目的是为了出卖或交换，是为了满足他人和社会消费的需要。商品之所以能够出卖或交换，是因为商品具有能够满足他人使用价值的自然属性。马克思指出："一个物可以有用，而且是人类劳动产品，但不是商品，谁用自己的产品来满足自己的需要，他生产的就只是使用价值而不是商品。要生产商品，他不仅要生产使用价值，而且要为别人生产使用价值，即生产社会的使用价值。"①

商品这一特点，也说明了商品不同于产品，产品只是为满足生产者自身消费需要而生产的劳动物品。商品则是为了满足他人需要并进行出卖或交换而生产的劳动物品。

2. 商品的价值必须通过出卖或交换才能实现。商品的价值，是一种凝结着无差别的社会必要劳动量的潜在价值。要使其潜在价值转化为现实价值，唯一途径只有通过出卖或交换，其价值才能得以实现。商品之所以能够出卖或交换，其是因为它具有交换价值。交换价值是价值的表现形式。价值的大小是商品交换时衡量的依据。

---

① 《马克思恩格斯全集》第23卷，人民出版社，1977年版，第54页。

（五）商品的形态

商品的形态，按其构成划分为如下三种形态。

1. 核心商品形态。核心商品是指能满足和实现消费者所追求的，具有某种功能、作用的商品，即具有某种使用价值的商品。这种商品的本身，往往又需借助一定的机体才能实现其使用价值，才能使其功能、作用发挥出来。如照相机的核心商品形态，需要借助其机体才能实现拍摄的目的、才能使拍摄的功能得到实现。又如人们购买公园门票，其核心商品形态就是公园景观所具有的游览、观赏的功能，使游客达到观赏、感受的目的。这种能给人以游览、观赏和感受的有用性，就是公园的核心商品。任何商品都有其自身的核心商品，消费者所要购买的就是它的核心商品，只要核心商品符合消费者某种需求，实际上，就是具备消费者需要的某种功能，消费者才会购买。

2. 有形商品形态。有形商品是指那些具有实体形态的物质商品，或者说是为了满足市场需求而生产并通过交换、出卖的一般有形的物质商品实体。由于社会需求多种多样，而且在不断地变化，所以有形的物质商品实体也是多种多样并不断随着需求变化而变化。有形的物质商品实体是由该商品组成的成分、结构、形态、外观、功能、品种、质量、商标、包装等因素组成的有机整体。这就是一般物质商品市场中的主体商品。

3. 无形商品形态。无形商品是指那些为了满足购买者的某种需求而生产并通过交换出卖，但又不具有物质形态外壳的非物质形态的商品。所有无形商品就是非物质形态的商品。无形商品与有形商品一样，同样具有能满足他人需求的功能（使用价值）。如，售后服务、旅游服务、质量保证、信息、安装、调试、免费送货、咨询、广告、宣传等，无形商品也具有社会价值，因为它也凝结着一般无差别的社会必要劳动量，也是和一般物质商品一样具有价值的商品。如，服务人员的技能、知识、品位等都凝结着无差别的社会必要劳动量，因而也都具有价值。

无形商品在一般普通物质商品市场中，不是市场的主体商品，但它可以与物质商品同时存在，甚至必须同时存在。因为有些无形商品是有形商品的补充和附加商品，可以使购买者在购买商品时，获得附加利益和方便，如，销售服务、送货上门、售后三包等。

无形商品在旅游市场、信息市场、教育培训市场等非物质商品市场中，成为市场交换的主体商品。如，旅游市场的旅游者乐于购买的主体商品是观赏、游览、感受和服务，而不是对其有形实体所有权的购买。在这里，景区、景点的物质形态，虽然是物质实体，但却不是游客所要购买的商品。游客所要购买的是对景区、景点实体所形成的景色的观赏、感受这样的无形的精神文化需求。至于在景区、景点游览过程中，所购买的种种奇特的有形实体的物质商品，如工艺品、艺术品、纪念品、购物品等，却非景区、景点的主体商品，而且不属于旅游商品的范畴，也是游客可买可不买的物质商品，因为这不是游客旅游的目的要求。

第二节 旅游产品和旅游商品

一、旅游的概念

（一）旅游的科学概念

旅游概念的表述，国内外有数十种之多。如何判断正确性呢？只要从事物的本质属性上去理解，就能判断该概念是否科学。凡是对事物的本质属性作出科学表述的，就是科学的概念，否则就是不科学的。在传统概念的表述中，有一种最普遍认同的概念，认为旅游是指旅游者离开常住地，外出游览达24小时以上，开展非经营性的活动。这种概念没有完全把握旅游的本质属性。我们认为只要游客是开展游览观赏的活动，如人们早上从常住地桂林出发去阳朔游览，下午7点就回家了，虽然只有十几个小时，仍然应该称为旅游，因为时间的长短不是旅游本质属性的表述。

旅游，顾名思义是指旅行游览，是游客通过旅行达到游览、观赏求得文化精神满足的目的。所以我们认为，旅游是指旅游者为了追求文化精神需求的满足，进行休闲或劳作两种需求而暂时外出的旅行游览活动。偏重于休闲性质的旅游活动，叫做审美价值欣赏性的旅游，如观光旅游、休闲旅游、民俗旅游等；偏重于劳作性质的旅游活动，叫做价值创造性的旅游，如商务旅游、会议旅游等。

（二）旅游的本质

旅游的本质，是指旅游者开展旅游活动的一种特殊文化精神追求的质的规定性的体现。就偏重于劳作性质追求的旅游来说，在古代人们的劳动过程中，发现并产生了对自然景色的留恋与欣赏，于是在劳动过程中和劳动之余，不时进行观赏、审美、游览、娱乐等活动。这些对大自然的审美活动，虽是处于劳动过程中的附属地位，但其本质已经是一种特殊的文化精神追求活动了。这种劳动过程中的旅游活动发展到今天，则为商务旅游、会议旅游、公务旅游、劳务旅游等，也是指人们在完成以商务、会议、劳务（如援外劳务）为主题任务的同时，在当地所展开的旅游活动。

就偏重于休闲性质审美欣赏性的旅游来说，古代就有帝王的巡游、官吏的宦游、买卖者的商游、文人学士的漫游、佳节庆游以及现代大众性的旅游，都是以观赏审美、景色欣赏、学习知识、休闲娱乐等文化精神为追求目的的旅游。

因此不论古代旅游还是现代旅游，本质上都属于人们文化精神的追求，所以这种特殊的文化精神性质的需求，就是旅游的本质特征。

（三）旅游具有劳作与休闲的二重性质

旅游具有劳作与休闲的两重性质，劳作是指人们的劳动或工作，休闲是指人们的文化娱乐精神消遣的需求或行为。旅游二者兼而有之。

1. 以劳作性质为主体地位的旅游。古代劳作性质的旅游，主要是指古代人们在以劳作为主体地位的前提下开展的旅游活动。即在劳动工作之余，如在生产、赴任、出征、经商等劳动工作之余，因某些机遇引发了游览、观赏、审美的需求而开展的旅游活动，所以这种旅游任务是处在附属地位的，劳作任务处于主体地位，如现代的商务旅游、会展旅游、探亲旅游、修学旅游等，就是这种性质的旅游。因为商务、会展、探亲、修学的劳作任务是处于主体地位的，是必须完成的首要任务，而旅游、观光、游览则是处于次要地位的。

2. 以休闲娱乐性质为主体地位的旅游。这种旅游主要是指现代旅游，即主要以观光、游览、休闲、娱乐为主体地位的旅游，劳作则处于可有可无的附属地位。当然也有少数旅游者在其旅游活动中附带进行一些商业、劳务的活动，而绝大多数的游客是以游览、观光、休闲、娱乐为主体任务而开展旅游活动的。

3. 旅游中劳作与休闲性质的比重在不断地变化。旅游中劳作与休闲的比重随着社会经济的发展、时代的进步、交通的发达、人们收入的不断提高、可以自由支配的闲暇时间的增多而不断变化的。旅游越是远古，劳作的比重就越大，休闲的比重就越小；越是现代，二者比重变化越是循着相反的方向而变化。因为旅游的客观条件在变，人们的生活方式在变。

二、旅游产品

按照产品的科学概念，产品是指生产者自我生产、自我消费，不是为了出卖而生产的社会劳动物品，也就是说产品的消费者就是生产者自身。旅游产品是产品中的一种门类产品，既然是属于产品的范畴，那么旅游产品也就是生产者为了自我消费而生产的具有价值和使用价值的社会劳动物品。也就是说旅游产品的生产，不是为了满足他人和社会需求而出卖进而生产的，是为了满足自身的需求而生产的。那么这样的旅游产品，现在社会上还存在吗？旅游开发者所建立的旅游景区、景点、设备、设施……也是为了满足其自身需求和享受的吗？当然不是。如果要说是，那就只能是昔日的皇家园林和官宦人家的园林。如，昔日的苏州园林、颐和园、承德避暑山庄、上海的豫园等，所以旅游产品在现代旅游市场是不存在的。更不可能的是，今天的旅游者自己去修建一个旅游景点供自己游览享受。可见，现代旅游市场只存在旅游商品，不存在旅游产品。

三、旅游商品

（一）旅游商品的概念

1. 旅游商品的科学概念。旅游商品是指商品供给者为满足旅游者特殊文化精神的需求，暂时出卖某些具有价值和使用价值的自然或社会的有形实体，或某些无形的社会人文旅游资源的观赏权、感受权、体验权、参与权，以及某些有形实体的使用权和各种无形服务的享受权的总和。

这里所指的有形实体，主要是指景区景点的自然旅游客体，或加工改造组合的社会人文旅游资源的有形客体。

这里所指的无形的社会人文旅游资源，主要是指民俗风情、传统文化、民间风俗习惯、文化、艺术等社会人文现象。

这里所指的某些有形实体的使用权，主要是指宾馆饭店的客房设备、设施之类的有形实体暂时的使用权。

这里所指的各种无形服务，主要是指各种暂时的服务，如饭店服务、导游服务、餐饮服务、景点服务等。

应特别注意的是，有形或无形旅游商品都是不出卖所有权的：游客游览、观赏、体验、感受的消费过程，同时也是生产的过程；游客对服务的享受、消费过程，同时也是服务的生产过程；游客对设备设施的使用过程，同时也是设备设施发挥功能作用的生产过程。游客的消费、享受、使用一结束，生产也就终止，商品交换也就结束，可见旅游商品的生产与销售是同步的。

2. 旅游商品不同于一般的物质商品。根据旅游商品概念的科学论述，旅游商品不同于一般的物质商品。

(1)旅游商品的有形物质实体是旅游商品的组成部分，但却不同于一般物质商品的物质实体。旅游商品只是暂时出卖有形物质实体的观赏权、体验权、感受权和使用权，而不出卖所有权，而一般物质商品出卖的却是物质实体的所有权。

(2)旅游服务在旅游商品中，和有形景区、景点的实体一样，居于主要地位。服务在一般物质商品中，则是居于辅助的附属地位。

(3)旅游商品中景区实体使用价值的实现，是通过游客在游览观赏过程中获得的体验和感受实现的。而一般物质商品的使用价值，是购买者购买商品后，自己使用或操作才得以实现的。

(4)游客游览、观赏时，体验和感受的产生过程，与游客游览、观赏的消费过程是同步的，旅游商品非物质实体无形服务的提供过程，也与游客的消费享受过程是同步的。而一般物质商品有形实体的消费与生产过程却不同步。

(5)旅游服务虽然是无形的，但和有形的普通物质实体商品一样，都具有价值和使用价值，都属于商品范畴，但又与物质实体商品不一样，它是不出卖所有权的。服务过程的完成就是服务商品交换和出卖的结束。

(二)树立科学的旅游商品观

1. 商品的科学概念是由其本质属性决定的。商品有各种各样物质实体的商品，也有非物质实体的商品，如精神文化感受体验的商品：音乐、舞蹈、杂技、表演的商品，游览、观赏、感受的商品等等。旅游商品是属于精神文化感受体验的商品，所以旅游商品不同于一般的物质商品。商品的科学概念，不是由人们的主观设想所决定的，而是由其本质属性决定的。属性，是由组成事物的成分、结构、性质、形态、功能所决定的。人们主观认识的表述必须符合事物的客观属性。

2. 旅游商品是属于出卖精神感受非物质形态的特殊文化商品。马克思认为，商品是指商品经营者为了交换、出卖而生产的具有价值和使用价值的有形的物质实体形态。马克思同时又认为，商品也是指为了交换或出卖而生产的具有价值和使用价值的无形的非物质形态的社会劳动成果。如人类社会非物质文化遗产的出卖（如戏剧的演出）；或让人们获得文化、知识、精神感受需求的满足而提供的服务；或为他人某种实用技能的学习和掌握而提供的培训；或为满足人们某种娱乐文化的需求，而提供戏剧、音乐、歌舞、演出的享受、观赏、感受和服务。所以马克思早已指出："服务这种劳动所提供的特殊使用价值，就像其他一切商品也提供自己的特殊使用价值一样……这一点并不使它例如同某种机器（如钟表）有什么区别"[①]，又说，"某些服务，或者说作为某些劳动或劳动结果的使用价值，体现为商品……例如一个歌唱家为我提供的服务，满足了我的审美的需要；但是，我所享受的，只是同歌唱家本身分不开的活动，它的劳动即歌唱一停止，我的享受也就结束；我所享受的是活动本身，它引起我的听觉的反应，这些服务本身，同我买的商品一样。"[②]马克思在这里所指的商品，就是消费者购买一种无形的文化精神的"观赏"、"感受"和"体验"。这种无形的"感受"和"体验"，同有形物质实体的商品一样，两者并没有什么差别，都是商品。所不同的是"有形"和"无形"的形态而已。由此可见，旅游者在游览观赏过程中所获得的感受、体验和精神文化的满足，与欣赏歌唱家的歌唱所获得的文化精神感受一样，都是商品，是属于观赏、体验、感受的非物质形态的商品。所以商品概念的科学范畴，是指有形物质实体形态的商品，也指无形的非物质实体形态的商品。那么旅游商品则是属于出卖无形的精神感受的非物质实体形态的特殊文化商品。

3. 工艺品、纪念品和旅游者的购物品不是旅游商品。

（1）工艺品、纪念品和旅游者的购物品不是旅游商品。学术界几乎普遍地认为工艺品、纪念品和旅游者的购物品是旅游商品。理由是旅游者购买的；是供给者在旅游市场出卖的。应该说这是完全错误的。

第一，事物的科学概念，决定于是否对其本质属性做出科学的表述，不是决定于由谁购买，和出卖的地点。如果旅游商品的概念随着购买者和出卖地点的变化而变化，则失去判断事物（旅游商品）概念的科学标准和依据，必然就造成理论错误和实践的混乱。

---

① 《马克思恩格斯全集》第26卷第1册，人民出版社，1972年版，第436页。
② 《马克思恩格斯全集》第26卷第1册，人民出版社，1972年版，第435页。

因为商品性质原本是什么,就是什么。是不可能随着购买者的变化和出卖场地的变化而变化的。事物的性质是由它的本质属性决定的。属性是指事物的根本特性,是客观的存在,事物的本质属性是永远不会改变的。工艺品、纪念品和游客的购物品都是物质商品,其根本性质是永远不能改变的。

第二,旅游商品只是暂时出卖观赏权、体验权、使用权和享受权的,决不出卖所有权,而工艺品、纪念品、购物品是属于一般的物质商品,它是出卖所有权的,购买者是可以带走的。所以两者不能混为一谈。

第三,旅游商品的生产和消费是同步进行的。景点、景观实体的观赏性、体验性、美感性的生产,只有借助游客在游览的消费过程中,对它的观赏、感受,才同时展现出来的。所以人们的消费和它本身的生产是同步进行的。消费一结束,生产也就结束。旅游服务商品的生产和消费更是同步进行的。而工艺品、纪念品、购物品却是分步进行的,消费与生产是不同步的,是生产在先,消费在后的。所以旅游商品与工艺品等是不能混为一谈的。

第四,旅游商品受到鲜明的季节性的影响,而工艺品、纪念品、购物品的季节性却不鲜明,而且不受影响。

(2)学术研究不能人云亦云。有的学者还说国外学者都认为工艺品等是旅游商品,我们也应该这样认识。应该说,这也是不正确的。事物的概念并非是国外学者说的,或哪一个权威学者说的就是正确的,而是由事物的本质属性决定的。如果说国外学者说的,就是正确的,那么中国是美国的国外,中国学者说的,美国的学者也就应该按照中国这个国外学者说的去做。可见,人云亦云不是科学的研究态度。事物的科学概念,归根到底是事物的本质属性说的才是科学的。

由此可见,工艺品、纪念品和游客的购物品不是旅游商品,而是一般的物质商品。

(三)旅游商品的构成

1.旅游核心商品。旅游核心商品是指能满足旅游者观赏体验文化精神需求的商品。如,游客购买门票游览景区,其核心是为了观赏、游览,获得体验、感受,而不是为了购买景区本身。景区本身由于自然结构、人工设计开发,使之具有游览观赏价值,这种游览观赏价值就是景区的核心商品。景区游览观赏价值的大小,就是其核心商品价值高低的展现。

又如旅游服务商品是旅游整体商品中的重要组成部分。服务商品的核心就是为游客提供文化的、精神的、物质的方便、安全和享受。游客对此评价的高低,就是服务核心商品质量的展现,也是吸引游客购买该旅游商品之所在。

2.旅游有形商品。旅游有形商品是指具有观赏价值、使用价值物质实体形态的商品。这种商品又分为两种类型:

(1)暂时观赏体验的有形商品。这是一种具有观赏体验价值物质实体的有形旅游商品。如,旅游景区、景点、园林等之所以成为有形旅游商品,是因为它既是具有物质形态的有形实体，更是具有观赏游览价值的有形的物质实体。它暂时出卖的主要内容，就是它的游览价值和观赏价值。

（2）暂时使用、享受的有形商品。这是一种具有使用价值的物质实体的有形商品。如，旅游饭店客房的住宿、交通车辆的乘坐、设备设施功能的享用等，都是暂时供游客享用的有形商品实体。它只是在有限时间内暂时出卖其使用价值的有形旅游商品。

3.旅游无形商品。旅游无形商品，是指旅游供给方为了使旅游者在游览过程中，更好地获得体验和感受、方便和满足，而提供的占主要地位的非物质形态服务商品。

旅游者在游览观赏过程中，由于对景区景点的形成、结构、景色、审美、历史、文化、民俗等方面了解程度的差异，非常需要提供导向性的服务，以加深对景点的理解，加深对游览观赏的文化感受，从而获得更好、更美的精神享受，同时在生活中时不时会遇到这样那样的不适与困难，也是需要提供帮助服务的。

旅游者开展的旅游活动，涉及景区景点的旅游观赏，涉及民俗风情的参与与欣赏，涉及自然和社会人文的许多相关知识，这就必然要求供给方提供许多相关的组织、计划、安排等服务工作，以满足其文化精神的需求。

由此可见，旅游无形商品是旅游供应方为旅游者开展旅游活动所提供的必不可少的旅游商品。如果没有这种无形的旅游商品，旅游者文化精神需求的满足也就难以实现，景区、景点的有形实体商品也就无人购买。因此，旅游服务商品在旅游业中占据着主导的地位。

旅游商品的以上三种形态如表2-1所示。

表2-1　旅游商品构成的形态

形　态	旅游核心商品	旅游有形商品	旅游无形商品
内　容	旅游者文化精神的追求 观赏、体验、感受	形体韵律 外观形态 标志特色 结构组合 品种类型 美学感受 设备装置 舒适方便 文化品位 艺术形象	观赏感受 经历参与 体验享受 劳务服务 文化精神体验 策划管理 信息服务 信誉形象 安全保证 奖励、奖券
	不出卖实体所有权	只出卖观赏权、体验权	只出卖享受权、参与权

四、旅游商品的产生和未来

(一)旅游的产生和发展

旅游是人类社会经济发展的产物,是人类文化精神的特殊需求,经历了三个阶段,即古代旅行、近代旅游和现代旅游。可以预测,未来的旅游将是一种全新的景象。

1. 古代旅行。旅游是人类追求文化精神满足的活动,而旅行是人类为了某一种经济或生活需要的满足而进行的空间场地位置移动的活动。

(1)古代人类旅行的萌芽。早在人类原始社会的前期,生产力极其低下,人类没有旅行的需求。随后,人类进入了新石器时代,产生了人类第一次农业和畜牧业的大分工;到了原始社会晚期,人类出现了第二次大分工,即手工业从农业和畜牧业中分离出来;到原始社会末期和奴隶社会早期,人类出现了第三次大分工,即商业又从农业、畜牧业和手工业分离出来。由于人类社会三次大分工,社会生产关系不断变化,人类之间产生了新的需求和交往,便有了旅行活动的萌芽。

随着人类进入奴隶社会,人类的旅行活动又得到了促进和发展。

(2)特定任务旅行的产生。古代特定任务的旅行是随着国家的形成、奴隶制度的建立、特权阶级的出现、人们为实现某种特定任务而进行的旅行活动。如公元7~8世纪阿拉伯国家帝国时代,为完成朝见君主或圣地的朝觐制度而进行的长途旅行;又如我国古代帝王的巡游、官吏的宦游;买卖活动的商游、宗教活动的出游等。对这些旅行活动,有的旅游著作称为自然观光旅行,但是其首要目的并不出自于对自然观光的需求,而是出自于完成其自身特定任务的附带需求,故本书称之为古代特定任务的旅行。

2. 旅行向旅游的转化。18世纪60年代开始的工业革命,有力地促进了生产力的发展,新式交通工具的产生使得远距离的旅行成为可能,为旅游的大众化创造了条件,从而促进了旅行向旅游的转化。

工业革命还促进了世界大规模的航海旅行,如哥伦布发现了美洲新大陆,麦哲伦、狄加诺第一次实现了绕地球一周的航海大旅行。18世纪中叶,世界第一次出现了达尔文的环球航行。可以说这是人类历史上第一次有特定目的、真正自觉的有计划的、远程的自然观光旅游。这样,原来不是以游览观光为首要目的的旅行活动,便逐步转化为以游览观光、休闲度假、娱乐为首要目的的旅游活动。

3. 近代旅游和现代旅游。

(1)近代旅游。学术界认为近代旅游是从1841年英国的托马斯·库克(Thoms Cook)组建的世界上第一家通济隆旅行社开始的,标志着世界近代旅游业的诞生。67年之后,1908年饭店业开山鼻祖斯塔特勒在美国纽约建造了世界上第一座饭店,并明确提出了饭店的商品就是服务。饭店的兴起也是近代旅游发展形成的一个重要标志。

(2)现代旅游。现代旅游是社会化、规模化、大众化的普及的旅游,这是第二次世界大战以后社会商品经济的不断发展繁荣的结果。二战后科学技术的高速发展、生产力水平的不断提高、世界商品经济的繁荣、交通运输工具的不断改进、城市化进程的加速、人口的迅速增长、人们文化精神追求审美素质的提高,以及各国政府对旅游主导作用的支持,都大大地推动了现代旅游的形成与发展。

现代旅游繁荣发展还有两个最重要的因素,就是人们可供自由支配的收入和闲暇时间的增多,从而使得旅游日益成为人们生活中不可缺少的组成部分。加之商品经济的繁荣,各国之间的外交、贸易、文化、科技、学术等活动的开展,以及国内地区之间的各种活动的开展,使国际旅游业日新月异。据世界旅游组织《旅游业:2020 年前瞻》的展望报告,全世界每年将有 16 亿人到外国旅游,每年国际旅游的花费是 2 万亿美元;每年将有 160 亿人在本国国内旅游,花费是 20 万亿美元。这充分显示了未来的旅游是一个极其巨大的市场。

(3)未来旅游的展望。预计世界局势今后不会发生巨大的动荡,未来旅游业将成为全球所有行业之首。全球和平力量的发展将逐渐成为主宰世界和平发展趋势的主导因素;科学技术的发展将会以不可预测的速度飞跃向前,从而给人类带来极为巨大的物质财富和精神财富;但所有人类物质生活和精神生活的基本需求,都将得到最佳的满足。人类既自觉地自食其力,获得极为丰厚的劳动酬劳,又享受着高尚和谐美好的幸福生活,那时,旅游则成为人类生活中的首要内容。不但社会能提供最佳的交通、设施和服务等必备的条件,人们自身也具有足够的收入和时间以保证自身旅游活动的满足。那个时候,全球只有两个特点:生产力高度发达、物质极大地丰富,人类都享受着高尚的物质文明和精神文明的旅游生活。

(二)旅游商品的未来

1. 旅游商品与旅游业同步发展。旅游商品是伴随着旅游的产生而产生的,旅游商品产生和发展的每一步都是旅游企业组织经营的,所以旅游商品的产生和发展与旅游业的产生和发展几乎是同步的。没有旅游业就没有旅游商品,没有旅游商品也就没有旅游业。旅游和旅游商品问题实际上是一个供求问题。旅游者旅游活动的开展,产生了吃、住、行、游、购、娱的需求;游览、观赏活动的开展,产生了高品位的文化精神需求,于是产生了旅游企业相应的商品供给。供给满足了旅游者的需求,又推动了需求的发展,于是需求与供给就相互促进不断繁荣发展。

2. 旅游商品的发展空间无限广阔。旅游正在成为当今人们生活的组成部分,旅游者的队伍正向大众化的方向普及,旅游业被誉为朝阳产业,所以旅游商品的发展有着无限美好的广阔空间。

3. 旅游业将成为国民经济的支柱产业。旅游业是一个联动性很强的产业。因为旅游者在游览、观赏、审美消费过程中，涉及方方面面的需求，几乎涉及国民经济的各个行业，它的发展又必然带动和促进关联行业的发展。现在无论是国内或是国外旅游、旅游者人数或旅游者消费，每年都在攀升。为适应旅游商品经济的发展，国内外对旅游业的投资总额在不断上升，而旅游投资又将产生巨大的乘数效应。完全可以预见，旅游业必将成为全球的最大产业，旅游业将成为国民经济的支柱产业。

五、旅游商品的二重性

旅游商品的二重性与第一章所述物质商品的二重属性本质上是一样的，即具有使用价值的自然属性和价值的社会属性，但又不完全相同。

（一）旅游商品的自然属性

旅游商品的自然属性也是指它的使用价值，即它的有用性，但这种有用性与一般物质商品的有用性不同，它只是指可供旅游者游览、观赏、感受自然生成的有用性。这种有用性，是旅游自然景观、社会人文景观的结构、性质、功能、形态等特征所形成的自然属性。规定了购买者只能就地观赏、就地游览、就地消费，生产和消费是同步进行的，是不出卖实体所有权的，购买者是不能带走的，留下的只是美好的感受和回忆。而一般物质商品的自然属性规定了它是出卖所有权的，购买者是可以带走的，它是商品供给者早已生产好了的物质实体，购买者可以随时消费或使用，直到它的使用价值终结为止。

（二）旅游商品的社会属性

旅游商品的社会属性也与商品一样，是指商品的价值属性，都分别凝结着无差别的社会必要劳动量。但物质商品出卖的是价值实体的所有权，而旅游商品却不出卖价值实体的所有权，出卖的是游览观赏权。这种游览观赏的设计、组合、服务也是凝结着社会必要劳动量的。因而旅游商品也和一般物质商品一样，同样具有社会属性，具有价值。旅游者购买旅游商品所支付的代价，是由旅游商品的价值决定的。

（三）旅游商品的社会性

旅游商品的社会性，和物质商品一样是对社会的从属性、依存性。首先，旅游商品依附于旅游者这个社会群体的需求和购买，也依附于整个社会的生产和供给。市场的需求和供给反映了整个社会的人与物的关系，也是旅游商品消费和生产社会性的表现。其次，旅游商品的社会性，还表现为依附于社会市场的交换和某些相关政治、经济和社会交通文化等因素的影响和制约的各种社会关系。旅游商品对旅游者需求的满足，旅游商品的供给，都必须通过市场交换，其价值才能实现。这也是旅游商品交换价值社会性的表现。

六、旅游商品的特征

（一）不出卖所有权

不出卖有形物质实体或无形非物质形态的所有权，这是旅游商品有别于一般物质商品最根本的、最显著的特点。旅游商品出卖的只是景区、景点暂时的观赏权、体验权、游览权、经历权，饭店客房暂时的使用权，以及旅游服务暂时的享受权。而有形物质实体和无形非物质形态的所有权是不出卖的。

作为商品，既有以出卖物质实体所有权的千万种物质商品，也有以出卖观赏、体验、享受性质的戏剧、演出、歌舞、表演，以及知识、技能传授、学习培训等非物质形态的商品。旅游景区景点观赏权、体验权的出卖，就是非物质形态的商品。这正是旅游商品最根本的特征。

（二）观赏性、体验性

观赏性，是指旅游商品有形物质实体的优美景色给人以美的感受，能吸引人们游览观赏体验的特征。这是旅游有形商品本身美学观赏形象所展现的特征。也表现了旅游有形商品实体的美学价值。

由于旅游景区、景点形态结构的多种多样，因而不同景区、景点，都有各自不同美学价值的观赏性形象。如，自然山水形态与岩洞实体形态的美学观赏形象都各有自身的特征。山、水、洞、石、动物、植物等旅游资源，经开发、策划、组合而成为自然旅游有形商品实体，都有各自的美学观赏形象，有的还可经过组合包装而形成综合的审美观赏性形象。

社会人文旅游景观，也因结构的多种多样都有各自不同的美学观赏形象。如，古代历史遗迹、古代建筑、文化艺术精粹、历史遗物、历史科技成果等，通过人文景观、博物馆、纪念馆等载体，展现了其科学文化、美学艺术观赏性、体验性形象。如，北京故宫展现了古代建筑与古代文化遗物的科技水平与美学价值，西安的秦陵兵马俑遗迹，展现了秦代科学文化水平。这些都具有极大的观赏体验的文化价值。通过观赏，游客还可学到许多新的知识，扩大了视野，受到了教育。

社会人文非物质形态的无形旅游商品，如民俗风情、文化传统、民族节庆、宗教信仰等所举办的相关活动，都具有观赏性、体验性和参与性的特征。

现代社会经济与科技文化发展的成果，如三峡水电工程、大型港口建设、现代化新兴城市的建设（如深圳、上海浦东的开发等），既是具有观赏游览特征的有形的旅游物质实体景观商品，也是展示现代科技经济建设成就的有形旅游实体商品和现代社会人文旅游物质实体商品，而且具有巨大的爱国主义教育价值。

（三）文化性

1. 文化性特征是指有形和无形旅游商品所展现的文化品位。有形的自然旅游商品文化，是指人们在商品内在资源文化内涵基础上，经过开发、整合、加工、修饰、美化的“人化”过程，而成为“人化”了的自然实体，所展现的文化性特征。如，山水文化、奇石文化、岩溶文化、地质文化、田园文化、溶洞文化等，这些文化特征都具有美学的欣赏价值，从而吸引游人游览观赏，并产生难忘的体验。

有形的或无形的社会人文旅游商品文化，本身就是人类历史长期积淀的物质文明和精神文明，经过人们的开发、修饰、美化，更能显示高尚文化品位的美学特征。

2. 文化性特征是旅游业所展现的文化品位。游客对文化精神的追求是旅游根本目的之所在。而旅游业是满足旅游者需求的供给行业，需求决定供给，供给必须服务需求、满足需求，所以旅游业必须具有能满足旅游者文化品位需求的文化性特征。

旅游者的旅游，除了游览、观赏、体验、感受的需求外，还有吃、住、行、购、娱等其他需求，旅游业还必须在这些方面，满足旅游者文化精神享受。如：供给的餐饮，既要使游客吃饱，更要使其吃好，让游客享受到传统美食文化的特色；提供的住宿，不仅能使客人舒适地休息，更要提供高雅文化的设备设施和高文化品位的接待与服务。

总之，旅游业在提供高文化品位物质消费商品的同时，还应提供高文化品位精神消费商品。展现文化性特征是旅游业为旅游者服务的依托，是旅游者旅游需求的灵魂。

（四）服务性

服务，是指为他人、为集体或为某种事业的需求创造条件谋取方便或利益所进行的工作。服务性，是指旅游无形商品所展现的以提供热情、主动、周到服务为主体的特征。旅游者旅游的整个过程，所涉及的吃、住、行、游、购、娱的有关需求，都离不开服务行业提供的服务。服务是旅游无形商品最突出、最显著的特征。旅游者离开了服务，旅游就寸步难行，旅游业离开了服务，旅游业的业务就无从开展。

旅游服务性，表现为可见性服务和不可见性服务的特征。可见性服务是指直接面对面为旅游者所提供的行为形象和视觉形象的服务，如迎宾送客服务、饭店服务、景区导游服务、交通服务、餐饮服务、游客特殊需求的个性化服务，以及高品位的“金钥匙”服务等所展现的主动而又富有文化品位和服务技能的服务，如周到、热情、友情、礼仪，想客人之所想，急客人之所急等方面的服务。不可见性服务，是指为旅游者间接感受到的服务理念所展现的服务形象。如旅游策划、活动安排、线路组织、景区建设、饭店设施等方面的间接服务。

旅游商品的服务性特征，不同于一般物质商品中的服务，物质商品出卖时提供的包送、包修、包退、包换、品牌、包装等内容的服务，是商品出卖的附属内容，是促销的手段。旅游无形服务商品是旅游商品的主体商品，是旅游无形商品的主要特征。

（五）生产、消费的同步性

生产与消费的同步性，是指旅游商品的生产过程和消费过程具有同步进行的特征。

旅游是指旅游者在游览观赏和参与的过程中，同时获得文化精神的美学体验与感受。这种体验与感受，必然是在进行游览和参与同一过程中才能获得的。这就说明了旅游核心商品的生产和消费是同步进行的，旅游者体验、感受和满足，是在游览、观赏和参与中的体验、感受和满足，离开了游览观赏或参与的过程，游客就无法获得体验、感受和满足，是在游览、观赏和参与中的体验、感受和满足，离开了游览观赏或参与的过程，游客就无法获得体验、感受和满足。这就说明旅游商品的消费过程，也就是旅游商品的生产过程，或者说，旅游商品的生产过程，也就是旅游商品被消费的过程，所以二者是同步的。尤其是旅游无形商品更是如此。如旅游服务结束了，旅游消费也就终止了。

这种生产与消费同步性的特征，对一般物质商品来说是不同步的，有先后顺序。

（六）不可贮存性

不可贮存性是指旅游商品具有不可贮存使用的特征，即经营者不可能贮存待销，购买者也不可能带走贮存使用，这一特征是由商品的生产与消费的同步性决定的。因此，旅游商品的出卖和销售，必然在同一时间、地点范围内同步进行，否则，就会失去时效，造成损失。如，饭店今天的床位，不可能贮存到明天再与明天床位一起累计出卖，客人也不可能把今天的床位买下贮存到明天消费。同理，旅游景观景点的观赏、旅游服务的享受，也不可能贮存出卖或贮存消费。

（七）季节性

季节性特征是指旅游商品因受季节气候变化和不同国家、民族地区节假日等因素影响，具有旅游淡季和旅游旺季的特征。为了改变这种状况，有的旅游企业开发了新的旅游项目，提高了经营服务的文化品位，丰富了旅游商品的内容，从而使旺季更旺、淡季不淡。

（八）旅游商品组合的综合性

首先，旅游商品组合的综合性特征，是指旅游商品具有因组合而形成整体综合性的特征。旅游商品不同于一般物质商品，它是一种由有形商品、无形商品和核心商品，围绕如何以满足旅游者文化精神需求为服务中心的具有高文化品位的特殊商品。在有形商品中，又有许多各自相对独立而又互为关联的商品，组合成一个整体商品形象而吸引游客的，如旅游景观商品、民俗商品、服务商品、旅行社商品、饭店商品、交通商品、娱乐商品、园林商品、设施商品等，虽然各自有各自的组成内容，但又互为关联而在一定的范围内形成一个整体的旅游商品形象。同时另一方面，这些内容又都成为整体商品的组成部分，他们基本上要共同配合进行整体配套销售，如旅行社商品、饭店商品、景区商品、交通商品、服务商品等，都是整体组合配套销售的。虽然也有例外，但游客总是冲着某一地区旅游商品整体组合形象前往旅游的，从来没有哪一位游客只是冲着某一地区某一单项旅游商品而前往旅游的。

其次，旅游者在旅游过程中需要吃、住、行、游、购、娱，为此，旅游目的地的旅游供给方都精心组合相关的旅游商品和一般的旅游消费物质商品以满足旅游者的相应需求。

第三节　旅游商品类型的划分

了解旅游商品的类型，对指导旅游商品的开发与实践、促进旅游业的发展繁荣具有重要意义。旅游商品的类型，因划分角度不同而有不同的类型。

一、按旅游商品功能划分的类型

（一）单一观光型旅游商品

单一观光型旅游商品，是指具有游览观赏的自然风光和人文景观单一功能的旅游商品形态。对旅游者来说，它只是追求游览观赏这样一种单一旅游功能享受的商品。

旅游是从单一观光功能开始的，单一观光型旅游商品也是现代旅游者旅游活动的首选内容。但由于旅游者需求的扩大，单一观光型旅游已不能满足旅游者的需求，正在向多种功能旅游需求转变，所以旅游供应商在开发单一观光旅游商品的同时，还必须考虑如何开发多功能旅游商品，才能更好地满足游客的需求。

（二）多功能复合型旅游商品

多功能复合型旅游商品，指不是以满足旅游者追求游览观光单一功能为唯一目的，而是以满足旅游者能同时实现其他任务为目的的多功能复合型的旅游商品。这种旅游商品的产生是适应现代旅游者需求扩大变化的结果，因为随着现代商品经济和交通的发展，商务旅游、会议旅游、公务旅游、宗教旅游、疗养旅游、探亲旅游、度假旅游、休闲保健旅游、避暑旅游、自助旅游、自驾车旅游、探险旅游、周末旅游等类型的旅游活动随之兴起，旅游者开展这些旅游活动的首要目的是商务、会议、公务、疗养等，而不再是游览观光。游览观光只是成为旅游者完成其首要目的之后的附带任务了。所以这种旅游称之为多功能复合型的旅游，或非观光的多功能旅游，而且这类旅游的比重正在不断地扩大。

尽管多功能复合旅游比重在加大，但是观光旅游仍然存在，而且是旅游者开展多功能复合型旅游选择的基础。越是著名的观光旅游的城镇，越能吸引游客前往开展多功能复合型旅游活动，如会议旅游、商务旅游、会展旅游等都乐于选在观光旅游的基地开展。因此，观光旅游是多功能复合型旅游开展的基础，复合型多功能旅游又能有力地促进观光旅游的发展。所以积极开发多功能非观光旅游商品，既能满足现代旅游市场发展的需求，又能促进观光旅游的繁荣发展，具有现实的积极意义。

（三）旅游服务商品

1. 旅游服务商品的概念。旅游服务商品是指旅游供应商为满足旅游者的文化精神需求，获得最完美的经历和感受，而提供的非物质实体的劳动服务商品形态。由于它不是生产者自我消费而是以出卖为目的的劳动服务，所以是一种商品，而且是旅游整体商品组合中的重要组成部分，也是旅游商品视觉形象中的重要组成部分。

2. 旅游服务商品的构成。

（1）静态可见性服务商品。静态可见性服务商品是指体现旅游企业服务理念和服务宗旨的看得见的、旅游者直接感受得到的静态形象实体商品。如，景点的自然旅游景观、社会人文景观、饭店建筑、旅游设施、旅游环境、旅游企业名称、旅游品牌标志、旅游企业图案、旅游吉祥物、旅游橱窗陈列、旅游员工着装、旅游员工行为规范、旅游广告、旅游交通工具、旅游景点的标志牌、路标及警示牌、旅游招贴画、旅游地图、旅游指南、旅游资料、旅游简介等大大小小为满足旅游者文化精神需求而设计塑造的静态实体形象商品。这种静态可见性旅游服务商品的功能只是为旅游者展示旅游实体商品形象，加深和促进对实体商品的理解、感受服务。这种静态服务商品是不出卖的，但少数如说明书、简介之类是可以赠送的。

（2）动态可见性服务商品。动态可见性服务商品是指体现旅游企业服务宗旨和理念，旅游者看得见的直接感受得到的服务形象商品。如，旅游促销、旅游游览、旅游新闻发布、旅游联谊活动。这种动态服务商品加深了旅游者对旅游商品形象的了解，促进了旅游的繁荣发展，也是旅游服务商品的重要组成部分。

（3）面对面的可见性具体服务商品。面对面的可见性具体服务商品是指旅游企业员工与游客面对面地直接接触，主动地提供具体的服务。这是一种灵活的个性化服务，想客人之所想、急客人之急，客人立即能感受到的，且能互相交流的可见性服务。如，总台服务、客房服务、导游服务、迎宾服务、送客服务、餐饮服务、金钥匙服务。这种服务还有特定的具体要求，如员工的仪容、仪表、态度、礼仪、文明用语、服务技能等，而且要培训上岗。这种可见性服务商品，是游客接触最多、影响最大的服务商品，也是最能展现旅游地形象，最易发生矛盾、出现问题的商品。

（4）不可见性服务商品。不可见性服务商品是指旅游企业为游客提供的不可见的但可以感受到的旅游服务商品。如，旅游企业对游客的服务宗旨和理念、组织管理、市场开发、设施设备、环境建设、形象塑造、员工培训等大量看不见的工作，实际上都是围绕着如何为游客服务而进行的间接性服务，这些服务也是为了出卖给游客而开展的，所以也是一种商品。虽然不是游客所见，但却是为旅游者提供完美服务的重要组成部分，因而也是旅游服务商品的重要组成部分，而且也可以为游客身处其境所能感受得到的。如果没有不可见性旅游服务商品，就不可能有可见性旅游服务规范的商品。

3. 旅游服务商品结构图示。旅游商品的可见性服务和不可见性服务，构成了旅游商品的整体服务。它们的关系如图 2－1 所示。

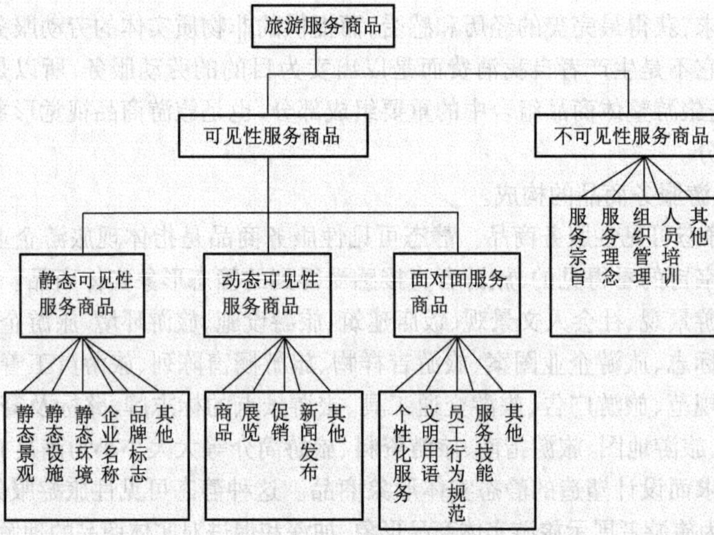

图 2－1　旅游服务商品结构图

二、按结构形态划分旅游商品的类型

本章第二节已对旅游商品形态进行了阐述，这里就其形态划分的类型绘制表2－2。

表 2－2　旅游商品形态构成表

有形旅游商品构成	无形旅游商品构成	核心旅游商品构成
形体　外观　标志　结构 品种　景色　设施　艺术 文化　实体	游览　观赏　经历　体验 服务　文化　安全　信誉 方便	提供满足旅游者文化 精神追求的相应功能

三、按商品性质划分旅游商品的类型

（一）旅游饭店商品

旅游饭店商品，是指旅游饭店为满足旅游者（住店客人）食宿和文化精神的相应需求，而提供暂时使用的服务设施和无形服务享受的一种旅游商品形态。这是一种以饭店建筑实体和相应设备设施为凭借，为旅游者提供以食、宿、行、游、购、娱以及劳务服务为内容的一种综合性的旅游服务商品。

根据国家对饭店档次设置的“星级标准”，饭店分为五种等级，用星（★）的数目表示：一星级、二星级、三星级、四星级、五星级、白金五星级。星数越多，饭店级别越高，服务质量要求越高。

（二）旅行社商品

1. 旅行社、旅游公司或其他同类性质的组织机构，是指从事招揽、接待旅游者，组织旅游活动，具有法人资格实行独立核算的，提供中介服务性质的企业。

2. 旅行社商品，是指为旅游者旅游进行中介服务，提供信息、组织活动、设计线路、计划安排、导游讲解等无形服务的一种旅游商品形态。

3. 旅行社在现代旅游活动中占有举足轻重的支柱和媒介作用，这是现代旅游日益繁荣发展的结果。

（三）旅游景观商品

1. 旅游景观，是指旅游开发商针对自然或人文资源，选择组合形成具有游览观赏价值的有形或无形的旅游综合体。

2. 旅游景观商品，是指旅游开发商以旅游景观为依托，进行设计、策划、组织旅游者进行游览、观赏、体验和服务的一种旅游商品形态。旅游景观商品不是开发商自我观赏体验，而是出卖给旅游者游览观赏的，所以它是一种商品。

旅游景观商品的核心内容，是组织游客对景观的游览观赏，获得文化精神的感受。

（四）旅游交通商品

1. 旅游交通，是指开发商为旅游者提供空间运转和邮电通信服务的总和。交通越是现代，游客的旅游活动就越是完美。没有旅游交通的服务，游客是举步难行的。如，航空公司、火车专列、旅游车船等是旅游繁荣发展的基础。

2. 旅游交通商品，是指旅游供给商专门为游客旅游的空间转移进行策划、组织、设计，并提供最完美服务的一种旅游商品形态。

世界上第一家旅行社创始人英国托马斯·库克，于 1846 年成功地组织了 350 人到英格兰旅游，这是全世界第一个旅游交通商品。

四、按商品级别划分旅游商品的类型

（一）世界级别自然文化遗产

1. 文化。文化是指人类在改造自然、改造社会和改造自身的长期活动过程中，创造的物质文明和精神文明的历史积淀。文化遗产则是古代人类遗留下来的代表物质文明和精神文明的物质财富和精神财富。

2. 自然文化——附会文化。自然界在人类产生的亿万年以前就已存在，而文化是人类社会产生以后的社会人文现象。所以自然界本身不可能存在文化，因为文化是人类的社会文化现象。那么自然文化又是怎么回事呢？自然文化是人们对大自然通过“自然的人化”过程，使其成为“人化的自然”的结果。所谓“人化”，是指人们对自然界的某一部分，如景观、景点人性化、拟人化地看待，使之成为人性化的自然，如桂林的象鼻山、云南石林的阿诗玛头像、四川乐山的睡佛、湖南新宁县舜皇山的睡佛等，都是人性化、拟人化了的自然现象。人们又在这一基础上不断地塑造多种传说故事，从而形成了相应的文化内涵，如象鼻山文化、阿诗玛文化、乐山睡佛文化、舜皇山文化等。对这些文化内涵，按照“自然的人化”和“人化的自然”的理论，一般可称之为自然文化。其实自然文化是一种附会文化，是人们把自然客体看做人性化的客体，附会在它身上而展现的一种“文化”现象。自然界是没有文化的。

3.世界自然文化遗产。遗产是指前人留给后人的物质财富或精神财富。世界自然文化遗产，则是前人遗留下来的世界级别的自然文化遗产，如张家界世界自然文化遗产。

4.世界自然文化遗产商品。世界自然文化遗产商品，是指旅游商品供应商以世界自然文化遗产为依托，进行开发、设计、策划、组合、组织、管理，并吸引旅游者前往游览、观赏的一种旅游商品形态。

（二）世界奇迹旅游商品

世界奇迹旅游商品，是指旅游商品供应商以世界级别的奇迹为依托，进行开发、设计、策划并吸引旅游者前往游览、观赏的一种旅游商品形态。

（三）其他级别的旅游商品

其他级别的旅游商品还有国家级重点风景名胜区旅游商品；省（自治区）级重点风景名胜区旅游商品；区域旅游商品。它们都分别以各自级别的自然旅游景观为依托，进行开发、策划、组织、管理并能吸引旅游者前往游览观赏的旅游商品形态。

五、按照旅游者旅游目的划分旅游商品的类型

（一）山水旅游商品

山水旅游商品是旅游经营者以某些自然山水作为旅游资源进行开发、策划、组合，使之成为最吸引游客前往游览观赏的一种旅游商品形态。山水旅游商品是旅游商品中的主体商品。山水旅游是旅游者开展旅游活动的基础。

旅游者之所以外出旅游，绝大部分是以游览名山胜水为主要目的而前往旅游地的。

（二）民俗旅游商品

1.民俗。民俗即民间风俗，是指一个民族或一个地区乃至一个国家的人民群众，在其长期共同生活、劳动的经济历史发展过程中，形成、创造的共同心理素

质和传统习俗与行为规范的无形文化内涵。各种民俗都具有自己不可替代的特征。

2. 民俗旅游商品。民俗旅游商品，是指旅游开发商以某些民俗作为旅游资源开发、策划、组合，使之成为吸引旅游者前往游览、观赏、参与的旅游商品形态。

3. 民俗旅游商品是旅游的一奇葩。民俗具有独占的不可替代性的民族特色，因此民俗旅游商品最为世人瞩目，是旅游的一朵奇葩，具有广阔的发展前景，对游客具有巨大的吸引力，所以普遍认为民族的就是世界的。如，深圳中华民俗村、云南昆明的民俗村终日游人如织；又如，西藏拉萨对全球游客具有巨大的吸引力。

（三）宗教旅游商品

宗教旅游商品是指旅游商品经营者以宗教文化内涵为依托，以宗教教义、仪式、建筑等内容为旅游资源进行开发、策划，使之成为人们前往游览观赏或参与相应宗教活动的一种旅游商品形态。

宗教旅游者有两种：一种是虔诚的宗教信徒和宗教的信仰者，他们的首要目的是朝圣或了却某一种信仰许诺的心愿；另一种是出自对宗教文化的好奇者，他们的目的是游览、观赏名山、寺庙，学习了解宗教文化。各种宗教场所、宗教礼仪等不仅历史悠久，也富有深厚的宗教传统文化，特别是雕塑艺术和建筑艺术文化。因此，一般旅游者也乐于前往观光游览学习。

（四）体育旅游商品

体育旅游商品是指旅游商品经营者以体育盛会和各种比赛内容为资源，进行开发、策划，成为吸引人们观赏感受体验的一种旅游商品形态。

2008 年我国成功举办了第 28 届夏季奥运会，吸引了世界各地游客和我国各地游客达数百万人次之多。

（五）徒步旅游商品

徒步旅游商品是指旅游商品经营者，为了满足旅游者亲身感受、自由体验自然风光景色的需求，在一定的自然景区内，策划、组织游客进行徒步旅游的一种旅游商品形态。徒步旅游的特点是徒步前往，自行观赏，自我体验，自由停留，获得美的享受，不受任何干扰，又可以锻炼身体，增长见识。因此，徒步旅游商品吸引了越来越多的游客。

又如桂林阳朔城乡的居民家或农户家，长期住着许多国内外游客，他们租赁一辆自行车，2 ~ 3 人为伍，每天周游各个景点景区，自由自在，快乐之至，人们称他们为背包游客。

随着人们对健康锻炼的重视，越来越多的老年人也在加入徒步旅游的行列，他们以 3 ~ 5 个友人为伍，在体力许可的范围内，不拘时间，不拘地点，喜欢到哪里就到哪里，他们一边欣赏美景，一边交谈，快乐舒畅，增进友谊，所以徒步旅游的队伍正在不断扩大。

（六）度假休闲旅游商品

度假休闲旅游商品是指旅游开发商为满足旅游者度假休闲的需求，在景区、景点策划、开发的一种休闲旅游商品形态。如周末休闲，我国国庆、春节等法定节假日的度假，离退休人员的度假，个人或家庭度假，休闲时间的度假等。

随着经济发展和人们对旅游需求的变化，休闲度假旅游已成为旅游市场发展的趋势。各地景区的农家乐，一到周末就火热爆满，有的地方，游客如不预定竟无落脚之处。

（七）商务旅游商品

商务旅游商品是指旅游开发商针对商务人员在完成其商务首要任务的同时所产生的旅游需求，以当地的旅游资源为依托，策划、组织商务人员开展观光游览的一种旅游商品形态。

世界经济正向经济全球化方向发展，因而商务活动日益频繁，商务旅游必然随之繁荣发展，商务旅游具有极其广阔的发展前景。

（八）会议旅游商品

会议旅游商品是指旅游开发商针对参会人员，在其完成参会任务的同时所产生的旅游需求，依托当地的旅游资源，策划、组织参会人员开展观光游览的一种旅游商品形态。

随着商品经济的不断发展，社会交往的频繁，各种各样的会议极其繁多，会议旅游商品已成为旅游行业的重要内容，为旅游业带来了巨大的经济效益。因此，许多宾馆饭店已成为专门接待以会议游客为主体的宾馆饭店。

（九）养生保健旅游商品

养生保健旅游商品是指旅游开发商针对越来越多的游客，特别是老年游客，追求养生保健的需求，依托适合养生保健的绿色生态资源，进行策划、组合、开发的一种养生旅游商品形态。

养生保健旅游商品的对象主要是老人，其主要目的是追求健康长寿、养生保健。所以养生保健商品不同于一般的旅游商品，它注重养生保健活动的开展。如，岩洞的暂住与温泉浴、海滩风沙浴的疗养健生、森林浴的健生等，当然这类旅游商品需求者也包括其他有养生保健需求的人们。养生保健已成为人们生活的组成部分，旅游的人数和规模正在一天天地扩大，其前景非常好。

（十）娱乐旅游商品

娱乐旅游商品是指旅游商品的供给者，为满足越来越多的人以娱乐为首要目的的需求，策划、组织、开发的一种旅游商品形态。娱乐旅游的游客，可以是由商品开发商组织的，也可以是游客自行前往的。娱乐旅游的项目如音乐会、专项演出、民俗节庆的观赏等。随着商品经济的发展和人们文化精神需求结构的变化，追求文化娱乐的人们越来越多，因而娱乐旅游商品的发展前景极为广阔。

（十一）探险旅游商品

探险是人们为了寻求新的刺激和体验去到充满风险的环境领域，所开展的一种勇于冒险的旅游活动。如，攀岩探险、洞穴探险、漂流探险等。

探险旅游商品，是指商品供应商以探险资源为依托，以探险刺激活动为内容，策划、组合、开发的一种旅游商品形态。探险旅游商品的开发最重要的是奇特刺激性资源的确定和安全保障的设计。

探险旅游者多系追求新的刺激和感受并富有冒险精神的中、青年，这种游客正在不断增多。

（十二）野营旅游商品

野营旅游商品是指旅游商品的经营者为满足旅游者开展野营活动以感受大自然野趣生活的需求，而策划组织游客在野营地宿营、自行烹制食品的一种新的生活方式的旅游商品形态。

野营旅游商品的开发，要根据野营活动的特殊要求，选择最佳场地，提供帐篷、餐具、相关设备设施和相关服务。关键是场地的选择，如郊外、山庄、农村、森林、海滨等，并可建成固定的野营地盘。同时应开展、策划符合野营特色要求的活动内容。野营活动的内容一般由消费者自行策划掌握，商品开发者也可提供方案建议，野营商品的消费对象主要是青少年团队、学校团体、家庭亲友等。

野营旅游，经济方便，活泼自由，舒适惬意，游客乐于参加，别有不同的感受体验，因此很受游客欢迎。

（十三）文物古迹旅游商品

文物是指遗存的人类历史文化物质遗产或非物质遗产。如，古文化遗址、古墓群、古建筑、石窟石刻、古工艺美术品、古代字画、古书、古文物、古寺庙以及革命历史文献等。具体景观如我国长城、故宫、马王堆古墓、十三陵、秦陵兵马俑、西安碑林、敦煌石窟、龙门石窟、地方曲艺、剧种等。

文物古迹旅游商品，是指旅游经营者以文物古迹为依托，进行策划、开发、吸引游客游览、观赏、学习的一种旅游商品形态，这种商品很受游客欢迎。如我国长城、故宫、秦陵兵马俑的游客，每日人山人海、络绎不绝。

（十四）修学旅游商品

修学旅游商品是指旅游经营者为满足游客对学习求知的需求，以某些名牌学校、科研机构为依托，策划、组织以修学求知为主、旅游为辅的一种旅游商品形态。

修学旅游有短期的也有长期的，长期的多属于留学范围，所以休学旅游多系短期的。

修学旅游中，游客既学习某种专业知识，又游览观赏，一举两得，因此修学旅游在不断发展壮大。

修学旅游可由旅行社组织，或由供求双方自行组织联系。如，我国一些高校或个人，不断举办的汉语学习项目吸收了大量的国外游客，还组织了大量的国内游客出国学习越南语、朝鲜语。

（十五）文化知识学习旅游商品

文化知识学习旅游商品，是指旅游商品经营者为满足旅游者学习某种文化科技知识、扩大视野的要求，策划、组织游客进行学习旅游的一种旅游商品形态。如：组织参观某些名牌大学、科研机构（如天文台）、工厂企业的生产过程；观赏音乐、戏剧的排演；参观展览、水库；或参观体育比赛；参观影视城影片的拍摄和制作等。文化知识旅游商品在旅游商品中占有重要的地位，文化知识旅游学习时间比较短暂，而修学旅游的时间较长而且较为稳定。

（十六）地质旅游商品

地质旅游商品，是指旅游商品经营者以别具特色的地质资源为依托，开发、组织游客游览、观赏、参与的一种旅游商品形态。这种旅游着重于地质知识的学习和考察。如，以丹霞地貌、岩溶地貌、温泉地貌、地质公园等为依托组织的地质特色观光旅游。

（十七）森林旅游商品

森林旅游商品，是指商品经营者以特色森林（如国家森林公园资源）为依托，组织旅游者回归大自然，而策划、开发、吸引旅游者前往游览观赏的一种旅游商品形态。因森林中负氧离子含量极高，所以森林旅游是一种典型的回归大自然、有益于健康的健身活动。森林旅游的开发又可与休闲保健旅游相结合，这样既能满足游客保健的需求，企业又能收到更好的经济效益。

（十八）区域旅游商品

区域旅游商品是指商品经营者在具有特色的一定地域范围内，以特色资源为依托，策划、组合、吸引游客前往游览、瞻仰、感受的一种旅游商品形态，如红军长征路线游、井冈山革命根据地旅游、延安革命根据地旅游、三国路线游、长城探源游、黄河探源游等。

（十九）名人故居旅游商品

名人故居旅游商品，是指商品经营者以名人故居，如毛泽东故居、刘少奇故居等为依托，进行策划、组合，吸引游客前往游览、瞻仰、感受的一种旅游商品形态，如毛泽东韶山村的故居，每天游人络绎不绝。

（二十）探亲、寻根访祖旅游商品

探亲寻根访祖旅游商品，是指商品经营者以旅游者的相关亲情血缘关系为资源依托，满足人们探亲访友、寻根问祖的需求，接受委托调查，进行组织、策划，吸引旅游者前往联系探亲访友寻根问祖的一种旅游商品形态。

中国人民历来十分珍惜血缘、地缘、业缘的人际关系。由于种种因素，人们失去宗族、家族、亲人、友人各种关系的联系，因而产生寻亲访友、寻根问祖的需求，以求得精神的寄托。如，中国海外华侨、港、澳、台的同胞，国内失去联系的亲人、友人，都很渴望恢复联系，求得安慰。这种市场的开发不仅能满足游客的需求，而且促进了国人的传统情谊与团结和谐。

以上划分的20种旅游商品形态，只是大体的概括。随着游客需求的发展变化，还会出现新的旅游商品，如现在已经萌芽的太空旅游、海底旅游、海上航行旅游、南极或北极旅游等。

六、按照旅游者特征划分旅游商品的类型

旅游者的特征是指旅游者本身具有的特征，如老年、青少年、散客、团队集体等都有各自的特征。根据这些特征可划分为不同的旅游商品。

（一）银色市场旅游商品

银色市场旅游商品，是指旅游商品经营者针对白发老年人的特点与要求，开发、策划、组合，吸引老年人前往旅游的一种旅游商品形态。老年人年老体弱、精力衰退，活动安排、线路组合要保证老年人在游览观赏过程中的健康、愉快、安全而不劳累，又能获得文化精神的最佳感受。吃、住、行、游、购、娱都要精心策划，既有集体的统一安排，又要能满足其个性化的需求。银色市场游客的游览观赏可与休闲娱乐相结合，既类似于保健、休闲，又不完全等同于保健、休闲，活动时间和内容可随游客的健康和爱好而定。

当前进入老龄化的国家不断增多，富豪老人也日益增多，银色旅游市场将不断扩大，前景非常广阔。

（二）青少年旅游商品

青少年旅游商品，是指商品经营者以青少年为对象，针对其年龄特征，以适合青少年需求的旅游资源为依托，进行策划、组合，吸引青少年游览、参与的一种旅游商品形态。如，举办夏令营、春游、秋游、野营等活动的同时，配合游览、观光、娱乐、烹饪等活动的开展。

这种旅游最好与学校、共青团配合开展。这种旅游商品对青少年扩大知识面、培养集体精神、增进友谊具有重要意义，并为广大青少年所喜爱，因而前景也是非常广阔的。

（三）散客旅游商品

散客旅游商品，是指商品经营者针对散客的个性要求和旅游特征，策划、组织散客游览观赏的一种旅游商品形态。散客旅游符合现代游客向个性化发展的要求，因而散客旅游的队伍在不断扩大且已形成发展趋势，市场前景非常广阔。

但散客旅游的游客是分散的、自由的，如未得到适当的组织、安排和指导，必然会碰到不少的困难和不便，所以散客旅游商品应特别策划组织和开发。

（四）团体旅游商品

团体旅游商品，是指旅游商品经营者以某些旅游团队客体为对象，针对其不同的需求策划、组合，按照预先约定的旅游路线、具体日程安排而开发的一种常规的观光旅游商品形态。

团体旅游商品是现代旅游商品中最常见的主要商品。其促销方式有品牌促销，如我国长城、桂林、故宫、秦陵兵马俑、西湖、西安等都以自己名闻遐迩的品牌吸引了大量的国内外游客。另外，还有网络促销、人员促销、价格促销等方式。桂林首创的大篷车促销，是属于人员促销方式的一种。

（五）家庭旅游商品

家庭旅游商品，是指经营者以某些自然或人文景观为依托，以家庭需求为对象，组织策划的一种旅游商品形态。旅游对象主要是以家庭成员为主体，旅游目的是追求家庭亲情的展现、温馨与幸福的感受。随着人们经济收入的增长与旅游需求的变化，家庭旅游的队伍在不断扩大。家庭旅游的游客不少是自驾车旅游的游客。如，广西桂林的阳朔每逢双休日，自驾车的全家游客络绎不绝。家庭旅游近似于散客旅游，但又不完全相同，因服务要求和活动内容因家庭的不同而有不同的要求。家庭旅游是现代旅游的发展趋势，前景十分广阔。

家庭旅游的内容随其全家喜爱和时间而定，可以是自然景观的游览，也可以是人文景观的观赏；可以是单一的观光旅游，也可以是多功能复合型的旅游。家庭旅游商品的核心是使得全家人获得温馨与幸福的感受。

第四节 研究旅游商品的积极意义

一、有益于旅游商品学科体系的建设

现代旅游市场已成为世界商品经济最大的市场之一，可是这个市场交换的商品到底是什么？理论上必须弄清楚，概念上必须科学，实践上才能有所遵循，这是旅游市场经济发展对旅游学术界客观迫切的要求。

旅游商品是不出卖所有权的，只是暂时出卖有形实体，如景区、景点的观赏权、体验权；只出卖某些有形实体暂时的使用权，如饭店的客房；只暂时出卖无形服务的享受权，如导游服务，客房服务，餐饮服务，个性化服务，金钥匙服务等。所以旅游商品只是暂时出卖有形实体的观赏权、体验权、使用权与无形服务享受权的商品。工艺品、纪念品等却是出卖所有权的一般物质商品。

旅游是全球最大商品市场之一。可是市场用什么商品交换，如何策划、生

产、开发，才能适应旅游市场的需要，这是旅游市场繁荣发展的关键和核心。可见，从理论上彻底搞清楚什么是商品、什么是旅游商品、什么是旅游商品市场等问题，才能建立完善的旅游商品的学科体系。

应该说旅游商品科学概念问题的研究，不但是建立旅游商品学科体系的基础，而且是旅游所有经济学科体系的基础，这个"基础"的概念如果是错误的，其他旅游经济学科体系建设的科学性也就无从谈起。

二、有益于旅游科学实践的指导

理论源于实践，又高于实践，并且能指导实践。但旅游商品的理论研究，与此相悖，旅游商品的实践急待总结上升为科学理论，以指导旅游商品的实践。现在国内外旅游商品市场实践取得了巨大的成绩，旅游商品经营者尽管面对着工艺品是旅游商品的错误观点，但在具体实践中，旅游商品经营者还是从市场实际去策划、设计、开发了符合市场实际运转的旅游商品，一直把景区、景点的游览、观赏、感受的出卖，作为旅游的主体商品，并取得了很好的经济效益，从而促进了旅游市场的繁荣和发展。值得旅游学术界总结深思的是，旅游业所取得的巨大成就，究竟是在工艺品等是旅游商品理论观点指导下取得的？还是旅游业本身在实践中适应市场发展规律的要求所取得的？还是旅游者可自由支配收入的不断增长和可自由支配时间不断增多的结果，显然是后者而不是前者。但是纪念品、工艺品等到底是不是旅游商品必须搞清楚，否则只会对旅游实践起到消极盲目和混乱的作用。所以对旅游商品科学概念的研究，必将有益于旅游市场商品科学实践的指导。

三、促进旅游业的繁荣和发展

人们的思维观念是其行为的导向。思维正确，行为必然正确。旅游商品概念科学正确，必然导致旅游实践科学正确。只有旅游实践科学正确，才能促进旅游业的繁荣和发展。

商品市场的实践是不断发展变化的，所以相应的理论研究就必须随之变化，必须不断总结实践，使实践的经验上升为理论又反过来指导实践，这样才能促进旅游业的繁荣和发展。

理论是实践的科学总结，是事物的本质阐述，所以它虽源于实践，但它高于实践，从而能指导实践。科学理论问题的研究是事物本质问题的研究，只有抓住了事物的本质，才能真正促进事业的繁荣和发展。

思考题

1. 试阐述产品的科学概念。为什么说产品不同于商品？

2. 什么是属性？什么是本质属性？什么是非本质属性？

3. 为什么说事物的科学概念是其本质属性的表述？

4. 试阐述商品的科学概念。商品与产品科学概念的根本差异是什么？

5. 试述商品的自然属性和社会属性。

6. 试阐述商品的社会性。

7. 什么是旅游？什么是旅游产品？什么是旅游商品？为什么说旅游市场没有旅游产品？

8. 试阐述旅游商品的产生、发展和未来。

9. 试述旅游商品的自然属性和社会属性。

10. 试述旅游商品的社会性。

11. 旅游商品有哪些特点？

12. 试比较旅游商品和一般物质商品的异同。

13. 什么是旅游有形商品、旅游无形商品、旅游核心商品？

14. 为什么说工艺品、纪念品、购物品不是旅游商品？

15. 什么是单一型观光旅游商品？什么是复合型多功能旅游商品？

16. 什么是旅游服务商品？试阐述旅游服务商品的构成。

17. 按照商品的性质划分，旅游商品有哪些类型？

18. 按照旅游者旅游的目的划分，旅游商品又有哪些类型？

19. 试述休闲旅游商品、散客旅游商品、民俗旅游商品、商务旅游商品、会议旅游商品的概念并分析其发展趋势。

20. 深入研究旅游商品问题有何理论意义和现实意义？如果再不研究旅游商品理论，旅游商品市场的实践将会是一种什么状况？

第三章 旅游商品文化

● 学习要点

文化的科学概念、层次、结构和特征

旅游文化的科学概念

旅游文化的特征

旅游文化的三大领域及其相互关系

旅游主体文化、客体文化和介体文化

旅游商品文化的科学概念及其应用

第一节 文 化

一、文化的概念、性质、形态

（一）文化的概念

文化是指人类在其改造自然、改造社会及其自身活动的历史实践过程中，所形成的哲理内核和一切活动实践成果的积淀，具体展现为人类创造的物质文明和精神文明，也是人类创造的物质财富和精神财富的总和。

文化的哲理内核，主要指人类群体，在其历史实践发展过程中所形成的各种观念、习俗、制度和固定的行为模式等精神文明事项。

人类活动成果的积淀，主要是指人类群体，在其历史实践发展过程中，所创造的精神文明和物质文明。精神文明，主要是指历代人们形成的内在主体心智的历史积淀；物质文明，主要是指历代人们创造的外显物质成果的积淀。

美国人类学家克鲁克洪对文化的内涵也作了同样的阐述：“文化包括各种外显和内隐的行为模式；它通过符号的运用使人们获得及传授，并构成人类群体的显著成就，包括体现于人工制品中的成就。”“文化的基本核心包括产生于人类历史的实践，又经选择而成的传统观念，尤其是价值观念。”他还认为：“文化体系虽可被认为是人类活动的产物。但也被视为限制人类进一步活动的因素。”“文化一词意味着一个民族的生活方式的总体和个人从其集团得到的遗产。”

文化的概念，美国学者克罗伯和克鲁克洪统计有16种，而法国学者摩尔统计有250种。可见，对于文化科学概念的表述，至今还没有定论。尽管众说纷纭，但任何事物的科学概念，只有一个判断标准，即是否是事物属性的科学表述。所以，文化的科学概念，需要从文化的本质属性出发去独立思考。本书作者提出的概念可供大家独立思考。

（二）文化的性质

文化具有社会人文性质，是人类社会一切活动成果的历史积淀，所以文化是人类社会的一种人文现象，自然界是不存在社会文化现象的。自然客体早在人类产生亿万年以前就已经存在了，虽然自然界有其形成和演变过程，但那是大自然物质运动内在演变规律的自然现象，而不是人类的社会文化现象。这种大自然演变规律的现象，经人类发现、认识、掌握后，使之为人类应用，才形成了自然科技知识。这种自然科技知识是人类改造自然、认识自然的产物。大自然离开了人类的社会实践，永远是大自然，它本身不可能产生文化。

至于自然旅游景区某些栩栩如生的景点文化，如桂林的象鼻山文化、云南石林的阿诗玛文化、湖南新宁舜皇山的睡佛文化等，并不是自然界产生的文化，而是人类对大自然通过“自然的人化”过程,实现“人化的自然”的结果,所形成的一种附会文化。所谓“人化”,就是指自然界实体被人类赋予它具有人类灵性的色彩,具有生命、情感和人性的过程。所以,“自然的人化”,就是指大自然实体被人类赋予人性化的一个过程。“人化的自然”,也就是指大自然成为人性化了的大自然,是人性化的一种结果。可见,“自然的人化”和“人化的自然”是人类在其改造自然过程中,外在地附会于大自然身上的一种附会文化。人类早期对自然现象崇拜的图腾文化,也是一种附会文化。总之,自然界是没有文化的。文化是具有社会性质的人类社会的一种人文现象。

(三)文化的形态

1. 内隐意韵的文化形态。文化的内隐意韵形态,是指文化内在的精神哲理内核,是人们内在的主体心智,即人类精神财富的一种文化形态。如,人们的习俗、观念、道德、哲理、制度所形成的精神文明。这是人类文化的精神形态,是一个民族乃至一个国家人民的精神生活方式和内在凝聚力与行为规范的制约因素。

2. 外显形式的文化形态。文化的外显形式形态,是指人类塑造的文化外在物质成果,即人类物质财富的一种文化形态。也就是人类的行为模式,在其哲理内核规范作用下,塑造的一切外显的有形物质成果。如,人们生产、生活中的各种物质文化用品,都是文化外显形式的一种物质形态。

3. 门类文化的形态。文化是人类创造的精神文明和物质文明的总和。两个文明中的文化内涵涉及内隐意韵形态和外显韵律形态的两个方面,因而在文化的大系中,有种种不同的门类文化。这些门类文化就可归纳为两大类型。

(1)内隐意韵的门类文化形态。内隐意韵门类文化形态的类型有:历史文化、宗教文化、民俗文化、伦理道德文化、美学文化、旅游文化等。

而在每一门类文化形态中,又可分为若干细目性质的文化类型。如,历史门类文化可分为中国历史文化、外国历史文化、远古历史文化,古代历史文化,近代历史文化,现代历史文化。在中国历史文化中,又可分为:中国古代史文化、中国近代史文化、中国现代史文化。而在中国古代、近代和现代史文化中又可按历史时期朝代划分为若干细目文化类型。

在旅游门类文化中,有旅游主体文化、客体文化、介体文化和审美文化。在旅游主体文化中又可分为观光旅游主体文化、商务旅游主体文化、会务旅游主体文化、公务旅游主体文化、探险旅游主体文化等。在旅游客体文化中,又可分为自然旅游客体文化和人文旅游客体文化。在这些细目门类文化中还可再细分为更细的门类文化。

(2)外显形式韵律的门类文化形态。文化外显形式韵律门类文化形态的类型有:建筑文化、园林文化、农业文化、林业文化、工业文化、地质文化、山水文化、溶洞文化、民居文化、饮食文化、服饰文化等。每个外显门类文化又可分为更细的文化类型。如,建筑门类文化又可分为宫廷建筑、陵寝建筑、民居建筑、军事建筑、宗教寺庙建筑、桥梁建筑、园林建筑、民俗建筑、城市建筑、船舶建筑等细目文化。

4. 门类文化的本质属性是不能改变的。各种门类文化都因其本质属性的差异而有各自自身的内容、结构、特征和体系。如，历史文化、建筑文化、宗教文化、民俗文化等门类文化的内容，特征是不相同的，这是其本质属性差异的结果。然而如上述这样的门类文化的特征，对人们具有学习、观赏、参与、感受的吸引力，因而对人们旅游活动的开展就成为吸引人们旅游的一种资源。尽管如此，但其本质属性是不能变化的。需要指出，我国已出版的多部旅游文化学高校教材中，把具有吸引人们旅游的资源的门类文化，当做旅游文化，而且在它们的前面加上“旅游”二字，于是就变成了旅游历史文化、旅游宗教文化、旅游民俗文化……殊不知这些门类文化的本质属性是不能改变的。何况这些门类文化都有数千年的历史，现代旅游从1846年旅游之父托马斯·库克组织的通济隆旅行社算起，也只有171年的历史，怎么能把数千的门类文化变成旅游的文化呢？如果这样，人类的各门类文化都可以变成旅游文化了。

（四）文化的功能

1. 积淀传承人类的精神文明和物质文明。人类在其改造自然、改造社会及自身的漫长历史过程中，不断地认识自然，总结实践经验，从而积淀塑造了包含精神文明和物质文明的人类文化。人类文化之所以能不断发展和繁荣，是文化具有积淀传承功能的结果。

2. 规范人类的行为模式。一个民族、一个地区、一个国家人民的生活习惯、经济行为，都有自己的行为规范，都受本民族文化的制约，都受其主体心智、理念习俗的影响和规范，并凝聚着一股强大的团结力量。例如，当一个民族受到外族侵略时，所展现的团结力量是极其巨大的。

一个民族有一个民族的文化，一个国家有一个国家的文化，全人类有全人类的文化。如，周恩来在亚非会议倡导的和平共处的五项原则，联合国所倡导的和平、友好、协商的理念和行为规范，实际上就是全球的文化。正因为如此，全球文化正在发挥维护和平、反对侵略、规范人类行为的巨大作用。

3. 促进人类社会的和谐发展。一般来说，文化水平越高的人，思想修养水平越高，行为规范越文雅，待人越和睦友善。一个人如此，一个家庭、一个民族、一个国家也是如此。就全人类来说，人类的思想修养越高，人类社会则越是和谐协调。

就人类社会发展阶段来看，从人类早期的原始社会，经过奴隶社会、封建社会、资本主义社会和社会主义社会，人类的文明一直在不断提高，人类社会也不断向和谐协调的方向发展。今天随着全人类文明程度的演进，和平力量越来越强大，尽管全球局部战争依然存在，但和谐协调发展的力量却是人类有史以来所没有过的，这都是人类文化演进发展的结果。

4. 促进社会生产力的发展。生产力，又称社会生产力，是指人类征服、改造自然的能力。具体表现为从事生产的劳动者，使用以生产工具为主的劳动资料，作用于劳动对象、生产物质资料的能力。生产力是由劳动者、劳动资料和劳动对象三要素构成的。

劳动者是具有一定生产经验和劳动技能，即一定劳动能力的人，人的劳动能力是其体力和智力的总和。劳动者，不仅指体力劳动者，更重要的是指智力劳动者。劳动者是社会生产力的首要要素。

劳动资料是指劳动者作用于劳动对象的物或物的系统。其中生产工具是生产资料系统中的主干，是用来对劳动对象进行直接加工的物件，也是衡量人类征服自然能力的尺度。

劳动对象是劳动过程中所能加工的一切对象，统称为原材料。进入生产领域的原材料是被征服改造的对象。自然界，可以说是人类劳动对象的总和。

生产力三要素的发展，离不开人的智力，离不开脑力劳动，离不开科学技术，离不开文化的促进作用。

在生产力系统中，劳动者、劳动资料和劳动对象，只是代表着生产力的实体构成或“硬件构成”。与此同时，生产力系统还包括一些非物质实体的精神方面的“软件构成”或“非实体性构成”。如，科学技术、管理、劳动者的劳动态度和积极性等。在生产力系统中“软件构成”的科学技术，可以说是“第一生产力”。

无论生产力的“硬件构成”还是“软件构成”，其中文化、智力、科技是促进生产力发展的最为活跃的因素。

二、文化的层面结构

我国学者把文化的层面结构，分为物质、精神和制度三个层面。本书认为还应该有行为文化层面。

（一）文化的物质层面

文化的物质层面，是指文化的物质要素，即物质文化。物质文化是人类在征服自然过程中生产的物质实体的总和。它是整个人类文化大厦的基石，主要包括各种生产工具、物质生活用品以及其他一切物质实体。它是人类创造的物质文明的传承和积淀，它记录着人类物质文明的发展与演变。

（二）文化的精神层面或观念层面

文化的精神层面，是指文化精神要素，即精神文化或观念文化。它是人类在其征服自然、改造社会及自身的实践过程中，孕育出来的思想观点、道德情操、思维意识、价值取向、审美情趣等，它是整个人类文化大厦的精神内核。它是人类创造的精神文明的传承和积淀。它记录着人类精神文明的发展与演变，主要包括哲学观念、道德意识、民俗、宗教、文学、艺术等。

（三）文化的制度层面

文化的制度层面，是指文化对人类自身的规范要素。即人类的不同群体，根据人类的精神文化所制定的、并成为群体和社会行为制约规范的制度文化，如典章、制度、法规、条例等。它是精神文明的具体化、制度化，从而制约人类群体的言论和行为，保证了群体、社会和谐有序发展。它介于精神文明和物质文明之间，既是精神文明的延伸和发展，也是物质文明有序化的要求。

（四）文化的行为层面

文化的行为层面，是指文化的行为要素，即人类群体行为模式，是人类群体受其精神层面和社会制度层面的规范要求，所展现的行为文化。

行为文化有精神规范的行为文化，如道德情操、思维意识、价值取向、审美情趣等所规范的行为文化。由于人们道德情操、思维意识、价值取向存在差异，人们被规范的行为，又会出现好、坏、善、恶等行为的差异。

行为文化还有制度规范的行为文化，如约定俗成的行为，遵纪守法的行为，民俗、风俗、礼俗的行为等。也有自由个性的行为文化，但如果自由个性的文化行为与制度文化相碰撞，自由个性文化必须接受相应制度层面文化的制约和制裁。

三、文化的特征

（一）文化的创造性特征

创造性是人类文化的重要特征。文化是人类实践活动经验的传承和积淀，是人类社会实践的产物。文化是人类社会的人文现象，自然界是不可能创造文化的。人类出现以前的亿万年间，自然界就已经存在了，但那时没有文化。文化是人类社会长期实践创造积淀的产物，创造性是文化的重要特征。

（二）文化的时间性和空间性特征

文化的时间性特征，就是展现文化本身的起源、演化、积淀和传承发展过程的特征，即文化的积淀与发展、结构与层次、分化与统一所经历的时间历史发展过程。

文化空间性特征，就是指文化所展现的不同地域空间性特征。文化的积淀与传承又是在一定的地域空间内进行的，随着地域空间的差异，形成了不同空间区域特征的文化类型、文化圈、文化群体、文化层次。如，不同地域的民族所展现的不同的民族文化、不同的文化圈和文化群体。所以文化具有空间性特征。

（三）文化的自由性特征

自由是指人们在遵循自然发展规律、在不危害社会和他人的条件下，按照自己的意志从事一切活动的行为。也只有在遵循自然规律和社会和谐协调的前提下，人类才能获得真正的自由。

文化是人类在改造自然、改造社会及自身过程中的历史实践的积淀和传承，规律是客观的必然性。文化越是发展，人们对自然规律的认识就越是深刻，人的行为对社会、对他人则越是协调和谐。人们就越能获得真正的自由。所以自由性是文化的特征。文化品位的高低,就是自由性程度的高低。因此,自由性是文化的一种特征。

(四)文化的开放性特征

开放性特征,是指文化不是封闭的,而是具有代代传承、积淀的开放性特征。如,精神文化的观念、伦理、习俗,物质文化的科技、生产制造等都具有开放性特征。文化具有开放性特征,文化才能传承、积淀和发展。

(五)文化的历史性特征

历史性特征,是指文化是人类社会历史实践的积淀,它是一种社会人文的历史现象。随着人类历史实践的发展,文化在人类的不同历史发展阶段都展现了不同的历史阶段的动态特征。如,人类的原始社会、奴隶社会、封建社会、资本主义社会和社会主义社会,都呈现了各自的历史阶段性的文化特征。

(六)文化的对象化特征

对象化特征,是指文化只有通过人类所面对的对象,才能得以体现的特征。文化是面对对象的文化,其对象世界就是人类所要征服的自然、所要改造的社会、所要陶铸的自身。文化只有通过人类所要面对的对象世界,并开展实践的批判活动,才能得以积淀,才能得以发展。

(七)文化的载体性特征

载体性特征,是指文化需要有相应承载的实体,从而才能得以展现并易于为人们感受和传承。精神文化的载体是思维方式、民俗风情、观点概念、价值取向、审美情趣等;物质文化的载体是物质实体,即生产工具、生活用品、机器设备、科学技术等。文化有了载体,文化就显得具体实在,易于感受传承,而且可以学习传播。否则,就成为令人难以捉摸的虚无。如,人们的思维观点,没有文字载体的传承,也就会令人难以捉摸而成为空洞无物的东西。所以载体性是文化所具有的重要特征,如果文化没有这一特征便成为不可承载的事项,自然就不可以传承和发展了。

以上对文化的科学概念、性质、形态、类型、层次结构、特征、功能的论述,是对人类总体文化理解的基础,也是对旅游文化理解的基础和对旅游商品文化理解和建设的基础。

第二节 旅游文化

一、旅游文化的概念

旅游文化是指人类总体文化领域中,人类社会旅游历史实践的传承和积淀。它是文化总体中的一种门类文化形态。旅游实践是指旅游主体借助旅游介体,针对旅游客体开展旅游活动的实践。所以在旅游门类文化领域中，又存在着主体文化、介体文化和客体文化三大领域，因此旅游文化又有自身的文化系统。旅游文化也是一个综合性的文化事项，是由这三大文化领域共同构成并相互作用的一种门类文化系统。

旅游主体，是开展旅游活动的实施者，受其动机和情趣需求的驱使，受旅游客体的吸引，在旅游介体的作用下而开展游览观赏活动的实施者，是旅游三大领域的主体领域。

旅游客体，是吸引旅游主体游览观赏对象，是旅游三大领域的客体领域。旅游者之所以开展旅游活动，就是因受旅游客体吸引的结果。

旅游介体，是介于旅游主体和旅游客体之间的中介者。旅游介体在旅游主体和客体之间起着媒体中介服务的作用，旅游介体为旅游客体宣传、推荐、介绍，又为旅游主体提供服务、组织活动、安排线路；旅游介体是主体和客体的桥梁，有力地推动了旅游的繁荣和发展。

旅游主体、客体、介体相互依存、相互促进，构成了不可分割的现代旅游的三大领域。

二、旅游文化三大领域及其相互关系

（一）旅游文化三大领域

1. 旅游的主体文化。旅游主体文化是指旅游者在旅游实践过程中，所展现的文化内涵的历史积淀和总结。因旅游者是旅游主体，故称之为旅游主体文化。这里的文化内涵主要指旅游主体的文化素质、思想观念、风俗习惯、行为规范、情趣爱好、宗教信仰、心理特征等方面所展现的文化内涵。也包括旅游主体所在国家、地区、民族文化对旅游者的影响，所展现的文化特征。旅游主体文化也包括旅游主体的职业、学历、经济状况、消费习惯等文化内涵。

2. 旅游客体文化。旅游客体文化是指自然旅游客体或社会人文旅游客体文化内涵所展现的一种文化形态。如，在社会人文旅游客体文化中，经过策划、组合并成为旅游客体文化的历史文化、园林文化、民俗文化、建筑文化、宗教文化、娱乐文化、饮食文化、服务文化、文化艺术文化等。在自然旅游客体文化中，有自然景观、景点、景区所展现的自然旅游客体的附会文化。这种附会文化，是指人们对自然旅游客体的内隐意韵的无形形态和外在形式韵律的有形形态，经过认知、想象、认同的“自然的人化”过程，赋予自然旅游客体以人性化、拟人化的文化内涵，从而使得自然旅游客体成为人性化了的自然旅游客体，即成为“人化的自然”。这种“人化的自然”就是人们对自然旅游客体的主观认知、想象、认同，赋予在旅游客体身上的附会文化。如果没有人们对自然客体人化的附会文化，就不会形成旅游客体文化。没有旅游客体文化，就不可能有旅游主体的游览观赏。旅游客体文化,是吸引旅游主体游览观赏的对象和基础。

3. 旅游介体文化。旅游介体文化是指为旅游主体开展旅游活动提供服务,为旅游客体宣传促销所展现的媒体文化内涵。如,旅行社文化、旅游饭店文化、旅游交通文化、旅游服务文化等。

旅游介体包括旅游企业、行政介体,如旅行社、旅游饭店、旅游交通、旅游行政管理机构、旅游教育机构、旅游学校等。也包括个人介体,如导游、服务员工等。

旅游介体的文化内涵,主要是指旅游介体在满足旅游主体文化精神需求中,在宣传旅游客体的特色、吸引游客旅游的中介活动中,所展现的文化品位、文化含量。旅游介体文化品位越高,对促进旅游繁荣发展的作用就越大,旅游介体的效益也就越好。

(二)旅游文化三大领域的相互关系

旅游文化三大领域构成了旅游门类文化的结构体系。旅游主体文化在旅游文化三大领域中居中心主导地位。旅游主体的文化需求和变化,直接影响旅游介体文化和旅游客体文化的发展。旅游客体文化是旅游者开展旅游活动的基础和依托,它的文化含金量和品位是对旅游主体产生吸引力的源泉,直接影响旅游者前往游览观赏的需求。旅游介体文化是为旅游主体旅游服务、为旅游客体销售服务的中介媒体文化。它的文化品位直接影响主体的游览和客体的销售。

旅游主体文化、旅游客体文化和旅游介体文化,是相互依托相互促进的。

三、旅游文化的特征

旅游文化是人类总体文化中的一种门类文化,因此,旅游既具有一般总体文化所具有的共同属性,又具有门类文化自身的特殊个性,这种个性构成了旅游门类文化的特征。

(一)旅游文化的传承性特征

旅游文化的传承性是指旅游文化具有继承和流传的特征。旅游文化的传承性特征,表现为传承旅游门类文化中相应的文化内涵,同时也能融合外来文化和其他民族文化的文化内涵,从而促进旅游门类文化的演进和发展。

旅游文化是人类旅游历史实践的传承和积淀,特别是近代旅游和现代旅游的历史实践的传承和积淀。早在封建社会时期,只是部分少数特权阶级,以寻找乐趣为目的,在闲暇短暂时间内对原始自然风光开展游览活动。但人数毕竟太少,没有形成气候,那时可以说根本不存在旅游主体、旅游介体和旅游客体的概念。所以旅游文化未能形成,要说有只是指少数旅游主体者的主体文化了。但在我国由于封建社会历史漫长,这些少数旅游者主体却积淀下了不少旅游的文化遗迹,如旅游地点的碑、刻、诗、词和建筑方面的景、物、桥、亭等。不但传承了旅游主体的文化内涵，也为旅游文化的积淀做出了贡献，也为旅游客体文化的形成奠定了初步基础。

随后，到了15世纪工业革命时期，由于新兴资产阶级的对外扩张和财富掠夺，从而导致了世界航海旅行与商务旅行，也就出现了工业革命时期的旅游文化。随着时代的发展，1841年便出现了世界上第一个旅行社——通济隆旅行社，从而也就出现了近代旅游的介体文化和客体文化。

到了第二次世界大战以后，旅游业的迅速普及和发展形成了社会化、规模化的现代旅游。特别是近72年来，旅游成为世界上最大的“朝阳产业”。因此旅游文化也传承发展到了一个新的时代，并且形成了旅游文化学和相应的学科体系，从而形成了现代旅游文化。

旅游文化的发展和演进，正是旅游文化传承性特征展现的结果。

（二）旅游文化的民族性特征

旅游文化民族性特征，是指各民族在其精神文明、物质文明方面所展现的差异性的特征。如，在价值观念、生活习俗、民族风情、性格心理、审美情趣、宗教信仰、民居建筑等方面所展现的民族性特征。旅游文化民族性特征是最具特色、最能吸引游客的旅游资源。所以普遍认为民族的就是世界的。

旅游文化的民族性，又因民族成员在旅游领域中所处地位的变化而变化。

当旅游文化的民族性特征成为吸引游客的资源客体时，便居于旅游客体的位置。这时的民族性特征便居于旅游资源客体的位置了。

当民族成员外出旅游成为该地区旅游者主体时，旅游供给方就需要研究如何接待、满足这个旅游主体的民族习俗文化特征的要求。即使民族成员不多，供应方也应如此。

（三）旅游文化的地域性特征

旅游文化的地域性特征，是指因旅游地理环境、经济发展水平、民俗风情等因素的不同，所形成的旅游地域文化差异性特征。

我国56个民族都有各自的民族性特征，由于各个民族生活的地域环境不同，经济生活、风俗习惯、审美观念等也就呈现出地域性的差异。如苗族，分布在贵州、云南、湖南、广西、四川等广阔地域，其语言就有湘西、黔东、川东方言，其文字就有4种方言的拉丁拼音文字等特征。

我国南北方因地理区域的差异，在资源审美文化形态上有“南秀”“北雄”的地域性特征。如南方旅游资源有灵秀、华丽、阴柔之美，北方旅游资源有雄伟、浑厚、阳刚之美。

我国南北地域性的差异，也影响到人文文化上呈现出差异，如南方民族灵秀、聪颖、柔弱；北方民族强悍、拙直。

（四）旅游文化的多样性特征

旅游文化多样性特征是指旅游文化是众多文化现象的复合体，它具有多种文化形态的特征。

1. 作为旅游客体的物质文化形态的多样性。如，景区景点的物质实体的多样性，有民居、古迹、建筑、寺庙、园林、花木、饭店设施等。

2. 作为旅游客体的精神文化形态的多样性。如，景区景点的楹联、碑刻、故事传说、社会人文事项、民俗风情、节庆娱乐等。

3. 作为旅游客体的古代文化形态的多样性。如，人类历史文化、文物古迹等。

4. 作为旅游客体的民族文化形态的多样性。如，民族节庆、戏曲、武术、花会、龙灯等。

5. 作为旅游客体的现代文化形态的多样性。如，现代科技、现代农业、现代工业、现代建筑、人造景观、旅游个性化服务和金钥匙服务等。

6. 作为旅游客体在我国展现的异国文化形态的多样性。如，世界之窗、微缩景观、西式餐饮、迪士尼乐园、圣诞节、高尔夫球等。

第三节　旅游商品文化

一、旅游商品

旅游商品是指商品供给者为满足旅游者特殊文化精神的需求，暂时出卖经过开发、策划的自然资源的有形实体的观赏权、体验权，和有形或无形的社会人文旅游资源的感受权、体验权，以及某些有形实体的使用权、各种无形服务的享受权的一种旅游门类的商品形态。旅游商品中，有主体商品、客体商品、介体商品，以及服务商品等。在旅游客体商品中又有自然客体商品和社会人文客体商品（包括人造旅游客体商品，如广东的“锦绣中华”）；在旅游介体商品中，又有旅行社商品、饭店商品、旅游交通商品；在服务商品中，又有可见性服务商品和不可见性服务商品。

二、旅游商品文化

（一）旅游商品文化的概念

旅游商品文化，是指旅游企业为满足游客的文化精神需求，提供的旅游客体商品、旅游介体商品和旅游服务商品包含的物质文明和精神文明所展现出的一种旅游文化形态。

这里所指的旅游客体商品文化，主要是指景区景点的有形自然旅游客体商品或有形、无形社会人文旅游资源客体商品的文化内涵所展现的一种旅游文化形态。如，景区景点所展现的内隐意韵文化和外显实体形式的附会文化内涵所展现的一种旅游文化形态。

这里所指的旅游介体商品文化,主要是指旅行社、旅游饭店、旅游交通等旅游介体企业推出的有形商品和无形商品文化内涵所展现的文化形态。如,这些企业的旅游理念文化、行为文化、设备设施文化的文化内涵所展现的一种旅游文化形态。

这里所指旅游服务商品文化,主要是指旅游服务人员在服务过程中所展现的无形服务的理念文化、行为文化和视觉文化的文化内涵得以展现的一种旅游文化形态。如,饭店服务、导游服务、餐饮服务、景点服务等各种旅游服务人员文化内涵所展现的旅游文化形态。

归纳起来,旅游商品文化也是指旅游企业为满足游客的文化精神需求,提供有形旅游商品实体和无形服务商品的物质文明和精神文明的文化内涵所展现的一种旅游文化形态。如:作为旅游商品提供游客观赏、感受的景区、景观、建筑等物质实体所展现的外在形体韵律文化和内在意韵文化的文化内涵所展现的文化形态;作为旅游商品供游客体验、参与的社会人文事项,如民俗风情、节庆、戏曲、龙灯、花会等的文化内涵得所现的文化形态;作为旅游商品的服务理念、服务行为、服务视觉形象文化内涵所展现的旅游文化形态。

文化是旅游商品的灵魂,没有文化内涵的旅游商品不可能成为旅游商品。旅游者所追求的是文化精神需求的满足,旅游者不可能购买不能满足其文化精神需求的商品,所以也应该说文化是旅游商品的灵魂。没有文化内涵的有形实体不可能成为旅游商品。自然景区、景点的自然客体之所以成为旅游商品,因为它有内在意韵和外在韵律的特殊形式并被人们赋予了附会文化的内涵;社会人文事项本身虽然也具有文化内涵,但如果它未经组织开发并向游客推出,其文化内涵得不到展现,也不能成为旅游商品。

(二)旅游商品文化的特征

1. 服务型文化与经营型文化相统一。旅游服务之所以成为旅游商品,是因为它为游客提供各种具有文化品位的服务。服务人员提供的服务内容,都具有一定的文化品位。服务人员的服务行为、语言、着装、表情、态度,都具有一定文化内涵的品位,服务人员为游客游览观赏提供的服务,能使游客获得美的文化精神感受。所以旅游企业为游客游览观赏提供的经营型商品,总是与旅游服务联系在一起的。

旅游服务本身就是为游客提供游览观赏服务以获得特殊文化精神感受的一种无形商品,所以旅游企业也是具有组织游客旅游与提供服务相统一特征的企业。而且旅游企业提供的服务关系着旅游企业的兴衰成败,因此,旅游服务既是服务文化型的商品,同时又是市场经营文化型的商品,旅游商品文化必然具有服务型文化与经营型文化相统一的特征。

2. 旅游消费文化与文化消费相统一。旅游者的旅游活动是一种消费性质的活动,但又是以文化精神需求为目的的消费活动,因此又是一种文化性质的消费。所以旅游商品文化,是一种具有消费性质的文化,具有与文化性质的消费相统一的文化特征。

3. 旅游商品文化的世界性和顾客群体的国际性相统一。在当今经济全球化的发展形势下,旅游企业不但要接待国内的游客,更要接待国际游客。这就要求旅游企业文化,不但要符合国内游客的文化需求,更要符合国际游客的文化需求。

顾客群体是指不同国家和地区的游客,他们都有不同的文化背景、审美文化趋向和行为文化规范,这就要求旅游企业文化,特别是旅游饭店、旅社行、航空公司的文化,要符合各种顾客群的不同文化要求。因此旅游企业文化必然具有企业文化的世界性与顾客群体相统一的文化特征。

4. 旅游企业服务文化的个性化与游客消费的感性需求相统一。旅游服务的对象是旅游者,旅游者的需求又有个性差异。只有针对旅游者的个性需求提供个性化服务才能满足旅游者的需求,所以个性化服务是旅游企业文化的显著特征。

个性化服务的标准不像物质商品质量标准那样,具有一定量化评价指标。服务质量是难以量化的,主要是通过游客对服务消费的感受体验的满意、不满意去评定的,这是一种定性的评价方法。所以旅游企业服务文化的个性化要与游客消费的感性需求相统一,这是旅游企业文化的又一特征。

5. 旅游企业管理的人性化和服务的人性化相统一。人性本指人的本质,人性化在这里是指企业对内管理和对外服务"以人为本"的企业文化的理念,即从人的需求出发的理念,也就是要树立"顾客第一"的管理理念。"顾客第一"的理念要通过员工服务的积极性和创造性去实现,因此企业又要树立"员工第一"的管理理念。只有有了"员工第一",才会产生"顾客第一"。只有员工具有乐于服务的精神,才有游客感受体验的满意。这两个"第一"是统一的,统一于"以人为本"的"人性化"理念的基础之上。企业内部管理的人性化和对外服务的人性化的统一,既是一般企业文化的特征,也是旅游企业文化的特征。

思考题

1. 试述文化的科学概念和性质。
2. 试述文化的特征。
3. 为什么说自然界本身没有文化?
4. 为什么说自然旅游客体文化是一种附会文化?
5. 试阐述文化的功能。

6. 试阐述文化层面结构的文化内涵及其相互关系。

7. 试述旅游文化的科学概念。

8. 试阐述旅游客体内隐意韵和外显形式韵律的含义。

9. 试述旅游文化的三大领域及其相互关系。

10. 试述旅游文化的特征。

11. 试述旅游商品文化的科学概念。

12. 试述旅游商品文化的特征。

第四章
旅游商品文化建设

● 学习要点

旅游商品文化的特征

旅游商品文化建设

旅游商品文化建设的原则

旅游景区景点商品文化形象建设

旅游景区景点文化形象的“形”和“意”

旅游商品文化形象识别设计

第一节 旅游商品文化建设概述

一、旅游商品文化建设的概念

旅游商品文化建设是指旅游企业以商品的文化内涵作为商品经营的灵魂，根据商品开发经营的哲学理念、经营行为规范、商品实体的视觉形象，以及服务行为规范等方面的文化建设，所进行的规划设计。

二、旅游商品文化建设的内容

（一）旅游商品经营理念文化建设

旅游商品经营理念文化建设，是指旅游企业经营旅游商品的哲学理念、经营思想、经营目标、经营方针等方面的规划与设计。商品经营的理念文化建设，决定着企业经营商品的行为规范、经营对策、管理措施，是旅游商品文化的核心内容。

旅游商品经营哲学理念，要以市场为导向，了解市场的发展趋势、需求变化、竞争状况，根据企业的具体实际综合分析、加以确定。例如，上海锦江饭店商品的理念文化是“宾客至上，服务至上，礼仪第一，信誉第一”，这是以经营商品的哲学理念展示的经营理念。希尔顿经营商品的理念是“以最少的费用，享受最多的服务”，这是以经营文化信条的理念展示的经营理念。

（二）旅游商品经营行为文化建设

旅游商品经营行为文化建设，是指旅游企业对其经营旅游商品的市场行为进行的文化规范建设。即以其经营理念文化为指导，对市场经营行为，按市场行为规范统一规范管理。旅游商品经营行为文化，是其经营理念外在层面的体现。如，商品外在环境的营造、员工着装、服务行为、企业公关活动、广告促销活动等，都要体现其理念文化内涵的规范要求。

（三）旅游商品物质文化建设

旅游商品物质文化建设，是指旅游企业以旅游商品经营理念文化为指导，对提供游客视觉感受或参与感受的物质传达体系进行的设计和规划。如，企业的名称、标志、标准字、标准色、象征图案、外观建筑、设备设施、广告媒体宣传、员工服饰、交通工具等物质实体的设计与规划都应以高雅的文化理念为指导。

上述旅游商品经营的理念、行为和物质文化建设，实质上都是旅游企业文化建设的重要内容。不管旅游企业的类型如何，企业文化的基本模式是一致的，不同的是企业档次品位不同，其商品文化建设的品位档次也就不同，各旅游企业应根据自身的类型、级别、规模、品位、性质等进行商品设计规划。

三、旅游商品文化建设的原则

(一)特色原则

特色是指旅游商品所具有的独占性,不可替代性、权威性和排他性特征。特色是旅游商品生命力之所在,是对游客产生吸引力的源泉,是旅游业繁荣兴旺的法宝。如,各个景区、景点之所以能够形成、发展和繁荣,都是因其具有自身特色的结果。

但特色的充分展示有一个不断认识、挖掘、创新、组合的过程,所以要不断挖掘其文化内涵,不断在原有基础上创造新的组合。如,桂林山水,本来早已闻名全球、冠甲天下,原来传统的"三山、两洞、一条江"景区,即象鼻山、叠彩山、伏波山三山的景区景点,卢笛岩、七星岩两洞的景区景点,世界最秀美的漓江的景区景点,是世界最闻名、最美丽的景区,确实是犹如进入仙境令游人流连忘返的景区。但近年来,又不断推出了"两江四湖"的景区景点,构成了"千峰环野立,湖水抱城流"的奇美景观,使人感受到景在城中、城在景中。特别是夜晚,若漫步于两江四湖之滨,那种奇美的灯光衬映的景色呈现眼前,会让人赞叹不已,更会产生"愿作桂林人,不愿做神仙"(陈毅)的情感。接着又推出"印象·刘三姐"景观,银子岩、丰渔岩景观,乐满地景观,愚自乐园景观,世外桃源、园博园景观等,使这个冠甲天下的美都又不断地穿上了一件又一件美丽的衣裳。现在,政府又着手对"两江四湖"进行第二期开发,随之还要进行第三期、第四期开发,这个世界美都的美丽特色更加突出。所以突出特色的原则,以是一个不断挖掘、塑造、创新、组合的过程。

(二)人工美与自然美、现代美与传统美的统一原则

自然美是旅游景观商品美的基础,如桂林山水甲天下是桂林旅游景观商品的自然美。人工美则是对旅游商品自然美的装饰、美化,使其自然美更显风姿,如桂林旅游景观商品本来就有两江四湖景观,但多年来未能装饰、美化,水质污染堵塞而不清,草木刁残而不秀,虽然历来也被游人不断赞赏游览,但哪及现在被人工美化装点后的风采,难怪成千上万的桂林人,会每天在那月白风清、灯光映照绿树的湖边江岸漫步,享受这绝美的风光。所以旅游商品自然美的红花也需要人工美的绿叶扶衬。

传统美是人类群体经过长期历史沿袭固定下来的认同美,如中国汉族喜欢红色,彝族却喜欢黑色。时代美又是人们在其审美观念发展过程中所形成的具有时代性特征的审美观念。旅游商品文化建设,既要坚持传统美的观念,也要坚持时代美的观念,或把二者巧妙地结合统一起来。一般应以传统美为主。因为传统的多为民族的,而民族的就是世界的。

(三)协调原则

美,意味着和谐、协调、统一、融洽。现代景区景观就应该是自然美与人工美

的协调,现代美与传统美的协调。协调才能统一,统一才能和谐。旅游景区景点商品的协调展现为:它的外在形态韵律美和它的内在意韵美的协调;景区景点的风格、规模、文化品位与社会环境、自然环境的协调;景区景点的部分景观与整体景观的协调。

(四)保护生态原则

保护生态环境既是旅游商品可持续发展的要求,也是其长远经济效益的要求。生态环境是景区景点商品的物质基础,如果基础受到破坏,其可持续发展就失去了依托,皮之不存,毛将焉附。如果当前自然生态环境受到严重破坏,人类就会遭受严重的报复和惩罚。所以必须坚持保护生态环境的原则,旅游景区景点商品经营与开发才能可持续发展。

(五)效益原则

现代旅游市场的各类商品,大都是独立核算、自负盈亏的经济实体,其经营管理是要追求经济效益的。因此旅游商品的开发、策划应选择潜在价值大、地理位置优越、交通方便的地方,景区景点才能产生较好的经济效益。

四、旅游景区景点商品文化建设

(一)充分发掘自然景区景点的内在文化底蕴

1. 景区景点内在结构文化底蕴的发掘。

(1)景区景点内在科学结构底蕴的发掘。景区景点科学结构文化底蕴,是指景区景点自然客体结构的形成,及其发展变化客观规律的科学内涵。这涉及地质科学的专业科学知识,大多数游客是难以理解的,如能及时让游客了解,在游客游览观赏时,配合科学、通俗的解释,便会增长游客的科学文化知识,提升对景区景点科学文化内涵的感受。如:桂林“千山环野立”的景观,是地质构造地壳上升变化的结果;洞穴的形成,是水的侵蚀、溶蚀长期作用的结果;花岗岩景区内的摇摆石,是“球状风化”的结果。所以进行景区景点商品的文化建设,需要充分发掘景区景点内在科学结构的底蕴。

(2)美学文化内涵的发掘。美学文化内涵是指自然景观外在形式韵律美和内在文化底蕴美所展现的美学文化内涵。如千奇百怪的地形地貌,秀丽美观的自然山水,变幻奇特的海市蜃楼等,都有其不同的外在形式韵律美和内在结构的文化底蕴美。自然景观的美学文化内涵是多方面的,这正是吸引游客前往游览观赏之所在。但因人们的知识结构、审美情趣的差异,对景区景观的文化追求和感受,在游览中是不完全相同的。如面对同一山水景观,画家更多的是看到它的形态美,生物学家注意的是生态的和谐美,园林学家关注的是它与周围环境的协调美,诗人注意的是它的内在意韵的哲学美。这就要求旅游开发设计者,在策划设计时,既要展现其外在形式的韵律美,又应充分发掘其内在文化的底蕴美,使得一般的游客都能感受其美学文化内涵，使得不同的游客能从不同的角度和重点进行各自的观赏，从而获得各自不同的审美感受。

而景观内在文化底蕴美的展现是需要发掘的。要发掘其是否具有各种类型美的文化内涵，同时更要发掘最具特色而又最为人们认同的美。然后可通过导游解释、文字说明、宣传图片等，让游客对景观内在美的文化底蕴获得最佳、最深刻的审美感受。

(3)游客体验文化内涵的提升。体验文化的内涵是指游客通过亲身游览观赏或参与的旅游活动，所获得的文化感受和体验。如，游客通过漂流、滑雪、滑沙、滑草、滑冰、游泳、探险、野营等不同旅游项目，获得不同文化内涵的体验感受。因此体验文化内涵是游客本身的主体文化因素和景区景点客体文化因素共同作用的结果。但由于游客主体文化水平、品位修养等因素的差异，体验同是一个景区景点，但体验感受的文化内涵却存在着差异。这就要求商品经营者策划设计时，研究如何通过景区文化形象的展现和旅游服务的行为文化，使得游客对景区景点的体验、感受得以加深和提高。

(4)景区景点附会文化内涵的发掘。附会文化的内涵是指自然景观通过人们对它进行人化认同所赋予的一种文化内涵。即人类将某一自然客体作为某种精神理念或情感的载体，赋予它以人性化或拟人化的理念所展现的一种文化内涵。如，桂林象鼻山，本来就是一座石山，只因它内在的结构底蕴形似象鼻且风景优美，人们就对它进行人化、认同，赋予它以生命、人性，拟人为正在吸水的象鼻，并塑造了相应的文化故事，从而就使它成为具有附会文化内涵的自然景观。又如，云南石林阿诗玛景观、湖南新宁舜皇山的舜皇睡佛景观也是一种具有附会文化内涵的自然景观。自然景观附会文化的塑造需要经过深入发掘的过程。

2. 充分展现景区景点文化的“形”和“意”。景区景点文化的“形”和“意”，是旅游景区景点商品最高文化内涵的展现。

景区景点文化的“形”，是可供人们游览观赏景观实体外在形式韵律美的形；是经营者在其形体、景色、结构、质地基础上，策划设计、加工美化成为能让人感知的形式韵律画面的形。如，对辽阔激荡的水面、浑厚的高山、险峻的悬崖，经过人们策划设计形成景观实体外在文化形式韵律的“形”。景区景点文化的“形”，包括自然景区景点的“形”，也包括社会人文景区景点的“形”，前者是自然实体经过人们策划设计的形式韵律“人化”美的“形”；后者则是社会人文事项经过策划设计的形式韵律本身美的“形”。

自然景区景点文化的“意”，就是指在自然景观实体结构内，造物者所凝结隐含的无形“文化”的“意”。这种“意”的文化内涵，不是景区景点本身所固有的，而是人们对景区景点“人化”、认同的“意”，是人们赋予自然景区景点的“意”，是心物感应“人化”的“意”，是人们在对自然景区景点本身的某种内在意韵发掘认同，经过人们对其"人化"所附会的"意"，即附会文化的"意"，表达的是人们对自然景区景点的想象和情感的意；而社会人文景观的"意"，则是社会人文事项本身的意。

桂林象鼻山景观的"意"，是指人们对其"人化"、认同的"意"，是人们把大山拟人为一个大象正把它的鼻子伸入漓江吸水的生动形象的"意"。这是人们在对象鼻山自然景观本身的某种意韵和情感"人化"认同所附会的"意"。而社会人文景观的"意"，是社会人文事项本身所固有的文化内涵的意。可见自然景观文化的"意"，是人们对它"人化"、认同的"意"，是人类的意附会于自然景观的"意"，是人们的意愿和情感对自然景观表达的意。所以自然景观的"意"与人文景观的"意"是不同的，一个是附会的，一个是自身固有的。

"形"与"意"是紧密相随的，"意"随"形"现，"形"随"意"存，"意"是"形"的灵魂，"形"是"意"的载体，"形"与"意"是统一的。"意"是"形"的生命，"形"是"意"的外观形式韵律。园林中楼台亭阁、山石草木的"形"，凝聚着造物者与欣赏者的"意"，凝聚着景区景点设计者、建设者的意，景区景点的"形"，蕴含着景区景点的"意"。"意"是"形"的灵魂、内核，"形"是"意"的载体、外形。"形"与"意"是统一的。

自然景观所展现的，不仅仅是景观外在形式韵律的"形"，更凝聚着它内在结构底蕴和人们附会的"意"。人们对自然景观文化的欣赏、体验，就是对它的"形"和"意"的感受。

人文景观的"形"会因时间和人们思维变化而变化，如园林、建筑的"形"，可随时间的久远而变形。而"意"却可以跨越时空的局限，保存延续而流传千古。如，古代文化经典著作所延续的"意"。所以社会人文景观的某些"意"是不易改变的。

"形""意"虽紧密相随，但景观的"形"又会因时空气候的变化而变化，如自然景观、气象景观、园林景观、建筑景观，有千年不变的，也有随着时空气候的变化而变化的。但"意"可以跨越时空气候的局限。它可以随语言或文字而延续千古。昔日被毁的"形"还可以根据原来的"意"进行再造。

（二）旅游景区景点外在形式文化韵律美的塑造

1. 提炼主题。提炼主题就是对相关旅游资源，在全面考察、品评选择、去粗取精、适度剪裁、突出特色的基础上分析研究以提炼主题。如，一些传统民居建筑，虽然保存较好，具有较高开发价值，但往往夹杂着其他主体不相适应的建筑与设施，冲淡了传统的主题文化内涵，应采取搬迁、改造或掩饰等手法，使主题得以显现。

2. 烘托主题。一个自然景区都各自具有自身的个性特色，或奇、险、雄、秀，或媚、旷、幽、深。这些个性特色，自然应提炼为景区景点的建设主题。若其周围环境的开发策划未能与之配合协调，就需策划设计以烘托主题。如，有的景区景点主题是奇、秀、幽、深，而其游道却宽大直通，这就需要向曲、弯，窄、古方向改造，使其曲径通幽，以烘托主题，使环境与主题协调；又如，有的景区景点主题是奇、险、雄、旷，游客攀登艰难，游道却缺少安全和舒适设施，这就需要增添相应设施以烘托主题。又如桂林漓江边上的冠岩，本来就自然幽深古老，但开发者却在它的顶上修建了一座有国外特色的洋亭，这就冲淡了原来景观的主题，后经笔者等人建议，洋亭改建为古老的土亭，从而烘托了主题。

3. 点景策划。

(1)造景点景。这是在景点的最佳位置设计单一人工景物，或以简练文字点出景观特征，展现景观意境的造景手法。其方式可因地制宜多种多样，如塔、亭、雕塑的修建，可使景区的景色倍增。如，桂林的七星山上，修建了一个凉亭，使得主题景点迥异，游客不绝，而且使得“千峰环野立，江湖抱城流”“城在景中，景在城中”的桂林城市景观尽收眼底。这就是人造景点的点景策划。

(2)文字点景。这是将景名、景意，以精练文字雕刻于石碑或石山之上，凸显出景区的风韵。如，桂林独秀峰的正面就有“南天一柱”四个大字，彰显了其峰的意韵，提高了游客对独秀峰巍峨气势的感受。

(3)植株点景。如将枫树、槭树植于河岸，秋天又可变成红色，点缀了景点的色彩。

(4)水景点景。如在景区的最佳处建一喷泉或人造瀑布，不仅有形而且有声，可有力地衬托主题。

4. 借景策划。借景就是将景点以外较远的景色组织到景点范围以内，以扩大景点空间，形成更美的空间画面的造景方法。这是在有限空间内，获得更大空间画面的造景方法。如，桂林阳朔滨江公园内的一个亭内，从八个方向建有八个亭窗，可观赏到八个无限空间的景色。借景有近借、远借、仰借、俯借等方法，有借形、借声、借香等内容。

5. 对景策划。对景也是一种造景方法，就是在主要景观处与游览线的前进方向，开发或建造建筑物，点缀风景，形成平面上相互对应，高度上互为错落，角度上景物有致，彼此交叉、错落、偏斜、对称、自由的画面，产生多变的生动透视效果。对景策划应把握张与合、抑与扬、繁与简、游与乐、动与静、远与近等对应关系。如，北京景山的五座亭子、北京北海的五龙亭，都是典型的对景策划的建筑设计。

6. 维持原貌。这是指对那些天然自成、无须雕琢的自然景观，应维持原貌，保持其原始状态的自然美，让其完美地展现在游客面前。在自然景观中，如桂林漓江两岸的风光、张家界、九寨沟的自然风光、云南石林的景色，应保持原貌，在这里任何精巧的人工景物的配置，都是多余的。在人文景观中，如像一个边远的民族村寨或古老小街，宁可保留古老原貌的青石板道路和狭窄的街道也不要修建或扩建成水泥公路。

第二节 旅游商品文化形象识别设计

一、旅游商品文化形象识别的概念

旅游商品文化形象识别，是指旅游商品内隐的文化底蕴和外在形式文化韵律成为被人们可观赏、感受的识别形象。它既是一种使得人们体验、感受的无形文化的识别形象，又是一种人们可以观赏、识别的实体文化形象。

二、旅游商品文化形象识别系统

（一）旅游商品文化形象识别系统的含义

旅游商品文化形象识别系统，是将企业形象识别系统，导入旅游商品文化形象识别系统的运用。企业形象识别系统，原来是指企业将其经营活动导入到一个新的文化形象境界，以便人们识别感受，从而有利于企业的市场运作。这就是企业管理中的 CIS 工程。CIS 工程是 Corporate Identity System 的缩写，它包括理念识别（Mind Identity System，MIS）、行为识别（Behavior Identity System，BIS）和视觉识别（Visual Identity System，VIS）三个系统。CIS 工程原是企业形象识别系统，现在用以导入旅游商品文化形象识别系统的建设和策划，以利于推动旅游商品市场的繁荣和发展。

（二）旅游商品文化形象识别系统的内容

1. 旅游商品的理念文化形象识别系统。旅游商品的理念文化形象识别系统，是指企业商品经营理念、价值取向的文化识别系统。具体地说就是企业商品的经营目标、经营思想、经营方针和经营信条等文化内涵构成的经营理念文化系统。这是旅游企业如何指导商品经营的精神文化，更是商品经营的行为文化和物质文化的灵魂。

旅游商品的经营目标，是指企业经营、发展、壮大与利润追求和对社会所应承担的责任的目标。

旅游商品的经营思想，是指企业的经营哲学、价值取向、经营方针和经营信条。在经营思想的指导下，形成了企业的精神风貌、精神状态、道德意识、道德行为和社会关系、经营信念、团队精神、企业活力等。如，“顾客第一”、“员工第一”、“以人为本”等，就是经营理念文字表述的概括。

旅游企业商品的经营方针，是指商品经营的方向和目标确定的依据。如，旅游方针是旅游企业确定其经营方向和目标的依据。

旅游企业商品的经营信条，是指企业经营商品所要信守的准则。如，市场准则、诚信准则、道义准则等。

以上是企业经营商品理念文化的识别系统，导入于旅游企业商品经营理念文化识别系统中的应用。

2. 旅游商品的行为文化形象识别系统。旅游商品行为文化形象识别系统，是指旅游商品的理念文化在商品经营外在行为层面上的展现。如果旅游商品没有企业外在经营的行为文化活动，则旅游商品的内在理念文化只是一种空洞的文化；若没有内在理念文化的统一指挥，其外在的行为文化活动是一种没有目的和方向的盲目活动。

商品经营行为文化活动识别系统，包括外部系统和内部系统。外部系统，有市场的调查分析、目标市场的确定、市场的定位、市场开发、产品设计、公关促销、顾客服务、外部环境营造等行为活动；内部系统，有形象策划、计划、组织、指挥、协调、监督等行为活动。

3. 旅游商品的视觉文化形象识别系统。旅游商品的视觉文化形象识别系统，是指旅游商品在其市场经营活动过程中，所展现的并为人们所识别的视觉文化系统。如，企业的名称、标志、产品、品牌、建筑外观、室内设施、广告媒体、标准字、标准色、象征图案等文化内涵，是旅游商品文化形象的外层展现。它既是旅游商品理念文化和行为文化得以体现的形象文化，同时又是受商品理念文化和行为文化的规范和制约的视觉文化形象。旅游商品视觉文化形象，是商品文化结构中生动、活跃的视觉文化形象识别系统。

三、旅游商品文化形象识别设计

（一）旅游商品文化形象策划设计

旅游商品文化形象，是商品文化内涵的综合展现，需要通过人们的策划设计。它包括商品经营内在的理念文化形象设计、外在的行为文化形象设计与视觉文化形象设计。

（二）旅游商品经营理念文化形象识别设计

1. 旅游商品经营理念文化识别形象。旅游商品经营理念文化识别形象，是旅游企业商品市场经营理念文化形象的展现。如，企业市场经营战略策略的理念思维体系，包括经营理念、经营姿态、经营文化等。所以理念文化形象，实际上就是企业市场经营所展现的理念文化品位形象。它是企业经营的战略指导思想，是自始至终贯穿于整个经营活动之中的思维体系。

旅游商品理念文化识别形象，是指人们通过企业市场经营理念思维体系的识别，所了解和感受到的文化形象。

2. 旅游商品经营理念文化形象识别设计。旅游商品理念文化识别形象设计，是指旅游企业对其商品市场经营的理念形象，为了使得人们容易识别了解所进行的策划设计。如商品形象品位的表达、形象的传播、广告的宣传、公共关系的展现等具体策划设计。同时,还要策划如何通过商品的行为文化形象、视觉文化形象,使得游客又能识别其理念文化形象的内涵。

理念形象识别设计应从旅游企业的特征性质和市场情况出发,展示企业的性质、类型、特色、经营的哲学理念和商品质量。如,昔日上海锦江饭店设计的理念形象为"宾客至上,服务至上,礼仪第一,信誉第一",这是一种以精神哲学所表达的饭店经营的理念形象;假日饭店设计的理念,则是"任何人随时都可来住宿",这是一种以经营姿态的标语形式来展现的理念形象。又如,希尔顿饭店设计的理念形象是"以最少的费用,享受最多的服务"(Minimum Charge For Maximum Service)。这是一种以经营信条的标语形式来展现的理念形象。又如,经营物质商品的沃尔玛的理念形象是"顾客第一,员工第一",这是"以人为本"进行设计的商品经营理念文化形象。

上述各种理念形象设计的共同特点,是符合企业的实际,鲜明简要,易于实施,有利于市场经营的设计。

(三)旅游商品经营行为文化识别形象设计

1. 旅游商品经营行为识别形象。旅游商品经营行为文化识别形象,是指旅游企业员工在企业经营商品的理念文化指导下,开展的对内、对外活动,及其展现出的相应的举止、态度、言语、行为方式等,所表现的企业规范行为文化识别形象。如:企业对外开展的行为活动有公共关系活动、市场调研、商品促销、广告宣传、外部沟通等;企业对内开展的行为活动有市场开发、商品开发、商品管理、员工教育等。企业所有这些外在、内在行为和活动,都属于企业的行为文化形象。

2. 旅游商品经营行为文化形象识别设计。旅游商品的行为文化形象识别设计有严格的规范要求。如,星级饭店都制定了管理和服务手册,对所有岗位工作都有详细规定的职责、程序、规范和标准。如,饭店服务行为,其服务的规范化、标准化和程序化,都应符合游客个性化的要求,并与之完美结合,还要以高文化品位的"情"和"暖"的服务行为为规范。全球旅游星级饭店服务的最高标准是"金钥匙"服务,不但使顾客高度满意,而且塑造了饭店的高文化品位形象。

旅游饭店还应重视面对社会的行为文化形象的塑造。如,对社会福利事业应支持、赞助、慰问。总之,旅游商品经营行为文化形象设计不但要使游客对行为文化形象能够识别感受,而且对其理念文化形象也同时能够感受识别。

(四)旅游商品经营视觉文化识别形象设计

1. 旅游商品经营视觉文化识别形象。旅游商品经营视觉文化识别形象,是指旅游企业在其经营理念指导下,所展示的可视性的直观、感受、识别的形象。通过视觉识别形象,可展示企业的性质、类型、特征、品位。如,商标、建筑、设施、造型、广告、宣传、图案、标语等,都能通过人们的视觉,便可展示、识别商品的形象。

2. 旅游商品经营视觉文化形象识别设计。视觉形象是指商品经营可见可视的外形直观形象，也是企业性质、类型、对外宣传的识别形象。如，商店、工厂、饭店、旅行社、旅游景点等，都应该有各自不同的外观视觉形象，这就要求进行不同规范的形象设计。就旅游饭店来说，有星级饭店、普通旅游饭店，星级饭店又有1～5星五个等级。国家对各级饭店的外观建筑、客房设施、大堂设施、人员着装、设备设施等都有不同的规范标准，这就要求旅游星级饭店就其视觉形象进行规范设计，既要遵循国家规定的标准，又要突出企业自身的特色。

旅游商品视觉形象的设计，可分为基本体系的规范设计和应用体系的规范设计。

基本体系设计，是指企业为提供市场商品必须基本设施的可视形象体系。如公司、饭店的商标、象征性符号、造型、标准色、标准字、基本图案、企业标语等。

应用体系设计，是指企业为展现商品的市场形象，对需要通过哪些媒体、添置哪些设施、做出哪些规范要求所进行的规范设计。如，饭店的内部陈设、办公用品、员工服装、客房服务、餐饮服务、陈列展示、广告版式、宣传媒体、公共识别符号（如招牌、标志牌、展示板、店头广告、说明架等）方面的规范设计。

成功的设计可以塑造成功的商品视觉形象，会给客人带来强烈而深刻的视觉感受。

思考题

1. 试述旅游商品文化建设的概念。
2. 试述旅游商品文化建设的内容。
3. 试述旅游商品文化建设的原则。
4. 试述旅游景区景点的文化建设。
5. 试述旅游景区景点"形"和"意"的文化内涵。
6. 你认为应从哪些方面进行旅游景区景点文化形象塑造？
7. 试述旅游商品文化形象识别设计的概念。
8. 如何进行旅游商品理念文化形象的识别设计？
9. 如何进行旅游商品行为文化形象的识别设计？
10. 如何进行旅游商品视觉文化形象的识别设计？

第五章

旅游景观商品

● 学习要点

自然旅游景观

社会人文旅游景观

自然景观旅游商品

人文景观旅游商品

人造景观旅游商品

旅游景观商品的开发与设计

旅游景观商品的文化建设

自然旅游景观商品四大类型

第一节 旅游景观商品概述

一、景观的内涵

（一）景素

景素是景观形成的最小基本要素，是能吸引人们游览、观赏，并能使得人们获得美感的最小基本要素。景素可分为硬质景素和软质景素。硬质景素是组成景观外在实体的美学形态；软质景素是组成景观内隐意韵的美学内涵。如：森林公园的自然景观，其硬质景素有森林、奇山、异石、河流等外在实体的美学形态；软质景素有公园形象、原始气息、森林环境、视觉感受等内隐意韵的美学内涵。又如：博物馆的社会人文景观，其硬质景素有馆内文物实体的外在文化形态；其软质景素有其本身的文化和美学内涵。景观策划设计时，既要根据硬质景素的外表美学形态，又要寻找它的软质景素的美学内涵。

（二）景观概念

1. 景观概念的表述。对景观概念，学术界从不同的角度理解，有多种类型的表述，概括如下：

（1）景观是由景素组成的综合体。组成综合体的景素是指可供人们观赏、感受、参与活动的要素。综合体的组合，是由景素的能量、信息的组合与融洽，形成各种景观结构的整体系统。每个景观又是各具特色可供人们观赏、感受的综合体。

（2）景观是由它外形实体的韵律美和内隐意韵美所形成的综合体。景观是由具有特定空间范围的外形实体韵律美和内隐的无形意韵美构成的综合体。如，桂林象鼻山景观，有它自身特定范围的外形实体韵律美，更有重要的内隐无形意韵美。其外形实体韵律美，是指它恰似正在吸水的象鼻的山体，以及相应的地貌、生态等环境空间的形体美。其内在意韵美是指“自然的人化”与“人化的自然”所展现的美。桂林象鼻山本来就是一个自然山体，它有自己的空间范围和特定的地理环境，即漓江和象鼻山的水体、山体、地貌和生态环境。它的韵律美是人们对它的观赏认同的“人化”过程，使之成为人性化了的自然，于是人们不仅观赏到它具有外在的形似象鼻的形体美，而且附会它具有内在的文化意韵美，并创造了许多生动故事情节的文学美。所以自然景观是具有外显形体韵律美和内隐意韵美的综合体。

社会人文景观不同于自然景观，其外显形体韵律美是社会人文有形实体本身所具有的；其内在的意韵美也是指无形的社会人文事项本身所具有的。其外显形体和内在意韵的文化内涵是人类社会创造的。但社会人文景观仍然是其外显形体韵律美和内在意韵美的综合体。

(3)景观是景观结构系统的文化镶嵌体。景观结构系统,是指景观的空间构造、空间配置和空间格局的组合形式。这种组合是人们对自然景观结构系统策划设计的组合。自然景观既是以景观的自然结构系统为基础,又是以人为因素即"人化"的附会因素组合形成的,所以自然景观就是在其原有结构系统的基础上,镶嵌附会文化美的景观。自然景观的结构系统,若没有这种附会文化美的镶嵌,则自然景观不能称其为景观,所以自然景观是其结构系统的文化镶嵌体。而社会人文景观虽然具有自身的文化内涵,仍然需要经过经营者在原有景观(人文事项)结构系统的基础上,进行策划、组合、文化包装,才能成其为景观,所以社会人文景观的形成也可以说是景观结构系统的文化镶嵌体。

(4)景观是旅游者游览观赏视觉形象的艺术空间。景观蕴涵着三个不同文化层次以及与之相对应的艺术空间。

一是景观历史文化与艺术层次空间。这是指景观环境的风土民情、风俗习惯等人文文化风貌的历史文化与艺术层次空间。

二是景观环境生态层次空间,这是指土地、地形、水体、动植物、气候、光照等生态因素的自然资源环境的生态层次空间。

三是景观游览感受层次空间,这是指游客游览、观赏、感受对象的层次空间,即景观所展示的视觉感受层次空间。

景观的这三个层次空间的组合形成景观游览的文化艺术形象,并自始至终贯穿于游客观赏景观视觉感受的过程之中。所以,景观作为一种视觉形象,既是一种自然景观,又是一种生态景观和视觉感受景观空间形象的整体展示。

2. 自然旅游景观和社会人文旅游景观。

(1)自然旅游景观。自然旅游景观是指旅游开发经营者,对众多自然景观,经过"人化"过程,评选出具有游览、观赏价值并对其进行策划设计,面向市场吸引游客游览、观赏的景观。自然旅游景观也是指,山岳、水域、生物、天象气候四大自然资源,经过人们的认同、"人化"、组织、策划、设计、组合,形成的可供人们游览、观赏的旅游景观。所以不是所有的自然景观,都具有游览、观赏的价值,都能成为自然旅游景观的。在人们早期对大自然审美认识中,大自然所形成的自然景观,即大自然所展示的风景、景致、景色,只能是一种自然景观,而不是自然旅游景观。所以,不是所有的自然景观都是自然旅游景观。同理,社会人文景观不等于就是社会人文旅游景观。

(2)社会人文旅游景观。社会人文旅游景观是旅游开发者对社会人文景观进行比较、选择、策划、设计和组合,所形成的具有游览、观赏功能的旅游景观。所以,也不是所有的社会人文景观都具有游览、观赏价值,都能成为社会人文旅游景观的。如,人类创造的各种各样的桥梁建筑景观,因其观赏价值不尽量相同,所以不是所有的桥梁景观、民俗风情景观都能成为旅游景观。我国社会人文景观极多,也不能都成为旅游景观。所以,社会人文旅游景观是在社会人文景观的基础上,经过人们策划、设计、组合所形成的景观。

3. 旅游景观文化。旅游景观文化,是指旅游景观结构的内在意韵和外显形式韵律,所展现的一种旅游文化形态,包括自然旅游景观文化和社会人文旅游景观文化。

自然旅游景观文化,是指自然景观结构的内在意韵和外显形式韵律的文化内涵,经过人们认同、比较、"人化"的过程,而形成的一种自然旅游景观附会文化形态。由于自然景观实体结构的内在意韵和外显形式韵律的不同,所以被"人化"的自然景观就被赋予了不同的文化内涵。

社会人文旅游景观文化,是指社会人文景观自身具有的文化内涵,即物质文明和精神文明所形成的一种旅游景观文化形态。但是,社会人文旅游景观文化,只是指能够供给人们游览、观赏、体验、感受、参与的那一部分物质文明和精神文明。如,民俗景观、剧院演出提供的观赏景观、博物馆提供的文物景观,以及具有观赏价值的建筑景观等。

4. 景点、景区。

(1)景点,是指在一定景区范围内可供游览观赏的单一景观的风景点。如,一处瀑布、一眼泉水、一坐古建筑等。旅游景点还配备了相应的设施和服务,成为一个相对独立的游览场所,是游客旅游最终的目的地。

景点是指风景点的空间范围,景观则是指景点具有综合韵律美的艺术观赏空间。一个景点可以有一个或几个景观的艺术空间。如阳朔滨江公园凉亭的八个窗口具有八个艺术空间的景观。景观是构成景点空间的基础,景点则是景观观赏游览的场所。

(2)景区,是由多个相邻的相互依赖、互为映衬的景点组成的并配有较完整设施和服务的旅游空间地域。如,配有饭店、餐厅、商业网点、邮电通信等设施并提供相应服务的旅游空间地域。所以景区是由多个相关联的景点所形成的游览观赏的空间活动地域。

旅游景区的类型有:风景名胜区、旅游度假区、森林公园、自然保护区、地质公园、水利风景区、旅游主题公园、国家文物保护单位、工业旅游示范点与农业旅游示范点。旅游景区是游客活动的中心地域,也是游客游览观赏的最终目的地,是现代旅游业的重要支柱,对其所在地经济和社会文化具有巨大的促进作用。

(三)景观的特征

1. 整体性特征。景观是一个由自然、社会、经济、文化等众多要素组成的相互联系、相互制约的艺术观赏空间整体,具有系统性、整体性的特征。景观是以一个完整的景物画面出现的,从而能区分与其他景观整体的差异。如,游客游览桂林山水的景观,有漓江、象鼻山、叠彩山、伏波山、七星公园、芦笛岩、冠岩、两江四湖、乐满地、世外桃源等景观,这些景观之所以不同,是因为它们具有使得游客产生不同景观整体性特征的感受。

景观整体性特征,还可从景点、景区的角度去感受。如,桂林上述不同景观、景区,又可使得游客产生不同景点、景区整体性特征的感受。

景观整体性特征,还可从景观的地区环境、城市形象去感受。如,长城、桂林、西湖、黄山的景观等,都分别具有自身的地区、城市、形象、环境、气象等方面的整体性特征。

所以,景观整体性特征还可从不同层面,或从不同的角度去把握、观察、感受。有如"横看成岭侧成峰,远近高低各不同"的感觉。

2. 观赏性特征。观赏性,是指景观具有观赏功能,能给人以美的享受,具有陶冶情操、净化心灵、激发感情的特征。这是旅游景观的核心功能。我国著名景区武陵源之所以能有力地吸引国内外游客,是因为它保持着奇特的观赏性特征。它保持着原始、古朴的自然风貌;兼有泰山之雄、桂林之秀、黄山之奇、华山之险;境内奇峰林立、怪石嶙峋、树茂林丰、溶洞群布、沟壑纵横、溪水潺潺、珍禽竞翔、奇花争妍,藏峰、桥、洞、湖为一体,汇名山大川之大成,给人以强烈的美的享受。正因为她这一奇特的观赏性功能,尽管久居深闺人未识,可一经发现,便在最短的时间内誉满全球,成为我国最著名的国家级风景名胜景区之一。

3. 区段性特征。区段性,是指不同景观具有不同地域、地段差异性的特征。因为景观是在一定的自然、人文地理环境下形成的。由于形成景观的自然、人文地理因素组合的差异性,就造成景观在不同地域、地段的差异。比如,中国南方景观秀丽,北方景观雄浑,即"南秀北雄"就是典型的区段性特征。

4. 节律性特征。节律性是指景观因其构成因素运动变化的节奏性规律,引起景观节奏变化规律所展现的特征。景观构成的因素,有地质、地貌、气候、生物等自然因素和历史遗迹、建筑、村落、城镇、风情等人文因素。这些因素,尤其是自然因素,随时间推移而具有循环变化的规律性特征。无论是从气候变化、水位涨落、生物繁殖,还是从海侵海退、冰川进退、岩石形成的现象看,都可以观察到景观节律性的特征。如,景观的时间节律性特征,有日节律、月节律、年节律、世纪节律,甚至有以几百万年、几千万年为周期的地质节律。景观的节律性特征在人文景观中也很明显。如,人们的节庆、农事、宗教礼仪活动等。

(四)景观的分类

1. 按景观的性质与成因分类。

(1)自然旅游景观。自然旅游景观是指旅游经营者,对众多自然景观,经过"人化"过程,选出具有游览、观赏价值,并策划设计,面向市场吸引游客游览、观赏的景观。

(2)人文旅游景观。社会人文旅游景观,是旅游开发者对社会人文景观进行比较、选择、策划、设计和组合,所形成的具有游览、观赏功能的旅游景观。这是指那些开发者塑造的社会人文事项的旅游景观。人文旅游景观反映了不同地域的地理、民俗等特性,如"十里不同风,百里不同俗"。人文旅游景观,反映了人类长期活动成果的积淀和人类文化的精粹,如历史、文物、服饰、宗教、建筑、园林等社会人文景观。人文旅游景观展现了人类的物质文明和精神文明,如北京故宫、颐和园、承德避暑山庄、中国的五岳寺庙、长城、西安秦陵兵马俑、近期我国的三峡大坝等。

(3)人造旅游景观。这是指旅游开发商根据市场需求,以效益为目的,以科学技术为手段,以古今中外名胜景观、历史名著及民间传说、风俗民情为模本,或模拟仿造,或新建创新的一种景观。人造旅游景观包括主题公园、游乐场、步行街、旅游节等。

2. 按景观利用方式分类。

(1)游览鉴赏型景观:优美的自然风光、著名的古建筑及园林等。

(2)知识型景观:文物古迹、博物展览、自然奇观等。

(3)体验型景观:民俗风情、节庆活动、宗教仪式等。

(4)康乐型景观:度假疗养、康复保健、人造乐园等。

3. 按景观开发利用程度分类。

(1)原始地区景观:原始森林、原始荒原、极地地区等。

(2)资源利用景观:森林公园、自然风景名胜区、海礁海滩等。

(3)乡村地区景观:田园风光、草原牧场、渔村等。

(4)区域景观:小城镇、工矿区、大型工程点等。

(5)城市地区景观:城市景观、公园园林、博物馆、游乐场等。

二、旅游景观商品

(一)旅游景观商品的概念

旅游景观商品,是指旅游经营商以其开发的自然旅游景观、社会人文旅游景观或人造旅游景观为基础,组织、策划、提供相应服务等为销售对象,暂时出卖观赏权、体验权和享受权但不出卖所有权给旅游者的一种旅游商品形态。因为它是以出卖为目的并具有价值和使用价值的有形实体和无形劳务,所以是一种商品。

(二)旅游景观商品是不出卖所有权的非物质商品

旅游景观,是旅游者旅行游览的首要目标,旅游者外出游行游览的目的就是对景观的观赏、体验和享受。所以旅游者需要购买的只是景观的观赏权、体验权和享受权,而不是所有权。而商品的经营商,也只是为了暂时出卖景观的游览、观赏权,而不是所有权。

旅游景观具有供人们观赏、游览、享受的使用价值,旅游景观商品注入了人类无差别的必要劳动,又具有价值。这一点与一般的物质商品所具有的价值、使用价值没有什么两样。旅游景观商品因为不出卖所有权,所以不属于出卖所有权的物质商品。

(三)旅游景观商品是旅游者旅游的基础商品

旅游者外出旅游的根本目的,是为了追求对景观的游览、观赏、体验和享受的满足。旅游者在其购买的所有旅游商品中,只有同时通过购买旅游景观商品才能得到满足。如,购买观光旅游商品、商务旅游商品、民俗旅游商品等,都要以旅游景观商品为基础,所以旅游景观商品是旅游者旅游的基础商品。

第二节 旅游景观商品的开发与设计

一、旅游景观商品开发

(一)旅游景观商品开发的概念和类型

1. 旅游景观商品开发的概念。旅游景观商品开发,是指旅游所在地政府或旅游开发商依据当地旅游资源的特色、区位条件和社会经济、文化背景,以市场需求为导向,进行景观的规划、设计、营造、宣传和促销的做法和过程。

旅游景观商品开发,也是指开发新的旅游景观商品,或对传统旅游景观商品进行改造,或对现有旅游景观商品进行新的组合设计的做法和过程。

2. 旅游景观商品开发的类型。旅游景观商品开发包括下述三种类型:

(1)传统旅游景观商品的开发。传统旅游景观商品的开发,是指对传统的自然景观、文物古迹、民族风情和都市风貌等游览观光旅游商品进一步充实和完善的做法和过程。随着旅游的日益普及与旅游者旅游的理性化,传统的观光旅游商品已难以满足市场需求,一些传统的景区、景点就需要再完善、改造和充实。如,对世界遗产、国家级或省级风景名胜区等传统旅游景观商品都需要赋予新的面貌、品位,以展现出新的形象,焕发出新的活力。

(2)新旅游景观商品的开发。新的旅游景观商品的开发,是指在旅游地推出或组建从未有过的旅游景观商品,以弥补旅游地景观的空白或不足。如,开发人造景观、主题公园、水族馆及人工野生动物园等,又如对工业、农业、科技、军事、学校等,也可在不影响其正常运转的条件下进行新的组合。也可依托于高科技,组建新的景观商品,如海底观光、太空旅游等旅游景观商品。

(3)现有旅游景观商品的完善。现有旅游景观商品的完善,是指对正在运行中的旅游景观商品,或因进入衰退期,或因不再适应新的市场变化,或因其潜在价值未能充分展现,需要对其进行改造组合完善。

(二)旅游景观商品开发的原则

1. 市场导向的原则。以市场为导向,就是要以旅游市场需求的变化为导向。

现代旅游者多属理性化的消费者，其需求呈多样化发展趋势，对景观商品的文化品位提出了越来越高的要求。而且不同旅游者随着其文化层次品位的不同，有不同的旅游需求。因此，旅游景观商品的开发，应以市场需求变化为导向。

2. 因地制宜的原则。因地制宜的原则，是指旅游景观商品的开发，要从本地实际出发，因地制宜，即是从本地的资源、品位、文化、民俗、交通、区位等方面的具体实际出发去开发旅游景观商品。

3. 特色的原则。特色的原则，是指旅游景观商品开发要因地制宜，从旅游资源自身的实际出发，开发具有独占性、不可替代性、权威性和排他性的特色旅游商品。

4. 持续发展的原则。持续发展的原则，是指旅游景观商品开发，要从保护生态环境，和谐、协调发展出发，绝不要耗用下一代所需要使用的资源。自然旅游景观商品开发，总会或多或少地对生态环境有所破坏，但破坏的程度一定要限制在生态环境的自我协调、自我恢复、自我发展的程度以内，否则就会造成破坏，就不可能持续发展。

持续发展的原则，还表现在依靠自身经济实力，保证景观商品持续运转、持续发展。

5. 效益的原则。效益的原则就是指景观商品的产出要大于投入，不能亏损而要有适当的盈余，才能保证自我运转、扩大发展、不断繁荣。

二、旅游景观商品开发设计

（一）旅游景观商品开发设计的概念

旅游景观商品开发设计，是指旅游景观商品经营者，以自然景观为依托，以市场需求为导向，从景观实际出发，进行策划、设计的理念、做法和过程。旅游景观商品开发设计，包括自然旅游景观商品的开发设计、社会人文旅游景观商品的开发设计、人造旅游景观商品的开发设计、旅游景观商品线路开发设计等。

（二）自然旅游景观商品的开发设计

1. 维持原貌，保持自然美。对某些自然旅游景观商品开发的最好设计，就是维持原貌。某些自然景观经过亿万年演化变迁，具有鬼斧神工、自然天成的自然美。自然美是景观外在形式的韵律美和内在意韵美的总和。自然美是任何人工美所不可媲美的，更是游客观赏感受所要追求的内容。所以自然景观商品的开发设计，就要维持景观的“原始”状态，保持无须雕琢的自然美。自然景观保护区内，任何精巧的人工景物都是多余的。如，自然溶洞的景观、张家界天门洞的景观、桂林象鼻山的景观、湖南崀山天一巷的景观等，都应保持其自然美的原貌。

2. 提炼主题，量体剪裁。由于有的自然景观存在这样或那样的缺陷，如不经人工改造便显得单调，主题不突出。这就需要提炼、选择、加工，去粗存精，突出特色，突出主题。

比如说,杭州西湖以自然山水为基础,“三面云山一面城”。周围群山,主峰高耸,客山奔驰,远高近低,起伏有致,有如一曲“春江花月夜”。近城处,山势渐伏,终至无形,余音不尽。中间湖水不阔不深,边缘芦苇、蒲草、沼泽植物丛生。山水比例相当,景色开阔有致,但湖景主题不突出,环境单调、杂芜。经李泌、白居易、苏轼等开发设计治理,挖出淤泥筑成“二堤”(苏堤、白堤)、“三岛”(小瀛洲、湖心亭、阮公墩)、“六桥”(映波、镇澜、望山、压堤、东浦、跨虹),形成外西湖、西里湖、北里湖、小南湖和岳湖五个不同水面,使水域“扩大”,层次丰富,变化曲折,湖景主题突出,再加上轻巧得体的亭、榭、楼、阁、寺、塔的点缀,栽种各种树木和花卉,形成以湖景为主题、具有自身特色四时变化的十大名景,即三潭印月、苏堤春晓、曲院风荷、平湖秋月、断桥残雪、柳浪闻莺、花港观鱼、双峰插云、雷峰夕照、南屏晚钟,终于使西湖成为名扬海内外的自然景观。

3. 烘托个性,协调环境。每个景观都有不同的个性,如泰山之雄、桂林之秀、黄山之奇、华山之险等。为了与环境相协调,在修建必要的人工设施或人造景观的同时,要考虑到景观的个性特征,如景观的体量、造型、材料和色调应与环境相协调,以烘托景观个性。如在一片幽静的森林中修建游道,可以修得弯曲一点、幅面可以窄一点,使其融入自然,有浑然天成之感。人文景观也可利用自然界的材料衬托景观的个性氛围,如为了强化江南小镇的悠闲与宁静的个性,可在水岸栽植杨柳、小枫木等,在庭院中种植桃、李、柚、梅等。

4. 因地制宜,借势构景。自然旅游景观商品开发设计,必须充分利用自身地理原有风貌,根据地形、地貌在整体布局和环境布置中着意营造、因地制宜、借势构景,通过“点景”、“借景”、“对景”等手法的综合运用,在有限的空间内构建灵活多样、富于趣味的景观。

5. 把握关联,整体和谐。景区中景点分布往往是分散的。因此,自然旅游景观商品开发设计过程中,必须树立整体景观的格局,从整体上把握景观、景点的关联性,使其成为一个连贯和谐的整体。如,桂林“世外桃源”景区,近处有苗楼侗寨、小桥流水,远处有古村沃田、牧牛炊烟,处处体现出陶渊明“桃花源”的意韵。

(三)社会人文旅游景观商品的开发设计

1. 社会人文旅游景观商品开发设计的概念。社会人文旅游景观商品开发设计,是指商品经营者,以市场需求为导向,从市场营运、销售、竞争的实际出发,对具有开发价值的社会人文景观,进行策划设计使之成为社会人文旅游景观商品的理念、行为和过程。

2. 社会人文旅游景观商品开发设计的要求。

(1)挖掘人文景观深层次的文化内涵。社会人文旅游景观商品深层次的文化内涵往往多被忽视,普通旅游者也多停留在表象层面,甚至误解和扭曲。但人文景观中的深层次文化内涵一旦被挖掘出来,并且与旅游者已有的文化认知相匹配时，则会引起旅游者强烈的共鸣，留下深刻的体验。因此，挖掘人文景观深层次的文化内涵，不仅具有经济意义，还具有社会文化意义。如，我国故宫深层次文化内涵的发掘，不仅创造了巨大的旅游经济效益，而且具有巨大的社会历史文化价值。

(2)展现景观文化的差异性。文化差异包括不同民族的风俗、习惯、服饰、歌舞、饮食生活、节庆活动等差异，也包括不同地区人们的生活方式、生活习惯、城镇布局、建筑风格等异域风情地域性的差异。社会人文旅游景观商品的开发设计，必须展现这些文化的差异性。

(3)人工美与自然美高度统一。坚持人工美与自然美高度统一的原则，即自然美是第一位的，人工美是第二位的，以自然美为主、人工美为辅，巧加点缀，有机结合，人工建筑与环境融为一体。正如美国建筑大师莱特说的"建筑要像从地里自然生长出来那样"，使人工建筑达到物我相契，"清水出芙蓉，天然去雕饰"的完美境界，顺应自然，点缀自然。

(4)动静结合，相得益彰。社会人文旅游景观商品中，历史遗迹景观商品、城乡风貌景观商品大多以静态的物反映历史和城乡风貌。而游客是动态的，所以社会人文景观商品的开发设计，要动静结合。既有静态的景观，又有旅客动态的参与、体验。如，成都武侯祠是全国重点文物保护单位的人文旅游景观，设计者在武侯祠内设计了茶馆，用的是小方桌和竹靠背椅，茶具为三件头的盖碗茶，冲水用的是长嘴紫铜壶。游客可以细细品茗，看茶倌表演"雪花盖顶"，又可以听说书人大摆三国演义中的武侯。武侯祠的茶文化就成了动静结合的一项独特的旅游景观。

(四)人造旅游景观商品的开发设计

1. 人造旅游景观商品开发设计的概念。

(1)人造旅游景观。人造旅游景观，是指经营者在旅游资源缺乏的地区，借鉴、仿制、复原古今中外的历史建筑、文化遗迹或独自创新设计，经过精密策划，人工修造的旅游景观或浓缩景观。由于它是为了出卖而修建的，因此是一种商品。如果说自然旅游景观给人们展现的是自然美，社会人文景观展现的是一种人工美，那么，人造景观则是一种情趣美、科技美或历史美、民俗美。当前人造景观主要有大型主题公园、度假村、生态园和民俗村等。闻名世界的人造旅游景观，当属美国迪士尼乐园，每年游客达到数亿人次。我国驰名的有深圳的"华侨城"和杭州的"宋城"。

(2)人造旅游景观商品开发设计的概念。人造旅游景观商品开发设计，是指开发经营者，在旅游资源缺乏的地区，预测市场需求，从市场营运、销售、管理、投入、产出的实际出发，对人造旅游景观商品进行开发设计的理念、行为和过程。

2. 人造旅游景观商品开发设计的要求。近年全国各地人造景观建设数目可观，势头不减，耗资巨大。然而，获得较好经济效益的甚少。因此，人造景观在开发设计过程中，应当注意以下几个方面。

(1)以旅游市场需求为导向。以市场需求为导向，是指人造景观商品开发设计，要遵循市场变化规律，满足游客多样化需求，借鉴、仿制、修复古今中外的历史遗迹、文化建筑，创建新型的人造文化景观，使市场有效地运转。

(2)塑造文化形象。塑造景观的文化形象，就是以名人、名事、名著、名景的文化品位为模本，创建相似文化特色的人造旅游景观。人造景观是传播和展示原有模本文化的载体。游客在游览过程中，了解、接受、认同原有模本文化越深，人造景观对游客的吸引力就越大。但原有模本文化如有与当今市场需求不相适应的地方，就要适当地取舍。如果只是简单地展示模本文化，人文景观就难以持续发展。因此，还必须引入新的文化因素，结合现今时代的文化特征和旅游者新的文化需求，开发设计具有特色文化形象的人文景观。深圳华侨城之所以具有旺盛的生命力，就在于以模本文化为基础，吸收了中西方文化的精华，结合深圳城市文化气质的包容性、开放性等特质，进行科学整合，从而塑造了独具特色的人造景观文化形象。再如，世界著名的迪士尼乐园，不仅使游客能感受快乐，更能使游客感知其特有的文化形象。

(3)突出观赏性和娱乐性。人造景观应该突出的是观赏性和娱乐性，像美国的迪士尼乐园、西班牙的堂吉诃德人造景观，都明显偏重观赏性和娱乐性。那些模拟古代建筑、民族建筑的人造景观的目的，同样是为了满足游客的观赏和娱乐的需求，使游客能沉浸其中，获得愉悦感、满足感。因此，人造景观商品的设计，应充分突出观赏性和娱乐性。

(4)配套设施齐全。人造景观不仅要具有满足游客观赏游憩的功能，而且要具有满足游客食、住、行、娱乐、购物、教育等多方面的功能，使游客享受到全面的服务和独特的体验。佛罗里达州奥兰多的迪士尼乐园除了游乐外，还配备有购物中心、网球场、游泳池等，使这一地区成为配套设施功能齐全的“梦幻乐园”。

(五)旅游景观商品线路开发设计

1. 旅游景观商品线路开发设计。旅游景观商品线路开发设计，指景观商品开发经营商，为旅游者开展旅游活动组合、安排游览线路进行策划、设计的做法和过程。这是通过一定的交通线路、交通工具与交通方式，将若干个旅游景观或旅游活动、项目贯穿组合起来，精心安排游览线路的过程。线路组合安排的好坏，也是旅游质量的展现。

2. 旅游景观商品线路设计组合方式。

(1)按旅游活动的空间范围设计组合。按旅游活动的空间范围设计，有大尺度旅游线路和小尺度旅游线路。

大尺度旅游线路，是指按最大差异空间范围设计的旅游线路，即将差异大的景观连成一条线路，不走“回头路”，使旅游者在有限时间、费用内获得最大的旅游体验。如:将山水景观与民俗风情景观组合的滇西北香格里拉旅游线路;将山地景观与水域景观组合的杭州—新安江—千岛湖—黄山旅游线路;将城市景观与自然景观组合的昆明—石林—九乡旅游线路。

小尺度旅游线路,指节点辐射状的旅游线路,即以一个城市为中心节点,向四周旅游点辐射作往返性短途旅游线路,如“黄果树—龙富”一日游、“桂林—漓江”一日游、“桂林—三山—两洞”两日游等。

(2)按旅游性质和内容设计组合线路。按旅游性质和内容设计的旅游线路,有专项型旅游线路、综合型旅游线路和自助型旅游线路。

专项型旅游线路,指围绕一个主题,串联多个内容相似的旅游点,以满足旅游者深层次、单项旅游的需求。此类线路针对性强,主题设计可多样化,根据主题串联景点安排活动,前景较好。

专项型旅游线路设计也可以历史上某一事件为主线,将自然、人文景观组合成一条旅游线路,如“丝绸之路”旅游线路、“三国古战场”旅游线路。也可以某一种旅游形式为主题组织的专项旅游线路,如观鸟之旅、探险之旅、宗教之旅等线路。还可以原有的路线为主题旅游线路,如长江旅游线、大运河旅游线、京九铁路旅游线等。其他形式的专项旅游线路,可以市场为导向进行设计组织。

主题鲜明的路线,指串联相似类型的自然景观。如云南路南石林、贵州织金洞、广西乐业天坑和桂林山水,可组成一条岩溶风景系列旅游线路。苏州、扬州、杭州、绍兴可组成一条江南水乡旅游线路。

综合型旅游线路,是把不同性质的旅游点或城市串联配合在一起的线路,可满足旅游者多样化的需求。如,古城西安与风景城市桂林相配合、江南水乡风光与内蒙古大草原风情相配合,形成综合性特色的旅游,以满足大众性旅游者的需求线路。

自助型旅游线路,是指没有预定的旅游线路,只是将景点罗列出来,由旅游者根据自己的偏好选定线路。这样旅游者的主动性强,能充分反映旅游者的愿望,但难以实现规模化经营,且操作复杂,成本较高。

(3)按主要交通工具设计组合线路。按交通工具设计组合的线路,可分为航海、航空、内河大湖、铁路、汽车、摩托车、自行车、徒步及混合型等旅游线路。根据交通线路与景点连接方式的不同,线路又可分为循环式旅游线路、单向式旅游线路、主支线组合式旅游线路、放射式旅游线路。

(4)按旅游过程设计组合线路。按旅游过程设计组合的线路,有全包价旅游线路、小包价旅游线路。

3. 旅游景观商品线路设计的原则。

(1)多样选择的原则。旅游是各类游客因个性需求而开展的游览活动,所以应坚持多样选择的原则,组织多种多样、丰富多彩的旅游项目和线路供游客自由选择。

(2)特色个性的原则。旅游线路的特色个性是吸引游客的关键。旅游景观、项目内容切忌彼此雷同,要有特色、有个性、有新鲜感,即使是普通观光旅游线路,也要尽量展现特色个性。

(3)美学的原则。游客旅游观赏的本质,是一种美感的追求,因此旅游线路必须符合美学的韵律和游客的审美追求。

(4)时间性的原则。旅途时间过长是极大的浪费,所以旅游线路、活动安排要尽量节省旅途时间,增加游览时间。为此,应合理安排游程和交通工具,避免线路重复、迂回。

第三节 旅游景观商品文化建设

一、旅游景观商品文化

(一)旅游景观商品文化的概念

旅游景观商品文化,是指旅游景观商品结构内隐意韵美和外显形式韵律美,与人们在对其观赏、体验、品评时感受到的一种和谐、协调、融洽的景观审美文化形态。旅游景观商品文化,有旅游自然景观商品文化、社会人文旅游景观商品文化、人造旅游景观商品文化。

(二)旅游自然景观商品文化

旅游自然景观商品文化,就是指自然景观经人们组织、策划,通过"人化"过程,使之成为一种旅游市场的商品时,所展现的一种旅游文化形态。也就是旅游自然景观商品化所展现的一种文化形态。

(三)社会人文旅游景观商品文化

1. 社会人文旅游景观文化。社会人文旅游景观文化,是指那些具有游览观赏功能的社会人文事项,经旅游经营商策划、组合成为人们游览、观赏的旅游景观所展现的一种旅游文化形态。

社会人文事项,就是人类在其改造自然、改造社会、塑造自身的历史活动中长期积淀的文化现象。所以社会人文景观文化是社会人文景观客体,即社会人文事项本身所固有的文化,不是附会的。如,人类的历史、遗迹、建筑、民居、文学、字画、雕塑、艺术、民俗风情、宗教礼仪、饮食、服饰等,都是人类自身活动的历史文化积淀。

2. 社会人文旅游景观商品文化。社会人文旅游景观商品文化,是指社会人文景观经旅游经营商组织、策划,成为一种市场商品,面向旅游者出卖游览权、观赏权、参与权时所展现的一种旅游文化形态。

（四）人造旅游景观商品文化

1. 人造旅游景观文化。人造旅游景观，顾名思义，这种景观不是自然旅游景观，也不是社会人文旅游景观，而是当代旅游开发者根据市场的需求和当地的实际，策划、设计供人们游览、观赏、休闲、娱乐的人为塑造的旅游景观。如，深圳的锦绣中华与华侨城、昆明的中华民俗村等。

2. 人造旅游景观商品文化。人造旅游景观商品，是指该景观的开发者，不是为自我消费而创建，而是为了满足旅游市场需求，供旅游者游览、休闲、观赏、娱乐，将该景观观赏权作为商品出卖而策划的一种旅游商品形态。

人造旅游景观商品文化，是指能够为人们观赏、感受得到的一种旅游景观商品文化形态。它也是展现旅游门类文化的一种物质文明和精神文明，也是吸引游人的巨大魅力。

二、旅游景观商品文化建设

旅游者外出旅游首要目的就是游览、观赏旅游景观，而景观被观赏的魅力在于它的文化内涵，所以作为旅游景观商品的文化建设，是旅游商品开发者面临的首要问题。

（一）自然旅游景观商品文化建设

1. 发掘自然景观结构的内隐“文化”底蕴和外显形体的“文化”韵律。文化，是人类社会的一种人文现象，而自然景观是自然界在其演化过程中形成的一种自然现象，所以自然景观没有人类社会人文文化的科学内涵。自然景观的文化，是人们通过对景观的认识、认同、“人化”的一种附会文化。这种附会文化，是自然景观经过“自然的人化”过程和“人化的自然”的结果所展现的文化。“自然的人化”，就是发掘景观内在结构的“文化”底蕴和外在形体的“文化”韵律人性化的过程，使得自然景观成为“人化的自然”，即成为人性化了的自然景观。所以自然旅游景观的文化建设，应从发掘它的内隐结构底蕴和外显形体的韵律入手，去进行文化建设。

2. 发掘并展现自然景观的“文化”特色。由于各个自然旅游景观的结构和形体各不相同，都有各自的个性特色。为此，应发掘并掌握自然旅游景观内隐结构与外显形体的“文化”个性特色。如，有的自然景观是以山体地貌为主体构成的特色文化景观，如黄山、衡山、泰山、华山、峨眉山的景观，既有山体地貌的共性文化，又有各自的个性特色。有的自然景观是以江、河、湖、泊、海、洋等水体资源为主体构成的特色景观，如洞庭湖旅游景观、西湖景观、千岛湖景观，这些景观既有水体文化的共性，也有各自水体的个性特色。有的自然景观则是以和谐优美的山水资源为主体构成的特色景观，如桂林山水旅游景观、长江三峡旅游景观。

其他自然景观，有的是以地质地貌、生物特色、气象变幻为主体构成的自然旅游景观，如丹霞地貌景观、冰雪地貌景观、自然生物景观、天象气候景观。

总之，自然景观多种多样、千奇百态、造景精美、鬼斧神工，其中蕴含着极为丰富的个性的特色“文化”内涵。

3. 发掘并展现自然旅游景观构成的科学知识和精神象征的文化内涵。自然景观千姿百态、丰富多彩。有：山岳、水域、岩洞、火山、奇石、化石、潮水、佛光、海市蜃楼、奇异天象、气候奇观、生物景象等。而所有自然景观，不但都有其科学的成因，具有深厚的科学知识，而且还具有相应的文学脉络和人文精神象征。这些都是自然景观的科学文化知识内涵。作为旅游商品的开发者，如能将其发掘并加以科学组合、通俗阐述，就能大大提高自然景观的文化科学价值。因为现在自然景观的开发，多限于外显美的展现和简单的介绍像什么不像什么而已，而对其更深层次的科学文化知识、文学脉络与人文精神象征的内在文化美展现得不够，甚至没有展现。所以应深入研究发掘自然景观更深、更高层次的文化韵律美，有机地以“寓教于乐”的方式介绍给游客，充分展现自然旅游景观构成的科学知识和精神象征的文化内涵，加深游客对景观文化的内蕴美、精神美、科学美的感受，获得更深层次的文化精神享受。

4. 自然景观“文化”内涵需要人们长期认同、感知和发掘。不同的自然景观有各自不同的结构、要素、性质、功能和形体，从而形成不同的个性特色。因此，不同的自然景观，都有各自特色的内在结构底蕴和外在形体的形式韵律。这就是各个自然旅游景观“文化”的科学内涵，但这却需要人们经过长期的认同、人化、感知，才能发掘出来。如，桂林的象鼻山文化，不是人们一开始就能了解发掘的，而是经过人们漫长的认同、深化、感知，才认知、了解、发掘，才附会了象鼻山结构的内外文化内涵，并形成今天丰富的象鼻山文化。

（二）社会人文旅游景观商品文化建设

1. 在景观原有文化基础上布局装饰。在景观原有文化基础上布局装饰，就是以景观本身固有的文化内涵为基础，根据目标顾客的需求和市场经营竞争状况，经过精心策划、文化包装、装饰布局、增添删减，成为一种新的文化形象，如增添新的亭台楼阁、水榭道路，或将重复粗犷部分剔除，使商品整体文化形象更为完美，使游客既获得美的观赏和感受，又感到方便舒适与安全。如，北京故宫、颐和园是我国社会人文旅游景观的典范。它自身固有的文化内涵是最为丰富深厚的典范。但作为景观商品文化所展现的不仅有固有的文化内涵，而且应赋有新的文化内涵，如设施陈列、装饰布局、图片文字说明、服务、导游、解说、游览参观的路线程序，以及高雅的文化氛围的设计等。又如，韶山毛主席故居、八达岭长城，其本身当然有深厚的文化内涵，但要开发成今天的景观商品的文化形象，是要通过长期多次精心设计策划组合的。其他宗教寺庙、名人故居、历史遗迹等社会人文旅游景观商品文化的展示都应如此。

2. 保持景观文化的原貌品位。保持景观文化的原貌和品位，才能展示社会人文事项的真实性和历史价值。至于策划组合装饰布局、增加服务设施配套等举措,是为了更加突出原貌,更好地展现其原貌。

据悉我国许多县城,历来都建有孔庙、宝塔、风雨桥等展示风貌的文化建筑,可惜不少地方都已荡然无存了,即使重建,也不能展现其历史原貌的真实价值了。

3. 恢复景观文化原貌再展英姿。社会人文景观因历史久远,有的已经残缺不全,或被淹没而未开发,或被破坏残存而不完整。如果该景观具有巨大的开发价值,则应认真策划重新恢复其原貌。如,我国八达岭长城、毛主席故居,就是重新振新、恢复原貌、策划设计的结果。又如,昔日秦始皇为了统一中国修建了沟通南北水系的灵渠,引湘江之水与漓江通航,至今不仅具有观赏游览学习的历史价值,而且具有科学技术价值。如,当时在江底设置的重大石板块块相扣,至今2 000多年,依然故我,安然无恙。又如,灵渠江水分流,不管水涨水落,永远是三、七分流,流入南渠的水量始终固定不变。可惜这一人文景观的北渠至今仍然荒芜、淤塞,若能开发再展昔日风采英姿,不但可以恢复原来历史风貌,而且可以开发为昔日秦王派兵乘船南下统一南方的历史旅游项目,还可延长游客时间,增添消费收益。

4. 增添相关项目形成配套景观。有的社会人文景观,历史价值文化品位较高,但景观单一,内容不多,若安排一天游览则太长,若取消安排,又会造成游客遗憾。为此,就应开发其他文化项目与之配套,扩大景区范围,使之成为一个更加完美的景区。如,广西的灵渠,则可开发北渠,扩大景区范围,充实景观游览内容,彰显其历史价值,延长游览时间,同时还可增添民族风情活动,展示地方特色菜肴,或以灵渠景观游览为基地举办商务旅游、会议旅游,这样就可形成配套景观。

5. 突出文化主题,形成特色文化形象。不少社会人文景观都蕴含着丰富的历史文化内涵,却因为内容丰富繁多,游客目不暇接,见所未见,都想观赏游览,但往往又看不完、赏不尽,就是走马观花也无能为力。对待这样的景观,商品的经营者就应精心设计突出主体精华内容。如,我国北京故宫,是否可突出三大殿的游览和珍宝馆的观赏就够了。

每个社会人文景观都有自己的特色,如长城、兵马俑、故宫、颐和园、承德避暑山庄等都具有自身的文化特色,商品经营者应围绕特色配套设施、服务,宣扬特色、突出特色、树立其特色形象。

(三)人造旅游景观商品文化建设

1. 塑造特色文化形象。人们对人造旅游景观观赏之所以趋之若鹜,关键在于它的丰富文化内涵。我国第一个人造旅游景观是深圳的锦绣中华,它把我国各地著名的旅游景点浓缩于一体,综合展现了中华民族的历史文化、民俗文化、科技文化、景观文化等。文化是人造旅游景观商品的灵魂,是吸引游人的原动力,所以必须加强人造旅游景观商品的文化建设,塑造商品的特色文化形象。如,锦绣中华的特色是浓缩了中华著名景观的文化、昆明民俗村的特色是浓缩汇聚了我国各地的民族特色文化。

2. 突出民族特色的文化建设。民族的就是世界的，不管每个人造旅游景观的主题内容如何，都应尽可能与民族特色、地方特色有机地联系起来。民族特色文化的展现，可从建筑、设施、服务行为、人员着装、活动安排、娱乐、饮食等多方面着手，去塑造民族文化的氛围，要让游客为民族特色文化形象所吸引。

3. 建设高品位的文化环境。人造景观商品不仅要有高品位的文化内容，也要有高品位的文化环境，才能与主题商品相协调，而且可以收到先声夺人的良好效果。人造景观商品的文化环境，应包括：自然生态文化环境，政治、经济、民俗、交通社会人文文化环境。即建设较好的自然生态环境，较好的自然山水环境、天象气候环境，稳定的社会政治环境，发达的市场经济环境，和谐的民俗人文环境和便利的现代交通环境等。

第四节　自然旅游景观四大类型的文化韵律美

自然旅游景观文化韵律美，包括山岳、水体、生物、天象气候四大类型旅游景观的文化韵律美。

一、自然山岳旅游景观的文化韵律美

（一）自然山岳旅游景观的文化韵律美的含义

自然山岳旅游景观的文化韵律美，是指人们对山岳景观品评、认同、“人化”赋予的附会文化所展现的文化韵律美。也就是经过“自然的人化”过程，达到了“人化的自然”，即自然山岳景观成为人性化了的景观，再经组合设计成为吸引人们游览、观赏的自然山岳旅游景观，所展现的一种文化韵律美。即山岳的内在意韵美和外显形态美综合展现的文化韵律美，也是山岳知识、山岳文学、山岳象征等文化内涵综合展现的文化韵律美。

（二）山岳景观外显形态韵律美和内在结构的意韵美

山岳美是指自然山岳通过人们对它的“人化”认同过程，所展现的外显形态韵律美和内在结构意韵美的综合美。

山岳外显的形态韵律美，是指山岳实体形态所展现的外显文化韵律美。如我国北方的山岳，多为雄浑、高大、宽广美；南方的山岳又多为奇丽、清秀、险峻美；珠穆朗玛峰则是皑皑的白雪美；泰山是雄壮的气势美；神农架则是原始的荒蛮美。

山岳内在结构的意韵美，是更深、更高层次的内隐美，一般游客是难以发觉的，但如能科学地发掘其内在美，并向游客艺术地、通俗地点拨展现这种美，游客就会从迷蒙中豁然开朗，产生一夜春风来、万树梨花开的感受。例如，溶洞奇观能把游

客带进一个奇幻的世界,使游客莫不为之惊叹。但除了游客是地质工作者外,其他游客大多不太了解其科学成因,此时只要简单地指出溶洞是以碳酸盐类岩石(主要是石灰岩)为主的可溶性岩石,在以水体为主的内力与外力侵蚀作用下长期形成的,游客这时求知的需求就可以获得最佳的满足。所谓岩溶作用,又称“喀斯特作用”,即水流对可溶性岩石发生化学作用,并伴有机械作用的一种地质作用。经过亿万年的水蚀作用,可溶性的岩石山体,就形成了人们游览的岩溶地貌奇观。

若在科学知识介绍的基础上,再介绍与山岳有关的文学诗词,就可以起到“点石成金”的效果。因为文学诗词是前人对景观感受和情感体会的艺术抒怀。譬如,我们歌唱:“长江、黄河,在我心中重千斤……”人们听到这一歌声或自己歌唱时,那种对长江、黄河自然景观内在美所引起的对祖国壮丽山河热爱的情感,便别有一般滋味。又如唐代张继的《枫桥夜泊》:“月落乌啼霜满天,江枫渔火对愁眠。姑苏城外寒山寺,夜半钟声到客船”。这首著名绝句,本系作者对佛寺钟声和霜夜江边景色的描述,抒发作者当时孤凄的情怀。可现在这一首诗却使得寒山寺的旅游景观成为中外游客向往的亮丽风景线,激发人们也去夜泊枫桥听寒山寺的钟声,追求其内在美和钟声韵律美所能带来的感受。

千百年来,人们通过对自然景观结构内在美和外显形式韵律美的感受,创造了与之相适应的诗词、歌曲,绘画、雕塑等文学、艺术作品。若能使游客对自然景观的内在美和外显形式韵律美获得亲身感受,便可收到意想不到的效果。

(三)山岳象征的意韵美

1. 山岳是仁者的象征。我国历代人们对山岳是崇拜敬仰的。认为山岳是“仁者”的象征、圣者的象征和宗教文化的象征。孔子提出“仁者乐山”,因为山岳“生万物而不私,育群物而不倦,出云导风,天地以成,国家以宁,有似夫仁者志士,此仁者之所以乐山也”(《韩诗外传》)。因此中国历代人民认为山岳宽厚,威武而泽被众生,是“仁者”的象征。也是我国古代帝王造访大山,禅山、封山、登山,扮演“仁者”角色,展现其“仁政”思想的原因。如,汉武帝八次登东岳泰山,乾隆帝也登了六次,都是源出于此。

2. 山岳是“圣者”的象征。我国原始先民,又把山岳看做“圣者”的象征。山岳高入云霄,巍峨壮观,我国先民为崇敬山岳顶礼膜拜,历代人民崇敬山岳又不断创造了各种神话传说,从而加深了山岳的神圣性。于是又有了各民族的“圣山”之说。相传昆仑山是黄帝族的圣山、云南梅里雪山是当地藏族人的圣山、台湾阿里山地区的塔山是邹族人的圣山、玉龙雪山是纳西族人的圣山。他们对圣山的崇拜万分虔诚。朝拜的信徒,两手合掌,一路高歌,一路膜拜,风餐露宿,不畏艰险。这种对圣山崇拜的神秘色彩和文化内涵,可发掘展示以增加游客的兴趣。

3. 山岳是宗教文化的象征。山岳还是宗教文化的象征。许多宗教吸引了山岳“文化”的精髓,将山岳文化同宗教文化融为一体,相得益彰。人们一提到某一座名山,就自然联想到某一种宗教,许多名山也就成为宗教的象征。如我国有四大佛教名山，即山西五台山、四川峨眉山、浙江普陀山、安徽九华山，分别供奉着文殊、普贤、观音、地藏菩萨。我国的道教名山有湖北武当山、四川青城山、安徽齐云山、江西龙虎山、山东崂山。这些名山，每年都吸引着大量的海内外游客，对旅游业的发展起着极大的促进作用。

山岳是"仁者"的象征、"圣者"的象征、宗教文化的象征，是山岳更深更高层次的内隐意韵美。

二、自然水域旅游景观的"文化"韵律美

水域孕育了人类文明，世界各地都有把河流当做民族母亲的象征来崇拜的民族。

（一）自然水域旅游景观"文化"的韵律美的含义

自然水域景观"文化"的韵律美，是指水域旅游景观外显形态的韵律美和深层内隐的意韵美综合展现的文化内涵。这是人们对水域资源通过"人化"认同过程，使水域成为"自然的人化"所展现的附会文化美的一种文化形态。水域美是自然水域旅游景观文化的灵魂。具有一定品位的水域，都可形成不同类型的水域美。水域外显形态的韵律美有江河之美、湖泊之美、瀑布之美、泉水之美、海洋之美等类型。而每一类型的水域美，又有各自不同的形态美、色彩美、光泽美、倒影美和音像美等。

（二）自然水域旅游景观外显形态的韵律美

1. 自然江河水域旅游景观外显形态的韵律美。自然江河水域旅游景观外显形态的韵律美，表现为江河的动态美和静态美。江河水域的动态美，展现为汹涌磅礴的气势和浩瀚恢宏的场面，令人振奋，感慨万千。如"黄河之水天上来，奔流到海不复还"（李白）；"乱石穿空，惊涛拍岸，卷起千堆雪"（苏轼）；"大雨落幽燕，白浪滔天，秦皇岛外打鱼船，一片汪洋都不见"（毛泽东）；"滚滚长江东流水，浪花淘尽英雄"（《三国演义》开篇词）等，都分别描写了大江、大河、大海的动态壮美。

江河水域的静态美，展现为波澜空远、浩渺无边，形成幽静辽远的情感境界，引发人们的幽怨情愁。如"日暮乡关何处是，烟波江上使人愁"（崔颢）；"移舟泊烟渚，日暮客愁新"（孟浩然）；"枯藤老树昏鸦，小桥流水人家"（马致远）；"孤帆远影碧空静，唯见长江天际流。"（李白）等，都分别描写了静态的江河水域之美。

2. 自然湖泊水域旅游景观外显形态的韵律美。自然湖泊水域旅游景观外显形态的韵律美，表现为雄阔、奇伟、深秀、妩媚。湖光山色之美，令人倾倒痴迷。如："衔远山，吞长江，浩浩汤汤，横无涯际"（范仲淹）；"落霞与孤鹜齐飞，秋水共长天一色"（王勃）；"欲把西湖比西子，淡妆浓抹总相宜"（苏轼）；"芰荷香遍白洋水，烂醉渔歌天海红"（孙奇逢）。

3. 自然瀑布水域旅游景观外显形态的韵律美。自然瀑布水域旅游景观外显

形态的韵律美，表现为水到绝境中的粉身碎骨、咆哮而下、滔滔不绝、一泻千里的壮观气势之美、雄伟之美、宏大之美。如："飞流直下三千尺，疑是银河落九天"（李白）；"迥与众流异，发源高更孤，下山犹直在，到海得清无？"（范仲淹）。因"人化"的瀑布悟出了人生的真谛，所以增加了瀑布的文化情怀。

（三）自然水域旅游景观的内隐意韵美

水域景观不仅能给人们展现外显形态的形式韵律美，它也具有内在蕴含的内隐意韵美。

1."知者乐水"、"上善若水"——自然水域象征的意韵美。孔子在《论语》中提出"知者乐水"。这里的"知者"，也应该是智者的意思。"知者"是指了解水域"文化"底蕴并能从中悟出人生真谛的智者。我国历代人民对水体充满了敬仰，创造了许许多多关于江河湖泊的神话。在我国，河有河神的传说，海有龙王的故事，如洛河神、四海龙王等神话。又如：大禹治水、精卫填海、哪吒闹海等传说，西湖白蛇传、洞庭湖柳毅成神等故事。这些故事历代流传，增加了水域景观的神秘色彩，从而为水域积淀了独特深厚的水域文化。

我国历代人们对水域也是崇拜敬仰的。老子在他的《道德经》中提出："上善若水，水善利万物而不争，此乃谦下之德也。"这就是说，上善的人，就应该像水一样，水造福万物，滋养万物，却不与万物争高下，这才是最为谦虚的美德，故天下最大的善性莫如水，所以水域是德性的象征。上善若水就是自然水域所象征的意韵美。

2.水域孕育了人类文明。水域孕育了人类文明。世界各地的人们，都有把河流当做本民族母亲的象征来崇拜的习俗。因此世界上的许多国家和民族，都有自己的母亲河。如，中华民族的母亲河为黄河，印度为恒河，埃及为尼罗河，古巴比伦为底格里斯河和幼发拉底河。

中国的黄河，朴实雄浑，孕育了中华民族的文明，国人视为中华民族的摇篮、宽厚母亲的象征。而长江吸引了南方的精气，灌溉通航、繁荣经济，国人誉为商旅之江。

各地水域因其特征的不同而有不同的文化象征，人们对其敬仰崇拜也就不同。

3.水体对人体的保健作用。水体对人体的保健作用，是指它内隐意韵美所展现的功能美。水体中的温泉、矿泉、海水、湖泊均有康体、疗养的功效。它们都含有许多有益于人体健康的矿物元素。譬如温泉水中都含有相当高的硫化氢、白矾、硅酸微量元素，有的可促进人体肌体的新陈代谢或调整血液循环或提高人体的免疫能力；有的可防止动脉硬化，促进多糖代谢；有的可祛痰、脱敏、镇静、止痒、调节血糖。水体对皮肤病，如湿疹、皮炎性疾病、药疹、银屑病、神经性皮炎、红斑、荨麻疹、硬皮病等都有显著疗效；还对代谢性疾病，如糖尿病、肥胖症、痛经等都有显著疗效。海水对人体能起到镇痛、止咳、催眠的作用，大海富含负离子，使人心旷神怡、精神放松。总之,水体保健文化作用的充分挖掘和展现,也是吸引游客旅游的巨大动力。

三、自然生物旅游景观的"文化"韵律美

(一)自然生物旅游景观的"文化"韵律美的含义

自然生物旅游景观的"文化"韵律美,是指自然界的动物、植物外显形态的韵律美和深层次的内隐意韵美,经旅游开发者策划、设计、组合形成自然生物旅游景观,所展现的"文化"韵律美。这也是人们通过对动物、植物旅游资源"人化"、认同过程,使其成为"人化了"的自然,所展现的附会文化的文化韵律美。

(二)自然生物旅游景观外显形态的韵律美

自然生物旅游景观外显形态的韵律美,也是在人们对其"人化"的认同过程中,所附会的文化并成为吸引人们前往游览、观赏所能感受的一种生物美。具体表现为生物的景色美和生态美。景色美如生物的色彩、形态、香味、性能、声音、寓意等。生物的生态美,是指大自然生物的和谐、协调、生存、发展状态的环境美。或者说是一种生物和谐协调发展的形式美,这是生物生态美的最高境界。如"看万山红遍,层林尽染,漫红碧透,百舸争流;鹰击长空,鱼翔浅底,万类霜天争自由"(毛泽东),这是典型的和谐生态美。这种生物的生态和谐美,是需要旅游开发经营者深入发掘,并启迪旅游者自我体验才能感受得到的。

植物的景色美,因气候变化而有季节性的差异。

春日植被之美,如"人面桃花红似火"、"春来江水绿如蓝"、"阳春三月,草与水同色"。

夏日植被之美,如"接天莲叶无穷碧,映日荷花别样红"、"绿树阴浓夏日长,楼台倒影入池塘"、"纷纷红紫已成尘,布谷声中夏令新"。

秋日植被之美,如"树树秋声,山山寒色"、"万山红遍,层林尽染"、"霜叶红于二月花"、"秋风起兮白云飞,草木黄落兮雁南归"。

冬日植被之美,如"已是悬崖百丈冰,犹有花枝俏"、"千峰笋石千株玉,万树松萝万朵云"。

(三)自然生物旅游景观深沉内隐的意韵美

自然生物深沉内隐的意韵美,表现在生物象征的"文化"传统。早期人类的图腾崇拜,以某种动物、植物为崇拜物,实际上就是当时部分人类或民族的文化象征。

今天,生物的文化象征,仍然寓意深厚,如牡丹象征雍容华贵而被选为我国的国花;大熊猫憨态可掬而被誉为我国的国宝;龙是尊贵、高傲、实力的象征,中华民族便自喻为"龙的传人"。我国许多省、市还评选了各自的省花、省树、省鸟、市花、市树、市鸟。有些生物还被赋予特殊的象征意义,如松、竹、梅因其象征高洁、脱俗,被喻为"岁寒三友";玫瑰、蔷薇、月季则被称为"园中三杰";茶花、梅

花、水仙、迎春为“雪中四友”；松柏、仙鹤是长寿的象征；玫瑰是爱情的象征；百合、马蹄莲、连理枝、鸳鸯石是夫妻恩爱和睦的象征；鸿雁、鸽子、喜鹊等象征美好而深受人们喜爱，而乌鸦、秃鹫寓意不美而不讨人喜欢。

生物对人体的保健作用，更是其内隐的意韵美。茂密葱郁的树林，内含高浓度植物杀菌素的负氧离子，被称为“空气维生素”。负氧离子除具有杀菌功能外，还能刺激感觉器官，促进呼吸、免疫系统和血液循环。各种树木、森林产生的挥发物，都对人体健康起着自然康疗的良好作用。森林环境幽静、鸟语、林涛、流水、花香，人们可享受自然的无穷乐趣和身心受益的“森林浴”。森林不仅有益于人的身体健康，还有益于人的心理健康。

自然生物旅游景观的内隐意韵美，还可从许多生物科学知识去把握，如古树名木、珍奇动物、山野花卉的种类、分布、形状、价值等知识，特别是一些生物景观之谜，则是吸引游客的看点。例如，湖北神农架到底有没有野人？鲸群为何集体自杀？尼斯湖水怪是怎么回事？食人植物、害羞植物、“蝴蝶树”、“流血树”、“指南树”等又是怎么回事？安徽巢湖岸边迎屏山悬崖绝壁上的一株牡丹，为何每年开花的花朵数量基本上与当年的降水量成正比？生物的科学知识和谜团，在一定的范围和一定的情况下，也是吸引或引起游客兴趣的重要内容。

四、自然天象气候旅游景观的“文化”韵律美

（一）自然天象气候旅游景观的“文化”韵律美的含义

天象气候景观，是指日月星辰的运转，日食、月食、星雨、雾、云、虹、霞、冰、风雪、佛光、极光、海市蜃楼等自然现象，经过人们的认同、“人化”过程，使之成为人性化了的自然景观。

天象气候景观的“文化”韵律美，是指景观外显形态美和深沉内隐的意韵美，成为人性化了自然景观附会文化所展现的文化韵律美。

（二）自然天象气候景观有关的科学知识

天象气候景观虽然奇异，但都有各自的内在科学规律。例如，峨眉山的佛光，是因阳光经过障碍物的边缘或空隙所产生的衍射作用形成的。也就是障碍物云层经阳光的衍射现象，形成了一个巨大的彩色光环，人们在山顶即金顶的舍身岩上向下观望，就可看到浮于云际的五彩光环。又如海市蜃楼，也是光的折射和反射作用所形成的天象景观。又如吉林雾凇，是因松花江大量雾气飘浮，夜晚，气温骤降，雾中水汽被树枝挽留而凝结成零下20摄氏度的松软霜花。霜花越凝越多，便形成了厚厚的树挂景观。又如太白山有“一日经四季，十里不同天”的气象景观，其实是因其地理方位和自下而上悬殊的气温差所造成的，即从暖温带到寒带的五个气候带所造成的，有诗称太白山是“早辞盛夏酷暑天，夜宿严冬伴雪眠。百里春花秋月路，四季风光一日间”。

（三）自然天象气候景观的文化象征

天象气候景观也有其文化象征，象征着某种特别的文化意韵。如峨眉山金顶的佛光，象征着佛祖眉宇间所放射出来的救世之光、吉祥之光，能见到佛光者，则被视为积德行善，与佛有缘的象征，故康熙皇帝亲自赐予峨眉山佛光为“玉豪光”。又如在我国和20世纪的美国，曾出现过六月飞雪的奇观，我国则被认为是“人间不平事，上天犹怜人”的象征。彗星在我国被认为是不吉利的象征，厄运连连的人被贬称为“扫帚星”，我国古代就称之为“妖星”、“孛星”、“蓬星”等，俗称“扫帚星”。所有这些，都是人们对天体气候景观不同文化意韵象征的反映。

案例一

《桃花源记》引发的灵感——桂林“世外桃源”景区

世外桃源——一个建成开放仅三年多的景区，在桂林众多的景区中脱颖而出，成为国家4A级景区，并在广西首批通过ISO14000国际环境管理体系认证，的确令人瞩目。

世外桃源景区坐落于距广西桂林市阳朔县白沙镇约3公里的桂阳公路旁，是阳朔最大的台商合资企业——桂林阳朔山水旅游开发有限公司投资开发的旅游景区。据其总经理、桂林市台商协会会长江文豪坦承：最初的开发灵感来自《桃花源记》。更重要的是，来自他的“上帝”——游客们不断地帮助他充实这种灵感并把它逐渐变成现实。

景区设计开工以来，一直把保持古朴的原汁原味作为景区建设的最高追求。建筑不多，但很精巧，“桃花源”的意境作为景区的文化内核被融进这里的一砖一瓦、一草一木。进门不远处、一架吱吱哑哑转着的富有地方特色的水车立刻让人们感觉到这里宁静的景物具有了生气。江文豪说，这架水车是根据游客的建议添置的。

进门后，游客可以乘船沿清澈见底的燕子河向静寂无声的景区纵深而进，风雨桥、苗楼侗寨从眼前缓缓而过，少数民族的姑娘小伙在河边载歌载舞，当地的村民在河边自在地洗着衣物。湾回水转，一山冗立眼前，山下边便是燕子洞。燕子洞没有人工雕琢的痕迹，没有声光电的渲染，一切顺其自然。仅仅120多米的航程却令人顿生神秘探险的奇想。出得洞来，真似陶渊明先生说的那样眼前“豁然开朗”，小桥流水，古村沃田，令人心旷神怡。据江文豪介绍，那个村庄叫做燕子村，也叫长寿村，村里有位老寿星已有106岁。通过巧妙的借景，将燕子村原汁原味的田园风光引入景区中。景区没有围墙，甚至连篱笆和隔离桩都没有，淳朴的乡间气息和明媚的山光水色融为一体，让人感到这本是一个天然的悠闲世界。

一路水程一路景，游客弃船登岸后，又可以与少数民族演员们共跳民族舞，与抛绣球的“刘三姐”对歌，漫步在被称做“情人桥”的风雨桥上，别有一番滋味。据工作人员介绍，景区建设不仅抓景点“硬件”，还抓“软件”。在江文豪办公室里，包括《资源和环境保护》在内的各类规范性文件就达9部之多，各种具体的规范性细则加起来还有厚厚的一叠。

世外桃源成功了，他们“一切让游客满意”的努力得到了丰厚的回报，近年来，他们先后荣获了阳朔县优秀“三资”企业和桂林市“十佳”旅游企业、桂林市文明旅游示范点称号。2002年，这个投资2000多万元的景区接待游客40多万人次，税后利润达250万元。世外桃源景区集思广益，并在崇尚自然中突出文化内涵，这大概便是他们的成功之道。

（资料来源：沈祖祥，《世界著名旅游实战策划案例》，河南人民出版社，2004年版，第99页）

案例思考

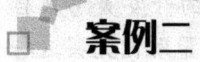

你认为“世外桃源”景区的开发策划有哪些成功之处？

案例二

深圳人造景观开发借鉴

20世纪80年代末，深圳市凭着独特的旅游创意，在全国率先推出人造微缩景观，令人耳目一新。1991年，深圳“锦绣中华”是中国第一座人造微缩景观，不到两年，这个投资上亿元的项目，就连本带利赚了回来。没多久，规模宏大的“中国民俗文化村”和“世界之窗”也接踵建立起来，形成了一个个旅游热点，每到假日的深圳，人造景区以“人如潮涌客似云”来比誉并非夸张，从而使深圳市一跃成为全国的重点旅游城市。

看到深圳人造景观所产生的巨大社会效益和经济效益，全国一哄而上，自此，人造景观热在全国一发不可收拾。珠海宣布要建立一个“华夏年旅游景区”；福州市也引来台资在中兴岛兴建“富丽世界”，其中包括56个民族的“民俗文化村”；上海浦东也闻风而动，筹建“华夏明珠”文化城。眼见南方大打民俗文化牌，北方岂能无动于衷？于是，河北香河县建“天下第一城”，大兴县建“中国第一文化村”，怀柔县建“中国民族文化城”。据了解，目前全国人造景观已有200多处，仅珠江三角洲地区已建成或已立项的、具有一定规模的人造景观达20

处之多。不少地方对人造景观不作深层次的旅游定位，只是纷纷仿效，三国城、西游记迷宫，这个庙、那个佛，互相攀比，不是比各自的特色，而是比谁的高、谁的大，有些甚至粗制滥造，造成人造景观重复雷同，到处泛滥。

据不完全统计，目前全国有西游记宫15座，小的更是不计其数。兴建于1996年的南京西游记城投资2 500万元，建筑面积1.4万平方米，在全国数十个同样的西游记宫中，南京的这一处规模最大。建成之初确实热闹过一阵，可后来却门庭冷落、游客寥寥。据悉，全国数十家西游记宫已关了不少，像四川的多家已先后关门。更为可惜的是，北京某地花了200多万元建造的西游记宫无人光顾而自行爆炸拆毁。

为何在中国人造景区蜂拥而上，但却遭遇门庭冷落境况之时，深圳的人造景观却仍保持无限风光呢？

首先，开放的中国百姓盼望了解中国和世界，此乃时代潮流，可谓上得天时；其次，深圳地处特区、毗邻港澳，周边是经济发展最为强劲的珠江三角洲，可谓下得地利；再加上人造景区的设计师们对世界和中国五千年文明史独具匠心的构思，不断挖掘文化内涵，不断推陈出新，以高档次的文化品位赢得市场，是深圳人造景区常旺不衰的原因。

在锦绣中华民俗村，游客可以穿上傣族服装，与傣族同胞同享泼水节的欢乐；亦可走进摩梭族村寨，了解摩梭族青年男女"走婚"的秘密；在黎村、苗寨，苗族姑娘会热情邀你同跳欢快的竹竿舞，中心剧场则是每季更新一台的歌舞节目，使你流连忘返。各景区时刻注意市场变化，不断调整策略，挖掘市场潜力，及时调整思路，重点开发国内客源。而世界之窗是名副其实的世界文明历史之窗、世界文化艺术之窗、世界旅游之窗以及世界美食和名牌商品之窗。

相反，那些随意弄个蜡像馆、小人国，搞个龙宫，弄几个妖魔鬼怪便想财源广进的人是打错了算盘。一些有识之士提醒决策者注意，当前人造景观已过于泛滥，人造景观的建设不仅要"计划生育"，更要"优生优育"。各地争先兴建旅游模拟景观，一方面是追求经济效益的动机所至，另一方面也可能是对"文化"两字理解偏颇。一提"文化"，就非要和神话故事、宗教寺庙联系在一起，和正常生活脱钩，结果不伦不类。旅游是文化与经济结合得相当紧密的行业，目前，旅游看起来是越来越热了，但并不等于旅游文化热。中国的文化资源之丰富独特，没有哪一个国家能比得上，我们旅游资源的最大优势是博大精深的民族文化，但对如何挖掘这种文化，一些人就显得茫然。随着大众闲暇时间和经济收入的增加，人们已经不再满足于吃、喝、玩的旧旅游模式，一味地模仿已经很难吸引游客，游客需要有特色、有文化的项目。对于一些得天独厚的自然资源，如果暂时不具备条件开发，宁可保留原状也不要用不伦不类的东西破坏它，要对旅游景点建设进行冷静的思考，作出宏观规划。

（资料来源：郭一新，《假日生意经：旅游休闲篇》，广东经济出版社，2001年版，第151页）

案例思考

你从我国人造旅游景观开发的现状中得到哪些启迪？

思考题

1. 试述旅游景素、景观、景点、景区的科学概念。
2. 什么是自然旅游景观、社会人文旅游景观、人造旅游景观？
3. 试述自然旅游景观文化和社会人文旅游景观文化的概念。
4 景观有哪些特征？你认为景观应该如何科学地分类？
5. 试述旅游景观商品的概念和类型。
6. 试述旅游景观商品开发的概念和类型。
7. 试述旅游景观商品开发的原则。
8. 试述旅游景观商品开发设计的概念。
9. 如何进行自然旅游景观商品开发的设计？
10. 如何进行社会人文旅游景观商品开发的设计？
11. 如何进行人造旅游景观商品开发的设计？
12. 试述旅游景观商品文化概念和类型。
13. 试述自然旅游景观商品文化的概念。
14. 试述社会人文旅游景观商品文化的概念。
15. 试述人造旅游景观商品文化的概念。
16. 如何进行自然旅游景观商品文化建设？
17. 如何进行社会人文旅游景观商品文化建设？
18. 如何进行人造旅游景观商品文化建设？
19. 试述旅游景观商品开发的线路设计。
20. 怎样理解山岳景观外显形态韵律美和结构内隐的意韵美？
21. 为什么说山岳是仁者的象征、胜者的象征、宗教的象征？
22. 怎样理解自然水域旅游景观外显形态的韵律美和结构内隐的意韵美？
23. 我国历代人们对水域是如何崇拜敬仰的？
24. 怎样理解自然生物旅游景观的“文化”韵律美？
25. 怎样理解自然天象气候旅游景观的“文化”韵律美？
26. 你认为自然四大旅游景观的“文化”韵律美中蕴涵着哪些人生哲理？

第六章

观光旅游商品

学习要点

单一观光功能旅游商品的概念、构成和类型

单一观光功能旅游商品是旅游业发展的基础

单一观光功能旅游商品存在的问题

单一观光功能旅游商品的开发与组合

复合型多功能观光旅游商品的概念和发展趋势

积极开发复合型多功能旅游商品

第一节　单一观光功能旅游商品

一、单一观光功能旅游商品的概念及类型

（一）单一观光功能旅游的概念

单一观光功能旅游，是指旅游者的旅游活动只是限于具有单一观光功能的单一旅游项目的旅游活动。单一观光功能旅游，是游客首先选择的基础内容。由于各地旅游资源不尽相同，所以各地旅游景观多是开展不同的单一功能景观。因此旅游者的旅游活动，也必然是在单一观光功能旅游基础上进行的。

（二）单一观光功能旅游商品的概念

单一观光功能旅游商品，是指经营者根据市场营运、资源特色、类型品位、地理位置等因素，通过策划、设计，组合成单一功能项目的旅游活动，并推向市场，出卖给游客的一种旅游商品形态。因为这种旅游项目功能单一，不是经营者自我消费，而是以出卖为目的的，所以是一种商品，故称之为单一功能的观光旅游商品。

（三）单一观光功能旅游商品的类型

1. 自然景观单一观光功能旅游商品。自然景观单一观光功能旅游商品，是以山岳、水域、生物、天象气候景观中的某一项单一观光功能的景观为依托，进行设计、策划、组织并将观赏权出卖给游客，开展观光、游览活动的旅游商品形态。其类型主要有四种：即山岳景观、水域景观、生物景观和天象气候。

2. 人文景观单一观光功能旅游商品。人文景观单一观光功能旅游商品是以某一社会人文单项观光功能的景观为依托，进行设计、策划、组织并出卖观赏权，开展观光、游览活动的旅游商品形态。单一人文景观因其功能和内容不同，有不同的商品类型，主要有：历史遗迹、民俗风情、节事活动、宗教信仰、休闲娱乐、体育赛事、养老保健等观光功能的旅游商品。

3. 人造景观单一观光功能旅游商品。这是以人造景观为依托，进行设计、策划、组织并将观赏权出卖给游客，开展单一人造景观观光功能的旅游商品形态。如，迪士尼乐园，深圳的世界之窗、锦绣中华、中华民俗村等，都是不同性质的单一项目的人造景观，如果依托这些景观，分别开发、策划、出卖给游客，则这些单一旅游项目，就是人造景观单一观光功能的旅游商品。

二、单一观光功能旅游商品的作用

（一）单一观光旅游是旅游者的首要需求

旅游者外出旅游的首要目的，就是对旅游景观项目的游览、观赏，以求得文

化精神需求的满足。而旅游景观有自然景观湖光山色的游览观光,有社会人文景观的观光学习和参与、有人造观景的游览观赏,这些都是旅游者旅游的首要需求。而自然景观、社会人文景观和人造观景都是以其单一观光旅游项目为基础的,因此游客开展旅游活动首先要考虑的,就是单一观光旅游项目内容的选择。

(二)单一观光旅游是旅游商品市场形成的基础

旅游商品市场的形成,和一般物质商品市场的形成一样,既要有商品的需求,也要有商品的供给。旅游商品的需求,是指旅游者通过游览观赏,追求文化精神满足的需求;旅游商品的供给,是指商品的供给者,针对旅游者的需求,从本地的实际出发,开发的旅游商品。这种商品,最主要的就是单一观光旅游商品。供给能促进需求,引起购买者新的需求,所以市场上如果没有能够满足旅游者需求的商品供给,旅游者的旅游需求就不能实现,因此单一观光旅游商品是旅游商品市场形成的基础。

(三)单一观光旅游是旅游业发展的基础

尽管旅游活动的类型多种多样,但不管哪一种旅游都以观光旅游为基础。如,商务旅游,虽然商务活动是其首要目的,但当其完成商务任务的前后或在进行的过程中,就可伴随开展某种景观游览观光的旅游活动。任何一种类型的旅游活动,都是以单一观光旅游为基础的,都离不开单一观光旅游的配合,否则旅游活动就没有基础,就不完美,就会受到影响。因此策划单一观光旅游如何与各种类型的旅游相配合,是旅游业发展的基础。

三、单一观光旅游商品存在的问题

(一)旅游商品功能单一

单一观光旅游只是对单一景观游览观赏的旅游,因此市场比较狭窄。现代旅游者总是希望在观光旅游的同时开展多种形式、功能和内容的旅游活动,所以单一的观光旅游难以满足旅游者多样化的需求,单一观光旅游最好与其他单一观光旅游类型相组合,形成多样化的观光旅游,才能充分满足游客的需求。

(二)旅游者支付的费用较高

如果旅游者只开展单一景观旅游,而不同时开展多样化、多功能的观光旅游,那么花费的交通费用和其他基本相关费用相同,于是费用相对就高了。

(三)经营者的经济效益较低

由于单一观光旅游,功能单一,游客停留时间短,游客消费相对就少,而经营者仍需支付必要的经营成本,如开发、宣传、组织、服务等成本,因而经济效益较低。据调查,单一观光的游客在华旅游人均支出大大低于公务游客、探亲游客和其他游客的消费支出,所以经营单一观光旅游的经济效益是较低的。

四、单一观光旅游商品的开发与组合

为解决好单一观光功能旅游商品存在的问题,应对单一观光旅游商品进行策划与组合,使之与其他类型的旅游组合成多功能的复合型的旅游商品,才能更好地满足旅游者的需求。

(一)单一观光旅游商品的开发

1. 因地制宜,突出特色。因地制宜,就是从自然景观资源的实际出发去开发单一观光功能的旅游商品。这个实际,就是指景区、景观的区位、交通、品位的实际。单一观光功能旅游商品的开发,就是要根据这个实际去设计、策划。

突出特色,是指突出景观与其他同类型景观在比较中所显示的特色。特色具体表现为景观所特有的独占性、权威性、排他性和不可替代性,这是景观制胜的法宝,是对游客吸引力的源泉,是市场竞争的武器。任何能吸引游客游览观光的景观,都具有自身的特色。问题是如何认识其特色,展示其特色,这就需要科学地认真策划,需要对景观特色深入地发掘,需要特别设计策划。

2. 自然旅游景观内隐文化底蕴的发掘。各种自然景观,如山岳、水域、溶洞、生物、天象、气候等各种奇观,都有其内在的特色文化底蕴,而这些文化底蕴却需要通过"人化"地认同和深入地发掘,使其通俗而简明地得以展示。也就是通过"自然的人化"过程,使自然景观成为"人化的自然",即成为人性化、拟人化的自然景观。

自然景观内隐文化底蕴的发掘,涉及内容十分广泛。如,山岳、湖泊等景观的外显美,千姿百态,丰富多彩,这是自然景观游览、观赏旅游价值的基础,是大地构成造化的结果。而附着在山岳、湖泊外显美之上的,是它更深层次的文化底蕴,这是自然景观的灵魂,是更高层次的内韵美。例如,当你游览了桂林的象鼻山,游人的感觉,不仅停留在对象鼻山外形特征的审美感受,而且在脑海中会自动地升华为天然的感受美,还可能留下关于它的神话的想象。同样,当你游览、观赏了漓江、西湖、长城,也会从他们更深层次的文化底蕴中,获得更加深刻的文化感受。

3. 自然景观外在形式韵律美的点缀。各种自然景观都有其外在的形式韵律美。如,山岳之美、水域之美、天象之美、自然生态和生态环境之美。有的景观的外在形式韵律美,能明显地展现在游人面前,但有的景观还需要以人工建筑点缀的配合,才能使其美的韵律更好地展现。如设置恰当的亭、桥、水榭、楼阁、寺庙,就会使景色倍增。人工建筑的点缀,一定要协调恰当。如,桂林冠岩是一个著名的风景区,原来在岩洞入口的山顶上修建了一个西式洋亭,显然与当地的自然山水很不协调,后来才撤去改建为地方民族性建筑的木亭,这就与自然景观的形式韵律美和谐协调了,从而也使景色倍增。又如延安宝塔山的宝塔,成为圣地延安的形象和革命摇篮的象征。

4. 科学组合资源，展现其内在意韵美，提升其“文化”品位。自然景观的旅游景色，只靠其自然生成的形式韵律美的展现是不够的，还需要深入发掘其内在意韵美，并进行科学策划组合，才能提升景观的文化品位。如桂林山水甲天下，早已享誉全球。“千峰环野立，一水抱城流”，“水作青罗带，山如碧玉簪。”美丽的漓江是世界的百里画廊，城中又镶嵌着四个天然的小湖，榕湖、杉湖、桂湖、木龙湖，四湖相连，湖的四周绿树成荫、繁花似锦，有如四个璀璨的明珠，又像四个绝色的仙女，亭亭玉立于城中。杉湖之中，建有两座古朴、高雅、威峨、壮观的民族式的美丽铜质塔亭，别具特色；榕湖有湖心亭，九曲桥通达；桂湖又配有远山、近景、现代化的新桥，特别是美丽的桂湖酒店等建筑景观倒映湖中，形成天然的画图。这天然的四湖，每日游人如织，流连忘返。桂林更有那山清、水秀、洞奇、石美的四绝之美，被人们誉称为世界美都、人间仙境，确实名实相符。陈毅元帅赞叹不已地说：“愿做桂林人，不愿做神仙。”四湖之水源自然桃花江，江水清澈，两岸绿树繁花，又是桂林第二条漓江，于是桂林市政府又再次精心策划，科学地开发了“两江四湖”第一期工程。四湖周边绿树成荫，凉亭石凳，曲径通幽，游人沿湖漫步，远景抒眸，近景颖然。凡是游览观赏过的游客莫不盛赞说：“我不想回去了！”“我要永远留在这里！”可见，景观文化品位层次的提升，只要精心策划，科学设计，组合资源是可以不断提升并展现其内在意韵美的。桂林还将着手进行第三期、第四期工程的开发，不断提升其文化品位。明天的桂林将更美。

（二）单一观光旅游商品的组合

1. 单一观光旅游商品的组合。单一观光旅游商品的组合，是指把各种单一的观光功能的旅游商品，扩展为更大范围的多种观光功能的旅游商品，以满足旅游者对更多类型观光旅游商品需求的行为和过程。如把几个单一自然旅游景观商品，或几个单一人文旅游景观商品，或几个单一人造景观旅游商品，分别组合在一起，成为多个单一观光旅游商品组合，就能满足旅游者对更多类型观光旅游商品的需求。如组合“千岛湖—黄山旅游”线路的旅游商品，集水域和山体自然单一旅游景观商品为一体，既满足了游客对单一水域旅游景观商品观赏的需求，也满足了对单一山体自然旅游景观商品观赏的需求。

2. 充分展现单一观光旅游商品的优势和特色。单一观光旅游商品的优势和特色，就是指观光旅游景观商品的优势和特色。而各个旅游景观之所以能构成独立的观光旅游景观，都是因其具有自身的品位和特色，所以应充分展现旅游景观的优势和特色。

展现观光旅游景观商品优势和特色的关键，应充分发掘其内隐意韵美和外在文化形式的韵律美，才能与其他类型的非观光旅游商品科学地组合为一个不可分割的多功能复合型旅游商品的整体。

（三）复合型多功能旅游商品的组合

单一观光旅游是人们乐于追求的活动，也是人们出门最起码的要求，也是整个旅游市场繁荣发展的基础。而当人们外出如果不是以游览观光，而是以商务、会议等为主要目的时，便需要组织他们在完成以商务、会议等为主要目的任务的同时，利用这一机会，组织他们开展观光旅游，从而就需要策划、组合复合型多功能旅游商品。如，组织以商务、会议、宗教、娱乐、体育、访问、探亲、休闲等为首要目的的游客，在其完成首要目的的同时，又进行观光旅游。例如，把在杭州以商务、会议、体育、访问、探亲活动为主要任务的游客，与杭州西湖甚至与无锡、太湖单一自然景观观光功能旅游，组合开发为多功能复合型旅游商品。

由于单一观光旅游商品本身存在的问题，难以满足旅游者多样化的发展需求，应策划组合积极开发复合型多功能观光旅游商品。

第二节　复合型多功能观光旅游商品

一、复合型多功能观光旅游商品概述

（一）复合型多功能观光旅游商品的概念

1. 复合型多功能观光旅游。复合型多功能观光旅游，是相对于传统的单一观光旅游而言的，是指旅游者的旅游，不是以单一观光游览为首要目的，而是以完成公务、劳务或其他工作为首要任务的前后，或在完成首要任务的过程之中，又伴随开展观光旅游的活动。因其功能多样，故称之为复合型多功能观光旅游。如，旅游者首先以商务、会议、度假、保健、休闲、探亲、娱乐、投资、考察、学术交流、购物等活动为其首要任务，待这些任务完成后再进行单一观光旅游，或在进行过程中，又结合进行单一观光旅游，便形成了集多项功能于一体的复合型观光旅游。

2. 复合型多功能观光旅游商品。复合型多功能观光旅游商品，是指旅游经营者开发策划和组织旅游者，在完成其首要任务的过程中，又同时策划、组织游客进行观光游览活动的一种旅游商品形态。如，旅游经营商组织策划游客，在其完成商务、会议、学术交流等首要任务以后，又组织完成观光游览活动。由于这些活动，是为了销售而组织的活动，所以是一种商品，又因其集多种功能于一体，故称之为多功能复合型观光旅游商品。

（二）复合型多功能观光旅游商品的发展趋势

据专家测算，我国复合型多功能观光旅游商品市场比例已达30%，东亚各国市场比例高达81%，世界的市场比例达77.5%，可见复合型多功能观光旅游商品市场，明显地呈现着欣欣向荣的局面。

这种发展趋势，是经济全球化的结果，也是人们外出完成其主体任务以后的必然需求。由于旅游已成为人们生活不可缺少的组成部分，任何人只要外出，便不会轻易放弃游览观光机会的，所以复合型多功能观光旅游商品的发展，是旅游

发展的必然趋势。

(三)加强复合型多功能旅游商品的理论研究

随着经济全球化,各国的交往、商贸的发展、会议的召开,已空前发展起来,复合型多功能观光旅游商品也随之繁荣起来。但是旅游理论学术界的研究却是滞后的。复合型多功能观光旅游商品的性质、内容、概念、定义、策划、开发、经营、管理等问题却很少研究。如,会议旅游或商务旅游,对其内容和性质至今还不明确,到底会议旅游、商务旅游,隶属于什么性质的行业?是属于商务、会议的行业?还是属于旅游的行业?至今还未定论,统计其效益和成果时,往往两种行业都进行了统计。所以学术界应加强理论研究以指导具体的实践。

二、积极开发复合型多功能旅游商品

(一)复合型多功能旅游商品能满足旅游者多样化的需求

复合型多功能旅游商品可以满足旅游者外出从事劳务、公务的首要功能需求后,又获得对观光旅游商品功能的满足,这正是复合型多功能旅游商品,满足现代旅游者多样化需求的展现。

(二)复合型多功能旅游商品是旅游市场发展的客观要求

1. 复合型多功能观光旅游商品,是经济全球化发展的要求。

(1)经济全球化,加速了国与国之间的国际交往,信息的畅通,交通的发达,为旅游提供了极为有利的条件,不管旅游者去什么地方旅游,不再是遥不可及。这就有力地促进了复合型多功能旅游商品的发展,

(2)经济全球化,使各国经济联系更为密切。各种跨国商贸或其他业务往来更为频繁,极大地促进了全球经济的发展。自然也就伴随产生多种多样的复合型观光旅游商品。

2. 复合型多功能观光旅游商品,是市场经济资源最佳配置的要求。市场经济发展的特点,是资源的最佳配置,而复合型多功能观光旅游商品的开发,在同一机遇或同一时间内,就能最大化地满足游客多种旅游功能的需求。对游客是时间资源的最佳配置,对开发商是物质资源的最佳配置,所以复合型多功能观光旅游,是市场经济资源最佳配置的要求。

3. 复合型多功能旅游商品是旅游业繁荣发展的需求。现代旅游者对旅游的多样化需求,仅凭单一观光功能的旅游商品,很难满足旅游者的需求。由于经济全球化的发展,人们的劳务、公务等多种活动日益增多,多功能复合型旅游不断扩大。单一观光功能的旅游,必然与其他观光旅游相结合,组成复合型多功能旅游商品,以适应旅游业发展的客观要求。

(三)复合型多功能旅游商品的开发

1. 树立积极开发复合型多功能旅游商品的理念。尽管复合型多功能旅游商

品开发已成为旅游市场实践中的主体,但却仍处在自然发展的状态,开发这种商品,业界还普遍缺少明确的理念,在实际市场实践中还缺少科学的理论导向,只是模糊地感到是市场经营实践的需要,而在理论上却处于一种茫然的状态。这种现象也是旅游学术理论界对这一课题的研究滞后于实践的结果。因此开发复合型旅游观光商品,开发者应首先树立开发复合型旅游观光商品的科学理念,才能成为复合型多功能旅游商品的开发者和设计者。

2. 复合型多功能观光旅游商品的开发。

(1)充分展现单一观光功能旅游商品的特色。每一种单一观光功能旅游商品都有其自身的特色,这不仅应充分展现,而且应与其他单一观光功能旅游商品相组合,优势互补,相互衬托,形成互补性、复合型多功能旅游商品。如,海南椰晖旅行社策划了“椰晖新婚蜜月之旅”,将海南独有的天涯文化、温泉文化、热带雨林科普文化等融合一起,受到全国各地游客的欢迎。

(2)根据游客的个性化需求,安排相应的旅游服务。复合型多功能旅游商品的目标游客,是以商务、会议、休闲、民俗、娱乐、宗教、探险、修学、探亲、体育等为首要任务的游客,而实现这些任务的服务需求是不尽相同的,故应策划需安排相应的个性化服务。

对于徒步、自驾车、背包游客,对老人、妇女、残疾、全家人出游的游客,对温泉游、森林游、自驾车游、烹饪旅游的游客等,同样应组织各种相应的个性化服务。如,提供山水文化、社会人文、健身保健、食品营养、养身休闲等不同个性化的相关服务活动。

(3)复合型多功能旅游商品经营的组织形式。复合型多功能旅游商品经营的组织形式有两种:一种是合作经营的组织形式,即由两个旅游项目组织者合作形成的组织形式。如,专项会议、商务活动、会展活动等,是由各个项目组织者合作经营形成的组织形式。另一种是独家经营的组织形式,就是复合型多功能旅游的任务统一由一个旅游经营者独家组织完成。如,由旅行社、度假村、旅游公司等某一个单位独家经营的组织完成。如,游客的民俗、探险、娱乐、宗教、修学等首要任务和伴随的观光旅游任务,由一个单位独家经营,设计策划,组织完成。

这两种组织形式,在旅游开发的实践中,由经营者根据具体情况具体确定。

(4)复合型多功能旅游商品的组合。复合型多功能旅游商品的组合,是指旅游经营者把游客所要完成的首要任务和伴随开展观光旅游的任务,组合策划的行为和过程。为此,要了解市场需求和同类旅游商品的情况,以及各个单一观光旅游商品的特色,根据优势互补、相互依存的原则进行组合。

复合型多功能观光旅游商品,与社会各行各业存在着相互关联、依存、促进和影响的关系。复合型旅游商品开发经营者,应科学地组合、协调这些关系。如,饭店与旅行社可合作开发复合型多功能观光旅游商品。又如,民俗旅游,可在民俗旅游基础上,组织集观光旅游、休闲旅游、娱乐旅游为一体的多功能复合型旅游商品。再如商务旅游，应以商务活动为基础，或与商务活动的组织者共同开展观光旅游、娱乐旅游、民俗旅游等为一体的复合型多功能观光旅游商品。

案例一

张家界赢得市场后该如何"出牌"？

张家界作为湖南旅游的龙头，已经发展辐射到周边地区，并带动了相关产业的发展，但其龙头作用还未充分发挥。主要表现在：接待的人数多，带动的企业少，没有形成产业集群。有关人士考证：张家界年接待量已接近全球接待人数最多的黄石公园，但到目前为止，却还没有一家五星级国际连锁酒店落户，接待人数与服务设施明显不协调；过度依赖资源，游客高度集中在少量的时间段和少量的自然观光游览线路上，没有形成综合旅游目的地形象；基础设施建设不能满足日益增长的市场需要等。

近日，由国家旅游局和湖南省旅游局组织、邀请了20余位国内外旅游专家提供了许多意见和建议，为张家界今后的发展提供了很好的参考。

发挥王牌优势

国家旅游局规划发展与财务司副司长张吉林认为，张家界的核心竞争力是观光旅游商品（原文为"旅游产品"以下凡是"产品"都改为商品——本书作者），这是张家界的王牌，要不断完善这张王牌，使其尽善尽美，使核心竞争力得以充分展示，并求得大发展。但张家界的观光商品目前还处于低级阶段，要向高端转化，吸引高端消费市场。张吉林认为，要消除认识上的误区，不能认为所有观光商品都是低级商品，九寨沟就是主打观光旅游大旗取得发展而形成品牌的。张家界要从观光商品向休闲度假领域扩张，还需要一个过程。

加拿大滑铁卢大学教授说，近年来，外国游客开始对中国山水感兴趣，市场已经启动。世界自然遗产张家界武陵源的景色非常壮美，再加上完善的旅游接待设施和热情周到的服务，张家界不但可以推向国际旅游市场，而且一定会取得成功。

要给游客更多体验

澳大利亚昆士兰大学教授在谈到张家界景区管理与境外市场开发时说，目前张家界的景区管理比较成功，下一步主要是针对境外市场如何增强游客体验的问题。他认为，张家界景区面积大，范围广，许多景点有相似之处，可以按照功能分区，组成观光游、生态游、探险游、外国游客专用游览景区（点）等若干个区域，实施分区管理，建立高端的游客解说中心。在欧美等发达旅游地区，第一个景点就是游客解说中心，游客可以根据介绍，自行决定前行的目标。由于东西方文化的差异，东方游客在景区所看到、想到的，欧美游客不一定能感受得到，他们没有的体验或者体验不够多的地方，就必须让他们在游客解说中心充分感受到。

中山大学旅游学院某副教授也非常赞同给游客体验的说法，他强调，开发欧美市场，就要研究欧美客人对旅游的心理需求，以往欧美客人来到中国，主要是体验中国的文化，目的地主要集中在北京等大中城市，如今正慢慢向观光型转变。欧美客人来到张家界，需要各种各样的信息，因此，景区就要为其提供包括购票、交通、紧急情况下寻求帮助等全方位的信息，信息除了文字说明外，还需要提供图片之类的感性标志。

美丽风光与个性化城市匹配

张家界独有的石英砂岩峰林风光，其美丽与神奇世界罕见。但张家界城市依托旅游，彰显其个性特色等还远远不够。中国社会科学院旅游中心研究员魏小安指出，一个旅游地区，城市旅游的发展很重要，要实现由单一的城市转型为城市旅游，就需要以项目为依托。张家界目前的休闲、娱乐、购物场所还很少，即使有也不具规模，没有特色，很难把人留住，旅游消费也就难以提高。今后一段时间，张家界要突出抓好城市建设，提升城市功能，逐步把张家界市建设成为与世界自然遗产相匹配的旅游新城。

推向高端旅游市场

张家界的入境游市场目前以韩国为主，韩国入境游市场占整个入境游市场的70%以上。有专家认为，张家界在近期内要把开拓市场的重点放在日本、我国港澳台地区、东南亚等地。由于东西方文化的差异，目前开发我国周边境外游客市场要比开发欧美市场见效快。虽然目前来张家界的日本和东南亚游客少一些，但在接待服务上丝毫不能放松，必须像对待韩国客人一样对待他们，要像重视开发韩国市场一样开拓这些市场。要不断加强对旅游从业人员的教育管理，防止一边积极开拓市场、一边因欺诈游客而失去市场。

另外，开拓东南亚市场大有作为。据了解，东南亚游客到中国来观光旅游，首选九寨沟，第二是黄山，第三就是张家界。所以，应该在东南亚各国的主流媒体上促销张家界，依托北京、上海、广州等城市的大旅行社，联手开发东南亚市场，做好“国内的国际市场”。在开发欧美游客市场方面，按照“先欧后美”的原则，抓主要欧洲客源市场的开发，针对各国的不同特点，做好促销工作。

（资料来源：《中国旅游报》2006年3月10日第009版）

案例思考

你认为张家界应如何进行旅游商品市场开发？张家界可否开发多功能复合型观光旅游商品？

案例二

温泉旅游的新发展

伴随我国经济的高速增长，旅游消费水平的逐步提升，人们不再满足于“走马观花”式的观光游览，更多倾向于“下马赏花”式的深度体验。在休闲度假旅游市场日益成熟的背景下，我国旅游业由观光旅游层次向“观光＋度假”旅游层次转化的趋势愈加明显，人们在旅游目的地选择方面呈现出多样化特点。进入21世纪以来，温泉旅游商品进入新的开发热潮。

温泉洗浴在中国有着上千年的历史，西安的华清池、北京的小汤山、南京的汤山等温泉地，都流传着众多的佳话传说。国内真正的温泉开发始于新中国成立之后，温泉旅游则要追溯到1978年改革开放以后，距今仅三十多年的发展历史。我国温泉的空间布局主要集中在北方、南方、西南三个区域，其中南方的珠江三角洲温泉旅游走在发展的前列。以广东温泉旅游为例，目前经历了“室内温泉”、“环境温泉”、“康乐温泉”及“度假温泉”四代温泉旅游商品的发展时期。如今“度假温泉”方兴未艾，正以其迎合时尚的竞争优势引领时代潮流。

1. 室内温泉。改革开放初期，伴随医疗制度的改革和旅游业的发展，温泉地对外开放，香港资本的大量介入，加快了温泉旅游地的建设，我国第一代温泉旅游商品出现，由此拉开了温泉旅游发展的序幕。此时的温泉旅游，以温泉室内化为突出特点，但规模小，面向高消费阶层，经营模式雷同。温泉地旅游，较多地体现疗养、康体功能，游客注重温泉的医疗保健作用，对于温泉地的辅助性旅游设施较少关注。这一时期以从化温泉、中山温泉、深圳石岩湖温泉为典型代表。

2. 环境温泉。20世纪90年代后期，随着资本投入的增加和旅游开发经验的积累，广东温泉开发进入一个崭新的发展阶段。1997年广东以恩平金山温泉的开业作为分水岭，开创了广东露天温泉的先河，从而促进广东掀起了大规模温泉旅游资源开发的高潮。同时也表明第二代温泉旅游商品进入了发展阶段，“环境温泉”建设由此兴起。同一时期较具代表性的还有珠海御温泉。与第一代温泉旅游商品相比，第二代温泉旅游商品具有投资大、规模大、温泉设施露天化的特点。旅游消费群体由高消费阶层逐步转向大众化，温泉开发商除了延续温泉理疗的功效外，更加注重旅游环境的营造。山水园林式设计理念主导着温泉地建设,更加强调温泉沐浴与周围旅游氛围的融合。温泉设施设备由室内搬到室外,强调原生态的温泉静态浸泡与环境风光欣赏的融合,满足了旅游者“温泉洗浴+观光欣赏”的旅游需求。

3. 康乐温泉。21世纪初期,随着温泉旅游地向纵深发展,满足人们求新、求异的旅游需求,温泉旅游迎来了又一次发展高潮,沐浴功能与康乐功能的叠加,促使其实现跨越式的升级。在第三代温泉旅游商品开发中,旅游者对温泉保健、疗养等基本功能逐渐淡化,从单纯疗养的物化享受,上升到娱乐身心的消费层面。这一阶段的温泉商品,在“环境温泉”的基础上,提供了参与性的娱乐项目,引导游客从静态观赏转向动态体验。如,锦江温泉形成了“动感”理念的温泉商品,打破了原有“静态浸泡”的固有模式,延伸出参与性的冲浪、漂流、水上球类等活动。另外,伴随现代科技水平的稳步提高,迎合人们追求参与体验的旅游需求,温泉旅游商品拓展到更大范围的开发层面。像溶洞温泉、火山温泉这类特色温泉也属于这一时期的温泉商品。

4. 度假温泉。荒野中的一弘泉水,如何实现最大的旅游利用价值,不会只是“挖坑、放水、盖房”如此简单。温泉资源不仅具有医疗保健的基本功能,同时也是休闲度假旅游的重要载体。温泉旅游发展到更高的旅游层次,需要顺应温泉发展的主流趋势,挖掘更多的休闲度假旅游功能要素。温泉开发商为了增强“度假温泉”商品的竞争力,形成温泉地开发的旅游合力,围绕旅游项目的主题,增加更多的温泉附加值,发展成为一个大型的集观赏、保健疗养、康乐、休闲、度假等多种功能于一体的温泉旅游度假区。与前三代温泉旅游商品相比,第四代温泉旅游商品以休闲度假为主要特色,具有规模大、投资多、配套设施齐全、旅游功能完善等特点,而且,温泉地的主题性、文化性得到充分的展现。如珠海海泉湾度假区作为“度假温泉”商品的代表,成为目前国内综合配套完善的温泉旅游休闲度假地。

作为世界三大主流度假商品(滨海、温泉、山地)之一的温泉旅游,已经成为国内度假旅游市场一道亮丽的风景线。温泉旅游消费的日渐大众化,推动着第四代温泉商品——度假温泉的深入发展,促使其成为温泉旅游商品走向的风向标。

(资料来源:《中国旅游报》2008年10月22日第011版)

案例思考

1. 请从《温泉旅游的新发展》中,分析温泉旅游商品在旅游商品开发中的地位和作用。

2 如果以温泉旅游商品为基础，你认为应如何开发多功能复合型旅游商品？

……………………………………………………………………

思考题

1. 什么是单一观光功能旅游？
2. 什么是单一观光功能旅游商品？
3. 试述单一观光功能旅游商品的类型。
4. 为什么说单一观光功能旅游商品是旅游业繁荣发展的基础？
5. 单一观光旅游商品存在哪些问题？
6. 怎样开发单一观光旅游商品？
7. 试述单一观光旅游商品组合的概念和类型。
8. 什么是复合型多功能观光旅游？
9. 什么是复合型多功能观光旅游商品？
10. 试述复合型多功能观光旅游商品的现状和发展趋势。
11. 为什么说复合型多功能旅游商品是旅游市场发展的客观要求？
12. 如何开发复合型多功能旅游商品？

第七章

都市旅游商品

学习要点

都市、都市旅游

都市旅游商品

都市旅游商品的构成

都市旅游商品的定位

都市旅游商品的形象设计

都市旅游商品开发

都市旅游商品开发的原则和模式

第一节 都市旅游和都市旅游商品

一、都市旅游

（一）都市和城市

城市是指人口集中、工商业发达、居民以非农业人口为主的地区。通常是该地区的政治、经济文化中心的所在地。

都市是指在城市的基础上形成的大城市，这里市场繁荣、经济发展、社会进步，是社会政治、经济、文化的中心，是社会经济跳动的脉搏，是重大历史事件的发生地，是信息的集散地，是人类文明发展的产物。都市，特别是大都市和历史文化名城，既具有古代历史文化的丰厚遗存，又具有近代文明的精粹；既具有外来文化的融人，又具有本国文化的风韵。都市是古今中外、东西南北汇合交融、拓展创新的人类历史结晶。都市构成了独具特色的都市文化。因此都市也是最富魅力的一种旅游资源。

（二）都市旅游的概念

都市旅游，是指旅游者以繁华的或具有特色的都市为对象而开展的都市游览、观赏的旅游活动。具体地说，都市旅游是指游客为了观赏都市的市容风貌、欣赏其建筑风格、体验其现代文明、感受其文化内涵、领略其都市特色而开展的都市游览活动。

由于商品经济的发展和市场的繁荣，都市越来越具有吸引人们游览观赏的魅力，都市旅游也繁荣发展起来。特别是现代市场经济的繁荣发展，都市旅游已成为人们旅游生活中不可缺少的主体内容。

（三）都市旅游——人类旅游的两大需求之一

人们的旅游需求，一般都认为是回归大自然观光旅游的需求，实际上，还有向往繁华都市的旅游需求。

长期生活在城市的人们，活动空间拥挤繁杂，环境喧嚣污染，工作紧张忙碌。为调节生活环境，放松身心，人们便期望回归大自然，观赏大自然的美景，呼吸大自然的空气，享受大自然的阳光，因而城市的人们都乐于开展自然景观的观光旅游。

另一方面，由于都市成为了社会政治、经济、文化、科技、现代文明的中心，都市风光、都市风情、都市游览、都市娱乐则成为非都市居住人们的又一旅游需求。同时由于不同的都市，都有其不同的特色，因此，生活在A城市的人们，也乐于前往其他有特色的B城市或C城市开展都市旅游。所以可以说直到今天，都市旅游已经成为人们最普及的活动了。

我国早在东汉时代,就有文学名家张衡写出了巨著《两都赋》、《二京赋》,随后又有晋代左思写出了鸿篇《三都赋》。这说明我国古代的人们,早已开展了都市旅游。

从国际旅游来看,也是以都市为基地和辐射中心而开展旅游的。旅游之父托马斯·库克(Thomas Cook)于1846年组织的最早旅游,就是从都市旅游开始的。直到现在,国际旅游的发展,说明都市已经成为各个国家旅游业的"窗口"、"支柱"、"基础"和"辐射中心"。如,美国的旅游业是以洛杉矶、芝加哥、纽约、华盛顿等大都市为基地向全国辐射的。其他如,英国伦敦,德国柏林、波恩,日本东京、大阪,法国巴黎,泰国曼谷,西班牙马德里,澳大利亚堪培拉、悉尼,我国北京、上海等。总之世界各国的旅游,发展到现在几乎都是以城市为"辐射中心"了。

古今中外的旅游历史,说明人们开展回归大自然和都市旅游活动,是旅游者永不衰竭的主题,可见都市旅游是人类旅游的两大需求之一。因此,深入研究都市旅游和都市旅游商品,具有重大的理论意义和实践的现实意义。

二、都市旅游商品

(一)都市旅游商品的概念

都市旅游商品,是指旅游业经营者,为满足旅游者都市旅游的需求,以都市为旅游对象,进行规划、设计、线路组合,安排活动,组织服务,并出卖给游客进行旅游的一种旅游商品形态。

(二)都市旅游商品的产生和发展

当人类社会发展到奴隶社会末期,出现繁华都市时,都市旅游便伴随产生了。到了封建社会,都市规模不断扩大,市场不断繁荣,都市旅游就逐渐兴盛起来。人类社会进入到资本主义阶段,都市旅游也就更加繁荣起来。第二次世界大战以后直到现在,都市旅游已与回归大自然的观光旅游并驾齐驱了。不过现代旅游出现以前的旅游,严格地说,不能叫都市旅游,只能叫近代旅游或古代旅游。

随着都市旅游的发展,旅游商品经营者从都市风貌的原始供给和活动组织,到精心加工、组合安排,提供了一系列都市旅游商品的供给。都市旅游成为现代旅游的"窗口"、"基地"、"支柱"和"辐射中心"。

(三)都市旅游商品的构成

1. 核心商品。任何类型的旅游商品,都由核心商品、外形商品、辅助商品构成,都市旅游也是一样。

都市旅游核心商品,是指游客在旅游过程中,所获得的文化感受和体验。游客的游览、观赏只是旅游的手段和过程,文化感受和体验才是游客旅游的真正目的、灵魂和核心。

都市旅游商品文化，是以都市的历史文化、特色文化和现代文化为核心，进行策划设计，所展现并能使游客获得感受和体验的一种旅游文化形态。由于各个都市的文化内涵不同，展现的是各自不同文化的差异和特色。如，上海的历史文化已有700多年的历史，上海的近代文化则是新中国成立以来的现代文化，特别是1990年党中央、国务院决定开发浦东以来所创造的现代文化。上海的历史文化和现代文化内涵，体现了上海都市旅游商品的特色。这种都市文化的特色给予游客的感受和体验，就是都市商品所展现的核心商品。

2. 外形商品。都市旅游外形商品，是指都市外部形态所展现的文化内涵。如，都市的市容、风貌、品位、声誉、历史、经济、商贸、建筑、服务等。各个都市外部形象文化内涵又都有自身的特色。如，上海展现的有"万国建筑"、"购物天堂"、"美食世界"、"商业繁荣"、"人才荟萃"、"都市风情"、"园林名胜"、"历史文化"、"名人故居"、"市容商贸"、"历史纪念地"、"现代化建设"、"现代文化"、"海派文化"等。20世纪二三十年代的上海，就有"东方巴黎"、"东方纽约"、"东方华尔街"之美称，而现在又正在努力把上海建成"国际经济、金融、贸易中心"和"太平洋西岸国际旅游名城"。

3. 辅助商品。都市旅游的辅助商品，是指都市商品经营者，在经营管理、服务质量、娱乐安全等方面的策划设计所展现的文化内涵。辅助商品质量的高低关系着整体商品质量的高低，关系着游客所获得的文化体验和感受。据统计，仅从优质服务这一项辅助商品，就会给游客带来14%的回头客。

三、都市旅游商品开发的意义

（一）满足人们对都市旅游的需求

都市旅游本来就是人类对旅游的两大基本需求之一。古今中外人们对都市的向往概莫能外。都市不但是一个国家或地区的政治经济文化中心，更是旅游的"基地"和"辐射中心"，重视都市旅游商品的开发，就能更好地全面满足旅游者的需求。

（二）促进旅游的全面发展

都市旅游是现代旅游的"基地"和"辐射中心"。都市旅游的繁荣发展，必将促进旅游业的全面发展。但都市旅游尚处在起步阶段，都市旅游的理论研究，国内外还是滞后的，如能建立完善的科学系统，都市旅游商品的开发必将有力地促进都市旅游的繁荣发展。

（三）带动其他行业经济的发展

旅游是一种联动性的先导产业，可以带动其他行业的发展，即"一业带百业"。因此都市旅游的开发，不但能促进旅游业的全部发展，而且能带动其他行业经济的发展。

四、都市旅游商品定位

(一)都市旅游商品定位的概念

都市旅游商品定位,是指都市旅游商品的市场品位、档次、等级的确定。即根据都市的经济、政治、文化、交通、区位、资源品位、档次以及其他因素的分析,根据都市的市容市貌、都市景观、商贸市场、建筑风格、现代文明和特有的文化艺术等旅游资源的分析,对都市旅游商品市场品位等级的确定。

比如上海,由于它的经济、政治、文化、历史、交通、环境、资源品位、城市建设、市容市貌等因素,正在成为国际经济、金融、贸易中心,被称为我国的"东南都会"、"江海通津",也被称为举世闻名的"冒险家的乐园",又被誉称为"东方不夜城"、"东方纽约"、"东方巴黎",其外滩又有"东方华尔街"的美称。因此,上海都市旅游商品的定位,不仅应定为我国国内旅游商品的中心,也应定为我国国际旅游商品的中心。

都市旅游商品定位后,商品经营者就可设计、规划、开发具有自身特色的都市旅游商品。

(二)都市旅游商品的特色定位

特色,是指事物的独占性、权威性、不可替代性、排他性的形象特征。都市旅游商品特色定位,是都市旅游商品主题形象设计的基础,应从都市的政治、文化、历史、环境、交通、建设、市容、资源等因素的分析进行定位。如我国北京可定位为文化型的都市旅游商品;上海则可定位为综合型的都市旅游商品;香港可定位为商贸型的都市旅游商品;桂林则可定位为观光型的都市旅游商品。

上海都市旅游商品的形象特色,表现在它的海派文化。海派文化是指上海吸取外来文化与商贸文化的营养,并融于自己的传统文化,所形成的现代都市文化风格。海派文化也体现了上海都市文化交融性的独特气质。

上海都市旅游商品特色,还表现在它的民族性、现代性和辐射性。民族性如民俗节庆、地方曲艺、风味小吃、园林艺术等;现代性如城市建设的现代化、高科技、高水平、高起点等;辐射性表现为它的地理区位、交通枢纽所形成的接待辐射功能。

第二节 都市旅游商品开发的原则和模式

一、都市旅游商品开发的原则

(一)市场导向的原则

市场导向,是指从市场游客需求出发,开发都市旅游商品的原则。为此就要了解游客需求、市场竞争,开发适销对路的旅游商品。

（二）因地制宜的原则

因地制宜，是指从本地旅游资源的具体实际出发，开发独具特色的都市旅游商品的原则。为此就要了解实际，扬长避短，发挥城市优势，展现独占性、权威性、不可替代性、排他性的特色，做到人无我有、人有我优。

（三）资源组合的原则

资源组合，就是对资源规划、设计，进行最佳组合，开发最具特色适销对路的都市旅游商品的原则。为此就要对旅游资源进行最佳配置，发挥最大功能，取得最佳的经济效益。

（四）可持续发展的原则

可持续发展，是指生态环境的可持续发展和经济滚动的可持续发展的原则。为此，要不耗用下一代的旅游资源，保护生态环境，经济上自力更生，以项目养项目滚动发展。

1. 保护生态。生态，是生物与生物之间协调、平衡、发展的生存状态，是自然旅游资源环境的基础。自然生态环境遭受破坏，则旅游可持续发展无从谈起。任何旅游项目的开发，都会不同程度地破坏自然景观旅游资源的生态环境。因此，必须保护生态，使生态环境的破坏降至最低的限度，最少不能够超过自然环境的恢复度、再生度。采取有效措施，彻底消除破坏性、掠夺性开发；推广绿色经营，经常进行生态环境的检测。游客的进入，要在景区景点的环境容量以内，才能实现旅游发展的永续性。对可能造成的污染一定要采取防治措施，并经环保部门检验审核。建立持续发展的保障体系，要树立“保护生态环境，就是保护自己”的理念。

2. 经济上滚动持续发展。经济上滚动持续发展，是指经济上要自力更生、自我滚动、自我壮大，以项目养项目，以旅游养旅游，持续发展，只有这样，都市旅游商品的可持续发展，才能建立在稳定可靠的基础之上。

（五）都市功能展示的原则

功能展示，就是指都市旅游商品的开发，要充分展示都市的旅游基地功能和旅游辐射功能的原则。

都市是一个地区乃至是全国的政治、经济、文化、商贸的中心，可集观光、美食、娱乐、休闲、文化、购物、会议、商务等功能于一体，因此都市具有满足游客各种需求的功能，具有旅游基地、旅游的集散地和辐射中心的功能。任何游客，都会以都市为集中的基地，然后再分散到各地开展旅游。因而都市旅游商品开发，应充分展示这些功能。如一个都市或一个地区内，可按都市的功能分片安排、规划、设计不同的商品。我国上海都市旅游商品的开发，就是分片规划、设计的。如，广东路规划为古玩商品街，福州路为文化商品街，九江路为时装商品街、城隍庙为小商品购物区、饮食文化展示区。上海又正在成为国际经济、金融、贸易的中心，作为外向型、多功能、现代化的国际大都市，具有全面展示商品的功能和条件，因而上海又可规划为我国“长三角”、华东地区乃至全国的旅游基地和辐射中心。

二、都市旅游商品开发的模式

都市旅游商品开发的模式，是指都市旅游商品开发类型的标准形式和文化形象特征的反映，这也是其他都市旅游开发效法的模式。由于各个都市文化形象特征的不同，都市旅游商品模式亦应有所不同。

（一）文化型都市旅游商品模式

文化型的都市旅游商品模式，是指具有较高文化品位的都市旅游商品模式。即展现以城市的历史传统、城市建设、市容市貌、文化特质、民族特性、社会发展、现代文明等众多文化内涵为都市旅游商品主体内容的旅游商品模式。如我国北京具有众多的人文旅游资源。其中文物古迹，如长城、故宫、景山、北海、颐和园、天坛、十三陵、中山公园等历史文化名胜古迹；城市建筑如天安门广场、毛主席纪念堂、人民英雄纪念碑、人民大会堂、中国历史博物馆等。又有科学研究机构、高等院校以及园林建筑、民族风情、文化艺术、风味佳肴、科技设施、主题公园等，这些使得北京成为我国科学技术文化中心。因而北京都市旅游是一种文化型的都市旅游商品模式。

又如在国外，俄罗斯有圣彼得堡的雕塑。法国巴黎有凡尔赛宫、凯旋门、埃菲尔铁塔、巴黎圣母院等蜚声全球的建筑群；还有罗浮宫收藏着蒙娜丽莎、古希腊雕像等世界一流珍品。英国伦敦有圣保罗教堂、伦敦塔、大英博物馆、莎士比亚故居、蜡像馆等。美国纽约有世界金融商业中心，自由女神像、市政厅、林肯中心、世界级建筑的百老汇大剧院、三座航空港、密如蛛网的地铁，城市交通居世界之冠，加州迪尼斯乐园等。

所有上述旅游资源，都是世界最高文化品位的人文旅游资源。以这种人文资源为主体，而又能分别表现为各个都市的主体旅游商品特色的，便是文化型的都市旅游商品模式。

（二）商贸型都市旅游商品模式

商贸型的都市旅游商品模式，是对市场经济相当发达的著名城市，以其相关经济因素为基础，以开发多种商贸项目为主体的都市旅游商品模式。如，我国香港是世界上著名的“自由港”，通往世界上 120 多个国家和地区的近 1 000 个港口，年吞吐量 4 000 多万吨，是世界上最大的转口商埠，是居世界第三位的国际金融中心，世界知名银行聚集地，是证券股票交易大市场，因此，香港可开发为商贸型的都市旅游商品模式。

（三）综合型都市旅游商品模式

综合型的都市旅游商品模式，是对人文旅游资源、自然旅游资源丰富和市场经济繁荣的著名城市，以其相关因素为基础，开发集多种旅游商品类型为一体，并成为该都市旅游主体的综合型旅游商品模式。如，我国的上海正在成为国际经济、金融、贸易的中心，又是外向型多功能的现代化的国际大都市；既具有丰富的人文旅游资源，又具有优美的自然旅游资源；既具有大城市市场商品经济的旅游资源，又具有人造景观的旅游资源；既具有现代科学文化的旅游资源，又具有风土民俗和地方文化特色的旅游资源；既具有传统的历史、民族文化资源，又具有海派文化资源；既具有发达商品经济的旅游资源，又具有现代城市风貌和现代市容建筑的旅游资源。总之，它具有多元旅游特色资源，因而也最宜开发为综合型的都市旅游商品模式。

（四）娱乐型都市旅游商品模式

娱乐型都市旅游商品模式，是以娱乐旅游资源及其相关因素为基础，开发以娱乐为主体的都市旅游商品模式。如，美国洛杉矶北郊的好莱坞，是美国电影、电视工业的主要中心，也是世界著名影城，因而洛杉矶开发了以娱乐型为主体的都市旅游商品模式。又如，我国澳门，缘于葡萄牙长期侵占历史形成的博彩业而盛名于世，因而其旅游商品的模式主要是以博彩娱乐型为主体。

（五）花园型都市旅游商品模式

花园型都市旅游商品模式，是以绿色、休闲自然环境旅游资源及其相关因素为基础，开发的以绿色花园为主体的都市旅游商品模式。

这种模式的都市多系新建的较大城市，如我国的珠海、深圳，整个城市的建设规划，是朝着花园式的绿化模式发展，因而城市优美、绿化率高、整洁，城市就是一个大花园。这种花园模式的都市旅游商品最具魅力和发展前途，是发展会议旅游、休闲旅游的良好基础。

（六）观光型、休闲型都市旅游商品模式

观光型都市旅游商品模式，是以自然旅游资源和人文旅游资源及其相关因素为基础，开发以观光为主体的都市旅游商品的模式。如，桂林因其山青、水秀、洞奇、石美的自然风光名闻遐迩。桂林又是我国历史文化名城。因此，像桂林这样的城市，可开发为观光型、休闲型的都市旅游商品模式。

但观光旅游是以游览观光为单一目的的旅游，随着旅游者的旅游需求向着多种功能需求的方向发展，这种单一功能的观光型都市旅游商品模式应本着因地制宜、市场导向的原则，逐步向多功能复合型的都市旅游商品模式转化。所以现在世界都市旅游商品的模式，在开发观光旅游的同时，又向度假型、公务型、休闲型、文化型、商务型等多功能复合型旅游转化。

第三节　都市旅游商品形象建设

一、都市旅游商品形象

（一）都市旅游商品形象

形象，是指事物的外部文化形态和内在文化意韵总体特征的综合反映，是留

给人们印象和评价其文化内涵的依据。都市旅游商品形象，是指都市旅游商品的文化、品位、形态、质量、特征等文化内涵，在社会公众和旅游者心目中所留下的总体印象和评价的反映，也是能否激发人们思想感情和吸引人们前往游览观赏的动力。

如，北京是我国首都，是我国政治、经济和科学文化的中心。它拥有辉煌灿烂的历史文化、丰富的人文古迹和优美的风景名胜，它是中国旅游文化圣地的形象代表，所以海外盛传“到中国不到北京，就等于没有到过中国”，这就是北京留给人们的都市旅游商品形象的反映。

（二）都市旅游商品形象的意义

1. 形象是都市商品市场竞争的品牌。商品形象是商品外部形状和内部品质的总体特征。商品形象越佳，人们就越喜爱，就越想购买。所以形象是商品竞争的优势。都市旅游商品形象越好，就越能展现都市旅游商品市场竞争的优势。

2. 形象是都市旅游商品的生命力。都市旅游商品形象关系到旅游者是否喜爱和购买。如果旅游商品形象不受旅游者的喜爱，旅游者就不会购买，就不可能使得商品的潜在价值转化为现实的价值，就无法立足于旅游市场，可见形象是都市旅游商品的生命力。

3. 形象是都市旅游商品个性和风格的展现。商品的品牌、个性和风格，是商品形象的体现。都市旅游商品的形象如何，决定着旅游商品吸引力的大小，决定着是否能吸引游客前往旅游。

二、都市旅游商品形象建设

（一）评估都市旅游资源的市场品位

旅游资源是旅游者前往旅游的吸引物，是旅游商品构成的基础，也是旅游商品形象塑造的依托。资源的品位越高，商品形象越好，吸引力就越大；反之则越小。

都市旅游资源的品位，是由它的观赏价值、地理区位、环境交通、政治、经济、文化、历史、景区容量、基础设施、保障体系、投资效益等因素所决定的。因此，应该对都市旅游资源的市场综合品位进行全面的调查评估，才能确定资源的文化品位，才能对都市旅游商品形象的建设进行科学的策划、设计与组合。

（二）确定都市旅游商品开发的主要内容

都市市场品位不同，都市旅游商品开发的主要内容也就不同。我国上海正在成为国际经济、金融、贸易中心，因而其都市旅游商品的开发，应以商务旅游、会议旅游、购物旅游和都市观光旅游等为主要内容。

北京是我国的政治文化中心，其都市旅游商品开发，应以长城、故宫、十三陵、人民大会堂、毛主席纪念堂、历史博物馆、军事博物馆、世界之窗等人文旅游资源项目为主要内容。同时，也应以文化旅游、会议旅游、休闲旅游、商务旅游、都市观光游览等为北京都市旅游商品开发为主要内容。

又如，美国首都华盛顿，应以开发国会大厦、白宫、林肯纪念堂、造币厂等人文资源为主要内容，以展示国家首都的形象。又如，中国香港，由于它是世界购物天堂，是国际贸易、国际金融中心，因此，它所开发的都市旅游商品，应以开发商贸旅游、购物旅游、都市观光游览为其主要内容。

新加坡建造了100多座国际会议馆，国际会议馆就成为新加坡的特色旅游资源，开发新加坡的国际会议馆，就成为新加坡都市旅游商品的主要内容。

（三）确定都市旅游商品特色

都市旅游商品特色的确定，是其形象建设的基础。都市旅游的特色，可因都市而异，或是独特性、民族性，或是交融性、现代性。如，上海基本上都具有了这些特色。

上海都市旅游的独特性，表现在它的海派文化。海派是与“京派”相对而言的，也是指上海的文化艺术界，在“欧风美雨”的袭击下，起步学习西方所形成的一种文化特征。

上海都市旅游民族性的特色，表现在它的民俗节庆、地方曲艺、风味小吃、园林艺术等特征。

上海都市旅游的现代性特色，表现在它的现代化城市建设的高科技、高水平、高起点等特征。

上海都市旅游的辐射性特色，表现为它的地理区位、交通枢纽和接待辐射能量等特征。

（四）都市旅游文化载体的建设

载体是指能够展示、运载、传递某种事物本质属性的媒体。如，英语音标就是展示、运载、传递英语48个语音音素的形象和载体。人的名字也是一样，是人的形象的载体。人们一听到某个名字，就知道是某人。

文化也需要通过一定的形式展示其文化内涵。这个形式就是“文化载体”。就是运载文化的工具、媒体，是指能够蕴含、传递或运载并能体现文化本质、特点的媒体。都市旅游文化的载体，就是指旅游者在都市旅游活动过程中，所能感受到文化内涵的那个媒体。如市容建设，城市雕塑，都市历史，传统文化，民族文化，地方文化，现代文明，食、住、行、游、购、娱、服务行为等文化载体，都能传递、运载都市的文化内涵，游客都能从中感受到相应的都市文化内涵。因此都市旅游文化载体建设，就是要加强这些载体的建设，使其都具有较高的文化品位。

加强都市文化载体建设，应该有计划地策划、组合、设计，多方位提高都市旅游商品的含“金”量。凡是能展示或加深都市文化品位的策划和设计，都是属于加强都市文化载体建设的内容。例如，上海曾推出“当一天浦东新村居民”的活动，令旅游者领略了古老东方淳厚温馨的风土人情，创意令人拍案叫绝。再说都市的雕塑，不但是一种高雅的文化艺术，更是城市文化形象景观的代表，它表达了都市文化环境的内涵和时代精神。成功的雕塑，使都市在特定范围内的景观赋有更高的文化意境。如，甘肃兰州市的“黄河——母亲”、新疆吐鲁番的“葡萄热了”、江苏盐城的“东进”，丰富了都市旅游景观，深化了都市旅游环境的文化内涵。又如，饭店的客房，本来就是普通住宿的房间，可是不同品位饭店的客房，因策划陈设不同却展现了不同品位的文化形象设施。

（五）因地制宜，建立都市旅游的活动中心

都市旅游的活动中心是都市形象的展现。如，商务中心、购物中心、会议中心、游乐中心、文化艺术中心等。中心的数量、类型、规模、品位、特色的设计，都应因地制宜，从实际出发，既要展示都市的优美形象，又能招来游客，这样才能收到理想的效果。

（六）都市旅游商品文化形象设计

1. 展现传统民族文化。民族的就是世界的，都市旅游商品形象如能展现民族的文化内涵，就能使都市旅游商品具有独特的民族文化形象，就能走向世界，所以都市旅游商品形象设计，应尽量展现民族文化内涵。

2. 优秀的传统文化与现代文明的组合。优秀的传统文化，是指人类世代相传，具有一定特点的优秀的物质文明和精神文明。如，古代的文物建筑、世代相传的技术经典、风俗道德、行为规范、思想作风等，优秀的传统文化都具有民族性、地方性的特征。我国是一个具有五千年历史的文明古国，又是一个共有56个民族的大国，我国的优秀传统文化灿烂多姿，是我国最宝贵的物质财富和精神财富。这是最宝贵也最富吸引力的旅游资源。我国各个都市都不同程度地蕴含着我国优秀的传统文化，应将其发掘并组合成旅游商品，引导旅游者感受古文化遗存，发思古之幽情，领略我们辉煌的过去。

我国自“五·四”运动以来，在吸取西方文化有益内容的基础上，逐渐形成今天的现代新文化。如，当今我国的教育科学、文化艺术、电影、电视、歌舞、绘画、雕塑等。有的地方还形成了地方性的现代文化，如上海的海派文化，包括海派曲艺、海派游乐、海派餐饮、海派服饰等。这种海派文化是较多地吸取外来文化的营养，融合于我国的传统文化之中而形成的。它是古、今、中、外、东、西、南、北文化的融合，从而也使上海的现代文化独具特色和魅力。这种海派文化的独特风格的气质，都可设计渗透在上海的都市风光形象之中。这种海派文化的风格和气质，需要我们认真地总结和发掘。

都市旅游商形象设计，应该从都市的实际出发，把优秀的传统文化和现代的新文化组合起来，使都市旅游商品既体现出我国传统文化的特色，又展现现代文化的现代文明。

3. 都市经济与旅游文化相结合。旅游商品是市场经济发展的产物，它是按市场经济的规律和要求，对旅游的物质资源进行的最佳配置。旅游商品又是旅

游者追求文化精神需求的产物,它必须体现出文化的特色。所以从事旅游商品经营的旅游业是经济性的文化产业,又是文化性的经济产业,都市旅游商品的形象设计应使都市经济与旅游文化相结合。

案例

深圳市华侨城旅游开发

深圳市华侨城,是由1989年建成开业的“锦绣中华”、1991年建成开业的“中国民俗文化村”以及1994年建成开业的“世界之窗”等大型人造主题公园组合而成的著名旅游区。据1999年11月25日《中国旅游报》报道,仅“锦绣中华”一处,创建十年来累计接待海外游客4 000多万人次,营业总收入达18亿元人民币,创利6亿多元,总资产达3亿元。华侨城主题公园的发展,带动了深圳市许多相关行业发展,使深圳市从1990年开始,旅游行业规模以及主要旅游发展指标连续排名在全国四大旅游城市之列。华侨旅游城的成功,得益于其科学的开发定位、独特的旅游项目及其丰富的文化内涵、良好的区位和科学的管理等。

文化旅游的定位,使华侨城走上了宽阔的发展大道。“锦绣中华”开工之前,深圳湾畔还是一片荒芜,这个毫无旅游资源可言的地方一跃成为著名的旅游文化区,源于香港中旅集团有限公司总经理马志民先生的大胆策划。1985年马志民先生赴欧洲考察,他参观了荷兰著名的“小人国”。“小人国”是荷兰风光的缩影,它让人在短时间内对荷兰全国的景点有个整体的感性认识,从而诱发游客实地畅游的兴趣。马先生大受启发,他想:若将华夏的自然风光、人文景观融于一体,经过微缩处理,不就成了一处具有中国特色和现代意味的崭新名胜了吗?

华侨城的主题定位,是经过认真分析、深入研究客源市场及其区位条件后才得到答案的。华侨城位居全国改革开放前沿的深圳,毗邻香港和澳门,背靠经济发达的珠江三角洲,具有优越的地利区位条件。华侨城人瞄准了两个600万,一个600万是作为香港地区居民的中国人,二是每年来港旅游的600万世界各国的旅游者,此外还有深圳300余万居民和常住人口以及每年500万人次来自全国各地的出差人员和观光游客。海外人员需要了解中国的历史和民族文化,中国人则需要了解世界的历史和文化。主题由此产生,“一步跨进历史,一天畅游中国”、“您给我一天时间,我给您一个世界”,“锦绣中华”和“世界之窗”的这两句宣传口号,正是策划者的总体构思和概括。

华侨城把文化的民族性、延续性和区域性与旅游需要的观赏性、娱乐性有机地结合起来,紧紧抓住文化这一主题不放,并在各个景区形成了明确的宗旨、鲜明的主题和内容。例如，在兴建“中国民俗文化村”时，华侨城人提出“要淋漓尽致地表现我们民族从远古走来的足迹，了解我们民族对未来、对生活的憧憬、追求和愿望”。在旅游活动项目上安排了富有民族特色的歌舞表演或模拟各族人民日常生活的场景、节目庆典、婚庆喜宴等活动。而动感的最集中体现，是“民俗村”和“世界之窗”夜晚的欢乐大巡行及歌舞艺术表演。“中华民族大庙会”、“中华百艺盛会”等更是乡土气息浓烈。华侨城主题公园的大型文艺表演的艺术水准和常演常新的内容，为国内外主题公园所罕见，它是华侨城旅游文化的精彩之笔。

在表现形式上，华侨城人针对游客的心理需求，从总体布局到每一座建筑、雕塑、庭园、小径，以至指路牌、路灯柱、小商亭、休息椅、电话亭、垃圾箱、洗手间和花草树木，无不精心设计，精雕细琢。从竹、木、草、石自然材料的选用到色彩造型，都力求同景区的主题相融合，同主体建筑互相衬托，浑然一体。

在经营管理上，华侨城除借鉴国外先进管理经验之外，还积极进取、不断创新。锦绣中华公司（“锦绣中华”和“中国民俗文化村”合称）从1997年8月就率先实施ISO9000国际质量认证工作，成为我国第一家在旅游景区推出ISO9000的企业，制定了职业道德标准和服务要求，总结出了治事（管理景区）先治人（管理好员工）、治人先治规（各项规章制度）的经验，不断推进经营管理的科学化、规范化。华侨城坚持每年开展优质服务活动，树立企业的良好形象，旅游活动项目不断推陈出新，使景区保持旺盛的活力和长盛不衰的魅力。“锦绣中华”于1994年新增了圆明园大型微缩景观。1995年开辟了“名人植树园”，并不断更新园林绿化的内容和方式。“中国民俗村”兴建了中心剧场，改造了民俗文化广场，先后推出“中华百艺盛会”、“迎回归”、“四季回旋曲”、“蓝太阳”等多种大型广场节目。深圳“世界之窗”在开业之后，增加了“火山爆发”表演，增设了“侏罗纪公园”，改造了世界广场，推出“梦之旅”等数种大型广场节目。

华侨城以其浓厚的文化内涵、优美的环境、先进的管理和优质服务，赢得了中外宾客的赞赏，得到了社会各界的公认。

案例思考

1. 深圳市华侨城都市旅游商品项目是如何开发的？
2. 深圳市华侨城旅游商品项目是如何建设文化品位的？

思考题

1. 什么是都市旅游？为什么说都市旅游是人类的两大需求之一？

2. 什么是都市旅游商品？试述都市旅游商品的结构组成？

3. 试述都市旅游商品开发的概念和开发的意义。

4. 试述都市旅游商品定位的概念。什么是都市旅游商品的特色定位？

5. 试述都市旅游商品开发的原则。为什么要坚持这些原则？

6. 试述都市旅游商品发展的模式。

7. 以北京、上海为例，说明都市旅游商品发展的模式是如何确定的。

8. 试述都市旅游商品形象的概念及其意义。

9. 塑造都市旅游商品形象？

10. 如何加强都市旅游商品文化的建设？

第八章 民俗旅游商品

● 学 习 要 点

民俗的概念

民俗的类型

民俗的特征

民俗旅游商品的概念

民俗旅游商品的类型

民俗旅游商品开发的原则、策略和意义

民俗旅游商品文化建设

第一节 民俗旅游

一、民俗

（一）民俗的概念

民俗，即民间的风俗习惯，是一个国家、民族或地区的人民群众，在长期共同生产、生活的历史过程中，形成、创造、遵循、享用和传承的模式性和类型性风俗习惯的一种文化形态。风俗起源于社会群体共同生产、生活的需要，在历史长河中形成、扩散和演变，是最贴近人们身心和生活的一种文化形态，也是一个地区或民族文化的重要组成部分。民俗一旦形成，就成为规范人们行为、语言和心理的一种制约因素和力量。①

民俗包括很多内容：农村民俗、城镇和都市民俗；古代传统民俗；新生民俗；口头语言传承的民间文学。民俗以物质、行为和心理等方式，口耳相传、行为示范和心理影响扩散传承，它形成于过去却延续至今。民俗对人民群体具有规范、教育、凝聚、娱乐、审美、服务等社会功能。

（二）民俗的类型

1. 物质民俗。物质民俗，是指人们在创造和消费物质财富过程中，不断重复出现的带有模式性和类型性的风俗习惯。主要包括生产民俗、商贸民俗、饮食民俗、服饰民俗、居住民俗、交通民俗、医药保健民俗等。如，生产民俗中的农业民俗，狩猎、游牧和渔业民俗，工匠民俗等。

2. 社会民俗。社会民俗，是指人们在特定历史条件下，所形成的社会关系和约定俗成的模式性和类型性的风俗习惯。社会民俗涉及个人、家庭、家族、乡里、民族、国家乃至国际社会，是在交往过程中，所展现的集体行为模式。社会民俗主要包括人们在社会组织关系方面的民俗，如血缘组织民俗、地缘组织民俗、业缘组织民俗等；还包括社会制度方面的民俗，如人生礼仪民俗、风俗习惯民俗、岁时节日民俗（如春节、中秋节等）、民间娱乐习俗（如民间游戏、民间竞技等）等。

3. 精神民俗。精神民俗，是指人民群体在物质文化与制度文化基础上形成的有关意识形态方面的风俗习惯。它是人类在认识自然和改造自然的过程中所形成的一种心理意识。这种意识一旦成为集体的心理习惯，并以特定的行为方式世代传承，就形成集体的心理习俗，即精神民俗。精神民俗主要包括民间信仰、民间巫术、民间哲学、伦理观念以及民间艺术等。

4. 语言民俗。语言民俗，是指通过口头语言约定俗成、集体传承的信息交流

---

① 刘敦荣，《旅游商品学》，南开大学出版社，2005 年版。

系统的风俗习惯。它主要包括民俗语言和民间文学。民俗语言包括民间俗语、谚语、谜语、歇后语、街头流行语、黑话、酒令等;民间文学是由人民集体创作和流传的口头文学,主要有神话、民间传说、民间故事、民间歌谣、民间说唱等形式。如,牛郎织女、八仙过海、孟姜女哭长城、女娲补天、神农尝百草等民间神话传说等。

(三)民俗的特征①

1. 民族性和地域性。民俗的民族性有两方面含义:一方面是指同一类民俗事项在不同民族中,有不同的表现形式。如房屋建筑是人类社会的共同事项,但也是民族意识的一种展现,不同民族的民居建筑,就形成了不同民族建筑风格。另一方面是指不同的民族由于历史条件、地理环境的不同,形成各自独特的民俗。如,我国陕北窑洞、北京四合院、蒙古包、傣楼、福建土楼、贵州安顺老汉族的石头房等,就各具地方民族的特色。由于中国地域辽阔,各地不同的自然环境和气候,从而使得各地的民居建筑产生了奇特的差异,这就是民俗的民族性特征的具体表现。民族性特征还在文化意识、精神理念、风俗习惯等方面有所体现,不同的民族都具有不同的民族性特征。

民俗的地域性,是指民俗在地域上所呈现出来的特征。这种特征也被称为民俗的“地理特征”或“乡土特征”。如,上述民居建筑的不同民族建筑风格,就是由不同地域环境形成的。又如,中日两国人民的建筑审美观存在差异,中国人强调综合美,而日本人则欣赏自然美。对木质结构的建筑,日本人强调朴素自然,而中国人讲究雕梁画栋、红柱绿梁。

此外,各民族在节日、岁时、婚丧、生产、饮食、服饰等方面的习俗,也反映了民俗的地域性特征。

2. 传承性和扩散性。民俗的传承性,是指民俗文化传衍相袭的连续性,这是民俗最基本的特征。如“春节”,民间叫做“过年”,是中华民族最隆重的传统节日,也是中国传统文化的象征和载体。这一习俗始于我们的祖先有了夏历的时候,每年的第一天就叫“岁首”,人们要加以庆祝,这就是“过年”。从这时起,春节的习俗便代代传承,至今已有四千多年的历史了。

民俗的扩散性,也称传播性,是指民俗文化的空间伸展蔓延性,也是民俗文化横向传播的特征。一种民俗形成和完善后,不仅为该民族、该地区的民众所接受,而且还向其他民族和地区渗透。如,岁时节日民俗、民间娱乐民俗都具有扩散性特征。

3. 稳定性和变异性。民俗的稳定性,是指民俗具有长期相对稳定的特性。只要社会经济基础不变,即使社会发生了巨大变革,民俗仍然是相对稳定的。当经济基础消失时,民俗也不会立即消失,它作为人类群体观念的反映,仍然要保

① 刘丽川,《民俗学与民俗旅游》,同济大学出版社,1990 年版。

持一个相当长的时期。如,春节守岁、拜年、倒贴福字、接财神、放爆竹、给“压岁钱”等;元宵节吃元宵、赏灯、耍狮子、猜谜等习俗一直传承至今。

民俗的变异性,是指民俗具有逐步变化的特性。因为稳定性是相对的,随着时间的推移,民俗在传承的过程中,为了适应新的环境变化,民俗就呈现出某些变异的因素,引起自发和渐进的变化,从而发生变异。这也是民俗文化机能的自身调适和生命力之所在。所以民俗总是会变异的,不变异的民俗是不存在的,现今社会中的种种民俗事项,大都是古代民俗流传变异的结果。

4. 规范性和服务性。民俗的规范性,是指民俗对民俗成员的言行具有约束的特性。这种特性涉及人们的衣、食、住、行,社会组织,婚丧嫁娶,岁时习俗,民间信仰,文学艺术等领域,一直发挥着其他意识形态所无法比拟的制约和规范作用。只要有人违俗,就会立即受到整个民俗成员的责难甚至严惩。

民俗的服务性,是指民俗对社会、生产和生活具有服务功能的特性。人们在遵守民俗规范的过程中,民俗具有服务社会、协调社会、规范社会,服务生产、指导生产、规范生产,服务、规范、指导人们生活的功能。

5. 原始性和神秘性。民俗的原始性,是指当今社会的民俗中,还有保留着的古代传统习俗的原始特性。主要表现在宗教、信仰和祭祀仪式中。如,南方“星子过家”、七月初七民间“乞巧节”、纳西族“大祭天”等习俗都保留着浓厚的原始性。这对游客是极大的吸引力,对今天的旅游业,已成为不可多得的旅游资源。

民俗的神秘性,是指那些不为人们所了解的具有神秘色彩的习俗特性。有的还形成一种强大的威慑力量,人们的某些行为,还受到某种神秘禁忌心理的制约。如:我国南方壮族禁忌筷子掉落在地上,认为这不吉利;夜间行走禁忌吹口哨等。此外,民俗神秘性还表现在崇拜、信仰、人生礼仪、生产、生活等方面的习俗特性。

6. 阶层性和时代性。民俗的阶层性,是指不同阶级层次群体中所展现的民俗差异性。这些差异反映到民俗事项中,便形成了民俗的阶层性。性质相同的民俗,在不同的阶层中有着不同的表现形式与内容。如饮食民俗、礼仪民俗、祭祀民俗、婚嫁民俗等都表现出不同阶层的差异性。过去封建社会统治阶层利用民俗的来欺骗、愚弄被统治阶层的人们,以强化统治的目的。如,统治阶层利用风水坟墓、八字命运、天国地狱、神仙鬼怪等愚弄被统治阶层的人们,使他们甘愿接受剥削和统治。

民俗的时代性,是指在漫长的历史发展过程中,由于社会生产方式和经济制度时代环境的不同,各地人民所经历的心理成长轨迹不同,便形成民俗时代性的特征。如满族忌穿狗皮衣服、忌食狗肉等传统习俗就形成于努尔哈赤那个时代。

7. 集体性和模式性。民俗的集体性,是指人们的行为和意识所表现的集体性特征。民俗文化不是个人的文化,而是集体的文化。它的形成和发展是民族集体长期参与的历史积淀。它的实践也展现了集体的特征。如,各民族的语言、心态、服装、礼仪等方面，都展现了规范的集体性模式特征。

民俗的模式性，又称类型性，是指民俗成员的言行呈现规范化、模式化或类型化的特性，也是一种约定俗成类型化的思维习惯和行为模式。既展现在民族的物质文化生活中，如衣、食、住、行、生产、交易的习俗；也展现在民族的社会人文关系中，如家族、亲族结构和婚丧礼仪习俗等。

二、民俗旅游

（一）民俗与旅游

民俗与旅游历来有着不可分割的联系。古代人们观风察俗、考察民间文化，便是人们外出旅游的开始。现代社会中旅游成为人们生活的重要内容，出游者大多以体验异国风情、异地民俗文化为目的，特别是异域的民族历史和风土人情。所以民俗是旅游的重要资源，旅游离不开民俗，民俗是游客旅游的巨大吸引力。

（二）民俗旅游

民俗旅游，是指游客为了求得特殊文化精神需求的了解和满足，离开常住地，开展以民俗旅游资源为对象而进行的游览、观赏或参与活动的行为和过程。由于民俗是人类的一种特殊文化事项，具有特殊的文化内涵，不但可供人们游览观赏，还可供人们学习或参与其中，获得亲身的感受和体验，从而获得一种特殊的文化精神享受。所以弘扬民俗文化，展现民族地域风采的民俗旅游，越来越受到人们的重视。

三、民俗旅游资源

（一）民俗旅游资源

民俗旅游资源，就是指对游客具有游览、观赏价值的民俗，经策划设计成为吸引游客开展旅游的吸引物。如，各民族的衣、食、住、行、婚姻、丧葬、节日、禁忌等习俗，对游客则是吸引旅游的一种吸引物。

民俗旅游资源有其独特性、权威性、不可替代性和排他性的特征。它以鲜明的民族品位。独特的文化内涵、厚重的历史氛围、显著的地域差异、丰富的表现形式，对游客产生巨大的诱惑力和感召力。现在无论是发达国家还是发展中国家的旅游，无不以民俗旅游资源为依托，广泛开发民俗旅游。

（二）民俗旅游资源评价

1. 民俗旅游资源评价的含义。民俗旅游资源评价，是对民俗资源文化的特点、内容、质量、特色、环境、交通、吸引力等，进行科学评定的行为和过程。这是民俗旅游开发的前期准备工作，是确定民俗旅游项目的开发价值、开发目的、开发顺序以及规划设计的前期基础工作。

2. 民俗旅游资源评价的内容。民俗旅游资源评价的主要内容,包括:资源的类型、特征、空间结构、数量、质量、等级、投入、产出、环境、吸引力、开发条件的评价;资源的质量特征(美感度、奇特度等)、集聚程度、环境容量、开发现状、开发潜力的评价;交通现状、交通建设难易程度的评价;服务及其配套设施现状的评价;气候节律性变化对旅游业的影响的评价;资源所在的地区与中心城市的距离,地区经济发展水平的评价;政府政策、经济扶持程度的评价;游客数量、层次的评价;潜在市场及市场的地理区位的评价。

3. 评价方法。

(1)定性评价。这是在大量调查、考察的基础上,评价人员凭其主观经验进行评价分析的方法。这是一种大致不差的评价方法。

(2)定量评价。这是将评价指标数量化,建立量化模型的方法。即根据旅游资源的质量等级标准,进行量化评价。这种方法一般比较准确。

这两种评价方法,既可分开采用,也可结合采用。

旅游资源评价应遵循等级系统的原则、动态发展的原则、实事求是的原则、评价因子统一的原则、效益的原则(经济、社会及环境效益)、定性与定量结合的原则。

通过上述的评价内容和方法,做出旅游资源是否具有开发价值、是否切实可行的结论,提供给决策者作为参考依据。

第二节 民俗旅游商品概述

一、民俗旅游商品的概念

民俗旅游商品是指商品经营者为满足旅游者在其旅游过程中对民俗精神文化、物质文化体验与感受的需求,以民俗旅游资源为依托,开发、策划、组合,出卖给游客游览、观赏、体验、感受的一种旅游商品形态。

二、民俗旅游商品的类型

(一)物质生产民俗旅游商品

1. 物质生产与物质生产民俗。物质生产是人类赖以生存,进行物质生产的劳动行为和过程。而物质生产民俗,是指在一定地域范围内的民族或人类群体,在其生产过程中的风俗习惯。如,农业民俗、渔业民俗、工匠民俗、商业民俗等。

2. 物质生产民俗旅游商品。物质生产民俗旅游商品,是指旅游业经营者以物质生产民俗中那些可供游客观赏和体验的那一部分民俗为依托,进行设计组合,出卖给旅游者前往观赏、游览、参与的一种民俗旅游商品形态。

如我国古代科技文化和农业生产水平较低，人们为了企求丰收，便逐步形成了占卜、祭祀、庆贺等习俗。如，哈尼族每年撒种、栽秧时，流行一种吹“栽秧号”的风俗，两个中年男子手持唢呐站在田埂上，对着田埂不停地吹，意在叫醒传说中的“卡依阿玛”（一种鸟名），请它看守庄稼。这种“栽秧号”，从“开秧门”撒种那天起，一直吹到栽秧完毕。“开秧门”那天，家家还备好米酒、糯米饭，人人穿上新衣，聚集田间，号手吹着“栽秧号”，首先请德高望重的老人，栽下第一把秧苗，然后人们才高兴地下田栽秧。

我国四川天全县农民制作上元节“祈谷灯”、“白果灯”，抬着神像，通宵达旦，祈求五谷丰登；制作“九曲莲灯”，在一亩地见方的地上周围插上竹子，巫师在里面跳舞祈年，叫“端灯神”。我国浙江萧山在夏至茶山会期，农民举行竞渡比赛，穿上小儿衣服，唱着农歌，率数十人同乘一船，各船竞驶如飞，相互追赶，观者人山人海，盛况空前。这种活动具有祭祀祖先、共庆丰收的意思。

这些古老的生产民俗，是一种最具吸引力的民俗旅游资源，用以开发、策划、组合为物质生产民俗旅游商品，是一个巨大的旅游市场。

其他在狩猎、游牧、渔业、各行各业工匠的生产技艺、技术传授、商业集市、交通工具等生产领域都有许许多多的特色习俗，可视具体情况开发为物质生产民俗旅游商品。

（二）物质生活民俗旅游商品

1. 物质生活民俗旅游商品的定义。物质生活民俗，是指人们在饮食、服饰、居住、建筑、器用等方面长期形成的风俗习惯。这些民俗，经过旅游经营者开发、设计、组合，大多可以成为游客游览观赏或参与其活动的旅游资源。

物质生活民俗旅游商品，是指旅游开发商以可供游客观赏和体验的物质生活民俗为资源，经过开发、策划、设计、组合、组织、出卖给旅游者前往观赏、参与活动的一种民俗旅游商品形态。

2. 饮食生活民俗旅游商品概述。

（1）饮食。饮食是指饮料和食品，也是游客在旅游过程中不可缺少的物质生活需求。

饮食中食品是主要的。食品中人们又特别重视菜肴。菜肴又分菜系，世界上有三大菜系：中国菜系、法国菜系和土耳其菜系。中国菜系由于历史最为悠久、最富特色、文化内涵最为博大精深、食用人口最多等特点而首屈一指。而且在中国菜系中，又形成了众多的风味流派。其中有“四大菜系”、“八大菜系”、“十大菜系”、“十二大菜系”之说。此外，还有各种著名的地方风味菜和少数民族菜，以及宫廷菜、素菜、官府菜、仿古菜、药膳菜等著名菜肴。中国各类菜系的烹调技艺各具神韵，菜肴特色各领风骚。

食品中还有面点及风味小吃，其品种也十分繁多，有京式、广式、川式、秦式等六大流派。从品种来讲，可分为包类、饺类、糕类、卷类、饼类、果类、粽类、馒头、馄饨、麻花、烧卖、面条等十多个品种；从熟制方法来讲，可分为蒸、煮、炸、烙、炒等十种技法。我国面点及风味小吃，乡土特点鲜明，经济实惠。荤、素、甜、咸、鲜、美、嫩、爽，应有尽有。

(2)饮食生活民俗。饮食生活民俗，是指人们在其长期饮食生活过程中，所形成的风俗习惯。这种饮食生活民俗，各地都具有自身的特色。对游客具有巨大的吸引力，因而也是一种民俗旅游资源。

饮食器皿也是一种内涵丰富的饮食生活民俗文化。中国饮食民俗，非常讲究美食与美器的和谐统一。两者搭配得当，不仅有方便饮食的功效，还能起到衬托、美化菜肴，达到一种新的文化享受境界。如，我国有功夫茶，饮用时必须使用小壶、小杯细细品尝。盛茶的小壶也有讲究，我国多使用宜兴紫砂壶。这种紫砂壶以其沏茶不走味、不变色的内在品质和淳朴古雅的外在形象，成为中国茶文化的一种象征。因此饮食器皿，在我国也是一种生活民俗。

(3)饮食生活民俗旅游商品。饮食生活民俗旅游商品，是指旅游开发商，以饮食生活民俗为资源依托，进行策划、开发、出卖，吸引游客前往游览、体验、参与的一种民俗旅游商品形态。

3. 民居建筑民俗旅游商品。

(1)民居建筑。民居建筑，是人们生活固定居住的场所。由于各个国家、地区、民族的不同，民居建筑也不相同，而且类型丰富，技艺精湛，各有特色。凡具有特色的民居建筑，都可以成为吸引游客游览、观赏的旅游资源。中国的民居建筑以四合院最为广泛和典型，它比较充分地体现了中国传统的伦理观念。少数民族干栏式住房在南方广为流传，如傣族、哈尼族、壮族的竹楼，土家族、苗族的吊脚楼，侗族的风雨桥和鼓楼。此外，还有江南水乡住宅、陕北窑洞、福建永定土楼以及蒙古包等各具特色的居民建筑。

(2)民居建筑民俗。民居建筑民俗，是指各地人们在长期生活中所形成的民居建筑的习俗、风格、结构、形态，以及人们居住的风俗习惯。这种民俗可成为游客游览、观赏的旅游资源。

(3)民居建筑民俗旅游商品。民居建筑民俗旅游商品，是指旅游开发商以民居建筑民俗为资源，进行开发、策划、吸引游客前往游览、观赏、体验的一种民俗旅游商品形态。

(三)岁时节日民俗旅游商品概述

1. 岁时节日。岁时节日是指与天时、气候的周期性转换特征相适应，在人们社会生活中约定俗成的、具有某种风俗活动内容的特定时日。如，我国的春节、中秋节，西方国家的圣诞节。

2. 岁时节日民俗。岁时节日民俗，是指不同地区、不同民族的人们对不同的岁时节日，在长期的历史时期内形成的风俗习惯。

我国的岁时节日民俗具有鲜明的农业文化特色，按照节日的岁时变化节律，有春季节日民俗、夏季节日民俗、秋季节日民俗和冬季节日民俗四类。民俗活动多种多样，丰富多彩，如祈望五谷丰登、人畜两旺、岁岁平安、驱毒辟邪。春节守岁、倒贴福字、放爆竹、给小孩"压岁钱"等；元宵节吃元宵、赏灯、耍狮子、猜谜等；清明节禁火、扫墓、踏青、插柳、春游等；端午节吃粽子、悬挂艾叶、菖蒲、饮用雄黄酒等；中秋节吃月饼、燃灯、赏月等；重阳节登高、赏菊、喝菊花酒、插茱萸等。此外，我国还流行着许多地域性、民族性的节日。如，苗族的"游方"、跳芦笙舞、对山歌、吃姊妹饭、过苗年、斗牛、赛马等。

世界各民族的岁时节日也别具特色。如西方各国圣诞节制作圣诞树，唱圣诞歌，扮演圣诞老人，互赠圣诞卡和圣诞礼物，共进节日美餐——圣诞大餐，圣诞老人向大家祝福平安幸福！

岁时节日民俗不仅记载着我们祖先对自然规律的认识与把握，也展示了各个时期的社会、经济、科技发展的水平和人们张弛有度、应时而作的自然生活节律。岁时节日民俗，既有观赏性又有参与性，是一种对游客旅游最富吸引力的旅游资源。

3. 岁时节日民俗旅游商品。岁时节日民俗旅游商品，是指旅游开发商，以岁时节日民俗为旅游资源，进行策划、设计、组织游客前往旅游的一种民俗旅游商品形态。具体地说是开发商出卖这种商品给游客，并组织他们开展旅游活动的行为和过程。因为这种活动是以经营出卖为目的的，故称之为商品。

（四）人生礼仪民俗旅游商品概述

1. 人生礼仪。人生礼仪，是指人们因某些重大的事件而举行的仪式和礼节。人生礼仪包括诞生礼仪、成年礼仪、结婚礼仪、丧葬礼仪、祝寿礼仪、生日礼仪等。

2. 人生礼仪民俗。

（1）人生礼仪民俗。人生礼仪民俗，是指各民族人民的人生礼仪，在其长期历史发展过程中形成的风俗习惯。人生礼仪习俗具有一定的观赏价值、参与价值。其中，成年礼仪和结婚礼仪更具观赏性和参与性，颇具开发价值。

（2）人生诞生礼仪民俗。人生诞生礼仪民俗，是人们因婴儿出生而举行的喜庆仪式和礼节的习俗。如我国侗族最盛大的庆典不是婚礼，而是婴儿的诞生礼仪——"过三朝"。不管生男生女，在婴儿出生的第三天，或10天以内的某一天，都要大宴宾客，特别是第一个婴儿的出生。因此又叫"三朝酒"。

（3）人生的成年礼仪民俗。人生的成年礼仪民俗，是指我国年轻人因进入社会的能力和资格获得认可而举行的一种仪式习俗。我国先秦的成年礼，以服饰改变为主要特征，其中最特别的是头上的冠、笄。男子成年礼称为"冠礼"，女子则称为"笄礼"。举行成年礼的年龄男子为二十岁，女子则须视其许嫁与否而定，许嫁者十五岁行笄礼，否则也是二十岁才行笄礼。目前，我国的成年礼仪年龄为十八岁。

（4）人生婚礼礼仪民俗。婚礼是人生最隆重的礼仪民俗。它标志着一个人进入成家立业、发展家族的重要阶段。婚礼历来受到个人、家庭和社会的高度重视，是人生诸多礼仪中最完备、传承最悠久、活动内容最丰富、极富观赏性的礼仪民俗。如，忻州一带的婚礼习俗，大体包括议婚、订婚、成婚、回门四个步骤。

葬礼是人生的最后一项仪式。由于各民族的自然环境、社会形态和宗教信仰不同，其葬礼仪式也各不相同。因为这一礼仪是悼念死去的亲人，场面十分悲痛，不宜作为旅游资源开发。

3. 人生礼仪民俗旅游商品。人生礼仪民俗旅游商品，则是指旅游开发商以人生礼仪民俗作为旅游资源进行开发设计、组织并出卖给游客而开展旅游活动的一种民俗旅游商品形态。

（五）信仰民俗旅游商品概述

1. 信仰。信仰，是人们用来慰藉自身心理需求的一种唯心主义的心理意识。这是人们希望改变命运，超脱自我，对某种理念、主义、宗教极为相信和尊敬的心理意思，并用以作为自己行为的指南。如，人们对"神"的信仰，有福禄寿三星神、喜神、财神、门神、谷神、灶神等的信仰。这种信仰源于远古人们祈求平安、升官、发财、免灾等心理意思的需求。又如，人们对天地的信仰是最古老、最根本的信仰，包括对日月星辰、山川湖海、风雨雷电等的信仰，人们更为虔诚的信仰是对宗教的信仰，宗教的信仰往往能够控制或改变人们的言论行为和生死。

2. 信仰民俗。信仰民俗，是指人类群体因长期共同生产、生活在一起，在形成统一思维意识的基础上，所形成的某种信仰的风俗习惯。信仰民俗能使相同信仰民俗的人类群体产生巨大的凝聚力。

信仰的表现形式很多，如各种祭祀活动，有祭祖、祭灶、祭月、祭土地神、祭水神、祭海神等。这些祭祀活动，气氛热烈，有一定规模。如，北京的妙峰山庙会，天津的天后宫庙会，布依族的祭傩会，傩母会、苗族的祭龙会等。这些祭祀活动，都有其文化内涵和审美价值。

信仰民俗中有的可以成为吸引游客的旅游资源。如祭祖民俗，有农历正月十五祭祖、清明节祭祖、农历七月半祭祖等民俗，都具有独特祭祀礼仪的民俗规范，也具有一定的旅游审美价值，都可以成为一种民俗旅游资源。

3. 信仰民俗旅游商品。信仰民俗都具有一定的礼仪规范文化内涵和审美价值，是一种最好的旅游资源。信仰民俗旅游商品就是指旅游开发商以某些信仰民俗旅游资源为依托，进行策划、开发、出卖，使其成为吸引游客前往游览、观赏、参与的一种信仰民俗旅游商品形态。

（六）民间艺术民俗旅游商品概述

1. 艺术。艺术，是指人类在其长期生产生活历史过程中创造的，以形象反映现实，但又比现实典型的意识形态和文化技艺的成果，是人们长期实践体验、感受的积淀。它既源于实践又高于实践，具有独特的审美形态和观赏价值，能有效地丰富人们的精神文化生活。如，人们创造的音乐、舞蹈、美术、戏曲、雕刻、工艺、文学等艺术精神财富，是人类在改造自然、改造社会、塑造自身过程中，实践体验感受的历史积淀和总结，这是人民群众智慧的结晶。我国许多民间艺术已成为“华夏一绝”而被传承保留下来，成为人类非物质文化遗产和瑰宝。

2. 民间艺术。民间艺术，是指人类在其长期历史活动过程中创造的，至今还保留在广大人民群众中间，并广泛流行的文化艺术成果。我国的民间艺术，多种多样，繁花似锦，不少都享誉世界。例如：民歌中的陕北“信天游”，青海“花儿”，江南小曲，云南“白族调”，纳西族“白沙细乐”（别时谢礼）（被誉为“最古老的交响乐”）；尤其是贵州“侗族大歌”，誉满全球，被称为“闪光清泉之音乐”，受到世界人民的喜爱；民间舞蹈有汉族“秧歌”，苗族“芦笙舞”，土家族“摆手舞”，彝族“锅庄舞”，傣族“孔雀舞”，水族“环刀舞”、黎族“竹竿舞”等；民间乐器有苗族芦笙、侗族牛腿琴、仡佬族泡木筒、傣族排笙、朝鲜族伽倻琴、蒙古族马头琴等；民族戏曲除了京剧、越剧、黄梅戏、粤剧外，还有贵州傩戏和侗戏，满族“清音子弟书”等也独具特色。

3. 民间艺术民俗。民间艺术民俗是指各民族、各地区的人类群体，在长期共同生产生活过程中，在民间艺术领域所形成的具有一定规范性的风俗习惯。这种民俗的民间艺术，既具有艺术本身形象的特征，又具有当地民俗规范的特征。对游客具有游览、感受、体验、参与的吸引力，因而也是一种最重要的可供开发的旅游资源。如，民间的剪纸、泥塑、蜡染、编织艺术等。

4. 民间艺术民俗旅游商品。民间艺术民俗旅游商品，是指开发商以民间艺术民俗作为旅游资源，设计、策划、组织游客前往游览、观赏、参与的一种民俗旅游商品形态。因为这种组织活动是开发商的市场经营出卖活动，所以是一种商品。

（七）民间娱乐民俗旅游商品概述

1. 民间娱乐。民间娱乐存在于广大人民群体之间，是以消遣休闲、调节身心为主要目的，具有一定模式规范的娱乐活动。最常见的民间娱乐有民间游戏、竞技、杂艺等。

民间游戏是民间娱乐中最常见、最简易、最普遍的趣味性活动。我国民间游戏品种众多，有智能游戏、体能游戏及智能与体能相结合的游戏，如猜谜语、抓石子、跳房子、滚铁环、踩高脚、划龙船、捉迷藏、猜拳行令等。

民间竞技是一种以竞赛体力、技巧、技艺为主要内容的娱乐活动，争强好胜是民间竞技的根本特性。我国传统的竞技项目有摔跤、骑马、射箭、拔河、赛龙舟、跳绳、踢毽子、荡秋千等。

民间杂艺也是颇受广大群众欢迎的民俗文化，如杂技、戏法、各种动物的争斗及表演等。

民俗娱乐是一种参与人数较多的活动，在我国是民俗文化中最光彩夺目的一部分。它不仅能使人们休闲放松，还能锻炼人的体力和智力，增加社会交往和增进民族团结,是一种极具开发前景的一种旅游资源。

2. 民间娱乐民俗。民间娱乐民俗,是指各民族、各地区人类群体,由于长期共同生产生活,在娱乐领域所形成的具有一定规范、模式性特征的风俗习惯。这种娱乐民俗,既具有娱乐本身的一般特征,又具有当地娱乐规范、模式的民俗特征。

民间娱乐民俗,可以让人们亲身参与、体验,分享活动的快乐,达到愉悦身心的目的。因此特别受到旅游者的喜爱,因而也是一种非常重要的旅游资源。

以上三者,既可以独立展现,也可以交叉复合展现,共同构成综合的民俗娱乐活动。

3. 民间娱乐民俗旅游商品。民间娱乐民俗旅游商品,是指旅游开发商以民间娱乐民俗作为旅游资源,策划开发的一种民俗旅游商品形态,或者是旅游开发商以民俗旅游资源为依托,策划、组织并出卖给游客,供游客对民间娱乐民俗进行观赏、感受、体验的一种民俗旅游商品形态。

(八)民俗风情园旅游商品概述

1. 民俗风情园。民俗风情园,就是现代旅游经营者为满足人们对各地民俗的了解与追求,将最具民族特色的民俗事项,组合在一个具有民俗风情特色人造景观的地方,以便游客前往集中观赏、感受和参与民俗旅游活动的场所。

2. 民俗风情园旅游商品。民俗风情园旅游商品,是指旅游开发商以民俗风情园为依托,集各地民俗风情于一体,策划、组织、出卖给游客前往游览、观赏、感受、体验的一种民俗旅游商品形态。这种民俗旅游商品,具有方便、集中的特点,在同一个地方,就可以同时观赏体验多种民俗风情,节约了时间、节约了费用,因此很受游客的欢迎。现在,全世界已建成了不少这类景点,如我国深圳的世界之窗和民俗村、西安的唐城、桂林漓江民俗风情园、济南九顶塔民俗风情园等。

第三节 民俗旅游商品开发

一、民俗旅游商品开发的概念和意义

(一)民俗旅游商品开发的概念

民俗旅游商品开发,是指开发商以民俗旅游资源为依托进行评估、考核、分析,以市场为导向,因地制宜,策划、吸引、组织游客前往游览、观赏,开展旅游活动的行为和过程。

(二)民俗旅游商品开发的意义

1. 能更好地满足旅游者对民俗文化的观赏、体验。现代旅游者在开展观光旅游的基础上,更趋向于民俗旅游。民族的就是世界的,民俗文化的特色是独占

的、权威的、不可替代的。民俗旅游商品开发，就能更好地满足旅游者对民俗文化的观赏、体验。

2. 使民俗旅游资源的潜在价值转化为现实的经济价值。民俗是一种静态资源，在其未被开发、未被人们购买以前，只具有潜在价值。只有通过开发，使其成为商品，走向市场为人们购买以后，其潜在价值才能转化为现实的经济价值。

3. 促进旅游目的地民族经济的繁荣发展。游客在旅游目的地逗留期间，有各种各样的消费需求，如交通、游览、住宿、饮食、购物、娱乐的需求，就要求这些行业提供各种物质商品和相应的服务，所以民俗旅游商品的开发可带动当地经济的繁荣发展。如，贵州黎平县肇兴第一侗寨的旅游资源："侗家三宝——侗族大歌、鼓楼、风雨桥"，如今就成为了侗家人脱贫致富的"宝藏"。

4. 促进民俗文化的健康发展。民俗旅游商品开发，会使传统习俗和民间艺术受到重视、发扬和恢复，使濒临湮灭的有价值的民居、建筑、古迹得到修复和维护，还能激发了当地人民对其传统民俗文化的自豪与保护，从而就能促进民俗文化的健康发展。对于民俗文化中愚昧、落后的部分，应去其糟粕、取其精华。

5. 促进当地人民生活环境质量的改善。民俗旅游商品开发，必然要改善生态环境，增添基础设施，修建道路，这在客观上也就改善了当地人民的生活环境质量。如，有"中华布依第一寨"之称的贵州贵定音寨"金海雪山"景区的开发，政府投资改造了进入音寨景区的道路，整修了村内公路，修建了观景长廊和两个停车场，使当地布依族同胞的生活环境质量得到了极大的改善。

二、民俗旅游商品开发的原则

（一）文化性原则

旅游者旅游的目的，是要追求文化精神需求的满足。因此没有文化内涵的旅游商品是没有生命力的商品，旅游商品必须是文化性很强的特殊文化商品。所以，民俗旅游商品的开发设计，应坚持文化性原则，就是要高度重视商品文化内涵，高起点，高要求，展现精华，摒弃糟粕。

（二）乡土性和古朴性原则

1. 乡土性原则。乡土性原则，是指从民俗的本土性、民族性、地方性、传统性的文化内涵出发，保持民风民情、民族文化、民俗生活、历史传统的本土性特色的原则。从民俗的内容、格调、风格、造型等方面去展现民俗旅游商品的乡土性和古朴性。

2. 古朴性原则。古朴性原则，是指从民俗的淳朴、古老、神秘、真实、高雅的文化内涵出发，保持民俗古老、淳朴的古朴性的原则。

桂林冠岩洞口的山顶之上，原来建有一座高级西式凉亭，与当地乡土性和古朴性的自然环境很不协调。后经专家建议,才改建为古朴高雅的乡土性的凉亭。

(三)特色原则

特色,是指事物所具有的独占性、权威性、不可替代性和排他性。如事物的独特风格、品位、色彩、神韵等特性。开发民俗旅游商品,就必须突出民俗文化的特色,充分展现其优势,创造"独一无二"的特色民俗文化旅游项目。如,除夕听苏州寒山寺的钟声、看新疆的歌舞表演、赏哈尔滨的冰雕等,都是最具特色的民俗旅游商品。

(四)保护性原则

保护,是对旅游资源、对生态环境的保护。民俗文化旅游资源是人类社会的物质文明和精神文明,是旅游商品开发的基础。生态环境和谐协调是旅游资源生存发展的条件。旅游商品开发首先要对资源和生态环境加以保护。如,北京的城市建筑,已有500多年的历史,是世界上罕见的民俗建筑,是十分难得的旅游资源,然而现在城墙没有了,许多古建筑不存在了。又如,我国华南第一高峰桂林猫儿山,原有世界仅存的铁杉达200多棵,20世纪90年代初就只有40多棵,现在就更少了。因此,抢救民俗旅游资源,保护生态环境,是开发民俗旅游商品的前提,是最为重要的原则。

(五)参与性原则

参与,是指游客亲身参加民俗的实践活动。随着旅游者阶层的扩大和游客旅游知识的增长,越来越多的游客不仅要求旅游商品要有高文化品位,而且要求尽可能多地参与相关的实践活动,特别是民俗旅游。因此,开发民俗旅游商品,应坚持参与性原则,让游客尽可能多地亲身参与到某些旅游项目的实践活动中去,让游客亲身体验异域民俗风情。而且要组织当地民众与游客一起参与活动,就更能体现民俗旅游地域性和地域文化的特征,从而能吸引更多的游客。

(六)市场导向的原则

市场导向,就是指民俗旅游商品开发,要从市场需求变化出发。需求决定供给,供给必须适应需求。商品开发本来就是为了满足市场需求,而市场需求由于受到很多因素变化的影响,也会不断变化,所以民俗旅游商品开发,就必须坚持市场导向的原则。

(七)因地制宜的原则

因地制宜,就是指民俗旅游商品开发,要从实际出发,从民俗资源的特色优势、文化品位的实际出发;从当地的区位环境、交通设施、基础建设、政治经济的具体实际出发。只有根据具体实际策划设计,民俗旅游商品才能具有自身特色;只有坚持因地制宜的原则,民俗旅游商品才能吸引游客、占领市场。

(八)效益性原则

效益是指企业经营活动产出大于投入、收入大于支出的效果。企业只有取得了经济效益,才能实现企业自身的滚动发展。所以,民俗旅游商品开发要坚持经济效益原则,才能实现旅游商品的可持续发展。如,深圳民俗文化村两年就收回了投资,随后繁荣发展起来,而云南一个民族村开业两年连投资的利息都难以偿还,更说不上可持续繁荣发展了。可见,民俗旅游商品开发必须坚持效益性原则。

三、民俗旅游商品开发的策略

(一)民族性和差异性策略

1. 民族性策略,是指旅游商品开发,反映民族文化、民族格调、民族氛围、民族特色、民族习俗的策略。这是对游客最富吸引力的策略。

2. 差异性策略,是指旅游商品的开发,要反映同一文化类型的民俗在不同民族之间、在不同地区之间的差异性。这样,就能反映异族、异域的民俗特色。

(二)神秘性、艺术性和特色性策略

1. 神秘性策略。神秘性是指事物本身所具有的但尚不为人们所了解的、不可捉摸的、诡谲的、令人遐想的特性。如:人类原始时代的巫术,人们对鬼神的崇拜,道教关于天、地、神、鬼的理念,道教的八卦、太极图、符录、炼丹等方面的秘密色彩等,都具有神秘性的特征。

神秘性策略,是指展现民俗本身所具有的神秘而又健康的文化内涵,以满足游客猎奇心理的一种市场开发策略。神秘性策略使游客感到"新、奇",并产生巨大的吸引力,但应做出科学的解释,或指出落后愚昧错误之所在,以避免误导或产生负面影响,所以必须去粗取精,保持健康有益的内容。

2. 艺术性策略。艺术性策略是指人们灵活地、创造性地处理问题的方式方法,如领导艺术、说话艺术。艺术具有独特文化韵律内涵的文化美。艺术源于实践,又高于实践。既具有构思的创造性,又具有实践的应用性;既能有助于工作的开展,又能丰富、美化人们的文化生活。

艺术性策略,在这里是指既反映民俗现实形象,又塑造比现实形象更为典型的艺术形象的一种民俗旅游商品开发策略。这一策略,既可以丰富民俗旅游商品的文化内涵,又可以美化游客对旅游商品的文化精神感受,从而更能增加民俗旅游商品吸引游客的魅力。

3. 特色性的策略。特色,是指事物所具有的独占性、权威性、不可替代性、排他性的特征。事物的特色,展现了事物的新、奇、异、美,从而具有巨大的吸引魅力。

特色性的策略,是从民俗资源的实际出发,策划、设计,使其具有新、奇、异、美的特色魅力的一种民俗旅游商品开发策略。

第四节 民俗文化的保护与整合

一、民俗文化的发掘与保护

(一)民俗文化

民俗文化,是指民族群体,长期在共同生产劳动生活的历史实践过程中,创造的物质民俗文化和精神文化的一种门类文化形态。主要包括各民族的物质生产民俗文化、生活民俗文化、婚姻家庭和人生礼仪民俗文化、口头传承民俗文化、民间歌舞民俗文化、民间娱乐民俗文化、工艺美术民俗文化、民间节日民俗文化、民间艺术民俗文化等。

民俗文化是民族文化的重要组成部分,是民族文化特征的展现。民族的就是世界的,民俗旅游已成为旅游的时尚潮流。如何更好地展现民俗文化的内涵,是民俗旅游商品开发的重要课题。

(二)民俗文化内涵需要发掘与保护

民俗文化内涵是其内在的文化意韵,需经发掘才能得以展示为人们所感受。民俗文化内涵,有的是极为宝贵的传统文化内核,可是却未能得到发掘;有的虽长期存在于人们生活之中,可是人们却视而不见;有的虽然已经被人们所感受,却未得到重视,并且极为散乱,缺乏系统整理。所以,旅游商品开发的首要任务,就是积极发掘有价值的民俗文化内涵并加以保护。近年来我国各地申报并得到批准的世界物质文化遗产和非物质文化遗产,都是对民俗文化内涵发掘与保护的成果。但有的虽已发掘,却保护不够。如,桂林江头村的民居建筑,是国内少有极具开发价值的古民居建筑,虽然已被发掘并获得国家颁发的证书,但保护不够,且未开发。民俗文化的发掘与保护,不但是旅游商品开发的需要,更是弘扬民俗文化的需要。

二、民俗文化发掘与保护的原则

(一)保护性原则

由于市场经济对民俗的冲击,民俗文化被同化和异化的现象比较严重,民俗文化遗产和旅游环境受到破坏,严重制约了民俗旅游的发展。因此,在民俗文化的发掘与整理过程中,一定要树立可持续发展意识,明确保护的原则,落实保护措施,通过开发促进保护,通过保护促进发展。

(二)选择性原则

民俗文化发掘应坚持选择性原则。因为未经开发与整理的民俗文化,一般良莠不齐,鱼龙混杂。必须比较优劣,进行筛选,取其精华,弃其糟粕,选择真正具有传承价值的民俗文化。

三、民俗文化的整合

（一）去粗取精

民俗文化对游客虽然具有极大的吸引力，但并不是所有的民俗文化都能成为开发的资源。民俗文化中有可供开发的部分，还有不可开发的落后的部分，因此，应进行清理、整合，去粗取精。

（二）保持民俗文化固有的特征

民俗文化是人民群体的风俗习惯，它与人民群体所处的自然、人文环境紧密相关。中国是以农耕生产为主业的传统社会，因而中国民俗文化主要是围绕着农耕实践形成的，因此，除了具有文化的一般特征外，还具有农耕的地域性、本土性、古朴性、稳定性等固有的特征。中国又是一个多民族的国家，所以还具有民族的个性、地域性、古朴性的特征。

民俗旅游商品文化的建设应保持其文化固有的特征，并提高其文化品位，才能具有自身的特色，才能有效地吸引各个文化层次的游客。

（三）充分展现民俗文化的特色

江泽民同志说："一个民族只有在努力发展经济的同时，保持和发扬自己的民族文化特色，才能真正自立于世界民族之林。"中华 56 个民族的文化各具特色，民俗文化内涵包罗万象，底蕴深厚，极富生命力，是维系各民族生生不息、绵延不绝的精神纽带和文化财富，是各民族民俗文化的源泉和根基，是中华民族灵魂的象征，是民俗文化中的积极因素。通过适度挖掘，充分展现民俗文化的特色，把具有旅游开发价值的各民族民俗文化打造成与国际旅游市场具有竞争力的特色旅游商品，将会促进我国旅游业的繁荣发展。

思考题

1. 什么是民俗？民俗有哪几种类型？
2. 民俗的有哪些特征？
3. 什么是民俗旅游？为什么说民族的就是世界的？
4. 什么是民俗旅游商品？它有哪些类型？
5. 什么是民俗旅游商品开发？
6. 什么是物质生产民俗旅游商品？
7. 什么是物质生活民俗旅游商品？物质生活民俗旅游商品有哪些类型？
8. 什么是岁时节日民俗旅游商品？

9. 什么是人生礼仪民俗旅游商品？

10. 什么是信仰民俗旅游商品？

11. 什么是民间娱乐民俗旅游商品？

12. 什么是民族风情园旅游商品？

13. 民俗旅游商品开发应遵守哪些原则？

14. 民俗旅游商品开发有哪些策略？为什么要采取这些策略？

第九章

休闲旅游商品

● 学习要点

休闲、休闲旅游

休闲旅游商品

休闲旅游商品的类型

休闲旅游的发展趋势

休闲旅游商品开发

休闲旅游商品开发的问题和对策

休闲旅游商品策划的原则和内容

第一节 休闲与休闲旅游

随着休闲社会的来临，了解休闲的概念，了解休闲旅游对旅游行业的发展、推动消费、促进社会经济发展，具有积极意义。加强休闲旅游商品的理论研究和实践，已成为旅游世界越来越重要的课题。

一、休闲

（一）休闲的概念、功能与发展

1. 休闲的概念。休闲，是指人们在相对自由的时间内，为了恢复体力，更好地工作，或者是为了保养身体，使身心愉悦以更好地生活而开展一系列的相应活动。人类工作的基本模式是“工作—休闲—工作—休闲”，休息就是为了更好地工作。所以休闲本来就是人类正常工作模式的组成部分。而年老体弱、退休、养老者的休闲，则是为了维护健康，是全身心的生活休闲，是人类生活的必然。所以“生活—年老—休闲”是人类生活的基本模式，休闲也是人类正常生活模式的组成部分。

2. 休闲的方式。休闲可以在家或外出进行，可以集体外出或个人单独外出，也可由旅行社经营商组织。

3. 休闲的功能。通过休闲，可使人们休养生息、身心愉快、恢复体力，更好地工作，并使人生价值得以完善，个人身心和谐，家庭、社会和谐。

通过休闲可拉动消费，拉动相关行业的发展，促进社会经济的全面发展。

4. 休闲的产生和发展。人类的生产、生活模式，早在原始社会就是“劳动—休闲—劳动”，可见休闲早已存在，只是当时劳动和休闲没有严格区分。

现代休闲是工业化社会的产物，最初发端于西方的工业革命。西方进入工业化时代后，劳动时间相对缩短，科学技术水平不断提高，人类逐渐从繁重的体力劳动中解脱出来，有了越来越多的空余时间，为休闲提供了最基本的条件。同时人们认识到休闲对人们更好地工作、更好地生活具有十分重要的意义，因而休闲、休闲旅游，也就不断发展繁荣起来。

（二）休闲的特征

1. 休闲的非功利性。人们休闲不是为了追求功利，而是为了解脱工作、生活的压力，在相对的时间内，开展休闲活动，放松身心，养生保健，获得精神或情感的满足和乐趣。

2. 休闲方式的差异性。休闲主体的不同，价值观念就不同，选择休闲的方式也就存在差异。各个休闲主体受到时间、地域、经济、政治、文化、环境、收入、信仰、民俗、阅历、兴趣等因素的影响，对休闲的需求存在着差异，因而休闲的方式也有很大的不同。当前,选择的休闲方式主要有休养生息、娱乐保健、景点观赏、野外郊游、体育锻炼和乡村度假等。

3. 休闲体验的文化层次性。不同的休闲者,对休闲的文化精神享受追求存在着一定的差异。普通劳动者层次的休闲者,多追求轻松愉快的感官刺激,或恢复体能,或打发时间,是追求消遣的身心调整性的休闲。较高文化层次的休闲者,注重精神文化需求的满足,追求相对丰富的文化精神生活的享受,追求心灵自由不受干扰。

二、休闲旅游

(一)休闲旅游的概念

休闲旅游,是休闲者在保证身心放松、愉悦保健的原则下,以休闲为主以旅游为辅而开展的一种旅游活动形态。休闲旅游者的休闲活动是主要的,休闲的方式、内容是事先商定的、计划的。而休闲旅游者的具体旅游活动是不固定的、自由的、灵活的。

(二)休闲旅游的特征

1. 追求内心的自由体验。在当代生活快节奏状态下,人们都追求身心放松、安闲自由的价值取向。休闲旅游就是追求自由自在、轻松悠闲文化精神享受的一种活动方式,也是一种新兴的旅游形态。而其他形态的旅游(如观光旅游)通常游程较长,常出现一天之内游览几个景点的情况。游客虽然满足了视觉审美的需求,但却十分疲劳。而休闲旅游则是以休闲地为据点,以休闲为主要内容,只在适当时候才适度地开展游览观光活动。所以休闲旅游是以让休闲者获得内心的自由体验和放松,求得乐趣健康为主要特征的旅游形态。

2. 旅游方式的自主性和多样性。休闲旅游者在旅游方式上,往往不受休闲旅游经营者的约束,而是受其自身内在的心理状态、价值观念和道德素养等的驱动,根据自身需要和追求进行选择。既可以参加休闲经营者组织的旅游景观、景点的游览活动,也可以随心所欲自行开展适度的旅游活动,或徒步周边村落景点,或去城镇、街道、酒吧,或闭门读书,或与其他休闲者娱乐闲聊,总之方式是自主的、多样的。

3. 旅游时空的非固定性。传统的旅游,如观光旅游、民俗旅游等都需要在较为固定的时间在旅游地滞留。但休闲旅游却安排松散,时间较为自由,旅游者可主观随意,既可暂离据点,又可自留室内,既可随团适度游览,又可自作安排。总之,旅游的时间、空间是不固定的,是自我安排、自我调整的。

三、休闲旅游的历史、现状与发展趋势

(一)中国古代休闲旅游的哲学理念

中国古代的休闲旅游思想,主要受到儒、道、佛三家的影响。如儒家以积极

进取的入世态度，将休闲旅游当做修身养性、完善德行的手段，追求安贫乐道、随遇而安的人生境界，主张破万卷书、行万里路；道家则以超然的人生态度，追求天地浑成与唯一的境界，主张仙游，与天地和谐一体，以求得精神自由为人生目标；佛教禅宗则以静坐敛心，摆脱人生的烦恼，主张修行，普度众生，行善，进入快乐无忧的人生境界。因此，中国人的休闲旅游观念，渗透着独特的中国哲学思想。

（二）世界休闲旅游的兴起

随着工业革命的兴起，生产力的发展，科学技术水平的提高，人类劳动时间大大缩短，空余时间大幅增加，为休闲的大众化创造了条件。休闲旅游已经成为人们生活必不可缺的组成部分，成为人与人交往的主要方式之一，休闲社会的观念得到了越来越多人的认可。欧美发达国家的数据显示，旅游客源输出的 70% 以上是休闲度假，因此休闲旅游具有广阔的国际市场。

据预测，休闲旅游是 21 世纪全球经济发展五大推动力中的第一引擎。21 世纪的若干趋势使得"一个以休闲为基础的新社会有可能出现"，到 2015 年前后，发达国家将普遍进入"休闲时代"，休闲旅游将在人类生活中扮演更为重要的角色。另据美国有关部门的统计显示：美国人有 1/3 的时间用于休闲，有 1/3 的收入用于休闲，有 1/3 的土地面积用于休闲。休闲已成为美国第一位的经济产业。

（三）中国休闲旅游的发展趋势和特征

休闲旅游作为一种产业形式，已经成为我国国民经济的重要增长点。我国一些城市已作出发展休闲经济、带动第三产业发展，进而推动国民经济全面发展的决策。如，成都、杭州等城市定位为"休闲之都"，并提出"休闲也是生产力"的概念。

近年来，为顺应旅游发展趋势，满足旅游者需求，拓宽旅游市场，促使我国旅游形态由传统的观光型向观光与度假休闲结合型转变，国家级旅游度假区约达 95 个。以"度假休闲"为主题的旅游项目已成为我国旅游业的重心。

目前，我国休闲旅游的发展，有两个比较突出的特点：

一是发展势头迅猛。根据世界旅游组织的预测，到 2020 年我国将成为全球第一旅游大国。我国消费者通过各种消费方式享受休闲的时代正成为一种趋势。虽然我国目前在旅游消费构成上，休闲旅游仅占整个旅游比重的 20% 左右，远低于旅游发达国家 50% 左右的比重，尚未进入真正的"休闲时代"，但休闲经济已具备了相当规模，且呈现快速发展的势头。

二是由高收入阶层市场向各类收入阶层市场转化。休闲活动起源于高收入阶层，但随着社会各阶层对休闲旅游文化的认同，休闲旅游逐渐成为大众化现象。因此，休闲旅游业要围绕各类收入阶层的休闲特点，进行合理的规划、设计、开发，同时满足各阶层对休闲旅游的要求，使休闲旅游形成一个较为完整、合理的体系。

第二节 休闲旅游商品开发概述

一、休闲旅游商品

(一)休闲旅游商品的概念

休闲旅游商品,是指经营者以休闲为主,以旅游为辅,规划设计,组织安排,为人们利用假期或其他闲暇时间开展休闲与旅游相关活动的一种旅游商品形态。

(二)休闲旅游商品的类型

1. 度假休闲旅游商品。度假休闲旅游商品,是旅游业经营者为满足人们度假休闲与旅游的需求,策划、设计、组织以休闲为主,以旅游为辅的一种旅游商品形态。如,我国城市居民利用周末、“十一”、“五一”、清明、中秋、春节等假期,以及其他闲暇时间开展的度假休闲旅游等。

早期的度假休闲旅游,是欧美等发达国家兴起的,以开发海滨和温泉度假旅游商品为主,后来逐渐发展成社会交友、锻炼身体和放松精神的度假休闲旅游。

开发度假休闲旅游商品,应建立休闲基地,如休闲度假区、度假村、度假俱乐部等。休闲基地有特殊的环境要求,如在气候宜人、空气清新、环境优美、幽静的湖畔、海滨、山林、温泉等自然环境良好的地方,形成湖滨度假、海滨度假、山林度假、温泉度假基地;基地设施要齐备,要有相应的观赏、游览、娱乐、餐饮、住宿、健身、疗养等文化品位较高的设施,才能满足人们休闲旅游的需求。

2. 养生保健休闲旅游商品。养生,就是滋养生命、保健,就是保护健康。养生的概念在我国最早见于《庄子》内篇。所谓养,即保养、调养、补养的意思;所谓生,就是生命、生存、生长的意思。养生,又称摄生、道生、养性、卫生、保生。总之,养生保健就是根据生命的发展规律,滋养生命、保护健康、增进智慧、延长寿命的科学理论和方法。

养生保健休闲旅游商品,是指商品经营者为满足旅游者养生保健休闲旅游的需求,为其规划、设计、组织、开展以养生保健为主、以旅游为辅的相应活动的一种旅游商品形态。如,温泉、矿泉、森林、海水、泥沙、洞穴等,都可以开发为保健型旅游商品,关键在于挖掘具有保健价值的资源。例如:树木在生长过程中,会产生具有杀菌作用的有机物质,对人体呼吸系统和神经系统非常有利,从而可开发森林浴养生保健旅游商品;海水、海藻和泥沙对治疗关节炎等疾病具有较好的疗效,故可开发海水疗养保健商品;新疆伊宁的火龙洞中散发含硫黄等微量元素的热气,有助于治疗皮肤病和高血压。

人们对养生保健越来越重视,如果再组织相应保健知识与方法讲座,并导入治疗的实践，必将受到休闲旅游者的喜爱。

3. 家庭休闲旅游商品。家庭休闲旅游商品，是指经营者针对家庭成员追求休闲放松、健身康体、享受全家欢乐的需求，规划、设计、组织开展休闲旅游活动的一种旅游商品形态。

家庭休闲旅游符合旅游者的发展需求，前景广阔。家庭群体是一个最基本、最重要的群体，当今旅游发展的一个重要趋势就是家庭化。随着人们经济收入的逐步提高和物质文化生活的不断丰富，尤其是独生子女的增多，家长对子女非常关爱，希望让孩子见多识广，让孩子放松一下紧张的学习生活，因而近年来家庭休闲旅游异常火爆。

4. 老年休闲旅游商品。老年休闲旅游商品，是指经营者针对老年人追求休闲放松、调整心态、身心愉快、长寿健康的需求，为其规划、设计、开展休闲旅游活动的一种旅游商品形态。

当前世界许多国家已进入老龄化社会，老年休闲将是旅游市场的最大需求。积极开发老年休闲旅游商品，不仅能充分满足老龄化社会的需求，而且将极大地促进旅游的繁荣发展。

5. 娱乐休闲旅游商品。娱乐休闲旅游商品，是指经营者针对人们追求娱乐放松休闲的需求，为其规划、设计、组织开展娱乐休闲的一种旅游商品形态，如参加音乐会、KTV、民俗节庆等活动。

6. 体育赛事休闲旅游商品。体育赛事休闲旅游商品，是指经营者为满足参加各种体育赛事或体育赛事进行观赏的人们，或满足需要参加某体育锻炼或进行体育交流的人们的需求，同时又为其规划、设计、安排旅游观光开展旅游休闲的一种旅游商品形态。如，围绕奥运会、世界杯等大型体育赛事，或某项体育活动为主题而开展相应专项的休闲旅游，如滑雪旅游、自行车旅游、长跑旅游等。还可以某项体育技巧的学习而开展的休闲旅游，如学习太极拳、健美操、瑜伽等。如，我国河北沧州向旅游者推出传统武术和太极拳专项休闲旅游，吸引了我国港澳地区及日本、东南亚的武术爱好者踊跃参加了这一旅游活动。

7. 新婚休闲旅游商品。新婚休闲旅游商品，是指旅游商品经营者针对新婚夫妇追求蜜月幸福、和谐的满足，而规划、设计、开展的新婚休闲的一种旅游商品形态。

8. 单位团体休闲旅游商品。单位团体休闲旅游商品，是指经营者针对团队集体追求身心放松、调养保健、娱乐的需求，而规划、设计、组织、开展休闲旅游的一种旅游商品形态。这种旅游者主要是劳模、先进个人、离退休人员、老干部等。

9. 自驾车休闲旅游商品。2006 首届中国自驾车旅游高峰论坛对自驾车旅游的定义是："自驾车旅游是有组织、有计划，以自驾车为主要交通手段的旅游形式。"自驾车旅游是最早出现在 20 世纪的美国并流行于发达国家的一种旅游形式。

自驾车休闲旅游商品，是指经营者针对游客自己驾车旅游，追求休闲、放松的需求,为其规划、设计、组织旅游活动的一种旅游商品形态。

自驾车旅游可以为旅游者带来很多的便利,旅游者可以自主安排,随时调整旅游路线,享受随心所欲的乐趣。因此,作为新生事物的自驾车休闲旅游商机无限,是一个巨大的市场。

10. 散客休闲旅游商品。散客休闲旅游商品,是指经营者针对日益增多的散客旅游者的个性需求,满足其休闲、放松目的,并为其规划、设计、组织、开展旅游活动的一种旅游商品形态。

目前,人们的旅游观念和旅游方式正在发生转变,即由从众旅游到个性旅游、由"赶场式"旅游到闲散旅游、由"集中时间"旅游到"分散"旅游。为此,应积极开发散客休闲旅游商品。

二、休闲旅游商品开发

(一)休闲旅游商品开发的概念

休闲旅游商品的开发,是指开发商为满足人们休闲旅游的需求,依据当地的资源、环境、地理位置、经济、交通等具体实际,规划、设计、开展休闲旅游活动的行为和过程。

(二)我国休闲旅游商品开发的现状

尽管我国离真正的"休闲时代"还有相当距离,但休闲经济已具备了初步的规模,且在蓬勃发展,并正在成为我国大城市经济新的增长点。

(三)我国休闲旅游商品开发存在的问题

1. 休闲旅游商品开发处于初始开创阶段。我国目前休闲旅游商品开发尚处在初始阶段,仅开发了大众化无差异的幽静休闲场所,初步开展了一般化保健、养生、娱乐等休闲活动,缺少特色,文化素质、形象品位尚有待提高。基础设施还没有形成规模,对国民经济发展的拉动作用尚未充分展现。

2. 休闲旅游商品观念滞后。我国休闲旅游商品的理论还处于探索阶段。到底什么是休闲旅游?休闲旅游的概念、本质、特色、意义是什么?休闲旅游者的需求有哪些?它与传统的观光旅游需求有何差异?许多问题学术界尚缺乏深入研究。从业经营者只是从感性上认为休闲旅游只是吃喝玩乐而已,所以从理论上深入探讨是不够的。

3. 休闲旅游者定位结构需要调整。休闲旅游正在成为广大人民群众生活的组成部分。因此休闲旅游者是由多层次、多结构的广大人民群众组成的。休闲旅游者有追求高质量、高生活消费、高文化品位的享受高层次的人员,也有中低收入阶层的人员,所以休闲旅游者是一个多层次的群体,但我国休闲旅游开发却定位在中低收入阶层,且消费结构单一,因此,就需要对休闲旅游者定位结构进行调整。

4. 休闲旅游商品消费结构单一。我国休闲旅游商品消费结构单一，多为生活性消费，缺乏高文化品位的精神消费商品，参与性、娱乐性、知识性的精神文化休闲旅游商品太少，难以满足人们多层次、多样化、高文化品位消费的需求，这就需要在消费结构上进行调整。

（四）休闲旅游商品开发策划

1. 充分发挥政府的主导作用。休闲旅游是旅游业的发展趋势，是地方经济发展的动力，政府应充分发挥政府的主导作用，通过政策导向组织策划、合理布局、因地制宜、塑造特色、展示文化形象品位，促进休闲旅游的可持续发展。

2. 休闲旅游商品开发应以都市周边旅游资源地为依托。回归大自然和向往繁华都市是人们旅游的两大需求。休闲旅游对这两大需求应兼而有之。因此，休闲旅游的基地以选在都市周边风景秀丽的资源地为宜，以便休闲旅游者在其满足休闲需求基础上，适当开展两大旅游需求活动。

3. 以高雅的养生文化活动作为休闲旅游的主体内容。休闲旅游的根本目的是休闲放松、养生健体。休闲是手段，养生是目的。养生实际上就是“治未病”，预防疾病，健康长寿。所以经营者应有计划地策划组织开展各种保健养生活动。如，举办各种关于科学生活、科学养生、科学健身等的讲座，使休闲者的视野得以拓展，获得高品质的享受。

4. 组织开展养生休闲的具体活动。我国明代汤思贤认为以“动、静、乐、寿”四字为养生观。生命不仅在于运动，也在于静养，即心静体动，动静结合，求得心理平衡。而心理平衡要常常保持乐观的心态、稳定的情绪，修身养性，思想境界升华，获得精神上高层次享受。再配以良好的生活习惯和科学的饮食营养，自然就健康长寿了。为此，经营者可以组织各种相应的具体活动，如：组织写作、学习书画、闲谈交流的文化活动；组织休闲者散步、爬山、打门球、做体操、气功、按摩、太极拳等运动；组织打牌、打麻将、养鸟、种花、喝茶、跳舞等娱乐活动；组织饮食营养保健讲座、常用具体菜肴的制作与品尝等活动。

5. 开发多层次的休闲旅游。休闲旅游是多层次群体的活动，所以应该开发适合各种层次游客需求的活动。如，开发不同文化品位、消费档次和内容的休闲旅游商品。

多层次休闲旅游商品的开发，要以市场为导向，要从本地旅游资源和具体实际出发，要有自己的特色，要进行可行性研究。

（五）休闲旅游商品开发的原则

1. 市场导向的原则。市场导向，就是根据市场需求变化，开发适销对路的休闲旅游商品的原则。因此，经营者要遵循市场规律，考虑商品更新换代，才能不断满足消费者需求变化。

2. 因地制宜的原则。因地制宜，是指经营者要从当地的具体实际出发开发休闲旅游商品的原则。即从当地旅游资源的实际出发，从当地政治、经济、文化、交通、环境、区位的实际出发,开发休闲旅游商品。

3. 特色的原则。特色是指经营的项目,要具有独创性、权威性、不可替代性和排他性。有特色,才能突出个性,以鲜明的差异性吸引消费者。

4. 可持续发展的原则。可持续发展的原则,是指保护生态、促进经济持续发展的原则。即以保护自然资源生态为前提,不以牺牲生态环境资源为代价,要使自然生态环境和谐发展。把环境资源看做生命线,大力倡导和推广生态旅游、绿色旅游,建立绿色标准。同时要强调经济效益、社会效益,经济上要能依靠自身的力量,自我运转、滚动发展。

5. 文化的原则。文化的原则,是指休闲旅游商品的开发者,应坚持以开展休闲文化为主体内容的原则。休闲旅游的活动,要展现文化品位和文化形象。文化活动要适合休闲者的个性需求,要有高雅的文化品位和文化形象,要展现文化是休闲旅游的灵魂。

案例

金海湖镇休闲旅游

金海湖镇位于北京平谷东北端,地处京津冀交汇点。就乡村旅游而言,金海湖镇资源丰富,自然风光淳美。这里有北京最大的综合性水上乐园——金海湖,曾成功举办过"1990 年第十一届亚运会赛艇、皮划艇比赛"和"2002 年阿迪力挑战世界吉尼斯高空生存纪录"等大型赛事活动。金海湖群山环抱,碧波万顷。全镇 28 个乡村,错落有致,1/3 分布在金海湖环湖路沿线,2/3 位于山脚或平原。其中黄草洼村是北京少有的泉水村,村域内泉水条充满水灵之气。

金海湖镇历史文化源远流长。最突出的有"上宅文化"、"长城文化"、"奇石文化"。上宅文化陈列馆,是国家第一所以考古学文化命名的专题陈列馆,有"上宅文化,首都之光"之称;"长城文化",即万里长城北京段东端的明代将军关石长城,雄伟的长城与柔美的金海湖相对,形成南湖北关的风景观;"奇石文化",是指金海石,其外部造型奇妙,内部纹理精美,被誉为"画在石上的中国画",可谓京华奇葩,具有很高的观赏价值。

金海湖镇还有万亩采摘区。平谷现有 22 万亩桃林,金海湖镇占据 1/7,桃林面积大、品种多,使其以观赏采摘为主的休闲旅游魅力大增。值得一提的是,平谷连年推出的国际桃花、烟花节,巧妙地将自身桃花节与浏阳烟花节结合起来,每年举办一次国际性节庆活动,观赏者白天可沉醉于如霞似锦的桃花海,夜晚则可欣赏璀璨烟花的不夜天。

金海湖镇民俗休闲旅游非常红火。全镇 28 个乡村、1 个市级民俗村、6 个区级民俗村,民俗村户比例较大。仅 2005 年就接待游客 20 万人次,从业 300 余人，旅游收入达1 500多万元。金海湖镇民俗旅游形成了特色，打出了牌子，如饮食方面，烤虹鳟鱼、柴锅侉炖鱼、水菠菜等，已成为特色接待食品。黄草洼村民俗户刘小林，在北京“首届农家饭电视大赛”中，选用生长在13度泉水中的水菠菜、水芥菜、水芹菜和用泉水饲养的鲤鱼做出的农家饭获得一等奖、创意奖。仅2007年“五一”期间，他开办的家庭餐馆就接待500多人，收入达3万多元。

案例思考

你认为金海湖镇休闲旅游的案例对休闲旅游开发，在哪些方面可供借鉴？你认为有哪些启迪？

思考题

1. 试述休闲的概念、方式与功能。
2. 试述休闲的特征。
3. 试述休闲旅游的概念和特征。
4. 试述休闲旅游商品的概念及其主要的形态。
5. 试述休闲旅游的历史、现状与发展趋势
6. 试述休闲旅游商品开发的概念和开发的原则。
7. 试述我国休闲旅游商品开发的现状。
8. 休闲旅游商品开发应如何策划？

第十章

专项旅游商品

学习要点

专项旅游

专项旅游商品

专项旅游商品的特征

专项旅游资源及其评价

专项旅游商品市场开发

专项旅游商品市场开发策略

专项旅游商品客源市场分析

第一节 专项旅游与专项旅游商品

一、专项旅游

（一）专项旅游的概念

专项旅游是指旅游者追求某些独特旅游资源的审美感受、体验，对某些特定资源开展旅行游览活动的一种旅游类型。如，我国旅游者沿着长征线路开展的旅游活动、前往井冈山红色根据地开展的旅行游览活动等。

（二）专项旅游的形成

专项旅游是在旅游者需求多样和文化品位不断提升的基础上形成的。过去，游客通常开展自然山水的观光旅游，满足单一游览、观赏的需求。但随着游客旅游的理性化，对文化品位追求越来越高，旅游需求向更广、更深文化的方向发展，于是专项旅游便应运而生。如，红色根据地井冈山专项旅游，既可以游览井冈山的自然景观，又可以受到深刻的革命传统教育。

（三）学术界关于专项旅游概念的论述

专项旅游的概念、意义以及开发原则等问题，学术界还缺乏理论上的研究。有人认为专项旅游是指游客为追求对社会、经济、文化、科研、修学、宗教、保健等方面的体验，而专门开展的旅游活动；有人则将专项旅游等同于特种旅游，认为是一种新兴的旅游形式，是在观光旅游和度假旅游基础上的提高，是对传统常规旅游形式的一种发展和深化，是一种更高形式的"特种旅游"、"特色旅游"、"专题旅游"等。

本书认为：专项旅游是指旅游者为追求特定专项旅游资源的审美体验和独特文化内涵感受的满足而开展的一种旅游形态。专项旅游确实也具有与"特种"、"特色"、"专题"相似的文化内涵，可是从旅游者旅游目的的专门性、特定性，以及旅游资源的不可复制性而言，把此类游览活动定义为"专项旅游"的表述似乎更为准确，但其科学概念当继续深化探讨。

二、专项旅游商品

（一）专项旅游商品的概念

专项旅游商品，是指旅游经营者为满足旅游者对某种特定旅游资源游览体验的需求，而策划、组合、销售的一种旅游商品形态。如，长城线路专项游、丝绸之路专项游、井冈山专项游、延安专项游等活动的组织与安排，便是相应的专项旅游商品。

（二）专项旅游商品的特征

1. 旅游商品资源的专项性特征。专项旅游商品依托的旅游资源，具有专项性的特征。这种资源是其他旅游商品所没有的，是独占的、不可替代的、排他的、权威的。如，“井冈山”红色旅游商品的资源是其他旅游商品所没有的。

2. 旅游体验的专项性特征。专项旅游的资源是专项的、特殊的、唯一的，因而提供给游客的体验、感受、联想也是唯一的专项的、特殊的，是其他旅游资源所不可替代的。因此专项旅游商品，具有专项观赏价值和特异的文化品位体验价值的特征。比如，“井冈山”的红色旅游，不仅能让旅游者获得对“井冈山”、“八角楼”这些外在景观价值的感受、体验和联想，更能满足旅游者对井冈山革命传统文化品位价值的体验和感受的追求；又如，“三国古文化”专项旅游，游客看到三国古战场遗址和相关的专项旅游景观资源，更能加深对三国古文化的了解，给自身带来启示；再如，丝绸之路专项旅游，游客可从专项旅游资源景观中，感受西汉张骞、东汉班超如何克服重重困难、勇于开拓的坚强意志，以及实现报国志愿的精神和民族责任感。

3. 服务的专项性特征。专项旅游提供的专项特色化服务和专业知识服务，是专项旅游商品的又一特征。再以“井冈山”红色专项旅游为例，该专项旅游服务提供了“八个一”模式的特色服务：组织游客到黄洋界宾馆观看一次革命传统教育专题片；聘请党史专家、党务工作者为游客上一堂革命传统教育课；推荐游客读一本有关井冈山斗争的书；沿着当年红军走过的山间小道进行一次拉练；走访一批老红军，听老红军讲述当年战斗的故事；组织游客学唱一首红色歌谣；吃一顿红军餐；到无名烈士墓前或烈士陵园缅怀先烈、敬献花圈、重温入党誓词的宣誓等。这“八个一”，都能使游客更好地体验景观所承载的革命精神，是构成专项旅游商品的主要内容，也是其他类型的旅游所不可替代的，是服务专项性特征的展现。

第二节 专项旅游资源评价与专项旅游商品开发

一、专项旅游资源的评价

（一）专项旅游资源

1. 旅游资源。旅游资源是吸引游客开展旅游活动的自然客体和社会人文事项，是为旅游业开发利用的旅游者观赏游览的吸引物，包括自然旅游资源和社会人文旅游资源。自然旅游资源如山岳、山水名胜、生物、天象、气候等自然风光；社会人文旅游资源如人类历史古迹、文化遗址、文化艺术、非物质文化遗产等。

2. 专项旅游资源。专项旅游资源是指具有独特、权威、不可替代的游览价值、审美感受价值、历史价值、学习价值的自然旅游专项资源或社会人文旅游专项资源。自然专项旅游资源如黄河沿途自然景观旅游资源、长江沿途自然景观旅游资源；社会人文专项旅游资源如长城沿途历史遗址、长征路线旅游资源、三国文化游资源等。

（二）专项旅游资源评价

1. 专项旅游资源评价的概念。专项旅游资源评价，是指对有关专项旅游资源的现实价值、潜在价值、开发价值的评估。这是专项旅游规划和开发的基础，直接关系到资源的有效利用。

2. 专项旅游资源评价的内容。

（1）专项旅游资源文化品位的评价。专项旅游资源的文化品位是指资源所展现的旅游品质、文化内涵、开发价值等内容，也是指某种自然旅游资源或社会人文旅游资源所具有的独特文化品位。自然旅游资源的文化品位，包括外在形式的韵律美和内在结构的意韵美；社会人文旅游资源的文化品位，包括它的文化内涵、历史地位、科学价值、现实意义等。专项旅游资源文化品位的评价，决定专项旅游商品是否具有开发价值。

（2）专项旅游资源的区位、交通、环境评价。资源的地理区位、交通环境是决定专项旅游商品开发规模、特色的重要条件，因此，应认真评价。如，三国旅游线的赤壁市，地处鄂、湘、赣三省交界的边缘，可北上京津，南下湘粤，东抵宁沪，西溯巴蜀，在水、陆、空立体交通网中，其区位、交通条件十分优越。但也有缺点，即区位太广、范围太大，不易开发。

二、专项旅游商品开发

（一）专项旅游商品开发的概念

专项旅游商品开发，是指旅游经营商将旅游资源策划、设计、开发为旅游商品，使旅游资源的潜在价值转化为现实价值的行为和过程。

（二）专项旅游商品开发的原则

专项旅游商品开发的原则包括：从资源实际出发、因地制宜的原则；根据需求变化以市场为导向的原则；特色品位的原则；可持续发展的原则。特色，是指具有权威性、独占性、不可替代性的特征。可持续发展，是指保护并实现生态环境的可持续发展，并在经济上具有经济效益，能够以项目养项目自我滚动发展。

三、专项旅游商品开发策略

（一）市场定位策略

市场定位策略，是指开发商针对游客对专项旅游的需求和市场的竞争状况，确定商品的市场品位和目标顾客的策略。商品市场品位，也就是商品本身的文化内涵及其展现的市场形象。目标顾客，是指商品销售的目标对象和顾客群体。目标顾客是多种多样的，如青年、老年、学生、普通大众、国外游客等。

定位的核心是特色，也就是商品形象的差异化。定位就是展现资源的特色，了解市场的需要，展现专项旅游商品的形象，确定目标顾客群体的决策行为和过程。

（二）市场组合策略

1. 市场组合。市场组合是指开发商根据游客需求、资源特色和市场各种因素进行策划组合，研究市场谋略和方案。也就是研究开发具体商品、项目、旅游空间、目标游客、投入产出等方面市场组合的行为和过程。

2. 商品组合。任何旅游活动都涵盖了食、住、行、游、购、娱这六大旅游要素，所以每一项专项旅游商品，除了突出自身主题外，还应对六大旅游要素的相关商品进行组合，才能充分满足游客的各项需求。因而专项旅游商品开发，应与多种旅游要素相关的旅游商品，策划组合为一个完善的、系统的、整体的商品，使商品既是一项以专项旅游为主题内容的组合性整体商品，又能满足游客开展旅游活动各种需求。

3. 项目组合。项目组合是指主题旅游活动项目与辅助旅游活动项目的配合，展现项目配合有主有从。如，将红色旅游项目与相应的修学旅游项目组合一起，就可以既丰富红色旅游主题项目的内容，又能增长游客知识。项目组合也指主题旅游项目与辅助旅游项目本身内容的组合、时间的安排、方式方法的确定等。

4. 空间组合。空间组合是指以旅游地空间为主体，又与关联资源的地域空间组合起来，形成一种完美的、充实的专项旅游商品空间领域。通常的组合形式有：

（1）地带性空间组合：如以延安红色专项旅游的空间为主体，与周边城镇旅游资源空间组合，开展相应的旅游活动。

（2）场地性空间组合：指专项旅游地区范围内相关旅游场地空间的组合。如，北京青少年修学游，以感受中国文化和“我到北京上大学”为主题，将北京大学、清华大学、颐和园、中国科技馆、中关村、故宫等场地组合起来开展旅游活动。

（3）线路组合：指专项旅游在特定地区范围内，最佳线路的空间组合。如，丝绸之路游，以古老的丝绸之路为主线，并将乌鲁木齐、吐鲁番、敦煌、嘉峪关、兰州、西安等旅游线路组合起来，开展旅游活动。

5. 游客组合。游客组合以专项旅游的游客为主体，并组合其他游客参与进来，既壮大旅游队伍，又可降低组团成本，能获得更好的效益。

6. 功能组合。功能组合是将有助于主体功能实现的其他旅游项目功能组合在一起。如，将娱乐、休闲、健身、民俗等旅游功能项目组合在一起，配合专门项目使旅游功能更好地展现。

四、专项旅游商品客源市场分析

通过客源市场分析，可找出存在的问题，及时制定对策，促进市场的繁荣发展。

（一）客源市场分析

1. 按空间结构分析。按空间结构分析，可了解游客来自何地，发现存在的问题，制定相关对策。由于专项旅游的资源更符合国内空间游客的需求，国内旅途交通也更为方便，因此多年来，我国专项旅游海外空间游客的比重比较小，如井冈山红色旅游始终徘徊在1%左右，且主要以港澳游客为主。但事实上专项旅游对国际空间游客是一个巨大的潜在市场，如能加强宣传策划和管理，一定会有更多海外游客前往的。

2. 按游客结构分析。由于专项旅游具有相当的文化品位，游客结构主要是希望提升自身文化素质的人，或具有相当文化品位或对专项旅游文化内涵感兴趣的游客。因此应根据这一特征制定相应的对策。

3. 按游客行为结构分析。专项旅游游客行为结构主要有因出游目的和游览形式所引起而有不同。

旅游者的出游目的，多因年龄结构的不同而不同。例如，参与井冈山红色旅游的老年人，特别是一些老党员、老干部，大多以红色情结、故土重游、缅怀往昔为目的；青壮年则以领略前辈的丰功伟绩、激励自己更加奋发向上为目的；青少年则以接受教育、培养爱国情操为目的。这样，便可根据游客的行为结构提供相应的旅游服务。

专项旅游的游览形式有游览、观光、学习、参观、休闲、调查、采访、体验、商务等不同形式，从而引起不同的行为。这就需要根据不同行为游客的不同需求，提供不同的服务。

4. 按游客旅游的组织形式分析。专项旅游游客多以团队形式为主。比如，红色旅游，革命纪念地主要承担着爱国主义和革命传统教育的功能，这就需要根据游客的组织形式和构成进行策划并提供相应的服务。

（二）加强宣传策划，扩大国内外市场客源

1. 加强宣传策划，扩大国际游客比率。专项旅游商品蕴含着我国丰富的历史文化、民族文化和革命传统文化内涵，因而专项旅游的文化品位是最具有吸引力的旅游资源。然而根据上述客源分析，专项旅游的国际游客比率很小，因此扩大国际游客比率的潜能是很大的，只要加强宣传和组织力度，改善管理，提高文化品位，就能扩大国际游客的比率。

2. 加强组织策划，扩大国内游客的数量。专项旅游在我国尚处于起步阶段，但随着旅游的繁荣发展和人们旅游需求品位的提高，国内游客市场是极为巨大的。只要加强策划、设计、管理，必将促进国内游客数量的增加。

案例

青少年修学旅游

近年来，随着知识经济时代的来临和中国家庭经济条件的改善，人们的科技文化意识和素质得到了很大提高，人们的教育观念也发生了很大的转变，旅游作为青少年课外的现代教育形式，已经成为素质教育的一种重要方式，越来越受到人们的推崇和重视，青少年修学旅游已成为旅游市场的重要组成部分。旅游者的旅游需求，也正由传统的观光型旅游向知识型、文化型旅游转变。

很多家长为了让孩子确立人生的目标和奋斗的方向，让自己的孩子去名校看看并感受大学生活，旅行社敏锐地捕捉到家长的用心，积极开发了各种修学旅游商品。譬如，早在1996年，海淀区旅游局就组织了百名优秀中学生，参加以“游校园、爱科学、听讲座、谈理想”为主题的“清华大学求知修学游”，引起了社会的普遍关注。知名学府历来以悠久的历史、深厚的文化底蕴、优美的自然和人文景观，吸引着人们的目光。又如，河南省中国青年旅行社推出了“我到北京上大学”主题修学游，安排了参观知名学府、各类知识文化博物馆、各类历史遗址、听著名专家讲座、联欢等活动。

此外，国内很多旅行社还开发了旨在加强革命教育的“红色之旅”，组织学生到井冈山、南昌等地区参观。一些旅行社还开发了内容丰富的科技夏令营，比如以增强海洋知识的海滨夏令营。有的旅行社还将红色旅游和修学旅游结合起来，推出“红学旅游”组合项目。

思考题

1. 试对专项旅游的概念作出科学表述。
2. 试述专项旅游商品的科学概念。
3. 试述专项旅游的特征。
4. 试述专项旅游资源的概念及其评价的内容。
4. 试述专项旅游商品市场开发的定位策略。
5. 试述专项旅游商品市场开发的组合策略。
6. 怎样对专项旅游商品客源市场进行科学分析？
7. 你怎样看待专项旅游商品的开发前景？

第十一章

旅游设施商品

● 学 习 要 点

旅游设施商品的概念、特征和性质

旅游设施商品的类型

旅游设施商品的定位

旅游设施商品设计的原则

旅游设施商品建设

旅游设施商品管理

第一节 旅游设施商品的概念和类型

一、旅游设施商品的概念和特征

(一)旅游设施商品的概念

旅游设施商品,是指开发商为游客吃、住、行、游、购、娱的活动配备相应的设备设施,并暂时出卖使用权给游客使用的一种旅游商品形态。这些设备设施因为不是开发商自我使用,而是暂时出卖给游客使用的,所以具有商品的属性,并成为旅游整体商品结构不可缺少的组成部分。如果没有旅游设施商品的配套,则游客的需求就得不到完美的满足。

(二)旅游设施商品的特征

1. 静态性服务的特征。静态性服务是对比服务人员为游客提供动态服务性来说的。旅游设施商品的形态是静态固定不变的,游客可以直接使用,是一种静态可见性服务的旅游商品。

2. 基础性服务的特征。基础性指设备设施是构成旅游整体商品的基础。没有这个基础,就满足不了游客对景观、景点游览和观赏的需求。30 多年以前有一句老话,“桂林风景甲天下,来到桂林睡地下”。这说明桂林的景观、景点好,名甲天下,可是接待游客的设备设施却满足不了游客的需要,游客只好睡在“地下”了。可见设备设施也是旅游商品的重要基础。

基础性服务,是指景观、景点提供的游览观赏性的服务,以及设备设施为游客游览、生活提供的方便、安全、享受性的服务。所以设备设施具有基础性服务的特征。

3. 不独立出卖的特征。旅游设施虽然具有商品的性质,是旅游整体商品不可缺少的组成部分,但却只是一种配套的商品,不能成为独立出卖的商品,它必须与旅游景观、景点商品配套,组成整体商品统一出卖。任何游客都不会单独购买旅游设备设施使用权的。

4. 暂时出卖使用权的特征。旅游设施商品在其交易过程中,并不像一般物资商品那样可以单独出卖,而只能通过与旅游整体商品配套出卖,而且只能暂时出卖使用权。

二、旅游设施商品的类型

(一)狭义的旅游设施商品

1. 狭义旅游设施商品的概念。狭义旅游设施商品,是指开发商为满足旅游者旅游的需要,策划设置相关旅游设施,并暂时出卖使用权提供直接服务的一种旅游商品形态。如风景区的道路,索道、攀岩与探险的安全设备设施,饭店的设备设施等。

2. 狭义旅游设施商品的类型。

(1)自然旅游景区、景点旅游设施商品。自然景区、景点旅游设施商品,是指旅游开发商为配合旅游者在景区、景点的游览、观赏,获得最佳体验和感受,而提供配套设备、设施的一种旅游商品形态。如:在景区、景点的最佳位置设置观景台、凉亭;在适当位置设置的休息、游玩场地和娱乐设施;在某些景区、景点设置索道、攀岩、探险的相关设备设施等。这些设备设施不是开发商自己享用,而是为了暂时出卖使用权、享受权而设置的,所以是一种商品。同时设施商品是不能单独销售的,只能与自然景观商品配套销售。而自然景观商品也不可能离开这些配套设施商品,否则,自然景观商品自身的销售也将受到严重影响。

(2)人文旅游景区景点旅游设施商品。人文景观旅游设施商品,是指开发商为配合人文景观游客的游览、观赏,获得最佳的体验和感受,而提供相应设备、设施的一种旅游商品形态。如:展厅文物的展示、设计、布局、美化、说明、陈放等所需要的相关设备设施。这些设施不能单独销售,只能与人文景观商品配套销售。而人文景观也离不开设施配套商品,如果没有这些配套的设施就会给游客造成种种不便和困难。

(3)旅游饭店设施商品。旅游饭店设施商品,是指开发商为满足游客吃住和活动的需求,策划、设计、提供相关设备设施暂时出卖其使用权、享受权的一种旅游商品形态。如,客房、餐厅、娱乐等的相关设施。这些设备设施是旅游饭店整体商品极其重要的组成部分,其档次等级决定着饭店整体商品的形象与出卖的价格,而且也是不能单独出卖的。

旅游饭店设施商品又可分为如下类型:

一是旅游饭店常规设施商品。旅游饭店常规设施有:前厅、总服务台、客房、餐厅的相应设施;桌椅、餐具、灯具、照明、电话、应急照明、走廊照明,出口标志等;其他如,饭店的建筑、附属设施、服务项目、运行管理、安全、消防、卫生、环境保护等有关设施。

二是旅游星级饭店设备设施商品。旅游星级饭店是指按照国家的标准,经过评定并授予相应星级称号的饭店。这些饭店设备设施的详细标准,可详见《中华人民共和国星级酒店评定标准》。各旅游星级饭店主要设施标准如表11-1所示。

(4)旅行社旅游设施商品。旅行社设施商品,是指旅行社为配合整体商品的销售,满足游客的需求,策划设计暂时出卖相关设备设施使用权的一种旅游商品形态。如,通信、信息、设备、车辆等相应设备设施。这些设施与其他商品一起构成了旅行社的整体旅游商品。设施的优劣和档次是旅行社品位、档次的展现。同样,这些设备设施商品暂时使用权也是不能单独出卖的。

表 11-1 旅游星级饭店主要设施标准

星级	空调设备	客房间(套)	公共卫生间	公用电话	客用电梯	公共区域	公用电话	小型商店	冷热水(小时)
一星级	有制冷暖设备	15	男女分设	有					24/18
二星级	同上	20	同上	有	有				24/24
三星级	有空调设施	30	男女分设、房内有高级抽水马桶等	有	有	有	有	有	24/24
四星级	中央空调	40,并有单间、套房、豪华房	同上	有	有	有	有	有	24/24
五星级	除有四星级以上设施外,还有会议康乐设施设备;有足够的停车场;有高质量客用电梯,轿厢装饰高雅,另配有服务电梯;还有3个以上宴会单间或小宴会厅等。								
白金五星级	具有两年以上五星级饭店资格,各类设施配备齐全,品质一流;有饭店内主要区域温湿度自动控制系统;普通客房面积不小于36平方米;有净高不小于5米、至少容纳500人的宴会厅等。								

(二)广义的旅游设施商品

1. 广义的旅游设施商品的概念。广义的旅游设施商品,是指地区行政管理机构和开发商为吸引旅游者前往目的地旅游,组织、策划而设置的相应设备设施,并暂时出卖使用权的一种间接服务的旅游商品形态,如交通旅游设施、娱乐设施等。

2. 广义的旅游设施商品的类型。

(1)交通旅游设施商品。交通旅游设施商品,是指地区行政和开发商为旅游者的空间转移,提供间接服务和相应配套设备设施使用权的一种旅游商品形态。

旅游交通有旅游地与客源地之间的交通,可分为空运、陆运和水运三种形态,如飞机、火车、汽车、轮船、汽艇等。这种商品的开发和策划,必须有地区以上的行政管理机构的参与。旅游交通还有旅游地景区与景区之间的交通,主要有陆运和水运两种形态。这不但具有空间转移的功能,而且具有游览观赏功能,特别是水运。

(2)娱乐旅游设施商品。娱乐旅游设施商品,是指开发商专门为满足旅游者娱乐的需求,提供相应设施,并暂时出卖使用权的一种旅游商品形态。如,歌舞厅、保龄球、夜总会等相应配套的设备设施。各项设施也是不能独立销售的,必须与其他相应设施构成整体娱乐商品才能销售。由于娱乐设施不是开发商自己使用,而是为了出卖而设置,所以也是一种商品。随着娱乐旅游的发展,娱乐旅游设施商品也正在繁荣发展起来。

桂林“乐满地”主题乐园是国家AAAAA级景区、“中国十佳主题乐园”、中国最精致的主题乐园。“乐满地”之所以获得如此珠荣,应该说是与景区的建筑、设备设施分不开的。主题乐园投资约4亿人民币,全部采用进口游乐设备,是一个集时尚、动感、刺激与欢乐于一体的大型游乐场所。整个园区可观、可闻、可游、可赏、可疯狂、可闲逸,为游客提供了完善、多样的设备设施。园区辟有欢乐中国城、美国西部区、梦幻世界区、海盗村、南太平洋区、欧洲区、森林游乐区等特色景区。所有这些无不与特色的娱乐设备设施联系在一起的。

(3)其他旅游设施商品。其他旅游设施商品,是指其他一些与旅游业相关联的间接行业,为了间接满足旅游业的配套需求而提供相应的设备设施商品。如,现代通信、水电、安全、饮食、茶社、摄影、商店、咨询等行业部门所提供的相关设备设施。这些设施不是这些行业经营者自己使用,而是为了配合旅游业的发展,谋求自身效益,暂时出卖其使用权而设置的,所以它具有商品的属性。从旅游行业的角度看,便称之为其他旅游设施商品。没有这些间接设施商品,旅游活动也是无法开展的。

第二节 旅游设施商品的定位与设置

一、旅游设施商品的定位

旅游设施商品的定位,是指旅游企业对配制设备设施档次、形象和文化品位的确定,也是对设施商品设置品位确定的决策。

(一)档次定位

档次定位,是指旅游企业根据自身的级别、档次、品位,对设备设施档次品位的确定。如,三星级饭店的设施配制,必须与三星饭店级别的档次品位相匹配。即从饭店的外观建筑到内部装修,从办公的设备设施到客房的设备设施,都应与饭店的星级品位级别相对应。如果饭店是五星级,则其设备设施应与五星级别的国家标准相适应。又如,星级景区、景点的设备设施,必须与其星级的档次品位相匹配,从景区、景点的外观建筑到环境策划、道路凉亭、配套项目以及其他配套设施设备,都应与景区、景点的星级品位相适应。

（二）形象定位

形象定位，是指旅游企业根据本身的级别、品位和形象要求，去塑造相应的主题特色，而确定设备设施形象的品位设置。设备设施的形象品位也是旅游企业形象的展现。其形象定位，应以能否展现企业形象的品位为准则。如，某个五星级酒店以富有创意的民族特色主题营造其总体形象，那么它的设备设施的文化形象品位，就应围绕其五星级品位和民族特色主题的形象，去确定其设备设施相应的文化形象品位，去设置相应品位的设备设施。

（三）文化定位

文化定位，是指旅游企业根据本身级别，对设备设施文化形象品位的确定。如设备设施的高雅、精巧或古朴、华贵及现代艺术等特征形象，应与企业文化形象品位相一致。譬如，三星级旅游饭店的设备设施应与三星级的文化品位相一致。

另一方面，应确定设备设施的主题文化形象。关于主题文化形象，目前酒店行业中主要有：模拟城市氛围的主题形象；模拟神话、传说的主题形象；模拟历史遗迹、自然风光的主题形象等。如，美国酒店的主题形象，多从浪漫、野性、原始、前卫、经典回眸等特色去策划。主题形象定位的观念我国早已关注，并形成了"眼球经济"。例如，在总投资35亿元的世界休闲博览园内，建造中国第一座典型的神话传说梦幻城堡，作为酒店的主题形象。主题形象一旦确定，酒店设备设施的文化品位也应与之相适应。

二、旅游设施商品的设置

（一）旅游设施商品设置的概念

旅游设施商品的设置，是指旅游企业应设置什么样的设备设施、设置哪些设备设施的策划设计的行为和过程。这是对市场竞争、营运、游客需求、企业形象、设施品位、质量数量进行研究策划的行为和过程。

（二）旅游设施商品设置的原则

1. 品位原则。品位展现了设施的形象等级，也展现了企业的形象。品位是商品的标签，又是获得人们认可的标志。所以品位是旅游设施商品设置的重要原则。

2. 文化性原则。文化是旅游的灵魂，旅游设施档次是构成企业文化的重要内容。文化的原则是旅游设施设置所要遵守的依据和出发点。旅游设施文化，即设施的文化品位和它营造的文化氛围所展现的文化内涵。

文化性原则在广州白天鹅宾馆展现得最为完美。白天鹅宾馆拥有843间精心设计的客房，室内装潢及设计都经过深思熟虑。开业25年，就接待了40多个国家的元首和政府首脑，邓小平同志三次莅临"白天鹅"，并亲笔题字。再如，北京饭店进行了两次扩建，使得中国文化的传统意韵渗透在百年老店的每一个角落，精美的花纹与瓷器散发着诱人光泽，设备设施的古典与传统文化韵味伴随着花香，飘荡在殿堂之间。

3. 特色性原则。特色是指事物的独特风格与独特形象。旅游设施也应有独特风格与独特形象。或古朴高雅，或新颖别致，或给人以意想不到的感受。如，景区、景点设施，应配合景区环境特点添置设施，使之具有独特的、不可替代的景区风貌；人文景观设施，则应视景观类型配备密切协调的设施，像寺庙、墓室、展览馆、博物馆及其他文物古迹的设施配套，都应该各具特色；至于娱乐设施、饭店设施、旅行社设施以及交通运输设施等，也应从实际出发，配备相应的特色设施。如，桂林因山清、水秀、洞奇、石美名冠全球，近年来桂林市从这一实际出发，开展了大规模的城市改造工程，拆墙见绿，显山露水，尤其是“两江四湖”的开发与设计，更加突出桂林山水的特色，美丽的现代城建特色设施装点着秀甲天下的世界旅游明珠，使山水与设施相得益彰，使桂林成为名实相符的世界旅游美都。

4. 美学原则。旅游的本质，是旅游者追求文化精神需求的满足和美的享受。具体体现在旅游者对景区、景点秀美风景的欣赏、体验和感受。因此设备设施的设置，必须符合美学原则。设备设施是景观的辅助设备，是为展现景观美的形象服务的。如果设施与景观配合惟妙惟肖，设施就能给人以美的感受。如，哈尔滨冬季的冰雕、桂林“印象 · 刘三姐”夜晚的灯火、杭州西湖的游船、桂林漓江上的竹筏等。

5. 实用原则。旅游设备设施的设置，既要先进实用，易于操作、管理和维护，又易于学习、掌握。

6. 绿色原则。绿色原则，是指保护生态实现绿色、环保可持续发展的原则，即将生态环境保护融入旅游设施设置之中的原则。为此，旅游设施的设置、应符合保护生态环境、合理使用资源、有利于人体健康要求的绿色环保原则。

7. 效益原则。效益原则是指追求经济效益和社会效益的原则。旅游设备设施的设置，是企业的一种经营投入，是以产出大于投入为目的的，这就需要追求经济效益和社会效益。

第三节 旅游设施商品的文化品位建设与管理

一、旅游设施商品的文化品位建设

（一）文化品位建设

文化品位指文化形象的等级，等级越高，文化品位就越高，相反则越低。这里的等级是指旅游设施文化形象的等级。

旅游设施商品的文化品位建设，就是指经营商对旅游设施文化品位的塑造、设计的行为和过程。就是研究设备、设施的文化品位，如何与旅游资源环境的文化品位、企业的文化品位、游客的文化需求相适应，如何使旅游设施具有高文化品位的形象。

（二）绿色生态文化品位建设

绿色生态文化品位建设，是指经营商研究旅游设施的文化品位形象，如何符合生态环境可持续发展的要求，符合绿色、生态、环保的要求，让游客获得清新、绿色、生态文化氛围的感受。为此，旅游设备设施的设置，不能对环境、生态，造成任何污染或破坏，要保护生态环境，保护自然资源，推进绿色生态文化品位建设。

（三）高雅文化品位建设

高雅文化品位建设，是指经营商设置的设备设施，应具有优雅的风格、时尚的设计、完美的结构，使游客获得高雅文化品位和优雅生活的情感享受。

（四）现代文化品位建设

现代文化品位建设，是指经营商所设置的设备设施，除了具有传统文化、民族文化品位的特色外，还应具有现代的文化品位。如，现代的通信设施、电子计算机设施等的设置。

（五）民族文化品位建设

民族文化品位建设，是指经营商所设置的设备设施，应展现民族文化的特色内涵。民族的才是世界的、才是特色的。旅游者旅游的目的，就是为了寻求特色文化的精神感受。所以，旅游建筑、旅游设施等方面的策划设计，要尽量展现特色的民族文化内涵。如，桂林云雾山庄每个客房的设备设施，都具有不同的民族特色，游客可选择入住。

（六）古典文化品位建设

古典文化品位建设，是指经营商所设置的设备设施，应展现古典文化的特色品位，以古典实物为形，以古典审美为魂，使设施品位既具有现代生活品质，又有古典文化传承历史的雅趣，让人获得一种古典文化情景的体验和感受。

（七）乡土文化品位建设

乡土文化品位建设，是指经营开发商所设置的设备设施，应尽量设置能展现本地乡土文化的设备设施，如岩溶化石土特产等。

二、旅游设施商品的管理

（一）旅游设施商品管理

1. 企业设备设施管理。设备设施管理，是指企业对设备设施从选购、进入生产领域直至退出生产领域的全过程，所进行的一系列相关活动的策划和决策。

设备设施管理分为技术管理和经济管理。技术管理包括设备的采购验收、安装调试、使用保养、改造创新等；经济管理包括设备投资和维修费用、折旧、更新资金的筹集等。

2. 旅游企业设备设施商品管理。设备设施商品，是指企业为树立形象、谋取效益暂时出卖给游客，使其获得使用权、体验权、感受权而设置的，因而具有商品的属性。设备设施商品管理，就是对商品进行管辖和治理，使其产生最佳的使用效益和经济效益，也是从市场营运、投入产出、成本效益、使用维修等方面进行策划决策的行为和过程。

（二）旅游设备设施的设置管理

1. 设备投资评价。设备设施投资评价，是指对设备设施的开发、购置进行经济评价的行为和过程，即对多种设备设施的质量价格、投入产出、成本效益、使用维修等方面，进行比较、评价，使之作为决策依据的行为和过程。

2. 设备投资回收期评价。回收期评价，是指设备设施投资回收期限的评价。回收期较短，则说明投资效益高，可以购买，如回收期长就不可购买。所以设备投资回收期的长短是购买决策的依据。

3. 设备投资回收期的计算。公式如下：

$$设备投资回收期=\frac{设备投资额}{年利润+年折旧额}$$

【例 1】某饭店准备购买一台电烤箱，市场有三种技术指标基本相同的型号可供选择。其价格、残值等如表 11－2 所示。

表 11－2　　单位：元

设备型号	购买价格	残　值	年折旧额	年利润
甲	10 000	0	2 000	2 000
乙	11 000	1 000	2 500	2 500
丙	12 000	1 000	2 600	3 000

解：　　设备投资额＝购买价格－残值

则　　设备甲投资额＝10 000 元－0 元＝10 000 元

设备乙投资额＝11 000 元－1 000 元＝10 000 元

设备丙投资额＝12 000 元－1 000 元＝11 000 元

设备回收期＝购买价格/（年利润＋年折旧）

$$设备甲投资额回收期=\frac{10\ 000元}{2\ 000元+2\ 000元}=2.5年$$

$$设备乙投资额回收期=\frac{11\ 000元}{2\ 500元+2\ 500元}=2.2年$$

$$设备丙投资额回收期=\frac{12\ 000元}{3\ 000元+2\ 600元}=2.142年$$

上述回收期中设备丙最短，故应购买。

以回收期的长短作为购买设备的评价标准，优点是方法简单、容易确定，但对设备的使用寿命以及回收期以后的经济效果未能掌握。

此外，还应该对设备的先进性、安全性等非量化因素（即定性因素）再进行综合评价，以便作出最佳的投资决策。

（三）旅游设备设施的更新管理

1. 旅游设备设施需要不断更新。为保持旅游企业的最佳形象，许多企业提出设备要“常新、常新、常常新”，因此旅游设备设施需要不断更新。设备的更新，一般从设备的自然寿命、技术寿命和经济寿命进行分析决策。

2. 设备设施的寿命分析。

（1）设备的自然寿命。自然寿命，是指某种设备从使用开始到磨损程度超过使用限度而不能再使用的终止时间。设备的自然寿命在接近终止的一定时间内，就必须做好更新的准备。这就需要事先进行寿命分析，并做好更新策划。

（2）设备的技术寿命。设备的技术寿命，是指某种设备使用以后，由于新兴设备的出现，致使原设备的功能相对落后，生产的商品就缺乏市场竞争能力，因而造成设备淘汰。设备从使用到淘汰的时间，就是该设备的技术寿命时间。尽管原来的老设备还能使用，它的自然寿命并未结束，但它在该企业的技术寿命已经结束。如，企业电风扇被空调设备所替代，说明电风扇的技术寿命在该企业已经结束。

（3）设备的经济寿命。设备设施因使用磨损而老化，为维护其使用功能不变，就必须不断维修和保养。同时，由于设备落后于市场的发展，引起企业利润下降。对设备因维修保养费用和利润下降所造成的损失等因素进行经济分析，以决定设备更新的最佳年限。这个更新年限，就是设备的经济寿命，这也是设备更新的年限标准。

3. 设备更新最佳更新年限的计算。

（1）维修保养费用不同、残值不同、技术落后损失不同的计算方法。如果每年设备维修保养费用不同、每年的设备残值不同、每年因技术落后所造成的损失不同，一般情况，在设备使用初期这种损失费用是不存在的。在这种条件下，可按下例方法计算每年的总费用，以总费用最低的年限为最佳更新年限（见表 11－3）。

11－3　单位:元

使用年限 (1)	每年残值 (2)	每年折旧 (3)	维修费用 (4)	技术落后损失费 (5)	总费用 (6)=(2)+(3)+(4)+(5)
1	18 000	12 000	500	0	12 500
2	13 000	8 500	800	0	9 300
3	12 000	6 000	1 300	200	7 500
4	11 200	4 700	2 000	500	7 200
5	10 700	3 860	3 100	1 200	8 160

【例2】某旅游饭店5年前购买的一批电视机设备,价格为30 000元,每年的维修费用、每年的残价和因技术落后所造成的损失如表11－3所示。

从表11－3中可以看出,总费用最低的使用年份为第4年。即最佳的更新年限为4年。过了第4年,该设备的使用期已超过其经济寿命,应给予更新。

(2)维修保养费用相同、残值相同的计算方法。如果设备维修保养每年增加费用相同、每年残值也相同,则设备最佳更新年限计算的公式如下:

$$N = \sqrt{\frac{2(P-S)}{I}}$$

式中:P——设备的购买价格;

S——设备的残值;

N——使用年限;

I——每年维修保养增加费用。

【例3】某饭店购买的一台发电机,价格为11 000元,使用N年后残值回收1 000元,每年维修保养增加费用为500元,请计算这台发电机的最佳使用更新年限。

解:

$P=11\ 000$元,$S=1\ 000$元,$I=500$元,则

$$N=\sqrt{\frac{2(11\ 000-1\ 000)}{500}}=6.5(\text{年})$$

该发电机的最佳使用更新年限为6.5年。

……………………………………………………

思考题

1. 试概述旅游设施商品的概念。
2. 旅游设施商品有什么特征?它与一般物质商品有什么差异?
3. 什么是狭义旅游设施?什么是狭义旅游设施商品?

4. 什么是广义旅游设施？什么是广义旅游设施商品？

5. 旅游设备设施应如何定位？什么是设施的档次定位、形象定位和文化定位？

6. 如何建设旅游设施商品的文化品位？

7. 试述旅游设施商品设置的原则。

8. 旅游设备设施应如何有效管理？旅游设备设施为什么要不断更新？

10. 试述设备设施的自然寿命、技术寿命和经济寿命的概念？

11. 如何计算设备设施的最佳更新年限？

第十二章

旅游服务商品

● 学 习 要 点

旅游服务商品的概念

旅游服务商品的特征

旅游服务商品的构成和分类

旅游服务商品开发的原则

旅游服务商品的质量规范

第一节 旅游服务商品概述

一、旅游服务商品的概念

(一)服务

服务,是指为他人、为集体的方便或利益,或为某种事项的顺利进行所展开的有益工作。而这里的服务,是指经营者针对客户的物质或精神方面的合理需求,直接或间接以体力或脑力劳务的形式,使其获得方便和愉悦的可见或不可见的劳务活动的总和。

服务的目的,是满足服务对象的合理需求,树立企业形象,促进企业的繁荣发展。如,商店为购物者提供的购物服务和售后服务,剧院为观众提供的表演服务、观赏服务,交通为旅客提供空间转移的服务,宾馆为客人提供的住宿服务,都是服务的目的。

因服务的方式的不同,可分为可见的体力劳务性质的有形服务和不可见的脑力劳务性质的无形服务,以及体脑并用的劳务性质的有形和无形相结合的服务。

服务又可分为有偿服务和无偿服务。以出卖、营利为目的的服务为有偿服务,如交通服务、宾馆住宿服务、剧院的演出服务等;以支援、救济、帮助或情谊、友好为目的而提供的服务为无偿服务。

服务还可因不同行业而提供不同内容和不同性质的服务,如旅游服务、商业服务、维修服务等。

(二)旅游服务

旅游服务,是指旅游企业为针对旅游者的合理需求,为旅游者提供的具有一定文化内涵,使旅游者在旅游活动中获得方便、满足和愉悦的综合劳务服务活动的总和。

(三)旅游服务商品

旅游服务商品,是指旅游企业为配合旅游整体商品的出卖,为旅游者提供方便、安全、愉快和享受的体验,直接提供的可见劳务服务或不可见的间接策划管理服务的一种旅游商品形态。

马克思主义关于商品的概念,既指出卖的有形物质实体,也指出卖的非物质实体。如,剧院出卖的是艺术演出,是观众获得的观赏、体验和感受。同样,旅游服务也是一种出卖给游客的非物质实体商品。

一般认为,物质商品是出卖所有权,出卖后便归购买者所有并可以带走的。而旅游服务商品出卖的是非物质实体的服务,是不出卖所有权带不走的。购买者带走的只是享受、体验和回味。

旅游服务商品也同样具有价值和使用价值。旅游服务商品的价值,是指劳务服务和服务策划、组织、管理中，所凝结的无差别的社会必要劳动量。旅游服务商品的使用价值，是指带给客人的方便、体验、与享受的功能。

可见，旅游服务就是一种商品，因为它不是为自己享受、为自己方便，而是为了配合整件旅游商品的出卖而出卖给游客的，而且是旅游商品不可分割的最为重要的组成部分。然而，旅游服务商品的科学概念在理论上，全面还未做出统一的科学的表述，需要我们继续探讨。

二、旅游服务商品的特征

（一）服务性特征

服务性，是指旅游服务商品为游客提供方便周到服务的特性，即直接或间接为游客提供劳务服务或组织、策划、管理服务，或提供便利，或解决疑难，或为游客的旅游创造更好的条件所提供的服务。这是旅游服务商品最基本的特性。应该说，旅游服务的主动性、亲切性、文化性、品位性、周到性、质量性都是其他任何类型的服务所不及的，特别是旅游的金钥匙所提供的服务。

（二）生产与消费的同步性特征

生产与消费的同步性，是指旅游服务商品的生产过程与消费过程是同步的。如游客的游览观赏消费，从开始到结束，与经营者自始至终提供的游览观赏服务是同步的。

（三）不可储存性特征

不可储存性，是指旅游服务商品的不可储存、不可带走的特征。因为服务的生产与消费是同步的，消费完了，生产也就完了，服务类商品是不可能储存的。

（四）时效性特征

时效性，是指旅游服务在特定时间内才能发挥作用产生效果的特性。如，导游服务、交通服务和饭店住宿服务等，都是在特定时间内发挥作用的，都有特定的时效性特征。

（五）差异性特征

差异性，是指经营商提供的服务，具有因人而异的个性化特征。因为服务对象各种各样，其兴趣、爱好、信仰、文化、习俗都存在着差异，而服务的目的是满足旅游者需求，因此，旅游经营商必须因人而异，提供差异性、个性化的旅游服务。

（六）文化性特征

文化性，是指服务人员的服务理念、行为和形象，都应具有较好的文化品位。无论着装、语言、表情、微笑，都应展现一定的文化修养。再说文化是旅游的灵魂，无论可见性服务还是不可见性服务，无论景区景点的布局、设施，无论组织、策划和管理都应具有较高的文化品位。文化品位越高，旅游服务商品的质量就越高，游客的文化精神感受就越深。

（七）不易测度性特征

不易测度性，是指旅游服务商品质量判断的测度具有难以量化的特性。只能通过游客体验定性评价，而不同游客体验的不同，评价亦难以统一。如同一时间同一导游员的服务，既可能受到老年游客的表扬，又可能受到青年游客的批评，可见旅游服务商品具有不易测度的特性。

第二节　旅游服务商品的类型

旅游服务商品，按其内容、性质、特征划分，有如下不同类型。

一、按服务内容划分的旅游服务商品

（一）旅行社服务商品

旅行社服务商品，是指旅行社为满足游客的旅游需求，为游客设计旅游线路、安排活动、提供全陪或地陪服务的一种旅游商品形态。具体表现为可见性的劳务服务和不可见性的组织策划与管理服务。

（二）团队旅游服务商品

团队旅游服务商品，是指旅行社专门为团队游客的旅游活动，提供面对面的可见性的劳务服务和旅游设计、策划、协调、安排等不可见性的服务的一种旅游商品形态。

（三）散客旅游服务商品

散客旅游服务商品，是指旅行社为国内外旅游散客、背包散客、自助游散客的旅游活动，提供面对面可见性的直接服务和不可见性的设计、策划、协调、组织、安排等间接服务的一种旅游商品形态。

（四）出入境旅游服务商品

出入境旅游服务商品，是指旅行社专门为出境入境的国内外游客办理旅游签证、护照、通行证，提供可见性面对面的直接服务和不可见性的协调、安排、代理等间接服务的一种旅游商品形态。

（五）导游服务商品

导游服务商品，是指旅行社或景点、景区的导游人员，针对游客游览、观赏的具体需求，直接提供的可见性服务，如导游员陪同游览、讲解，提供安全、生活关照等，以及不可见的导游策划、组织、协调、安排等间接服务的一种旅游商品形态。

导游服务又可分为国际导游服务（领队）、全程导游服务（全陪）、地方导游服务（地陪）、固定职业导游服务、自由职业导游服务和业余导游服务等。

（六）旅游饭店服务商品

饭店服务商品，是指饭店为旅游者提供的住宿、餐饮、娱乐、生活、安全的直接服务，以及不可见性的相应间接服务的总和。

（七）旅游交通服务商品

旅游交通服务商品，是指交通部门为旅游者空间位移提供交通工具，以及配套的可见性和不可见性的直接与间接服务的一种旅游商品形态。

（八）休闲旅游服务商品

休闲旅游服务商品，是指开发商为满足国内外休闲旅游者的需求，提供可见性和不可见性的直接与间接服务的一种旅游商品形态。

（九）专项旅游服务商品

专项旅游服务商品，是指开发商为满足游客开展专项旅游活动的需求，提供相适应的可见性直接服务、安全服务、设施服务以及不可见性的策划、组织、协调、安排和管理的一种旅游商品形态。

（十）娱乐旅游服务商品

娱乐旅游服务商品，是指经营者针对娱乐旅游的具体需要，提供可见性和不可见性娱乐服务的一种旅游商品形态。如，游客因博彩娱乐要到澳门旅游，或因观看《印象刘三姐》表演要到阳朔旅游，经营者就需要针对游客的具体需求提供相应的服务。

二、按服务性质划分的旅游服务商品

（一）常规性旅游服务商品

常规性的旅游服务商品，是指旅行社、饭店和交通三大旅游企业，针对旅游者的具体需求，各自提供的规范化、标准化、程序化的可见性和不可见性服务的一种旅游商品形态。

（二）个性化旅游服务商品

个性化旅游服务也称超常服务。个性化旅游服务商品，是指旅游企业针对旅游者需求的个性化差异，分别提供可见性和不可见性服务的一种旅游商品形态。如为少数民族游客提供符合其民族习俗的住宿和餐饮的服务。

（三）金钥匙旅游服务商品

金钥匙旅游服务商品，是指金钥匙（Concierge）专业服务组织成员，以尽善尽美的服务理念，最高的服务质量，最高的文化品位，想客人之所想，急客人之所急，主动为客人提供全方位尽善尽美的服务，使客人获得惊喜和超值享受的一种旅游商品形态。

三、按服务特征划分的旅游服务商品

（一）可见性旅游服务商品

1. 可见性旅游服务商品的概念。可见性旅游服务商品，是指经营者为游客直接提供的可以看得见的或能亲身感受得到的一种直接服务的一种旅游商品形态。

2. 可见性旅游服务商品的细分类型。

(1)面对面的可见性服务商品。面对面的可见性服务商品,是指旅游服务人员直接与游客接触,面对面地提供热情、完美可见性服务的一种旅游商品形态。如,服务人员展现其外在高雅的着装、仪容、仪表、态度、礼貌、语言、服务技巧、姿态,以及出自内心的主动性、真诚性、友谊性、涵养性等素质。综合起来,体现为服务的仪态、用语和技巧三个方面。

(2)静态的可见性服务商品。静态可见性服务商品,是指企业的静态实体形象所展现的经营理念、宗旨而又看得见的直接服务的一种旅游商品形态。如,旅游景观,企业名称、品牌、标志、营销口号、广告、旅游指南、旅游地图等。

(3)动态的可见性服务商品。动态的可见性服务商品,是指企业的动态活动形象所展现的看得见的直接服务的一种旅游商品形态。如旅游咨询、经营活动、展览、促销、新闻发布、联谊活动等。

(二)不可见性旅游服务商品

不可见性旅游服务商品,是指旅游企业为旅游市场提供的一般看不见但能被人感觉得到的一种旅游服务商品形态。这种商品虽不易察觉,但却是服务商品不可缺少的组成部分。如,旅游企业服务的理念、策划、组织、协调、监督、培训等。都是与服务密切关联的,是一种不可缺少的间接性不可见的服务商品。

(三)旅游服务商品的整体构成

可见性与不可见性旅游服务商品,展现了直接和间接的服务特征,并形成了旅游服务商品的整体形象。

不可见性旅游服务商品是属于同一种理念指导下看不见的服务商品,可见性旅游服务商品也是受同一服务理念支配指挥下可见的行为形象商品,二者分工合作综合构成旅游服务商品的整体形象。如图 12-1 所示。

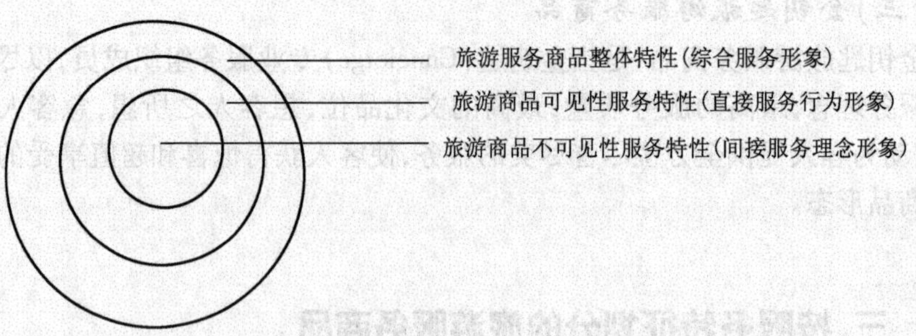

图 12-1　旅游服务商品形象构成示意图

第三节 旅游服务商品建设

一、旅游服务商品建设

（一）旅游服务商品建设概念

旅游服务商品建设，是企业以确保经济利益为前提，以满足游客需求为导向，以文化品位为核心，以功能性和有用性为着力点，对可见性服务和不可见性服务策划、设计、开发、整合的行为和过程。

（二）旅游服务商品建设原则

1. 市场导向的原则。市场导向的原则，是指服务商品的开发建设，要以旅游市场需求变化为依据的原则。即从市场需求变化出发设计、提供旅游服务商品。为此应进行市场调查，了解各种游客的不同需求，预测其发展变化，再根据企业的实际条件策划、开发、设计适销对路的旅游服务商品。

2. 文化品位的原则。文化品位的原则，就是指旅游服务商品建设，以文化为核心，具有一定文化品位的原则。文化是旅游的灵魂，服务商品必须具有一定的文化品位，才能够满足游客的文化精神需求。文化品位是通过服务人员的服务理念、行为和质量的文化内涵展现的。服务商品的建设必须从塑造其文化品位出发。

3. 灵活差异的原则。灵活差异的原则，就是满足不同游客不同需求的个性化原则。游客因年龄、身份、地位、文化、信仰、性格、爱好不同，旅游需求就存在差异，旅游服务必须针对游客的需求差异，提供个性化服务。

4. 游客至上的原则。游客至上的原则，是指旅游企业把满足游客需求放在至高至上的首位，并提供最佳服务宗旨的原则。游客是旅游行业生存发展的衣食父母。旅游服务从内容、方式、质量、文化，特色、时间安排等各个方面，都要想客人之所想，急客人之所急，一切以游客至上为原则。

5. 微笑的原则。微笑的原则，是指服务人员接待游客要微笑服务的原则。微笑展示真诚、文明、礼貌、尊重、欢迎和友谊，是主客沟通的桥梁，也是宾至如归的"欢迎词"，还是服务人员文化修养的展现和是情感信息的传递，更是"游客至上"服务原则的完善。微笑，要出自服务人员的内心，出自对工作的热爱，微笑要笑得自然、大方、得体、高雅而有文化品位。没有真诚服务的理念，就没有真诚服务的微笑。

据悉喜来登花了三亿美元组织全球调查，考察什么是旅游业经营的核心内容，最后的结论是微笑服务，可见微笑服务在旅游服务商品中的重要地位。

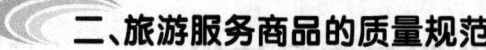

二、旅游服务商品的质量规范

（一）国家法定旅游服务规范

国家法定旅游服务规范，是指国家及各省（市）、自治区、直辖市行业主管部门制定和颁布的旅游质量规范和标准，也是旅游服务商品市场运行的法定准则。旅游服务商品的法定准则，也可以说就是旅游服务文化品位的法定质量规范。

（二）旅游服务商品常规服务规范

旅游服务商品常规服务规范，是指服务人员在服务过程中应遵守的行为规范，即服务的质量、标准和程序的行为规范；指符合国家法定的服务规范、服务标准、服务行为准则、服务程序。

（三）旅游企业服务质量规范

旅游企业服务质量规范，是指旅游企业对游客提供的服务要符合国家相应法律的规范要求和企业自身制定的工作管理条例与服务细则的规范要求。

（四）服务形象规范

服务形象指服务人员在其服务理念指导下的行为所展现的视觉形象。

服务的理念，指企业和员工服务观念的思维理论。如，建国饭店的服务理念是“温暖如家”；沃尔玛的服务理念是“顾客第一，员工第一”。

旅游服务的行为，是指企业和员工在服务理念的指导下，所展现的服务职责、标准、程序、个性化等服务的行为规范。

旅游服务的视觉形象，指旅游企业和员工在服务理念的指导下，所展现的可见的外观形象。如，企业的商标、象征符号、建筑物、设施品位、造型陈列、宣传广告、员工着装、员工言行、员工微笑等。

形象是企业的无形财富，有时比有形财富更具价值。早在 2002 年，“可口可乐”的商标形象价值就达 690 亿美元。国际商业机器公司简称 IBM（International Business Machines Corporation），其商标形象价值达 512 亿美元。国内“万家乐”、“恒源祥”商标的形象价值，分别达到 2 亿元和9 000万元人民币。所以旅游企业要想脱颖而出，必须树立全新的服务理念，塑造良好的服务形象。

三、酒店金钥匙服务

（一）金钥匙的概念

CONCIERGE（法语），被译为酒店里的“礼宾司”。1929 年 10 月 6 日，11 位来自巴黎各大酒店的礼宾司聚集，建立了金钥匙组织的雏形。1952 年 4 月 25 日，成立欧洲金钥匙，1972 年发展成为一个国际性组织。目前，共有 34 个国家和地区参加，约有会员 3 500 人。中国是第 31 个成员国，他的金钥匙遍布在全国 54 个城市，180 多个饭店。

国际金钥匙组织全球会员形成网络,具有跨地区、跨国界的优势。

(二)酒店金钥匙服务理念

1. 服务宗旨。在不违反法律和道德的前提下,为客人解决一切困难。

2. 为客排忧解难。“尽管不是无所不能,但却是竭尽所能”,有强烈的服务意识和奉献精神。

3. 为客人提供满意加惊喜的个性化服务。

4. 工作口号是“友谊、协作、服务”。

5. 金钥匙的人生哲学。即在客人的惊喜中找到富有乐趣的人生。

(三)金钥匙服务

国际金钥匙的服务标志为两把交叉的金钥匙,代表两种服务职能:一把用于开启饭店综合服务的大门;另一把用于开启城市综合服务的大门。

金钥匙服务人员身着一身考究的西装或燕尾服,衣领上别着一对交叉的“金钥匙”领徽,永远彬彬有礼,笑容满面,机敏缜密,使客人满意而惊喜。客人从进住酒店到离开酒店,都会受到无微不至的关怀。

金钥匙有一条龙服务:客人订房后,酒店人员到机场、车站、码头迎接客人;迎宾入住;介绍城市情况和旅游信息;介绍餐饮;联系旅游;代客购物;告知购物信息和地点等;客人离店,代购车、船、机票;帮助托运行李;还可代订下一站住宿酒店,甚至落实客人所需的相应服务。

金钥匙对游客而言,是酒店内外综合服务的总代理,是游客可以信赖的人,是对游客充满友谊的忠实朋友,是解决游客麻烦问题的人,是提供个性化服务的专家,是更高层次服务艺术的体现。

……………………………………………………

案例一

一张信用卡赢得了客人的多次入住

某天中午,玄武饭店顾杰正在大厅服务,一位在前台登记入住客人的焦急神情进入了他的视线。原来这位姓谢的旅日华侨,刚刚从成都飞抵南京,发现自己的大莱卡(引用者注:即信用卡的一种)遗失了,内有110万日元,而身上现金所剩无几。第二天下午5:00前必须赶到上海乘飞机回日本,焦虑万分。顾杰立刻上前安慰客人,并帮助他回忆最后一次用卡的时间。谢先生说在成都的某酒店结账时还在用,顾杰就询问谢先生是否知道酒店的电话号码,而他只知道酒店的名称,顾杰拿出手机通过金钥匙服务网络很快就查到了这家酒店的电话号码。于是,顾杰拨通了该酒店的大堂经理,得知客人将信用卡遗失在结账处,顾杰立即请成都这家酒店采用他的建议，用民航快递，选择第二天最早的航班将信用卡直接邮寄给顾杰。随后顾杰根据谢先生第二天要赶回日本的要求及时准确地安排了行程，帮助他订了去上海的火车票。第二天一早，顾杰亲自到机场取回了信用卡，在谢先生即将离店赶往火车站之际，将失而复得的信用卡交到他的手中。谢先生感激地说："如此高效率的金钥匙服务，真是无所不能，让我敬佩，以后来南京我只选择玄武饭店，我还要推荐我的朋友来南京入住你们的酒店。"说着，拿出 1 000 元人民币作为小费给顾杰，被顾杰婉言谢绝："金钥匙不是无所不能，但会竭尽所能，在我们金钥匙的字典中找不到'不'字，为您所做的一切，只是我们每一位金钥匙的工作职责。"谢先生感激地紧紧握住顾杰的手，一再表示感谢。

回到东京以后，谢先生将这件事告诉了他的朋友。一个月内，他和他朋友公司的客人在玄武饭店开房达 50 多间/天，并和顾杰成为好朋友，也成为饭店的忠实客户。

（资料来源：《金钥匙服务金光灿烂》，南京玄武饭店原礼宾部主管顾杰，中国酒店招聘网）

……………………………………………………………………

案例二

一份邮件赢得了一架飞机的客人

一个秋日的早晨，玄武饭店顾杰按日常工作程序检查来往邮件时，发现从北京寄给港龙航空公司驻南京办事处的特快专递，寄到了玄武饭店，但这家公司的办事处并不在玄武饭店，而在南京另一家饭店，由于寄件人的失误，误寄到玄武饭店，可我没有简单地将邮件退回邮局，而是想到了港龙公司急需这封信。于是，我迅速通知了港龙公司的陈小姐，并派服务生将邮件及时送去，陈小姐非常感激，因为这是他们公司一份重要的加急而查询未果的邮件，为此港龙航空南京办的佘总，还特地打来电话感谢顾杰及时高效的服务，为他们公司避免了损失，赢得了旅客的信任，赢得了市场。

第二天，港龙航空公司从南京飞往香港的 KA811 航班因为飞机机械故障，不能按时飞行，取消了这次航班。整架飞机的客人必须滞留南京一天，当时南京的多家饭店都想争夺这批客源，而港龙航空南京办的佘总当场拍板："我们只选择玄武饭店。"并主动与顾杰联系，于是，顾杰立即调配饭店班车到机场，在最短的时间内将机上 140 多位旅客全部接到玄武饭店，不仅为港龙公司解决了困难，平息了旅客对航空公司的抱怨，而且为饭店创造了近 10 万元客房营业收入。金钥匙在客人心目中有信任感和亲切感，这就是"家"的感觉，但又胜过家的感觉，因为客人知道金钥匙是万能的，所以佘总选择了玄武。就是顾杰义务送去一份

误投的邮件，赢得了一架飞机客人住宿饭店作为回报。（引用者作了适当的文字改动）

（资料来源：《金钥匙服务金光灿烂》，南京玄武饭店原礼宾部主管顾杰，中国酒店招聘网）

案例思考

为什么说金钥匙服务是旅游服务的最高文化品位？

思考题

1. 试述服务、旅游服务的概念。
2. 为什么说旅游服务是一种商品？
3. 试阐述旅游服务商品的科学概念。
4. 试阐述旅游服务商品的特征。
5. 试述旅游服务商品类型的划分。
6. 试概述旅游服务商品质量规范的类型及其意义。
7. 试述旅游服务商品服务形象规范的类型及其相互关系。
8. 试概述旅游服务商品开发的概念。
9. 试概述旅游服务商品开发的原则。
10. 试述旅游微笑服务的原则及其意义。
11. 试述游客至上的服务原则及其意义。
12. 试述旅游个性化服务的概念和意义
13. 试述金钥匙服务的概念及其在旅游服务中的地位和价值。

第十三章

餐饮商品

学习要点

餐饮商品的类型和特点
中国菜肴的风味流派、名菜和小吃
餐饮商品的开发和开发的原则
餐饮文化的内涵
餐饮文化的发掘和整理
餐饮商品文化的概念
餐饮商品文化建设
酒文化的概念和类型
中国十大名酒、酒的品尝
茶文化的概念
茶文化的表现形式、茶的鉴别、品茶、茶道
中国十大名茶

“民以食为天”，餐饮是人们生存的物质需求。餐饮有自我生产、自我消费的餐饮，这是不出卖、不交换的社会劳动物品，是属于产品性质的餐饮。餐饮还有为了出卖而生产的餐饮，这是属于商品性质的餐饮。餐饮商品是出卖所有权的社会劳动物品，所以属于一般物质商品的范畴。由于餐饮的烹调特色和深厚的文化内涵，成为游客旅游过程中的另一种享受。随着旅游业的兴起，餐饮业也被旅游带动兴旺起来，并有力地促进了旅游业的繁荣发展，所以餐饮业与旅游业的关系是极为密切的。为此，本书设置了《餐饮商品》一章，既介绍了一般餐饮文化的科学知识，又介绍了中国餐饮食品的特色风味及其文化内涵。

第一节 餐饮商品概述

一、餐饮商品的概念和类型

（一）餐饮商品的概念

1. 餐饮的概念。《说文》解释：餐，吞也。饮指喝，如喝水、喝酒、喝饮料。人们因为渴而求饮。故餐饮就是指吃、喝，或指食品和饮料，包括热菜、凉菜、面点、小吃、汤羹、酒精饮料、非酒精饮料等。

2. 餐饮商品的概念。餐饮商品，是指生产者为满足消费者的餐饮需求，以出卖为目的而生产的具有使用价值和价值的有形餐饮劳动物品与无形服务总和的一种商品形态。它具有一般物质商品的属性，但又具有不同于一般物质商品的特性。从物质商品属性来看，餐饮商品属于出卖所有权的一般物质实体商品；从不同于一般物质商品的特性来看，餐饮商品的生产，是即时生产即时出卖，而不是如一般物质商品那样，提前生产好以备消费者选购。而且消费者在消费时，生产商应提供相应的服务。故餐饮商品包含有形实体的物质商品，也包括无形的服务商品。无形服务商品，主要表现在客人餐饮时所涉及的方便、卫生、营养、味道等方面的需要，以及环境设施及安全、舒适和享受的需要，生产商为满足客人的这些需求所提供的服务。

（二）餐饮商品的类型及其特点

1. 餐饮商品的类型。餐饮商品也和物质商品一样，分为有形、无形和核心餐饮商品。有形餐饮商品，是指餐饮商品的物质实体；无形餐饮商品，是指为消费者提供的无形服务，如劳务服务、清洁卫生、高雅设施、清净环境等；核心餐饮商品，是指餐饮商品的味道、质量、营养和品位。

按照习惯，餐饮商品又可分为中餐、西餐。按照风味习惯，中餐可分为川菜、粤菜、湘菜、苏菜、闽菜、浙菜、徽菜、鲁菜等；按照筵席的组成，中餐可分为汤菜、热菜、凉菜、面点。西餐可分为开胃菜、汤菜、主菜、餐后甜点等。

2. 餐饮商品的特点。中国烹调技艺精湛，品种繁多，风味独特，质地优良，料理精细，中国餐饮文化在世界上居于领先地位，被誉为“烹饪王国”。中国菜以“十二美”风格为其基本特点。“十二美”是指质、香、色、形、器、味、适、养、法、序、境、趣的完美统一。

质：指原料精粹、营养丰富、选料精良，成品系美味佳肴。

香：指诱人的气味，自然纯正，舒畅芳香，令人陡增食欲。

色：指色彩悦目、均匀柔和。辅料色彩衬托主料，与主料相辉映。

形：指艺术造型，展现美感。

器：指盛食美器。古语云：“美食不如美器。”精美菜肴，民族盛器，风格雅致。

味：指食品味道。美味食品，饱口福，增食欲。调味是美食重要因素，是中国食品的特色。

适：指吃得舒适惬意。古语云：“物无定味，适口者珍。”

养：指养生保健。吃什么与不吃什么、吃多少和怎么吃，是中国饮食养生保健之道。

法：指菜品的制作方法。中国烹调技艺有几十类近百种的烹饪方法，可谓千姿百态。

序：指肴馔品种的合理搭配，合乎时序，注重时令。上菜有序，进食有序。

境：是指宴饮环境。佳肴美景，让人胃口大开，故餐饮环境必须幽雅和谐。

趣：指进食者雅逸、欢畅的情趣，如吟诗助兴、猜拳喝酒、叙旧谈心。

二、中国菜肴流派、名菜、小吃

（一）中国菜肴风味流派

中国烹饪，源远流长，内涵丰富，工艺精湛，流程严谨，工序完整，方法多变，中国与法国、土耳其并列为世界三大烹饪王国。孙中山先生说：“昔日中西未通市以前，西人只知烹饪一道，法国为世界之冠，及一尝中国之味，莫不以中国为冠矣。”中国菜系最有影响力的是“四大菜系”和“八大菜系”。“四大菜系”即鲁、川、淮扬、粤；“八大菜系”即鲁、川、苏、粤、湘、浙、闽、皖。还有“十大菜系”之说，即“八大菜系”再加北京、上海两个菜系；也有“十二大菜系”之说，即再加河南（豫）、陕西（陕）两个菜系。除以上菜系外，东北三省、湖北、中国台湾、中国香港等省市的菜肴也各有特色。此外，中国菜系还可分为御膳、官府菜、少数民族菜系、素菜、药膳等。品种之多，冠居全球。

（二）中国名菜、名特小吃

1. 山东名菜：糖醋黄河鲤鱼、油爆双脆、九转大肠、锅烧肘子、锅塌豆腐、琉璃苹果、油焖大虾、葱烧海参、奶汤鱼翅、红烧海螺、四味大虾等。

山东名特小吃：广饶大旋饼、利津水煎包、腌螺、香葱煎包、开锅鱼汤水饺、黄河口烧饼、红烧兔头、周村烧饼、豪门素包、德州扒鸡、济南香肠、油盘丝饼、灌汤包、糖醋煎饼、五仁包、荠菜春卷、八批果子、玫瑰糖炸糕、长清大素包、民众煎包。

2. 四川名菜：鱼香肉丝、宫保鸡丁、生爆盐煎肉、干烧鱼翅、干烧岩鲤、开水白菜、回锅肉、家常海参、粉蒸肉、咸烧白、甜烧白、蒜泥白肉、麻婆豆腐等。

四川名特小吃：蛋烘糕、龙抄手、玻璃烧卖、担担面、鸡丝凉面、赖汤圆、宜宾燃面、夫妻肺片、灯影牛肉、小笼粉蒸牛肉、棒棒鸡、钟水饺等。

3. 江苏名菜：鸡包鱼翅、清炖蟹粉狮子头、扒烧整猪头、醋熘鳜鱼、拆烩鲢鱼头、三套鸭、大煮干丝、品锅仔鹅、湖砂锅鱼头、蟹粉海底松、蛋黄狮子头、霸王别姬、沛公狗肉、羊方藏鱼、镜箱豆腐、天下第一菜等。

江苏名特小吃：葱油火烧、汤包、三丁包子、蟹黄烧卖、三丁大包、翡翠烧卖、千层油糕、黄桥烧饼、姜堰酥饼、薄皮包、三星麻团、花色酥点、六凤居葱油饼等。

4. 广东名菜：鲜荷玉鸳鸯、金玉扣柱脯、绉纱圆蹄、荔芋香扣肉、金华白玉扣、鼎湖上素、柚皮扣火腩、冬菇海参扣鹅掌、麒麟海皇鲍、兆柱扒芥胆、鲍鱼扒仙掌、蟹黄扒瓜脯、乌龙吐珠、八珍扒菜胆、玫瑰酒双焗鸽、东江豆腐、扁水酥鸡等。

广东名特小吃：荷包饭、肉粥、虾饺、肠粉、牛肉烧卖、叉烧包、云吞面、姜奶、娥姐粉果、肇庆裹蒸、延寿堂药膏、鼎湖山茶饼、安铺鸡饭、潮州老婆饼、丹灶慈菇等。

5. 湖南名菜：东安子鸡、荷花鱼肚、红煨八宝鸡、鸡汁鲍鱼、麻辣仔鸡、腊味合蒸、清炖牛肉、酱汁肘子、冰糖湘莲、荷叶软蒸鱼、蒸钵炉子、红烧寒菌、湘西酸肉等。

湖南名特小吃：麻烘糕、红庙酥饼、四季美汤包、三鲜豆皮、虾球、仙桃蒸三元、香菜圆子、九珠皮蛋、炒良乡栗子、碱酥饼、莲藕糯米粥、武汉猪肉干、炒白果、顶顶糕、云梦鱼面、萝卜饺子、炸广椒、泡菜牛肚丝、包面等。

6. 福建名菜：茸汤广肚、鸡丝燕菜、糟汁氽海蚌、煎糟鳗鱼、淡糟鲜竹圣、东壁龙珠、油焖石鳞、佛跳墙、鹭江彩丝鸡、香露全鸡、酥鱿鱼丝、一品戈抱蛎等。

福建名特小吃：七星鱼丸、锅边糊、燕皮、芋泥、光饼、线面、扁肉、春卷、咸肉粽、峡阳桂花糕、枫亭糕、炊饼绿豆糕、火烧豆荚、杜浔酥糖、土笋冻等。

7. 浙江名菜：鸡汁燕窝、白汁鲍脯、鸡火鱼唇、三鲜海参、橘络明骨、扣燕干贝、蒜子鱼皮、黄鱼熘翅、金腿猴蘑、黄鱼海参、雪菜大汤黄鱼、香蕉黄鱼夹、黄鱼烩鱼肚、腐皮包黄鱼等。

浙江名特小吃：蟹黄汤包、虾子面、江毛水饺、混汤酒酿元宵、三河米饺、猪油汤团、西湖桂花藕粉、五味香糕、西施舌、像生雪梨、斜桥榨菜、油卵、震运同玫瑰酥糖等。

8. 安徽名菜：红烧头尾、清炖马蹄鳖、腌鲜鳜鱼、黄山炖鸽、毛峰熏鲥鱼、奶汁肥王鱼、葡萄鱼、符离集烧鸡、青炒砂焐鸡、霸王别姬、腌鲜鳜鱼、软兜冰鱼、鱼咬羊、网油鳜鱼、菊花鱼等。

安徽名特小吃:八公山豆腐、八公山雪月银球、徽州臭豆腐、五城茶干、油煎毛豆腐、无为送灶粑粑、徽州状元饭、五香辣味牛肉干、腊八豆腐、芜湖瓜子、一品玉带糕等。

三、餐饮商品开发

(一)餐饮商品开发的概念

餐饮商品开发是指不断提高原有餐饮商品质量,使其潜在文化优势转化为现实的经济优势;或者从事新餐饮商品的研究、试制、投入市场的行为和过程。

(二)餐饮商品开发的类型

1. 开发营养保健型餐饮商品。餐饮商品最重要的功能,就是提供维持生命的营养物质。因此,世界各地掀起了营养保健食品热潮,如,药膳食品、纤维食品、保健食品、营养食品等,都已上升到了显著的位置。

2. 开发中外技艺结合型餐饮商品。改革开放多年来,中外烹饪技术、饮食方式等,不断交流模仿,借鉴交融,开发出中外技艺结合型的餐饮商品,满足了消费者的求新、求异的追求。

3. 开发返璞归真型餐饮商品。返璞归真是指开发崇尚自然、回归自然、无污染、无公害的绿色餐饮食品。如,自然、清新、营养、美味、朴实的粗粮系列食品,田园食品,山野食品,海洋食品等。

4. 开发大众型餐饮商品。随着人们生活水平的提高,居民外出用餐增多,大众型菜品就成为市场的主流。如,时令蔬菜、家常菜、乡土菜等,加上推销展示、美食节的开展、粗粮细做、荤菜素做、下脚料精做,大众菜品更广为推广。

(三)餐饮商品开发的原则

1. 传统的原则。传统的原则,就是继承传统、发展传统的原则。我国古代和民间传统饮食烹饪留下了丰富的实践经验和技艺,有待我们挖掘、整理、继承。在继承传统的同时,又要发展传统,总结传统、提高传统。

2. 民族的原则。民族的原则,是展现地方性、民族性特色的原则。民族的才是世界的,民族性的餐饮商品,是最具特色、最具生命力的餐饮商品,应深入挖掘、整理、开发。

3. 食用为先的原则。食用为先的原则,是指入味、好吃的原则。不论什么菜肴,从选料、配菜到烹制,都要以食用为先,适应顾客的口味,才算是成功的开发。

4. 合理营养的原则。营养的原则,是坚持有营养、有益于人们健康的原则。一个菜肴仅仅是好吃而对健康无益,是没有生命力的。所以餐饮开发应营养配餐有益健康。

5. 市场导向的原则。市场导向的原则,是从市场的需求出发、从顾客需求变化出发的原则。商品问题是市场问题。市场的发展变化，直接影响商品的销售。所以餐饮商品的开发，要以市场为导向，要以顾客的需求变化为导向。

第二节 餐饮商品的文化建设

一、餐饮文化

（一）餐饮文化的概念

餐饮文化是人类餐饮长期实践经验积淀的物质文明和精神文明的一种文化形态，是以烹饪食品、食用方式、餐饮器皿、餐饮环境、餐饮经营、餐饮销售、餐饮服务为内涵的人类餐饮长期历史活动的积淀。

（二）我国传统餐饮文化的类型

1. 年节餐饮文化。我国年节餐饮文化，是指农事祭祀、宗教节日和民族传统节日，三者相互渗透、影响、融合而形成的一种民俗节日餐饮文化形态。年节餐饮文化，即节庆饮食文化或节庆食俗文化。我国年节食品丰富，最初是为了祭祀祈年、祈福消灾，祭祀后的美味佳肴则是人们的口福。几千年来年节食俗延续至今。在节日里通过食俗活动加强亲友联系，调剂生活节律，表现了人们追求、企望的心理和文化需求。如，每年农历五月初五端午节，人们吃粽子寄托对爱国诗人屈原的怀念。又如农历七月七日为乞巧节，人们用乞巧果（各种雕花果、花瓜、花点等）供奉牛郎织女，向织女星乞求女工之巧，表现人们对勤劳、聪慧、美德的崇尚和追求。还有过年吃饺子、汤圆、年糕，中秋吃月饼等，都表达合家团聚、亲人安康的美好祝愿。

2. 人生礼仪餐饮文化。人生礼仪餐饮文化，是指人们不同年龄阶段举行的礼节仪式，在长期历史活动中形成的一种礼仪餐饮习俗文化形态。人生礼仪是为某个生命主体举行的仪式，更重要的在于人与人之间的交往，餐饮食品则成为人们交往的手段。一个人的出生、成年、结婚、死亡等时刻被视为人生生命的转折点。人生礼仪餐饮文化，则展现了独特文化情境和内涵的饮食习俗。

人生礼仪餐饮具有象征意义，如：求子时，吃喜蛋、喜瓜、红枣、莲子、花生、石榴，得喜时，不能吃姜，有的地方孕妇不吃鸡肉、狗肉；结婚的席菜，应为双数，最好是八、十，菜名宜用吉语，水果不能是梨和橘子，而应以核桃、花生、桂圆等“福果”为佳。这些食品是不同情感的价值取向。

3. 宗教餐饮文化。宗教餐饮文化，是指宗教界以餐饮的相关礼仪和文化内涵为内容，长期活动历史积淀的一种文化形态。宗教餐饮主要是素食。由于佛、道寺院宫观的兴盛，寺院素菜不但随之发展，而且成为今天素菜的代名词。今天，人类回归自然，纯净素食成为21世纪饮食新潮流。为此对传统素食名菜佳肴应发扬光大，开发素食，培养名师，建造素斋素馆，推出素食名菜名肴，使之迈上新的台阶。

4.少数民族餐饮文化。少数民族餐饮文化，是指少数民族的食品、食用方式、器皿、环境、礼仪等，少数民族餐饮历史活动积淀的一种文化形态，是少数民族在餐饮方面物质文明和精神文明的总和，是一种特有的地方风味民族餐饮文化。由于少数民族饮食习惯、制作方法、盛具器皿、食用材料不同，风味饮食形成各自的特色。

为打造民族餐饮，挖掘民族特有的饮食文化，可开发少数民族系列菜肴。如，傣族名菜“酸笋鸡”，经过专家琢磨，如今已成为高档宴席上的名菜，那是一钵象牙色的汤，卧着一只鲜嫩的全鸡，有酸辣的特殊味道，却不见一丝杂物。又如，壮族的“鱼生”“五彩糯米饭”“拌吃生血”；瑶族的“油茶”；土家族的“血豆腐”“砣砣肉”；藏族的“糌粑”“酥油茶”“青稞酒”；满族的“饽饽”等，这些民族菜肴，完全符合现代人的饮食观念，如能展现在游客面前，定会受到意想不到的青睐。

二、餐饮文化的发掘与整理

我国餐饮文化博大精深，需要我们深入发掘与整理。

（一）发掘整理民族特色的餐饮商品

民族餐饮就是本民族、本土化风味、地方特色的餐饮，是不可替代的最具吸引力的餐饮。民族的就是世界的，所以餐饮商品的发掘整理，要展现民族文化特色，就会有市场、有效益。

（二）发掘整理绿色餐饮商品

绿色食品，是没有污染、有益于人们健康的食品。人们对绿色食品的消费需求在不断增长，所以应积极发掘整理绿色餐饮商品的开发，才符合提高人民生活质量和保障健康安全的要求。

（三）发掘整理美食与营养相统一的餐饮商品

美食是指人们对餐饮“色、香、味、形、器”的统一。而与美食紧密相连的是营养，只有同时又具有丰富营养的食品，才能保证人们健康的需求。所以餐饮食品发掘与整理，是要使美食与营养相统一。

三、餐饮商品的文化建设

（一）餐厅商品环境的文化建设

餐饮文化建设要注重用餐环境建设。雅座餐厅、优美草堂、花前月下、山前水边，自然清静，有利于用餐者的享用；优雅的环境，设施的高雅，使进食者具有享受美食的情怀。餐饮环境建设，要因地制宜，从实际出发，与环境文化相协调。如果是城市宾馆餐厅，应彰显环境的优雅；乡村古寨的餐厅，环境则应古朴自然；

如果是民族餐厅，环境建设应与民族人文相协调。

（二）餐饮商品命名文化建设

餐饮食品命名，是一种文化性包装，能起画龙点睛的作用。美食冠以美名，可以把美感引向新的境界。命名方法有：以原料加烹调方式命名，如“清蒸鳜鱼”、“红烧肉”等，可让游客了解菜品制作的原料和烹调的方法；菜名加人名命名，如“宋嫂鱼”“东坡肉”等，体现了传统菜肴和名人的特点；菜品加地名命名，如“北京烤鸭”“天津包子”等，体现了地方风味特色；用历史典故命名，如“霸王别姬”“九转大肠”等；菜品形状命名，如“琵琶虾”“松鼠鱼”等，展现菜肴的造型特色；用比喻手法命名，如“花色冷盘龙凤戏”“雄鹰展翅”等；以诗情画意命名，如“宫门献鱼”“红娘自配”等；地方风俗习惯命名，如“手抓羊肉”“烤全羊”等。菜肴命名，不仅将美食配上美名，而且会使食用者心情舒畅，获得文化精神的心理享受。

（三）餐饮商品服务文化的建设

能不能满足客人的“嘴”，要看餐饮食品的质量；能否留住客人的“腿”，要看服务质量能否留住客人的“心”。所以服务文化建设至关重要。

1. 服务人员要树立科学的服务理念。如果服务人员只是树立业务职责的理念，简单地为客人提供方便的服务行为是不够的，更重要的是要树立服务的理念。服务就是企业的形象、品牌和效益，能对客人提供出自内心的热情、友情、亲情的服务，使客人享受宾至如归的温馨。因此服务人员的语言、表情和行为，都要具有文化品位和应有的规范。

2. 迎宾员引领客人入座后，服务人员要主动向客人提供菜谱，介绍供应菜式。要站在客人的右边，距离保持在0.5～1米之间，姿势端正，面带微笑，身体稍向前倾，留心听，认真记，然后通知厨房制作。上菜时，要亲切地介绍每一道菜肴的品名和特色，重点特色菜肴要重点介绍。

3. 推销酒水。服务人员事先要牢记酒水的名称、产地、价格、特色、功效等，回答客人提问要准确、流利。若含糊其辞，使用“差不多”、“也许”、“好像”等词语，会使客人对价格、质量产生怀疑。

4. 注重推销服务技巧。绝大多数客人进入餐厅后对自己吃什么没有一个准确的概念，一个优秀的服务人员在与客人短暂接触后，应能立即准确判断出客人的消费水平、档次和爱好，并有针对性地给客人推销菜点和酒水。“酒过三巡，菜过五味”，宴席就会进入高潮。这时，服务员应不失时机地推销酒店的菜品和酒，可以礼貌地说“各位先生，请允许我打扰一下，大家喝得这么高兴，同样我也很开心，只是现在酒已所剩不多，是否需要再来一瓶呢？”在客人中，往往有人会随声附和地说：“好，那就再来一瓶”，这样就会很容易地把酒推销出去了。

5. 菜上齐后要告诉客人：“各位先生，打扰一下，你们的菜已经上齐，请慢用。若还有其他服务，我非常乐意为你们效劳”。这样说有两层含义：一是要让客人清楚菜已上齐,看看与他们所点的菜品是否一致;二是要提醒客人如果菜不够的话可以再加菜。

6. 微笑服务。在整个服务过程中,服务人员自始至终应该充满亲切、自然、大方、得体的微笑,着装高雅、行为规范。客人用餐结束还应热情欢送,并说"欢迎下次光临,谢谢! 再见!"等礼貌用语。

第三节 酒文化

一、酒的概念

酒,是以含淀粉或糖质的谷物或水果为原料,经过发酵、蒸馏、勾兑等工艺制成的含乙醇的饮料。其中乙醇(食用酒精)是一种能刺激和麻痹人们神经系统的物质。人们少量饮用酒,可感到兴奋和快感。

二、酒的分类

我国有悠久的酿酒历史,酿造出许多被誉为神品或琼浆的美酒。中国酒类品种繁多,风格独特。可按不同方式进行不同的分类:按生产工艺可分为发酵酒、蒸馏酒和配制酒。按酒精含量可分为低度酒(20 度以下)、中度酒(20 ~40 度之间)、高度酒(40 度以上)三种类型。按酒的香型可分为酱香型白酒、浓香型白酒、清香型白酒、米香型白酒、其他香型白酒。按酒的品名分类:白酒、黄酒、啤酒、果酒、药酒、仿洋酒等。

三、名酒

(一)洋酒

1. 法国白兰地。世界上生产白兰地的国家中以法国最为驰名。法语"Brandy"(白兰地)的意思是"生命之火",它是以葡萄酒为基础,再经过蒸馏精制而成的一种白酒。酒精度在 42°左右,颜色金黄,香甜柔和。精制过程中,再存储在一种带香味的田缘木木桶内,更香更甜,呈现晶莹的虎珀色泽。如果用其他果类为原料酿制的酒,前面就冠以果实的名称,如苹果白兰地、樱桃白兰地等。

2. 英国威士忌。威士忌是英文"Whisky"的译音,意思为"生命之水"。正宗的威士忌产于英国、爱尔兰,用大麦汁蒸馏后存于橡木桶中醇化,酒精度在 40°左右。现在制造威士忌又使用玉米、小麦、黑麦等为原料。

3. 俄罗斯的伏特加酒。伏特加酒以谷物或马铃薯为原料,经蒸馏制成,酒精度高达 95°,再用蒸馏水淡化至 40° ~60°,并经活性炭过滤,酒质晶莹澄澈,无色清淡爽口，不甜、不苦、不涩，有烈焰般的刺激，形成独具一格的特色。在调制鸡尾酒的基酒之中，伏特加酒最具灵活性、适应性和变通性。

4. 卡瓦气泡酒。卡瓦气泡酒是以葡萄为原料制成的气泡酒，产于西班牙东北部，"卡瓦"是希腊语，意为"高端"。卡瓦气泡酒酒色淡黄，明亮诱人，细腻的气泡形成多重串链，带上少许烟熏色调，口感浓厚，不带甜味，气香和谐，味道持久，拌有一丝丝细腻的苦感和强烈的香草味。

5. 荷兰的杜松子酒。杜松子酒是用大麦、玉米为主要原料，蒸制成新酒，加入杜松子后，再蒸馏而成。具有杜松子香气，颜色透明，酒精度一般为38°~40°，分甜型和干型两种。干型是大型宴会等场合配制鸡尾酒的主要酒之一。甜型爽口，香味浓郁，只适于纯饮，不宜作混合酒的基酒，否则会破坏配料的香味平衡。

6. 意大利苦艾酒。意大利苦艾酒以葡萄酒精或酒精等烈性酒为基酒，添加以苦艾草为主的多种草药制成。苦艾酒分苦艾酒和苦酒或苦味啤酒两种。意大利生产较甜的苦艾酒。

7. 牙买加朗姆酒。牙买加朗姆酒以蔗糖做原料，先制成糖蜜，再经三周以上时间发酵，然后蒸馏两次，再装入橡木桶储存3年以上，产生了更多的酯和果香。牙买加朗姆酒的陈酿时间大都在5年以上。酒色金黄，糖蜜香，味辛醇厚，酒精度45°~50°。浓烈型朗姆酒以牙买加的为代表。

8. 日本清酒。日本清酒，是以精白米制成的低度酒，享有日本"国酒"的美名。其工艺是分批投料，低温发酵，色泽淡黄或无色，清亮透明，芳香宜人，口味纯正，绵柔爽口，其酸、甜、苦、涩、辣诸味协调，酒精含量15°以上，含多种氨基酸、维生素，是营养丰富的饮料酒。

9. 澳大利亚葡萄酒。澳大利亚葡萄酒以无污染、品质优良的葡萄酿制而成。橡木桶储存低温发酵，口感丰腴，有巧克力和水果香。有白葡萄酒、红葡萄酒，品种繁多，价位适中。

10. 加拿大冰酒。加拿大冰酒，是在零下10℃以下，采摘冻硬了的葡萄酿造，用百分之百葡萄汁发酵而成。色泽金黄或显红色，醇厚清爽，品质上乘。自1989年起，在世界各地屡获殊荣，享有"加拿大国酒"的美誉。

（二）我国十大名酒

1. 贵州茅台酒。茅台酒素有中国"国酒"之称。1915年巴拿马国际博览会上被评为世界第二名酒，荣获金质奖。一个世纪以来，精湛的酿造技艺和独特的色、香、味为世人称颂，名甲天下，成为国内外市场的"酒中明珠"。

2. 四川五粮液。五粮液是大曲浓香型白酒，产于四川宜宾市，用小麦、大米、玉米、高粱、糯米5种粮食发酵酿制而成，在中国浓香型酒中独树一帜。它以"香气悠久、滋味醇厚、进口甘美、入喉净爽、各味谐调，恰到好处"的风格享誉世界。

3. 山西汾酒。山西汾酒是我国清香型白酒的典型，工艺精湛，源远流长，无色透明，清香雅郁，以入口绵、落口甜、饮后余香、回味悠长，在国内外享有较高的知名度、美誉度和忠诚度。专家称誉其色、香、味为酒中“三绝”，历来为消费者所称道。

4. 贵州董酒。董酒无色，清澈透明，幽雅舒适，既有大曲酒的浓郁芳香，又有小曲酒的柔绵、醇和、回甜，还有淡雅舒适的药香和爽口的微酸，入口醇和，饮后甘爽，酒质奇特，被誉为白酒中独树一帜的“药香型”或“董香型”的典型。

5. 四川剑南春。剑南春，无色，清澈透明，芳香浓郁，醇厚回甜，香味协调，清冽净爽，余香悠长。著名书法家启功赋诗：“美酒中山逐旧尘，何如今酿剑南春。海棠十万红生颊，却是西川醉前人。”作家刘心武赋诗：“人间有酒香满杯，难得剑南春滋味。艰辛独留自己尝，幸福赠予天下醉。”

6. 泸州老窖。泸州老窖无色透明，窖香浓郁，清冽甘爽，饮后尤香，回味悠长。具有浓香、醇和、味甜、回味长的四大特色。主要原料是优质糯、高粱，用小麦制曲，用龙泉井水和沱江水，工艺是传统的混蒸连续发酵法，蒸馏得酒，再用“麻坛”贮存一二年，品尝和勾兑，达到一定标准方能出厂，保证了品质和独特风格。

7. 江苏洋河大曲。洋河大曲，清澈透明，芳香浓郁，柔绵鲜爽，甘甜醇厚，余香悠长，甜、绵、软、净、香。以黏高粱为原料，用当地有名的“美人泉”水酿造，用高温大曲为糖化发酵剂，老窖长期发酵，酿成28°、18°低度系列白酒。28°洋河大曲1988年在全国第五届评酒会上荣获国家优质酒称号及银质奖。书法家启功诗曰：“早闻佳酿出洋河，一饮琼浆发浩歌；添得少陵诗料富，仙人第九席中多。”

8. 安徽古井贡酒。古井贡酒，以优质高粱做原料，以大麦、小麦、豌豆制曲，沿用陈年老发酵池，继承了混蒸、连续发酵工艺，并运用现代酿酒方法，加以改进，博采众长，形成自己的独特工艺，酿出了风格独特的古井贡酒。酒液清澈如水晶，香醇如幽兰，酒味醇和，浓郁甘润，黏稠挂杯，余香悠长，经久不绝。书法家启功题词：“佳酿千年传魏井，浓香万里发汤都。”

9. 四川郎酒。郎酒系酱香型大曲酒。以高粱和小麦为原料，引郎泉之水，酿造工艺与茅台酒大同小异，两次投料，七次取酒，周期九个月，按质贮于天然的“天宝洞”和“地宝洞”，三年后勾兑出厂。人称“山泉酿酒，深洞贮藏；泉甘酒冽，洞出奇香”。酒呈黄色，清澈透明，酱香突出，酒体丰满，空杯留香，以“酱香浓郁、醇厚净爽，幽雅细腻，回甜味长”的独特风格著称。

10. 山西竹叶青。竹叶青酒和千年盛名的汾酒同产于山西汾阳杏花村汾酒厂，在第二届、第三届全国评酒会上，均被评为全国十大名酒之一。色泽金黄透明而微带青碧，用汾酒和药材浸液形成独特香气，芳香醇厚，入口甜绵微苦，温和，无刺激感，余味无穷。竹叶青酒远在古代就享有盛誉。

四、酒文化

（一）酒文化的概念

酒文化是指人类以酒为载体产生与酒相关的事项所表现的具有文化内涵的

一种文化形态，也是人类在征服自然、改造社会、塑造自身的历史过程中，所创造的酒类物质文明和精神文明历史积淀的一种文化形态。酒文化包括酒类知识、酒具、酒的体系特征和酿酒技艺，以及饮酒的行为方式及其准则。饮酒行为方式和准则，包括酒政、酒令、酒仪、酒俗、酒礼、酒德、酒趣、酒功等，以及饮酒者心态、文化性格、修养、饮酒技艺等。

（二）酒文化的表现形式

1. 酒谱。酒谱，指酒和制酒方法的专著。宋代有窦苹的《酒谱》、张能臣的《酒名记》、朱翼中的《北山酒经》；元代有宋伯仁的《酒小史》；明代有冯石化的《酒史》。贾思勰《齐民要术》中有三篇写酒的酿制方法；李时珍《本草纲目》中有“酒”的专章；高濂《遵生八笺·酿造类》中有各种造酒法，这些均属酒的专著。

2. 酒器。酒器，指盛酒的容器。酒器随着酒的出现而产生。酒器的使用都有一定的搭配和组合的规范。从用途看，一套完整的酒器有盛储器、温煮器、斟灌器、挹取器、饮用器和娱酒器，春秋以后又增加了冰镇器。从材质来说，早期的酒器多为陶器，尔后出现漆木器、青铜酒器和原始青瓷；东周以后，材质更为繁多，如金银器、玉器、瓷器和玻璃器等相继出现。随着社会经济的发展，酒器的制作技术、材料、外形等都在不断发生变化。

3. 酒德。酒德，指饮酒者的道德和风度规范。合度者有德，失态者无德，恶趣者缺德。酒德两字最早见于《尚书》和《诗经》，其含义是说饮酒者要有德行，不能像商纣王那样“颠覆厥德，荒湛于酒”。中国传统主张让酒回归到文化的本位：量力而饮、节制有度、饮酒不能强劝。

4. 酒礼。酒礼，指饮酒者的文化礼仪。古代饮酒的礼仪约有四步：拜、祭、啐、卒爵。就是先做出拜的动作，表示敬意，接着把酒倒出一点在地上，祭谢大地生养之德；然后尝尝酒味，并加以赞扬，令主人高兴；最后仰杯而尽。在酒宴上，主人要向客人敬酒（叫酬），客人要回敬主人（叫酢），敬酒时还要说上几句敬酒辞。客人之间相互也可敬酒（叫旅酬）。有时还要依次向人敬酒（叫行酒）。敬酒时，敬酒的人和被敬酒的人都要“避席”，起立。普通敬酒以三杯为度。我国56个民族中，除了信奉伊斯兰教的回族一般不饮酒外，其他民族都是饮酒的。饮酒习俗各民族又有独特的风格。

5. 酒联。酒联，指与酒相关联的文学对联或酒店招徕顾客的对联。如饮酒者借酒取乐，逗人酒兴所作的对联。如：“东不管，西不管，酒馆！”；“兴也罢，衰也罢，喝吧！”；“刘伶借问谁家好，李白还言此处香”。这种酒联戏谑有趣，令人玩味无穷。又如民间酒店为了招徕顾客，也有不少佳句。如：“座上不乏豪客饮，门前常扶醉人归”；“酿成春夏秋冬酒，醉倒东南西北人”；“闻香十里春无价，买醉三杯梦也香”；有些酒联，颇有地方特色。如川味酒馆对联：“绵香浓，蜀酒特色；麻辣烫，川味正宗。”

6. 酒令。酒令，是酒席上的一种助兴游戏，一般是指席间推举一人为令官，余者听令，轮流作诗、联语或其他类似游戏，违令者或负者罚饮，所以又称“行令饮酒”。酒令是一种酒文化。饮酒行令，是饮酒助兴的一种方式。酒令诞生于西周，完备于隋唐。酒令可分为雅令和通令。如，四书令、花枝令、诗令、谜语令、改字令、典故令、牙牌令、人名令、快乐令、对字令、筹令、彩云令等。

7. 酒诗。中国是世界上酿酒与饮酒最早的国家之一，距今已有五千年的历史。中国是一个古老的诗国，已有四千多年诗词历史。在这漫长的岁月中，诗与酒结下了难解之缘。三国时曹操吟出“对酒当歌，人生几何！”，“何以解忧，唯有杜康！”的名句；晋代的刘伶在酒德颂中写道：“天生刘伶，以酒为名。一饮一斛，五斗解酲。”

（三）酒的品尝

1. 白酒的品尝。白酒品尝，主要是观色、闻香、尝滋味，然后综合色、香、味的特点判断酒的风格、质量和特色。

品尝时，将酒杯举起，置酒杯于鼻下二寸处，头略低，轻嗅其气味，然后摇杯闻其香。凡是香气协调，有愉快感，主体香突出，无其他杂气味，溢香性就好；倒出就香气四溢、芳香扑鼻的，酒中的香气物质较多，喷香性好；刚入口，香气就充满口腔，有冲喷之势的，说明酒中低沸点的香气物质含量较多，留香性好；咽下后，口中仍留有余香，酒后打嗝时，还有令人舒适的特殊香气喷出的，酒中的高沸点酯类较多。

2. 黄酒的品尝。黄酒品尝分三步：首先观色泽，须晶莹透明，有光泽感，无混浊或悬浮物，无沉淀物荡漾其中，具有琥珀红色者为佳。其次，将鼻子移近酒盅或酒杯，闻其幽雅、诱人的馥郁芳香。再次，用嘴轻啜一口，搅动整个舌头，徐徐咽下有一种非文字所能表达的美味感受。黄酒传统饮法是温饮。温酒的方法一般有两种：一种是将盛酒器放入热水中烫热，另一种是用明火加温。但黄酒加热不宜过久，否则酒精都挥发掉了，反而淡而无味。一般冬天盛行温饮。目前，年轻人盛行一种冰黄酒的喝法，尤其在我国香港地区以及日本，流行黄酒加冰饮用。也可根据个人口味，在酒中放入话梅、柠檬等。

3. 葡萄酒的品尝。葡萄酒的颜色丰富多彩，具有多变性和多样性。不同的葡萄品种酿成的葡萄酒颜色有所差异。通常用没有花纹的玻璃杯，不会影响到酒的天然果香。玻璃杯是无色的，可让我们判断酒的颜色。白葡萄酒越老，颜色会渐渐变深。红葡萄酒越老，颜色会渐渐变浅。葡萄酒品尝分为三步：一摇，二闻，三尝。

摇酒：用高脚杯子缓缓将杯中的酒摇醒，以展露它的特性。可避免用手持拿杯身，而影响到酒温。

闻酒：在没有摇动酒杯时闻酒，感知的气味是酒的“第一气味”；将酒杯旋转晃动后再闻酒。旋转晃动时，酒与空气接触，可以闻到释放的挥发性香味，这是酒的“第二气味”，反映了葡萄酒的内在质量。

品酒：即入口品尝。轻吸一口，使它均匀地在口腔内分布，先不要吞下去。让它在口中打滚，使它充分接触口腔内器官，以便品尝和评判它的细微差别。

4. 啤酒的品尝。喝啤酒同喝葡萄酒一样，要一看、二闻、三品尝，但具体操作略有不同。

一看：首先，看酒的色泽：普通浅色啤酒应该是淡黄色或金黄色，黑啤酒为红棕色或淡褐色；其次，看酒的透明度：酒液应清亮透明，无悬浮物或沉淀物；最后，看泡沫：啤酒注入无油腻的玻璃杯中，泡沫应迅速升起，泡沫高度应占杯子的1/3，当啤酒温度在8～15℃时，5分钟内泡沫不应消失，同时泡沫还应细腻、洁白，散落杯壁后仍然留有泡沫。

二闻：闻香气，在酒杯上方，用鼻子轻轻吸气，应有明显的酒花香气，新鲜、无老化气味及生酒花气味。黑啤酒还应有焦麦芽的香气。

三尝：品尝味道，入口纯正，没有酵母味或其他怪味杂味，口感清爽、协调、柔和，苦味愉快而消失迅速，无明显的涩味，有二氧化碳的刺激，使人感到杀口。

第四节 软饮料、茶文化

一、软饮料

（一）软饮料的概念

软饮料又称无酒精饮料，是指一种酒精浓度不超过0.5%（容量比）的提神解渴饮料。但也有极少数软饮料含有微量酒精成分，其作用也仅是调剂口味或改善饮料的风味而已。

（二）软饮料的分类

按原料和加工工艺分为：果汁及其饮料、蔬菜汁及其饮料、植物蛋白质饮料、植物抽提液饮料、乳酸饮料、矿泉水和固体饮料。

按是否含有二氧化碳分为：碳酸饮料和非碳酸饮料。

按原料及其特点可分为：矿泉水、果蔬汁饮料、碳酸饮料、乳饮料、植物蛋白饮料、茶、咖啡及其他饮料等。

按物理状态可分为：固体饮料和液体饮料。

按性质和饮用对象分为特种用途饮料、保健饮料、餐桌饮料和大众饮料。

二、茶

（一）茶的起源与类型

1. 茶的起源。茶是指用茶叶沏成的饮料。中国人饮茶，有的认为起源于上古，有的认为起源于周代、秦汉、三国、南北朝、唐代。总之众说纷纭，原因是因唐代以前无“荼”字，只有“荼”字的记载，直到《茶经》作者陆羽将“荼”字减一画而写成“茶”，因此便有茶起源于唐代的说法。

2. 茶的类型。

(1)按茶的发酵程度分类。按茶的发酵程度划分：发酵程度95%的为红茶，85%的为黄茶，80%的为黑茶，60% ~70%的为乌龙茶，30% ~40%的为包种茶，15% ~20%的为青茶，5% ~10%的为白茶，完全不发酵的为绿茶。青茶之毛尖并不发酵，绿茶反有部分发酵。按国际上较为通用的分类法，有不发酵茶、半发酵茶、全发酵茶。

(2)按照茶色分类。按茶色可作如下划分：

绿茶：绿茶又分为炒青绿茶、烘青绿茶和青绿茶。

红茶：红茶又分为小种红茶、功夫红茶和红碎茶。

白茶：白茶又分白芽茶和白叶茶。

黄茶：黄茶又分黄芽茶、黄小茶和黄大茶。

青茶：青茶又分北青茶、南青茶、广东青茶和台湾青茶。

黑茶：黑茶又分湖南黑茶、湖北老茶、四川边茶和滇桂黑茶。

另外依据不同的产茶季节还可分为：春茶、夏茶、秋茶、冬茶。

(二)中国十大名茶

中国茶叶历史悠久，茶类品种丰富。中国名茶就是在浩如烟海的诸多茶叶品种中的珍品。中国名茶在国际上享有很高的声誉。

1. 杭州西湖龙井。西湖龙井产于杭州西湖周围的群山之中。西湖龙井茶以“狮(峰)、龙(井)、云(栖)、虎(跑)、梅(家坞)”排列品第，以龙井为最。龙井外形挺直削尖、扁平俊秀、光滑匀齐、色泽绿中显黄；冲泡后，香气清高持久，香馥若兰；汤色杏绿，清澈明亮，叶底嫩绿，匀齐成朵，芽芽直立，栩栩如生；品饮茶汤，齿间流芳，回味无穷。龙井居中国名茶之冠。

2. 苏州洞庭碧螺春。洞庭碧螺春茶产于苏州吴中区太湖洞庭山。碧螺春茶条索纤细，卷曲成螺，披满茸毛，色泽碧绿；冲泡后，味鲜生津，芬芳清香，汤绿水澈，叶细匀嫩。民间说：碧螺春是“铜丝条，螺旋形，浑身毛，一嫩(芽叶)三鲜(色、香、味)自古少”。目前多用手工炒制，其工艺过程是：杀青—炒揉—搓团—焙干。

3. 太平黄山毛峰。黄山毛峰茶产于安徽黄山。茶树沉浸在云蒸霞蔚之中，茶芽格外肥壮，柔软细嫩，叶片肥厚，经久耐泡，滋味醇甜，茶中上品。特征是：“外形细扁稍卷曲，状如雀舌披银毫，汤色清澈带杏黄，香气持久似白兰。”

4. 安溪铁观音。安溪铁观音茶产于福建安溪县，历史悠久，素有茶王之称。据载，铁观音茶起源于清雍正年间。一年可采四期茶，制茶品质以春茶最佳。品质优异，条索肥壮紧结，质重如铁，芙蓉沙绿，青蒂绿，红点明，甜花香高，甜醇厚鲜爽，品味独特，回味香甜浓郁，冲泡7次仍有余香；汤色金黄，叶底肥厚柔软，艳亮均匀，叶缘红点，青心红镶边。

5. 岳阳君山银针。君山茶，始于唐代，清代纳入贡茶。君山，为湖南岳阳县洞庭湖中岛屿。香气清高，味醇甘爽，汤黄澄亮，芽壮多绒毛，条形匀齐，着淡黄色茸毛。冲泡后，芽悬浮于汤中，后徐徐下沉，再升再沉，三起三落，蔚成趣观。清明前三四天开采，以首轮嫩芽制作，选肥壮、多绒毛、长25～30毫米的嫩芽，以大小匀齐的壮芽制作。

6. 普洱茶。普洱茶是在云南大叶茶的基础上培育出的新茶种，也称滇青茶，原营销集散地在普洱县，故此得名，距今已有1 700多年的历史。它是用攸乐、萍登、倚帮等11个县的茶叶，在普洱县加工而得名。特点是：香气持久，带云南大叶茶的独特香型，滋味浓，富刺激性；耐泡，经五六次冲泡仍有香味。有散茶与型茶两种。

7. 九江庐山云雾。中国著名绿茶之一。庐山种茶始于晋朝。宋朝列为“贡茶”。色泽翠绿，香如幽兰，味浓、醇、鲜、爽，芽叶肥嫩而显白亮。庐山云雾茶有理想的生长环境、优良的茶树品种和精湛的采制技术。采回茶片后，薄摊于阴凉通风处，保持鲜叶纯净。然后，经过杀青、抖散、揉捻等九道工序才制成成品。

8. 南投冻顶茶。冻顶茶，被誉为台湾茶中之圣，产于台湾南投鹿谷乡。冻顶茶品质优异，在台湾茶市居领先地位。色泽墨绿鲜艳，带有青蛙皮般的灰白点，条索紧结弯曲，有强烈芳香；冲泡后，汤色略呈柳橙黄色，有明显清香，近似桂花香气，汤味醇厚甘润，喉韵回甘强。

9. 祁红。在红遍全球的红茶中，祁红独树一帜，经久不衰，以高香形秀著称。祁红，是祁门红茶的简称，为功夫红茶中的珍品。祁红生产条件优越，天时、地利、人勤、种良，得天独厚，上下千年，始终不败。向以高香著称，清鲜独特，香味持久，国内外茶师称为砂糖香，并蕴藏有兰花香，清高而长，独树一帜，国际市场上称之为“祁门香”。

10. 苏州茉莉花茶。苏州茉莉花茶是我国茉莉花茶中的佳品，也是花茶中最为有名的一种。约于清代雍正年间开始发展。苏州茉莉花茶，以茶胚、配花量、窨制、产花季节的不同而有浓淡，香气因花期有别，头花所窨者香气较淡，“优花”窨者香气最浓。

（三）鉴茶与品茶

1. 鉴茶。鉴茶，是指根据茶的特征、真假、色泽等，对茶进行鉴别的方法和过程。

（1）各类茶叶的特征。绿茶清汤绿叶；红茶红汤红叶；青茶色泽青绿，汤色金黄；黄茶黄汤黄叶；白茶白汤白叶，白毫满身，汤色浅淡；黑茶汤色暗褐油黑。选购茶叶首先要学会识别真茶、假茶与新茶、陈茶。

（2）真假花茶的鉴别。此处我们以下面几种方法来分辨真假花茶：

窨花茶是真花茶，是用鲜花和茶坯在特定的环境条件下进行拼和窨制的。

窨同‘熏’，用于窨茶叶，如把茉莉花放在茶叶中，使茶叶染上花的香味，这种窨制方法使茶叶充分吸收鲜花的香气，因而窨花茶的香气浓而鲜纯，闻之既有鲜花的芬芳，又有茶叶的清香。

拌花茶是假花茶，是用花茶窨制后失去香味的花干拌和在低级茶叶中冒充窨花茶的一种假花茶。这种假花茶只有茶叶香，而无花香，闻之便能鉴别。

喷花茶也是假花茶的一种，是以喷洒少量香精在茶叶上而冒充窨花茶。此种花茶的香气过一二个月即全消。用鼻闻之无天然花香，冲泡时，第一开有香，第二开就香气全消。

（3）着色茶的鉴别。着色茶是不法商人以次充好、牟取暴利，将茶叶着色加工，这种茶称着色茶。着色茶一般为绿茶。鉴别时，可将茶叶置一盘中反复抖动，也可取一张光洁的白纸，将茶叶放在上面摩擦，再仔细察看如盘中或纸上有剥落的着色物，即为着色茶。这时再将该茶溶于透明玻璃杯中察看，如发现汤色有异常色泽，碗底有色料沉淀，可鉴别为着色茶。

（4）新茶、陈茶的鉴别。新茶外观新鲜油润、青气重、色泽碧绿、茶褐素少，条索匀称而疏松；而陈茶久放后，因为氧化叶绿素分解，外观灰暗干枯无光，茶褐素增多，条索则杂乱干硬。从冲泡后的色泽和香味上看，新茶冲泡后，叶芽舒展，汤色清澄，绿茶刚泡时汤色碧绿，而后逐渐转微黄色，闻之清香扑鼻。而陈茶冲泡后，芽叶萎缩，汤色暗浑，闻之则香气低沉。从茶味看，新茶舌感醇和、清香、鲜爽；陈茶舌感淡而不爽。

2. 品茶。品茶是指对茶叶的好坏优劣进行品评的行为和过程。中国是茶的故乡，茶文化是中华五千年历史的瑰宝，如今茶文化更是风靡全世界。这不仅仅是因为喝茶对人体有很多好处，更因为品茶本身就是一种极优雅的艺术享受。品茶讲究审茶、观茶、品茶三道程序：

（1）审茶。审茶指泡茶前要先审看茶叶，内行人一眼就能分出绿茶、红茶、花茶、青茶（乌龙茶）、黄茶、白茶、黑茶等不同的种类来。更讲究的还可以分出“明前”、“雨前”、“龙井”、“雀舌”等。

（2）观茶。观茶是看茶叶的形与色。茶叶一经冲泡后，形状就会发生很大的变化，几乎会恢复茶叶原来的自然状态，特别是一些名茶，嫩度高，芽叶成朵，在茶水中亭亭玉立，婀娜多姿；有的芽头肥壮，芽叶在茶水中上下沉浮，犹如旗枪林立。茶汤此时也会随着茶叶的运动而徐徐展色，逐渐由浅入深，由于茶的种类不同而形成绿色、黄色、红色等，此时观茶形、赏茶色甚为赏心悦目。

（3）品茶。品茶是对茶叶的好坏优劣进行品评，具体的做法就是品汤味、嗅茶香。嗅茶香先是干嗅，即嗅未经冲泡的干茶叶。茶香可分为甜香、焦香、清香等，茶叶一经冲泡之后，其香味便会随之从水中散溢出来，此时便可以闻香了。闻香之后，用拇指和食指握住茶杯的杯沿，中指托着杯底，分三次对茶水细细品味。

(四)茶文化

1. 茶文化的概念。茶文化是人类在改造自然、改造社会、塑造自身的发展过程中,创造的茶类物质文明和精神文明的历史积淀的总和,也是指以茶为载体所表现的各种相应文化的总和。茶文化主要是中国的茶文化。它兴于中国唐代,盛于宋代、明代,衰于清代。

2. 茶文化的表现形式。茶文化是中华传统优秀文化的组成部分,内容十分丰富,表现形式也多种多样。

(1)茶的专著。《茶经》是世界上第一部茶学专著,是唐代陆羽的一大贡献。唐人张又新著《煎茶水记》;温庭筠撰《采茶录》。唐以后,对茶谱、茶论、茶说、茶解、茶史、茶考、茶话、茶叶性状、功能、饮茶方法进行了论述。有宋代蔡襄的《茶史》,宋子安的《试茶录》;明代顾元庆的《茶谱》,陆树声的《茶寮记》;清代陆庭灿的《续茶经》等著作问世,丰富和发展了茶科学。

(2)茶的诗词。千百年来,我们的祖先为后代留下的茶诗、茶词,不下数千首。中国历代咏茶诗词,数量丰富,题材广泛,体裁多样,是中国文学宝库中的一枝奇葩。西晋左思的诗——《娇女》,也许是中国最早的茶诗了。"心为茶荈剧。吹嘘对鼎"。唐代,随着茶叶生产与贸易的发展,涌现了大批以茶为题材的诗篇。如李白的《答族侄僧中孚赠玉泉仙人掌茶》:"茗生此中石,玉泉流不歇。";杜甫的《重过何氏五首之三》:"落日平台上,春风啜茗时。"

(3)茶联。茶联是指以茶为题撰写的楹联。字数不限,但对偶工整,平仄协调,是诗词形式的演变。茶联乃是我国楹联宝库中的一枝夺目的奇葩。蒙山茶厅的茶联:"茶是蒙山好,水缘天盖奇。"泉州莲花峰山门石刻茶联:"西天紫竹千年翠,南海莲花九品香。"泉州观音龛木柱茶联:"紫雾弄莲影,白云绕茶香。"蒙山白云岩茶联:"若教陆羽持公论,应是人间第一茶。"

(4)茶馆茶楼。茶馆、茶楼实为一体。唐代茶馆是过路客商休息的地方。茶馆繁荣于宋代,成为娱乐的地方。新中国成立后一段时间,除了老年茶馆、旅游点茶馆外,许多茶馆都有衰落。20 世纪 90 年代复苏,90 年代后期发展很快。中国人自古就有饮茶的习惯,并在长期积累研磨中,凝聚成一种深邃的"茶文化"。随意、精致、清淡、冷静、中庸、儒雅、包容、空灵等,展现了中国人民茶文化的文化内涵精神品格。现在,中国有十佳茶馆:清和茶馆(成都)、和静园茶楼(沈阳)、茶状元茶艺居(石家庄)、福宝阁茶楼(西安)、老舍茶馆(北京)、顺兴老茶馆(成都)、汇中茶馆(大连)、灌水茶馆、颐和茶馆(上海)、开心茶馆(南京)。

(5)茶道。"道"这里是指方法、办法、技术,也指道理、观点,如门道,医道,茶道。茶道是指沏茶、品茶的一定程序、方法和技术,也是指关于茶的相关文化内涵和精神文明内核。

中国茶道的核心是"和、敬、清、寂"。"和"指和平、祥和;"敬"指尊敬、互敬;"清"指清洁、清爽;"寂"指幽寂、苦寂。这种茶道精神一直是茶人追求的目标。

随着时代的发展和茶道的日益普及，茶道已走向世界，在世界许多国家扎根，其精神含义则更深、更广，茶道的追求目标已上升为“争取世界和平”。

案例

广西南宁是“中国—东盟博览会”的永久会议举办地，南宁将成为区域性的国际大都市，其建设步伐的迈进加速了广西旅游资源的开发与旅游业的发展。位于广西南宁境内的大明山的游客也随之逐年增多，因此带动了景区内餐饮的大发展。景区内某酒楼为了吸引来自各地的游客到本酒楼用餐，酒店管理层决定斥巨资对酒楼进行都市化的豪华装修，并不惜重金聘请川菜大厨、粤菜大厨、鲁菜大厨、西餐大厨料理各地名菜，经过半年多的努力筹备，现代化的豪华酒楼终于开业了。然而开业后却没有收到预计的效果，到酒楼用餐的顾客反而比装修前更少。为了弄清原因，管理层着手市场调查，结果显示：①这些游客大多来自大中城市，对旅游景点的豪华酒楼没有吸引力；②游客对酒楼所提供的川菜、粤菜、鲁菜等菜品没有需求；③没有提供民族传统特色餐饮食品。管理层针对这些缺点，便对酒楼进行再次改造：按照壮族民居的风格装修；把壮乡民间的特色菜肴及食品作为酒楼的主打菜；服务员穿上民族服装。结果吸引了大量的游客到酒楼用餐，企业取得了很好的经济效益。

案例思考

1. 本案例中的酒楼两次装修改造为何取得两种不同的效果？
2. 作为旅游景点的酒楼，在装修特点及生产餐饮品种选择上应注意哪些事项？

思考题

1. 试述餐饮和餐饮商品的概念。
2. 试述餐饮商品的类型和基本特点。
3. 试述中国菜肴的主要流派。
4. 试述餐饮商品开发的概念。

5. 试述餐饮商品开发的类型。
6. 餐饮商品开发应坚持哪些原则？为什么说民族的就是世界的？
7. 试述餐饮文化的概念和我国餐饮文化的类型。
8. 对我国餐饮文化应如何发掘与整理？
9. 为什么对餐饮商品要进行文化建设？如何建设餐饮商品文化？
10. 试述酒文化的概念和酒的分类。
11. 简述国外的十大名酒和国内的十大名酒。
12. 试述酒文化的概念及其表现形式。
13. 如何对白酒、黄酒、葡萄酒和啤酒进行品尝？
14. 试述软饮料的概念和分类。
15. 试述茶的概念、起源和分类。
16. 试述鉴茶的概念并对茶进行鉴别。
17. 试述品茶的概念并叙述如何审茶、观茶、品茶。
18. 试述茶文化的概念及其表现形式。
19. 试述我国的十大名茶。

第十四章 旅游购物品

学习要点

旅游购物品的概念、特性

旅游购物品的传统理论观念及其负面影响

旅游购物品的类型

旅游购物品的市场开发

旅游购物品市场开发的原则

旅游购物品的销售策略

第一节 旅游购物品的概念和特性

一、旅游购物品的概念

（一）旅游购物品的含义

1. 旅游购物。购物就是购买物质商品的行为。旅游购物就是游客购买物质商品的行为。游客的主体行为是对景观的游览观赏，所以旅游购物是游客附带的消费行为。

2. 旅游购物品。旅游购物品是游客购买实体所有权的物质商品，如工艺品、纪念品、少量生活用品或土特产商品等。

（二）旅游购物品不是旅游商品，而是一般物质商品

传统观念认为旅游购物品就是旅游商品，这是错误的。因为事物的科学概念，只能是事物本质属性的反映。属性是指事物的根本特性，它是由组成事物的成分、结构、功能、性质、形态特性的反映。事物的属性是不能由人们的意志决定的，人们对事物的认识，反映了事物的本质属性，就是科学的，否则，就是不科学的。

旅游购物品具有一般物质商品的本质属性，即具有价值、使用价值、出卖所有权、物质实体等要素组成的属性。这是属于一般物质商品的属性，所以旅游购物品是属于一般的物质商品，不属于旅游商品的范畴。旅游商品不具有出卖所有权的要素内涵，出卖的只是有形实体暂时的观赏权、游览权、体验权、使用权和无形服务的享受权，而不出卖所有权。所以购物品不属于旅游商品的范畴，而是属于出卖所有权的物质商品的范畴。这是旅游商品与物质商品的科学性质的根本区别。

由此可见，旅游工艺品、购物品、纪念品，以及旅游者在旅游过程中，即兴购买的任何物质实体商品，都是属于购买所有权的物质商品，但这绝非游客旅游的根本目的，只是游客在出游过程中偶然遇见、即兴购买的，是可买可不买的物质商品。

（三）认为游客购物品是旅游商品传统理念的负面影响

1. 制造了理论认识上的混乱。旅游商品传统理念造成了理论认识上的混乱，造成了人们以为游客所购买的购物品才是旅游商品，却不知道真正的旅游商品为何物；不知道游客的游览、观赏、感受、体念为何物，不知道经营商所提供的策划、设计，提供的各种活动安排、组织、管理和服务为何物；不知道究竟旅游商品为何物。于是在理念上制造了模糊和混乱。理论指导实践，理论上的错误必然导致实践行为上的混乱和失误。

2. 导致了旅游理论与实践的混乱。传统观念认为旅游工艺品、购物品是旅游商品，而市场营运管理的实践，又将旅游工艺品、购物品纳入物质商品市场运作的范畴。如，市场管理、经营执照的申请、市场税收，都属于工商管理的范围，并未与旅游景区景点的开发、客源的组织、旅游线路的设计、旅游活动的安排、旅游服务、旅游管理等相关联。这就造成了旅游商品的理论与实践的矛盾和混乱。这说明传统的旅游理论与实践不符，而且造成了两个行业市场营运与管理实践的混乱。

3. 影响物质商品市场实践的发展。理论是实践的导向，任何个人、企业、行业的实践都是在其理念的导向下进行的。科学的理念必然导向科学的实践，并取得实践的成功；相反，错误的理念，必然导致错误的实践，并导致实践的失败。理论界关于旅游商品理念的错误，不但影响了旅游商品市场的实践，而且导致了与物质商品市场实践的混乱，也影响了物质商品市场的发展。当然，物质商品可以在旅游市场出卖，但不能因此就改变它的出卖所有权的根本属性。

二、旅游购物品的特性

旅游购物品是指旅游者购买其所有权、可以带走的有形物质实体商品。因此它既具有一般物质商品的属性，又具备自身的特性。

（一）纪念性

纪念性是指旅游购物品能显示旅游地某种特色并能引起游客美好回忆的特性。这是旅游购物品最主要的特性，也是区别于其他物质商品的特性。游客在旅游过程中购买物质商品的动机，是为了使旅游经历物化地再现，以便留下美好的回忆。通常游客所购买的购物品，大多是与旅游地特定文化环境氛围相一致的、具有明显纪念意义的商品。例如，到桂林的旅游者，一般喜欢购买以桂林山水为内容的山水画、工艺扇和文化衫等；到苏州的游客，多会购买有苏绣代表性的双面绣作品，如手帕、枕套等；到福建的游客，则购买安溪的铁观音、福州的寿山石等。游客之所以购买这些工艺品、购物品，就是因为它们具有旅游地的地方特色和难忘的纪念意义。

（二）民族性

民族性是指购物品具有显示旅游地的民族特色和民族文化内涵的特性。旅游者在异域他乡购物时，对当地的民俗风情产生强烈的好奇，总想购买一些富有当地民族特色的商品做纪念。例如，去苏格兰的游客，喜欢购买苏格兰短裙、风笛和威士忌；去墨西哥的游客，则喜爱购买宽边草帽、披风等；到中国的游客，喜欢购买中国的丝绸、瓷器、古董等。国内游客到我国新疆旅游，喜欢购买维吾尔族的帽子和配刀；到桂林的喜欢购买刘三姐的绣球等。

（三）地方性

地方性是指购物品具有显示地域人文内涵的特性。如，游览长城时购买与长城文化相关联的工艺品、纪念品；游览桂林时购买的与山水相关联的文化衫、书画等；游览杭州时购买苏杭的丝绸等。又如，安顺的蜡染、潍坊的风筝、酒泉的夜光杯等，都是富有地方性的旅游购物品。

（四）艺术性

艺术性是指购物品具有独特创意和典型美观的艺术特性。只有经过艺术加工、具有较高艺术欣赏价值的纪念品，才能成为游客馈赠亲友和收藏的首选。购物品愈具艺术性，感染力就愈强，旅游者就愈加喜爱。如中国文房四宝中磨墨用的砚台，经过艺术加工，雕刻了梅兰竹菊、花草鱼虾、麟凤龟龙等精美图案，就成为别具一格的艺术珍品。如，广东肇庆的端砚名扬中外。

（五）实用性

实用性是指购物品具有使用价值的特性。如，旅行箱包、太阳镜、雨具等，都具有各自的使用功能，方便游客使用。有的具有可供玩赏或馈赠功能的购物品，旅游者也乐于购买。

（六）文化性

文化性是指购物品能满足游客文化精神需求的特性。不具文化品位的购物品，游客是不会购买的。所以旅游购物品的开发设计，对其文化内涵、文化形象、文化品位、艺术加工，乃至商品包装等都应具有较高的文化特性，且应与旅游地特有的文化环境氛围相一致，方可使旅游者乐于购买。

旅游购物品的上述特性不是孤立的，而是相互联系和互相渗透的，是一个整体。只有具备这些特性的旅游购物品，才能为广大游客所青睐。

第二节 旅游购物品的类型

旅游购物品，可分为旅游纪念品、旅游用品和旅游消耗品三大类型。

一、旅游纪念品

（一）旅游纪念品的概念

旅游纪念品是指出卖所有权、并具有一定纪念意义、可供收藏和欣赏的物质商品。它展现了旅游地域的文化内涵，富有民族特色，可引起游客的回忆。纪念品大多以旅游景点的自然风光、文物古迹或民族文化为题材，展现当地的传统工艺文化和风格，制作独特，是具有一定文化品位并出卖所有权的物质商品。旅游纪念品是旅游购物品中最具特色的物质商品。

旅游纪念品本身具有留念的纪念价值和功能，是游客旅游经历的物化物，可引起游客的美好回忆，同时具有观赏、收藏和馈赠功能。由于纪念品具有纪念并引起回忆的特性，所以称之为旅游纪念品。

(二)旅游纪念品的类型

旅游纪念品类型繁多,可分为美术工艺品、珠宝首饰、土特产和药材、服装、书画金石、文房四宝、文物古董等几大类。

1. 美术工艺品。我国的美术工艺品源远流长,种类繁多,异彩纷呈,可细分为以下几类。

(1)雕塑美术工艺品。雕塑是一种具有工艺技巧性的造型艺术,是雕刻工艺与塑造工艺两种制作方法的统称。

雕刻工艺是在玉、石、木、骨、角等硬质材料上,运用刀、斧、锤等工具创作形象的一种艺术技能。常见的雕刻有圆雕、浮雕和透雕等。按使用材料区分,雕刻工艺品主要有石雕、木雕、玉雕、发雕、米雕、贝雕、牙雕、骨雕、竹雕等。

圆雕,是不附着任何背景上的完全立体、独立的雕塑作品。

浮雕,是附着于一定背景上的部分或大部分立体的雕塑作品。

透雕,是在浮雕的基础上,镂空其背景部分的雕塑作品。如秦始皇陵兵马俑属于圆雕作品,著名的赵州桥板石雕属于浮雕作品,而河北灵寿县的透雕石牌楼就是采用透雕手法制成的。

石雕,在我国历史悠久,别具特色,种类很多,以福建的寿山石雕、浙江的青田石雕、浙江的昌化鸡血石雕、湖南浏阳的菊花石雕等最为著名。其中福建的寿山石雕,被民间传说为女娲补天之石,以晶莹温润,色泽艳丽,工艺精美的特点最负盛名。

木雕,我国古代广为流行,从生活用具到房屋建筑,从民间大众到官府帝王,都追求精美的木雕。主要代表有东阳木雕、潮州木雕、剑川木雕、湖北木雕等。其中,东阳木雕产于浙江东阳市,被称为“木雕之乡”,始创于北宋,至明清形成独具民族风格的完整工艺体系,雕刻技法独特完整,表现手法多样,构图设计完美,布局结构严谨,题材内容丰富,从神话故事、古典小说、历史人物、生活习俗到花鸟鱼虫、山水亭阁等,广泛用于建筑雕饰、家具和生活日用品,商品远销七十多个国家和地区。

椰雕,海南特产,利用椰壳的自然形态,运用各种技法,加工成壶、碗等各种器皿,以及花瓶、乐器等工艺品。做工精巧,造型古朴,具有浓厚的地方特色,古代被称为“天南贡品”。

玉雕,我国是世界三个著名的玉器工艺品产地之一,我国玉雕工艺品在国际上被誉为“东方艺术瑰宝”。人们把玉看做是高贵尊荣的标志,有“黄金有价玉无价”之说。如今,人们不只是停留在玉的装饰功能上,而是从玉的款式、造型、纹饰、创意及工艺等方面,从审美的角度去鉴赏,强调玉的吉祥性、玩赏性和艺术性。玉雕大致分为件活(炉、瓶、茶具、人物、花卉等)和零碎活(别针、戒指、印章、烟嘴等)两类,形态优美、色泽丰富、做工精致,使人们产生舒适、高雅的情趣。早在春秋战国时期被秦王要用十五座城池换取的和氏璧,就是用新疆的和田羊脂玉雕刻而成的。我国玉雕产地主要有北京、上海、江苏、广州等地，出产的玉器各具风格。

发雕和米雕，属于微雕，是在米粒、象牙片、竹片和头发上镂刻书画诗词，作品上的字迹往往需要用放大镜甚至显微镜才能看清。微雕的代表人物如苏州的沈为众，曾在一粒米大小的象牙片上雕刻了10首唐诗，共计310个字。他还在一粒米大小的象牙片上雕刻过世界上最小的佛像，雕有一尊佛祖盘坐在一个莲花座上，身后是佛龛和光环。佛像的手指仅为一根头发丝的三分之二粗细，借助显微镜，可以清晰地看出佛祖的慈祥面容和流畅的丝丝衣纹，可谓巧夺天工。

贝雕，是利用贝壳雕磨、堆贴、镶拼制成的工艺品。形状多样、色彩绚丽、质地光滑、纹理多变，汲取了中国画、牙雕、木雕、石刻等传统技法，题材以名胜风景、花鸟鱼虫、古玩、人物为主，形象逼真、层次分明、情景交融、极具装饰艺术效果。

捏塑工艺品，是用泥、面、石膏等软质材料捏塑而成的美术工艺品。我国捏塑工艺历史悠久，题材广泛，形成了不同的流派风格，堪称一绝。著名的捏塑工艺，有天津"泥人张"、无锡惠山泥塑、北京"面人"、淮阳"泥泥狗"等。其中泥人张的彩塑艺术，既有雕塑的立体感，又有绘画的色彩和线条，善于运用夸张、对比的手法表现主题，写实性强，作品题材广泛，刻画的人物气质传神、栩栩如生。惠山泥塑素以造型美观、制作精巧、敷色明快、形神兼备而驰名中外。

(2)陶瓷美术工艺品。陶瓷是陶器和瓷器的合称。陶器、瓷器是我国古代劳动人民最伟大的发明之一。中国陶瓷历史悠久，新石器时期人们就开始制造和使用陶瓷；东汉时期，我国就成为世界上首创瓷器的国家；宋代是我国陶瓷制作的鼎盛时期，产生了至今驰名中外的景德镇瓷器。而如今，随着科学技术的运用，改变了以往全靠手工操作的落后面貌，制作工艺得到飞跃发展。

陶器，以黏土为主要原料，经制坯、干燥，用700～800℃炉温焙烧而成，分上釉和不上釉两类。著名的陶器工艺品有宜兴紫砂陶、洛阳唐三彩、喀左紫砂陶、钦州坭兴陶、淄博美术陶瓷、东营黑陶等。其中，宜兴紫砂陶是用一种质地细腻、含铁量较高的特殊陶土制成的无釉陶器，创始于宋代，有"天下神品"之称。紫砂陶茶具内壁无釉且多孔，有很强的吸附力，茶泡数天仍能保持茶香，且耐热性能好，传热慢，三九严寒用沸水泡茶不必担心炸裂。用紫砂陶花盆、花钵栽种花草易活且不易烂根，深受花农青睐。紫砂陶造型美观大方，装饰淳朴典雅。洛阳唐三彩，属彩釉陶器，是用高度稳定性的高岭土制坯，以黄、绿、褐三色为基本釉色的陶制工艺品，造型以器皿、人物、动物为主，特别是以马为造型的作品，生动逼真、丰富深厚、气魄雄健、色彩瑰丽享誉中外。

瓷器，是在陶器的基础上，以高岭土、长石、石英为原料，经混合、成型、干燥，用1 200℃以上的炉温焙烧而成。分上釉和不上釉两类。我国素有"瓷器王国"的称谓，瓷器自古就闻名世界，与茶叶、丝绸一起被誉为中国国宝。宋代是我国瓷器制作工艺的鼎盛时期，形成了五座著名的瓷窑，即河南开封的官窑、河南禹州的钧窑、河南汝阳的汝窑、河北曲阳的定窑和浙江龙泉的哥窑。中国有三大瓷都：江西景德镇、湖南醴陵、福建德化。四大瓷器：景德镇的景瓷、醴陵的彩瓷、德化的白瓷、龙泉的青瓷。其中景德镇的景瓷最负盛名，具有“白如玉、薄如纸、明如镜、声如磬”四大特点，青花瓷、粉彩瓷、玲珑瓷、薄胎瓷为景德镇四大名瓷。它与北京的雕漆、湖南的湘绣并称为“中国工艺美术三长”。

(3)编织美术工艺品。编织美术工艺品是指以草、竹、柳、藤、棕、麻、麦秆等为原料，经手工编织而成的民间工艺品。我国的编织工艺品历史悠久，品种繁多，工艺精巧，款式新颖，造型优美，自然朴实，闻名于世。其中最为常见的是竹编和草编。

竹编，我国民间传统日用工艺品，技法多样，有的利用竹青和竹黄的不同色泽，在器物上编成各种图案；有的施以雕刻或火烩、烫烙；有的加以金漆彩饰。我国著名竹编产地有浙江东阳、嵊州，湖南益阳，四川成都，福建泉州等。东阳竹编善以人物、花卉、飞禽、走兽为造型对象，优美别致；嵊州竹编已有2 000多年的历史，工艺复杂、细密精巧。

草编，产地分布极广，草编制品柔软轻便，朴素大方，各具特色。如：山东草编制品以麦秸、苘麻、玉米棒皮等为原料，柔软光亮，加以染色，朴素绚丽，花色品种繁多，用途广泛；宁波用金丝草编织的金丝草帽最具特色，洁白细软，光亮秀气，紧密均匀，编工精细，式样新颖，美观大方，深受国内外游客的欢迎。甘肃东部地区的陇上草编使用的原料种类多样，具有形粗质细、古朴典雅的独特风格，主要代表作品是草编刺绣和十二生肖草编造型；湖南祁阳草席具有席面光滑结实、舒适耐用、色泽光亮、吸汗力强的特点，被誉为席中精品。

(4)漆器美术工艺品。漆器工艺美术品，是经过制胎式脱胎，按照髹底漆，打磨、推光、装饰等工序制成的一种工艺美术品。色泽光亮、防腐、防酸、防碱。在距今2 200多年前的战国时期，漆器制作工艺就已达到了很高的水平，经汉、唐、宋几代，不断发展和提高，到明清两代，制作工艺达到高峰。漆器可分为一般漆器和雕漆。一般漆器是指在涂有薄漆的器物上进行绘画、刻灰、镶嵌的艺术；雕漆则是在涂有厚漆层的胎型上进行雕刻的艺术。由于不同的工艺和技法，我国漆器制作形成了不同地方特色的生产体系，主要有北京雕漆、福州脱胎漆器、扬州镶嵌漆器、成都雕填漆器、重庆彩绘漆器、平遥推光漆器、天水漆器等。其中以北京雕漆最为著名，它是在木制或铜制的胎体上涂上几道至几百道天然漆，在漆未干透之前运用各种刀法精心雕刻成各种图案，然后再经烘干、磨光、边口镶金等工序制成，色彩以红色为主，故名“剔红”。北京雕漆擅长浮雕、镂雕等技法，雕刻的人物、山水、花卉、动物，层次分明，色泽光润、造型古雅大方，极富立体感，防潮抗热、耐酸碱、不变质。

(5)金属美术工艺品。金属美术工艺品，是指以金、银、铜、铁、锡等金属为主要原料，分别采用掐、錾、点釉、烧制、镶嵌等各种特殊工艺加工制成的工艺品。远在商代，我国青铜器在造型和雕刻等方面的技艺，就已达到了很高的水平，战国时的“金银错”、明代的“宣德炉”和“景泰蓝”等，都是我国古代著名的金属工艺品。现今主要有景泰蓝、珐琅、金银花丝镶嵌、镂空镶嵌、仿古铜器、斑铜制品和金银器物等品种，其中具有代表性的有北京的景泰蓝和金银花丝镶嵌、芜湖的铁画、龙泉宝剑等。

景泰蓝是北京特有的传统金属美术工艺品，由铜和珐琅相结合制成，又名“铜胎掐丝珐琅”。因明朝景泰年间大量生产，多以孔雀蓝、宝石蓝等蓝色釉料做底色，故称“景泰蓝”。工艺精细，有制胎、掐丝、点蓝、烧蓝、磨光、镀金等37道工序，用料昂贵、成本极高。具有金丝灿烂、彩釉晶莹、富丽典雅、浑厚凝重的特点。北京景泰蓝与福州脱胎漆器、江西景德镇瓷器并称中国传统工艺“三绝”。

(6)花画美术工艺品。花画美术工艺品是工艺花工艺品和工艺画工艺品的合称。

工艺花美术工艺品，包括绢花、绒花、纸花、羽毛花、塑料花，其中以北京绢花和辽宁塑料花、羽毛花较为有名。北京绢花，古时称“头饰花”，始于唐代，距今已有1 000多年历史，用高级纯丝制作而成，分绢枝花和绢盆花两大类，现有2 000多个品种，以造型优美、做工精细、色泽悦目、谐调柔润、形象逼真而名扬中外。

工艺画美术工艺品，有木版年画、贝雕画、羽毛画、烙画、水印画、牛角画、麦秆画玻璃画、软木画、竹帘画、棉花画、仿古国画、镶嵌画等数十种，由于使用材料、工具不同，工艺各异，而各具特色。其中木版年画是我国传统的民俗美术艺术品，是人们庆祝新年、祈愿吉祥、美化环境的民间艺术鉴赏品，起源于汉，发展于唐、宋，盛行于明、清，最早由门神画发展而来。年画色彩鲜艳，画法工整，构图集中，人物突出，形象优美，多以写实与装饰、写人与写景相结合的手法，简明、夸张地表现了欢乐、幸福、吉祥、劳动和勇敢等题材。著名年画有天津杨柳青、苏州桃花坞、潍坊杨家埠，并称中国三大木版美术年画产地。其他还有福州的软木画、大连贝雕、青岛贝雕、吉林的树皮画、潮州的麦秸画以及北京的内画壶等，都具有独特的地方特色和艺术风格。

(7)丝织美术工艺品。丝织工艺品是以蚕丝等为原料的纺织品和刺绣品的总称，属天然织物，质地柔软、手感滑润、富有光泽，高贵、典雅，被誉为“东方绚丽的彩霞”，包括织锦和缂丝。

织锦是我国古代传统的熟丝制品。用彩色经纬丝提花织成各种图案花纹，富有民族和地方特色。其中南京云锦选材广泛，图案庄重严谨，配色灿烂悦目，纹样变化多端，古朴浑厚，金碧辉煌，匀称和谐；四川蜀锦选用优质桑蚕丝，精心设计，工艺精湛，质地柔软，色调艳丽，古朴雅致；苏州宋锦技艺独特，图案精美，色彩文雅，平整挺括，古色古香；南京云锦、四川蜀锦和苏州宋锦被誉为当代三大名锦。还有广西壮锦工艺独特，民族风格浓烈，具有较高的艺术价值。

缂丝主要产于苏州，又称“刻丝”，是丝织工艺品中最高级的工艺织物。以生丝为经线，各种色线为纬线，织法繁复，纬线不贯穿全幅，有“通经断纬”之称。色彩和谐，浑朴高雅，光彩优美，主要用于摹制名人字画和靠垫、装帧制作等，常被视为艺术珍品。

刺绣是在丝绸质料上绣花，是我国特有的一种民族传统工艺品。其中苏州的苏绣、广东的粤绣、湖南的湘绣和四川的蜀绣最为著名，合称“四大名绣”。苏绣以绣工精细、针法活泼、图案秀丽、色彩雅洁的风格见长；湘绣以国画为基础，擅绣飞鸟走兽、山水花卉；粤绣以色彩见长，注重装饰；蜀绣则以针法严谨，针脚平齐而闻名。此外，还有北京的京绣、温州的瓯绣、上海的顾绣、苗族的苗绣等，品种繁多，都具有鲜明而浓厚的民族特色。

(8)民间手工工艺品。民间手工工艺品是一种民间手工工艺美术品。民间手工工艺品就地取材，手工生产，最能反映当地的民俗文化和审美情趣，具有民族地方特色，富有装饰性和趣味性，具有很强的纪念意义，最能吸引游客购买。民间手工工艺品可分为：

- 日常生活的工艺品：如民间首饰、服饰、鞋帽、床上用品等。
- 美化和装饰环境的工艺品：如民间木版年画、民间剪纸等。
- 节令风俗的工艺品：如春节年画、门神、元宵节的彩灯、端午节的绣香包等。
- 表达爱情和友谊的工艺品：如绣荷包、绣球等。
- 玩具类的工艺品：如泥塑玩具、陶制玩具等。
- 用于民俗礼仪的工艺品：如结婚用的双喜剪纸、喜花、龙凤红烛等。
- 用于文体活动的工艺品：如各种脸谱面具、民族乐器、风筝等。
- 工具类的工艺品：如少数民族的弓箭、腰刀等。

我国各地民间手工工艺品充分展示了手工艺术的风采，都有各自的特色。如，广西绣球用12片花瓣状的彩布或丝绸缝制而成如拳头大小的小圆球，每片花瓣绣着象征每个月的五彩花鸟，联结着几条彩带，原是作为你抛我接娱乐之物，后来发展成为壮族男女青年表达爱慕之情的赠品，表示年年月月不分离、生活幸福美满。如今，绣球因其独特的民族风情，深受旅游者的喜爱。

2. 珠宝首饰。珠宝首饰是由各种宝石矿物经过复杂的加工工艺制成的，具有观赏性、艺术性、收藏性的工艺装饰品。从古至今，人们将珠宝首饰作为权力、富贵和吉祥的象征，同时也作为装饰工艺品流行于各个国家的王公贵族之间。人们佩戴珠宝首饰，不仅体现身份，同时也表现个人性格、品位、风度。

宝石是对天然宝玉石和人工宝石的统称。其中玉、珍珠、水晶和玛瑙被称为我国传统的“四宝”。此外，其他如红宝石、珊瑚、蓝宝石、青金石、琥珀、猫眼石等也十分名贵，这些宝石制成的装饰品深受人们喜爱。

(1)玉。玉是比较高贵的一种宝石。玉有软、硬两种，常说的玉多指软玉，硬玉则被称为翡翠。玉石的品质一般从质地、硬度、透明度、比重和颜色来判断。著名的新疆和田玉、河南独山玉、辽宁岫岩玉和湖北绿松石被称为中国的四大玉石。中国历来视玉为圣洁之物，用做神灵的祭物、宫廷的礼器、达官贵人的装饰品，如用来祭天的玉璧、祭地的玉琮、传达王令的玉圭、封官的玉佩，以及皇后、贵妃用的玉钗、耳坠、项链、手镯等。另外，用玉可以制成玉镯、玉簪、指环、烟嘴等装饰品，还可以雕成形态各异的动物、花草、楼阁、宝塔等精致的工艺品。

(2)珍珠。珍珠是一种有机质宝石，产于珍珠蚌类软体动物体中，由内分泌作用而生产的含碳酸钙的矿物球粒。珍珠除了可以制作成项链、手链、戒指、胸坠等高级装饰品外，还可制成珍珠洗面奶、珍珠美白精华露等美容产品，另外还有很高的药用价值，如研成粉末，成为珍珠粉，其性寒，味甘咸，对轻度甲亢、咽喉炎、扁桃体炎、妇科炎症有明显疗效。

(3)水晶。水晶是游离于岩浆中的二氧化硅在高温高压作用下结晶而形成的天然矿产宝石，包括有紫晶、黄晶、茶晶、烟晶和墨晶等多个品种，可以制成各种水晶眼镜、水晶球、项链、手链、挂件等水晶工艺品。

(4)玛瑙。玛瑙是由二氧化硅的胶体沿岩石的空洞或空隙的周壁向中心逐渐充填，形成同心层状或平行层状块体。一般为半透明到不透明，按其花纹和颜色的不同，有缟状玛瑙、苔纹玛瑙、碧玉玛瑙等。玛瑙色彩丰富、美丽多姿，常被制作成各种工艺品。世界上玛瑙著名产地有：印度、巴西、美国、埃及、澳大利亚、墨西哥等国。我国玛瑙的著名产地有：云南、黑龙江、辽宁、河北、新疆、宁夏、内蒙古等。

3. 土特产和药材。

(1)土特产。土特产是一地独有，他处没有，或一处独优，他处逊色，或一地产量特多，而别处很少，具有独特的风味、品质、风格的农副产品及其加工产品。我国地域广阔，物产丰富，因而土特产特别丰富。著名的有金华火腿、南京板鸭、天府花生、天津鸭梨、龙口粉丝、桂林“三宝”、荔浦芋头等，以及各地的名茶，包括西湖龙井、苏州碧螺春、黄山毛峰、信阳毛尖、祁门红茶、武夷岩茶、云南普洱茶、安溪铁观音、白毫银针等。

(2)中药。中药是指中医用以治病和养生的药物。按加工工艺，中药分为中药材和中成药两大类。我国天然药材资源种类繁多、产量丰富，有人参、党参、枸杞、贝母、三七、黄芪、麻黄、半夏、胖大海、当归、何首乌、冬虫夏草、阿胶、牛黄、鹿茸、麝香、杜仲、甘草等上千种之多。中成药有云南白药、桂林西瓜霜、漳州片仔癀、山西定坤丸、同仁堂大活络丸、六味地黄丸、乌鸡白凤丸等。

4. 服装。服装是指人们穿着的衣服、鞋、帽的总称。服装是人们生活的普遍需求，特别是穿着打扮，可以展现人们的文化、修养、品位。服装也最能体现一个民族的文化性和民族性，如中国的旗袍、西班牙的披风和斗牛裤、安达卢西亚长裙、泰国的纱笼和筒裙、日本的和服、美国的牛仔服等。现在流行的一些时装也成为旅游购物的亮点，如巴黎时装、上海服装、广东服装等。人们对服装是比较讲究的，对具有品位的特色服装是比较喜爱的。我国是多民族国家，各民族服饰形式多种多样，独具特色，成为旅游者喜欢购买的旅游购物品。

5. 文物古董。文物古董是指一个国家的历史遗存，是具有时代价值的艺术品、工艺品、历史文物。这是一个国家、民族发展进程的见证，积淀了民族的智慧，具有很高的历史文化价值、收藏价值，成为人们收藏的珍贵纪念品。但国家规定的某些国宝级的文物古董是不允许出卖的。

6. 书画金石。书画金石是指能够反映民族文化的书法、绘画、篆刻、拓片等作品。它是反映各个时代民族文化形象的艺术品，具有很高的收藏价值，是旅游纪念品的重要组成部分。

(1)书法是我国独有的传统艺术之一，属于中华民族珍贵文化遗产。它是以汉字为表现对象、以毛笔为工具的一种线条造型艺术，既有实用价值，又有很高的审美价值。中国书法艺术作品从字体类型上可分为篆书、隶书、楷书、草书、行书五大类。最著名的书法作品有王羲之的行书代表作《兰亭集序》、颜真卿的楷书代表作《颜勤礼碑》、张旭的草书代表作《古诗四帖》等。

(2)中国画简称“国画”，具有悠久的历史和鲜明独特的民族风格。按绘画方法可分为工笔、写意及半工笔半写意三种，按绘画的题材大致分为人物、山水、花鸟等三大类，其中尤以山水画最能体现国画之精髓。如，桂林山水国画作为中国画的代表，很受中外游客的喜爱。

(3)篆刻是用篆书刻成的印章，是一种实用艺术品。它又称为“玺印”、“印”或“印章”等。秦朝以前，篆刻印章不论官印或私印都统称为“玺”。秦始皇统一六国后，规定“玺”为天子所专用，从此帝王用印称“玺”或“宝”，官印称“印”，将军用印称“章”，私人用印称“印信”。印章的质地有铜、玉、象牙、犀角等，尺寸有大有小，大的几寸见方，小的只有几分见方，充满了时间的古朴和空间的浑厚，以温润的光泽、古雅的韵趣引人玩味，可称得上“方寸之间，气象万千”。

(4)拓片就是将宣纸贴在器物表面用墨拓印来记录花纹和文字，是一种具有纪念意义和收藏价值的工艺品，即从原物直接拓印下来，大小、形状与原物相同的工艺品。除了有凹凸纹饰的器物外，甲骨文字、铜器铭文、碑刻、墓志铭、古钱币、画像砖、画像石等，都广泛使用这种办法记录。它是记录中华民族文献的重要载体之一。

7. 文房四宝。文房四宝是我国书画艺术的主要工具——笔、墨、纸、砚的总称。在五千年的中华民族文化发展的历史进程中，文房四宝从造型设计到生产制作，大量融合了绘画、书法、雕刻、装饰等各种艺术手段，不仅具有实用价值而且有收藏价值，深受国内外旅游者的喜爱。主要代表作有毛硕之冠——湖笔、千秋光——徽墨、纸寿千年——宣纸、天下第一砚——端砚。

二、旅游用品

旅游用品是指旅游者在旅游过程中，为配合旅游的需要所购买的物质商品。如探险旅游需要登山器械、室外露营设备、照相机、摄像机、胶卷等；旅游过程中需要的旅行箱包、鞋帽、手杖、风雨衣、太阳镜、防寒暑用品、美容护肤品、常备急救药品、帐篷等。随着旅游者旅游个性化的要求增加和各种新型旅游项目的兴起，旅游用品的市场前景极为广阔，是旅游购物品开发的重要方向。

三、旅游消耗品

旅游消耗品是指旅游者在旅游过程中需要消费和耗用的物质商品，包括食品、风味小吃、饮料以及日常生活必需品等。

游客到达旅游地后，追求独特的美食，体验当地的饮食文化，也成为游客旅游体验的主要内容。因此，开发特色风味名吃，可成为旅游创收的较好途径。我国风味名吃品种极其繁多，著名的有北京"全聚德"烤鸭、天津"狗不理"包子、西安牛羊肉泡馍、桂林米粉、云南过桥米线等。

第三节　旅游购物品的市场开发

一、旅游购物品开发的概念和意义

（一）旅游购物品开发的概念

旅游购物品开发，是指购物商品的经营者，针对市场需求、游客爱好、当地实际，对购物品开发、策划、设计的行为和过程。

（二）旅游购物品开发的意义

1. 充分满足旅游者的需求。随着旅游的繁荣发展，游客队伍不断壮大，旅游购物量不断增大，需求日益多元化，并形成较多层次的需求，消费水平不断提高，对购物品的质量要求越来越高。积极开发旅游购物品市场，就可以充分满足旅游者的消费需求。

2. 带动相关行业的发展。开发旅游购物市场，可促进游客消费，带动相关行业的发展。如各地的工艺品、纪念品和土特产品的开发与生产，同国民经济的相关行业是紧密相连的。购物品销售规模的扩大必然带动相关行业的发展。可以肯定，旅游购物品潜在市场是巨大的，只要积极合理开发，就可以拉动旅游者的购物消费，就可以带动相关行业的发展。

3. 促进旅游市场的繁荣发展。我国旅游业在发展初期，基础设施薄弱，资金投入有限，重点在“吃、住、行、游”等基础设施的建设，而对“购”的设施建设投入不足，致使购物品市场成为一个薄弱环节。而在旅游“吃、住、行、游、购、娱”六要素中，游客购物是衡量其游客消费水平的重要尺度，旅游地区购物市场的繁荣程度也是反映地区旅游市场繁荣与否的重要窗口。因此，旅游购物市场的开发，对促进旅游市场的发展具有重要意义。

二、旅游购物品市场开发的原则

（一）市场导向的原则

市场导向的原则，是指旅游购物市场开发以满足游客购物的需求变化为导向，以市场竞争状况为依据的原则。即市场开发者以市场需求为动力，了解和掌握游客的需求变化，以市场分析和市场定位为依据，以遵循市场规律、注重调查和预测、选择开发重点为手段，策划设计市场的开发。

不同游客的购物需求是不同的。国外游客追求小、土、巧、古、异的购物品，而国内游客则要求具有纪念性、实用性的购物品，年长的游客注重商品的文化内涵，年轻的游客则喜欢新、奇、异、美、特的商品。因此，经营者应根据不同游客的需求，开发与之相适应的旅游购物品。

（二）民族性、地方性的原则

民族性、地方性的原则，是指商品经营者对旅游购物商品市场的开发，以景观文化、民族文化和地域文化为背景，策划设计具有民族性、地方性的购物品、纪念品的原则，使购物品具有不可替代性、排他性的个性特色。突出特色、发展个性是市场制胜的法宝。如，以长城、兵马俑景观的文化背景为依托，生产的纪念品；以桂林山水文化为背景生产的文化衫、蜡染服饰、工艺美术扇；以中国年节文化为依托的旅游购物品，如年画、风筝、年货等。

（三）美学原则

美学原则，是指旅游购物品的开发要符合自然美、文化美、艺术美要求的原则。旅游活动是一种寻觅美、欣赏美、享受美的综合性审美活动。人们外出旅游，其特征都是通过观光游览，不断寻求美的感受和体会，陶冶情操，愉悦身心，增广见识，获得美的享受。游客在购买旅游购物品时，自然希望买到赏心悦目的商品。因此坚持美学原则开发的购物品，最能引起旅游者的购买欲望。

（四）可持续发展的原则

可持续发展的原则，是指旅游购物品的开发、策划，要坚持不断发展、持续发展的原则。也就是购物品的开发，要保护生态环境，反对破坏性开发，使购物品既能满足当前游客的需要，又能够满足未来游客的需要。使开发的购物品项目能持久延续地运转、自我滚动地发展,使旅游购物市场始终保持旺盛的活力。

三、旅游购物品的销售策略

商品的价值只有通过市场销售才能转化为现实的价值,才能使企业从中获得效益,所以企业的营销策略对市场的繁荣、企业的发展起着决定性的作用。

(一)目标市场销售策略

目标市场销售策略,是指企业根据商品的特征、品位、质量、功能,确定市场销售目标的策略,即确定商品市场销售的对象及其层次和范围的策略。任何商品都不可能满足所有旅游者的需求,所以企业在开发旅游购物品之前,必须确定销售的目标对象。

如果开发的购物品是以收藏为主的包括可能增值的文物古董、书画金石、工艺美术品等商品,市场销售对象就可定为受过良好文化教育具有购买欲望和能力的游客;如果开发的购物品是实用性强、特色浓郁、价格适中的购物商品,其销售对象可定为普通大众的游客;如开发的是具有保健、医疗功能的购物商品,其目标市场可定为中老年游客。总之,目标市场销售策略的确定,要从购物品的具体实际出发。

(二)定价策略

定价策略是指购物商品的经营企业,根据商品成本、市场需求、市场竞争、企业期望利润等因素确定商品价格的策略。定价策略包括:定价目标、薄利多销定价策略、厚利限销定价策略、"撇油"定价策略、"渗透"定价策略、折扣定价策略、心理定价策略以及定价方法等。本书只根据不同的商品营销对象,简述不同的定价策略。

以老年人为销售对象的购物品的定价,应以中低价策略为宜。因为老年人的收入主要靠退休金或子女支持,收入来源比较单一而且不高,同时老年人的价值观比较保守,太贵的商品对他们来说,无论质量多好,都难以引起他们的购买欲望,而中低档价格的实惠商品基本上都能承受。

以白领精英阶层为销售对象的购物品的定价,可用高价策略。这一阶层的人员普遍收入高,价值观开放,购买时,多考虑是否为名牌商品、上不上档次、是否精致,他们认为购买高价位商品才能体现自己的身价和地位,所以可按高价策略定位。

以青年旅游者为销售目标的购物品的定价,可采取中高价策略。他们收入虽然不高,但追求时尚,舍得消费,因此,可按中高价策略定价。

(三)广告宣传策略

广告宣传策略,是购物商品经营者以广告宣传为手段,进行促销所制定的销售策略。广告信息覆盖面广，有很强的表现力和吸引力，且成本较低，是企业常用的重要促销工具。因此，旅游购物商品销售必须充分发挥广告的作用。但传统的四大广告媒介——电视、广播、报纸和杂志，对旅游购物商品的宣传效果不太理想。因为旅游者不会因宣传了某地的购物商品而专程前往购买，所以最合适的广告媒介是在旅游景点及旅游线路上设置宣传牌、灯箱、广告招贴画等，有的放矢地宣传，效果才会理想。

(四)品牌策略

品牌是指商品经营者经营商品的最佳质量水平和最好市场形象评价的综合展现。如，名牌商品、知名商品、获奖商品、世博会指定专用商品、国际金奖商品等。品牌品位越高能为企业带来的利益越大。

品牌策略，是商品经营者为使其所经营的商品在市场经营中带来最佳的利益，对其品牌的塑造进行策划、设计的行为和过程。

当今商品销售中品牌效应越来越明显，一个知名品牌可以给企业带来巨大的经济效益，创立商品品牌已成为企业共识。所以旅游购物商品也应塑造自己的品牌，旅游购物商品品牌的塑造，可与当地的景观景点、名胜特色、历史文化等联系起来，如桂林购物品“桂林三宝”中的豆腐乳的品牌命名，就有花桥牌和象山牌，花桥和象鼻山都是桂林的著名景点，这样就使旅游购物商品和旅游景点紧密相联，从而可提高其知名度，促进旅游者认同购买。

(五)突破传统销售模式，探索新的销售方法

我国旅游购物商品传统的销售模式主要是在各景区景点摆摊叫卖，或在各旅游定点商店进行铺面销售。其优点是商品集中，方便旅游者购买。但店面布置单一，风格雷同，形象不好，展现的档次不高，很难激起旅游者的购买欲望。因此，一方面可继承传统销售模式的优势，另一方面应探索更加符合旅游者需求的新的销售方式。

1. 设置旅游超市。旅游超市设施展现的形象品位较高。超市分设出入口，由购买者自选商品，集中在收银处结算，使游客获得较好的购买印象而乐意购买。超市以销售食品、旅游日常生活必需品为主，一般可开设在景区景点内外、饭店或餐厅内外。

2. 设置大型旅游购物中心。大型旅游购物中心能展现更好的购物形象和品位。中心可设在一个大型建筑群体内，集商贸、服务为一体。内部结构为大型综合超市、各类专业店、餐饮娱乐等，采取导购和自选相结合的购物方式。大型景区可集中建设这种大型旅游购物场所。

3. 设置专业店。专业店是指导专门经营某一大类旅游购物商品的商店，体现专业性、深度性，品种丰富，选择余地大。销售人员具有丰富的专业知识，商店能提供适当的售后服务。如，各地的旅游纪念品商店、土特产商店等。

4. 设置专卖店。专卖店是专门经营或被授权经营某种品牌商品的专营商

店。专卖店保证商品质量和价格,以中高档旅游者和追求时尚的年轻人为目标顾客,注重品牌声誉,从业人员具备丰富的专业知识,并提供专业服务,并能连锁经营,有很好的售后服务保障。

5. 设置混合店。混合店是将旅游购物商品的生产和销售融为一体的商店形式,有前店后厂、互动式销售等,主要是指一些传统民间手工艺品所采用的经营形式。

前店后厂是将旅游购物商品的生产过程进行提炼、整合,制作者当着旅游者的面进行制作或表演,既可以展示旅游购物商品的生产过程和文化品质,又可以满足旅游者的好奇心,从而提高旅游者的购买欲望。有些手工艺品甚至还可以让旅游者自己参与制作和体验,陶冶情操,增加购物情趣。如,天津杨柳青画店,画师作坊就在店后,游客目睹画师的精妙画技和制作装裱工艺流程,无不称口叫绝,被激发强烈的购买欲望。

互动式销售是让旅游者参与设计和制作商品,然后购买,这满足了旅游者亲身参与、追求个性的需求,具有纪念意义。如,在景德镇有的商店就请旅游者参与设计和动手制作瓷器,有力地促进了销售。我国其他旅游购物商品也可采用这种方式,如制扇、泥塑、风味小吃等。

……………………………………………………

案例

独山刺绣"布老虎"虎威缘何不在

2008 年 7 月 18 日,"奥林匹克之旅——中华民族艺术珍品文化节"在北京隆重开幕。贵州省的独山水族"布老虎——祥云神虎"和黔东南的苗绣同时被主办方指定参展。然而,同为艺术珍品,二者的市场"待遇"却截然不同,"布老虎"虎威缘何不在?

贵州独山刺绣工艺始于明清,以布老虎和刺绣、绒绣为代表作品。20 世纪 50 年代中期,独山县组建了刺绣工艺厂,产品除布老虎以外,还有绒绣、贴绣、抽纱、十字、马尾绣等工艺品。该厂不仅获得多项奖项,在 20 世纪 80 年代末至 90 年代初,还是独山县的龙头企业,货品享誉全国,供不应求,而且远销东南亚各国。然而,20 世纪 90 年代中期,随着市场经济的不断发展,该厂的经营管理模式已不能适应市场竞争的需要,加上布老虎的制作成本较高,导致布老虎处于停产状态,最终工人纷纷下岗,技术骨干则办起家庭式小作坊进行加工制作。

2003 年,一位名叫宋珍平的女士辞去年薪 30 万元的总经销工作,到独山专做布老虎和其他手工艺产品。为了把布老虎做好,她多次到布老虎的发源地水族居住地请教,她的诚心打动了当地精于制作布老虎的 93 岁高龄的何婆婆。宋珍平和工人按照老艺人的指导,制作了一批布老虎,取名为"祥云神虎",并在

2007年被联合国教科文组织评为“世界杰出手工艺品”。

然而，资金欠缺让声名大振的布老虎再度陷入困境。带领艺人们制作出“祥云神虎”的宋珍平，从2003年至今，在家人的帮助下先后投资了近300万元，但由于只有投资没有收入，宋珍平的工厂一度连工人工资都发不起，只能用产品代替工资发给工人。她曾多次到北京、深圳等推广布老虎，很多商家对以布老虎为龙头的独山民族民间手工艺系列产品非常看好，宋珍平与多家经销商签订了合同，可以说市场已经打开，但却没有资金维持生产。

据了解，独山从事布老虎等刺绣手工艺品制作的有300多人，但由于文化程度较低，缺乏创新，更缺乏现代经营管理知识和进军市场的能力，还处于小作坊生产的粗放状态。有关专家分析认为，独山布老虎的困境原因在于：一是对布老虎的文化价值和开发利用认识不足，缺乏强劲的宣传、保护和发展意识；二是缺少强有力的协调管理和扶持政策，长期停留在民间艺人制作和小厂生产的小打小闹上，无法整合资源做大产业；三是开发和培育市场能力弱，只凭零星订单和亲友推介，难以实现规模生产。

思考题

1. 什么是旅游购物？什么是旅游购物品？
2. 旅游购物品有哪些类型？试述旅游购物品的特性。
3. 为什么说旅游购物品不是旅游商品？
4. 为什么说旅游购物品的传统理论是错误的？它对旅游的理论和实践有哪些负面影响？
5. 什么是旅游纪念品？什么是旅游用品？什么是旅游消耗品？
6. 旅游纪念品有哪些类型？
7. 试述旅游购物品开发的概念和意义。
8. 试述旅游购物商品市场开发的原则。
9. 试述旅游购物品的销售策略。

第十五章

旅游商品的可持续发展

学习要点

旅游商品的可持续发展

自然生态环境的协调发展

自然生态环境保护与旅游商品可持续发展

旅游商品项目的自我滚动

旅游商品的可持续发展

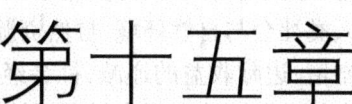

旅游商品项目的经营管理

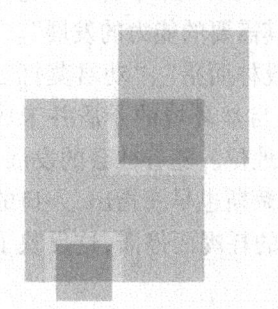

第一节 旅游商品可持续发展的含义

一、旅游商品可持续发展的概念和意义

（一）可持续发展的概念

世界环境与发展委员会（WCED）指出，可持续发展是指人类对生态环境资源的利用“既满足当代人的需要，又不损害后代人满足其需要的能力的发展”。

可持续发展的观点，我国古人就有“莫竭泽而渔，毁林而猎”、“劝君莫打三春鸟，仔在巢中盼母归”之说。但古代社会经济活动与自然环境的矛盾并未成为主要矛盾，因而可持续发展的思想一直未能占据主导地位。随着社会的发展，人类社会与自然环境、自然资源的矛盾不断展现。马尔萨斯也早就指出，人口的剧增，边际收益的递减，社会经济的发展最终将因资源的耗竭而停滞，这反映了人们对可持续发展有了深刻的认识。

可见，可持续发展是一种观点。最初是指自然生态需要持续发展，后来扩展到人类社会的所有领域与自然生态环境共同实现持久延续发展，并逐步形成了可持续发展的系统理论，成为人类迈向21世纪的共同发展战略。

（二）旅游商品可持续发展的概念

旅游商品可持续发展，是指人们把旅游商品开发，限制在生态环境可承受的范围内，谋求旅游业与自然生态环境的协调发展，并造福于子孙后代的一种旅游商品发展模式。实质上就是谋求旅游与自然、生态、文化和人类社会融合为一个和谐整体的发展模式，因此对资源和生态环境的保护就成为旅游商品协调发展的出发点。旅游业的发展必须建立在生态环境承载能力范围以内，不能对自然资源和生态环境造成破坏或负面影响。

旅游商品的可持续发展，也指旅游商品开发和市场运作不但要保护自然生态环境，还要在经济上实现自我滚动发展，以保证持续发展经济能力。

（三）旅游商品可持续发展的意义

1. 符合旅游业发展的客观要求。旅游业虽是一项朝阳产业，但仍需要保护生态，旅游商品的可持续发展才能完全符合旅游业发展的客观要求。

2. 有利于旅游企业发展目标的实现。旅游企业开发创办的目的，是为了在服务旅游、繁荣旅游的基础上，促进企业自身的发展壮大。而旅游商品的可持续发展，就能有利于旅游企业发展目标的实现。

3. 能够充分满足游客的变化需求。旅游是一项对生态环境依存程度很高的产业，如果自然生态环境受到破坏，旅游商品就不能健康、持续地发展，游客多样化和对绿色旅游商品的需求就难以满足，而实施可持续发展战略，游客的一切变

化需求不但可以得到充分满足,而且可以得到充实和提高。

二、旅游自然生态环境

(一)自然生态环境的概念

生态,是指生物生存和发展的协调状态。自然生态环境是指自然界影响生物生存与发展的一切外界环境条件的总和。外界环境条件又是由自然界中的许多非生物因素和生物因素综合形成的。其中:非生物因素有光、温度、水分、大气、土壤和无机盐类等;生物因素有植物、动物、微生物等。在自然界,这两种因素相互联系、相互影响、相互作用,便形成了自然生态环境。

地球上一切生物,包括人类在内,都是在特定自然生态环境中生存和发展的,如果生物与其环境条件相互作用。如果相互适应,便形成一种平衡和协调的发展关系;如果相互不适应,或因人类活动影响自然环境的正常运转而破坏其固有结构,或扰乱其运行规律造成自然环境质量下降,破坏人类与自然环境长期形成的和谐关系,都会使得自然环境不适宜于人类的生存和发展。

(二)自然生态环境的特性

1. 整体性和区域性。整体性是指自然生态环境系统各组成部分彼此关联、相互依存的整体特性。任一环境系统的变化,将导致环境整体质量的变化,并影响人类的生存和发展。如,英国人刚刚进入澳大利亚时,老鼠被随船带到了澳大利亚,从而又引进了猫去捕鼠。猫虽消灭了老鼠,但由于澳大利亚大型肉食动物较少,使得引进的猫没有了天敌,以致大量繁殖并造成泛滥,于是又不得不人为猎杀,以求区域生态环境的整体平衡。所以整体性是构成生态环境的重要特征。

区域性是指自然生态环境因其地理区域位置或气候的不同所导致的环境差异,所以不同的生态环境,会形成不同的区域性特征。我国地域辽阔,区域性也十分明显,如海南岛是热带生态系统,而西北内陆却是荒漠生态系统。

2. 变动性和稳定性。变动性是指自然生态环境系统具有变动的特性。由于自然生态环境自身内部的原因,或因外部的人为或自然本身结构变化的因素,致使环境结构和状态发生变化,所以自然生态环境总是不断变化的。

稳定性是指自然环境系统在自然状态下具有相对稳定的特性。因为自然环境的变化通常较为缓慢,而且自然环境具有一定的自我调节功能。在一定条件下,环境可借助于自身的调节功能,使这些变化逐渐恢复,如水体具有自净作用、生态系统具有自我恢复的调节功能等。

所以自然生态环境,既具有变动性的特征,又具有稳定性的特征。

(三)旅游自然生态环境的概念与特征

1. 旅游自然生态环境的概念。旅游自然生态环境,是指对游客具有吸引游览、观赏功能的自然生态环境。这种旅游自然生态环境,由大气、水体、土地、生物及地质、地貌等组合而成，是一个可供开展旅游活动的空间环境，是一种具有承载作用的空间环境，它是旅游业生存发展的基础，它关系到旅游业的成败兴衰。

旅游自然生态环境可分为天气环境、水体环境、地质地貌环境、生物环境、天文环境。其中旅游水体环境又可分为海洋环境、江河环境、湖泊环境、泉水环境。各种自然生态环境还可细分，如地质地貌环境又可再分为山地环境、岩溶环境、火山环境、风沙环境、冰川环境、海岸海岛环境、丹霞地貌环境等。

2. 旅游自然生态环境的特征。

（1）优异性。优异性是指旅游自然生态环境比人类生活工作环境具有更为优异的特性。即旅游自然生态环境的标准和质量明显高于、优越于一般自然生态环境。人类迄今所制定的一系列有关生活、生产和工作环境的一般质量标准，是以对人体健康基本无害为原则的，具有普遍适用性。旅游自然生态环境则不仅要求空气新鲜、水体洁净、卫生良好、资源完整、景物协调等基本标准，还需让人们倍感轻松、舒适、愉悦，其质量标准要高于、优于人类日常的生活和工作的环境质量。

（2）差异性。差异性是指各个旅游自然生态环境因地理因素所造成的差异特性。如南极、北极的冰天雪地与赤道地区的热带雨林，形成了极大反差；撒哈拉地区黄沙漫漫，地中海沿岸海滩则风光旖旎。正是旅游自然生态环境的这种差异性，从不同角度满足了旅游者多种多样的观赏需求。

三、旅游自然生态环境与旅游商品可持续发展

旅游自然生态环境是旅游业赖以生存的基础，是发展旅游业的基本条件。旅游自然生态环境中自然景观的形成，要经过几万年甚至更长的时间。旅游自然生态环境是不可再生的。因此，科学合理地利用、保护旅游自然生态环境，对于实现旅游商品的可持续发展具有极其重要的意义。

保护自然生态环境，要在保护中开发，在开发中保护，切不可对自然生态资源造成破坏，以免出现对不起后代的“后悔工程”。

（一）旅游自然生态环境的保护是旅游商品可持续发展的前提条件

旅游商品可持续发展必须以稳定的自然生态环境为基础，然而自然生态环境，不断遭受自然和人为因素的破坏，特别是人为因素的破坏。现在人类对自然环境的破坏甚至对人类的生存已造成了威胁。因此保护自然生态环境，成为旅游商品可持续发展的前提。

1. 我国自然生态资源开发利用的现状。我国是世界上旅游自然生态环境资源最丰富的国家，但随着旅游业的发展，旅游资源的粗放式开发和盲目利用，给我国旅游自然生态环境带来较为严重的危害。

（1）盲目粗放式开发。许多地区开发旅游项目时，缺乏调查研究、科学论证

和必要的总体规划，急功近利，盲目粗放开发，对许多旅游自然生态环境造成了严重破坏。如，黄山修建云谷寺至白鹅岭索道过程中，在白鹅岭就砍伐林木达48 450平方米；泰山修建中天门至南天门索道，著名景观月观峰峰面就被炸掉1/3，破坏地貌及植被1.9万平方米，从10公里外的泰安城都能看到被破坏而形成的“伤疤”。许多地方的野生动物惨遭捕杀，有的饭店以野生动物作为美食招揽游客，不少珍稀品种濒临灭绝。

（2）环境污染严重。国家旅游有关部门提供的监测资料显示，我国大部分风景区水土、大气都有不同程度的污染，噪音、烟尘都超过了规定的标准。大气中普遍含有更为有害的物质及酸雨等。每年黄河断流最多时间达266天，87%的河段水质达四级污染。驰名世界的黄山、庐山垃圾随处可见，甚至连世界屋脊喜马拉雅山，游客也留下了各种饮料袋、包装袋等垃圾。

（3）生态系统失调。近年来我国景区商业化、城市化倾向日益突出，一些景区越来越受到建设性的破坏。砍树毁林，水土流失，或因久旱无雨，水源枯竭，一些景观因建筑而毁景障景，破坏了景观的整体性、统一性。如，被联合国列为世界文化遗产的洛阳龙门石窟风景区，2008年就兴建了29套别墅。峨眉山金顶电视塔发射功率相当大，转播的广播、电视节目可以覆盖四川1/3的面积，但发出的电磁波辐射对峨眉山的生态植被也造成了极大的破坏。有着数百年历史的峨眉山原始冷杉林，20多年前，金顶四周的冷杉十分茂密，树干直径大多在50厘米左右。从20世纪80年代开始，这里的冷杉开始变化，先是树尖掉叶干枯，接着是整个树干如同得了癌症般慢慢地枯萎死去。林业专家会诊过无数次，一直未发现病虫害，最后断定是旁边的电视塔电磁波辐射加上酸雨酸雾增多造成的。

中国是一个生物物种比较丰富的国家，但由于生态环境的破坏和对野生动植物的保护不力，从而加速了生物物种的消亡。据估计，现在中国的植物物种中约15%～20%处于濒危状态，3万种高等生物中，濒危的就高达3 000种。白鳍豚、野象、熊猫、东北虎等珍贵野生动物分布区显著缩小，种群数量锐减。

调查显示，在已经开展旅游的保护区中，仅有16%定期进行环境监测工作，有23%的保护区违反《中华人民共和国自然保护区条例》规定，仍然在自然保护区的核心区内从事旅游活动，使动植物赖以生存的空间和养料系统不断减少，从而导致动植物死亡和环境的破坏。人与生物圈国家委员会对保护区旅游现状调查显示：已有22%的自然保护区由于开展旅游而造成了对保护对象的破坏，11%出现了旅游资源的退化。

2. 旅游自然生态环境保护刻不容缓。自然生态环境是旅游商品可持续发展的根基，对根基的破坏就是对旅游商品可持续发展的破坏。富春江向来以秀美见称，江水清澈见底，被誉为“浙江旅游生命线”，但如今由于沿江修建了许多小化肥厂、造纸厂、农药厂等企业，大量的废水、废渣肆意排入江中，江水浑浊，泡沫漂浮，污染严重；济南有“泉城”之称，昔日观泉游客络绎不绝，但由于城市及工农业用水剧增，过量开采深层地下水，导致地下水位下降，著名的“七十二泉”大部分泉水断流、枯竭；著名的五百里滇池由于围湖造田，水面已不如以前宽阔，沿岸工业排放污水，“四围香稻，万顷晴纱，九夏芙蓉，三青杨柳”等景象也所剩无几。可见旅游自然生态环境保护刻不容缓。

（二）优美的旅游自然生态环境，是旅游商品可持续发展的支柱

1. 优美的自然生态环境是旅游者向往的乐园。茂密的森林，洁净的城市，蔚蓝的天空，深山的清溪，清新的空气，吸引着来自喧闹都市中的旅游者，给他们以美的享受，从中得到生理上和心理上的双重满足。人们外出旅游就是想在清洁、无污染、不受干扰的优美环境中，开展自由自在的游览活动。当今“回归大自然”、“农家乐”等旅游方式，便是人们对大自然优美生态环境的渴望。优美的自然生态环境是旅游者向往的乐园。

2. 永葆自然生态环境的美丽才能实现旅游商可持续发展。既然优美的自然生态环境是旅游者向往的乐园，就必须永葆自然生态环境的美丽。为此应做到以下几点：

（1）树立绿色环保观念。要永葆自然生态环境的美丽，必须树立绿色环保观念，无论政府管理人员、旅游经营者，还是游客，都要树立绿色环保意识，而且这应成为全社会的共识。

（2）有效保护环境，严防开发性的破坏。树立绿色环保观念，必须有效地保护自然生态环境，政府应制定相应的保护政策，采取有效的措施，最大限度地防止对自然生态环境的破坏，特别要制止开发性的破坏，尤其要防止盲目性开发、低层次开发的破坏。

（3）倡导节约能源，减少污染。旅游企业和旅游者应尽可能地节约能源，减少对环境的破坏和污染，制订旅游供求双方节约能源减少污染的职责和行为规范。

实践证明，自然生态环境得到有效的保护，永葆自然生态环境的美丽，是实现旅游商品可持续发展的支柱。

第二节　我国旅游商品可持续发展的问题和对策

一、我国旅游商品可持续发展的问题

（一）我国旅游商品可持续发展的现状

1. 我国旅游业仍然不能适应旅游大发展的需求。目前中国已经成为世界第四大入境旅游接待国，亚洲第一大入境旅游国，改革开放以来，我国旅游业以前

所未有的速度迅速发展。但总体说来仍然处于一种以国内游客为主体的旅游模式，处于低消费、低水平、大众化、中近距离旅游的状况。旅游基础设施、服务设施仍不能适应旅游发展速度的要求，国际旅游仍然具有巨大的潜力和发展空间。

2. 中国国内旅游主要为观光旅游，消费水平较低。从国内旅游消费方式和旅游消费结构来看，绝大部分属于观光旅游，而以休闲、修学、健身、探奇的专项旅游较少，多数游客住低档旅馆，饮食简单。据统计，在旅游消费结构中，吃住行比重高达 85%，游览购物仅占 15%。旅游整体消费水平较低。

3. 国内旅游发展不平衡。从旅游的地域分布来看，国内旅游热点多集中在经济较发达、知名度较高、旅游基础设施较完善的旅游胜地，如北京、江苏、浙江、上海、广东等地。而如敦煌、西双版纳、黄果树瀑布等风景点，由于交通不便，相对就处于温冷点。从距离上看，一般以中近距离旅游为主、远距离旅游为辅。从客源分布来看，以大中城市和沿海地区为主，内地县镇为辅。旅游者停留时间较短，一般在 2~4 天，短途旅游占有很大比重。

4. 旅游设施仍需不断完善。我国旅游市场庞大，配套设施还未能充分满足旅客的需求，国内游客基本上还停留在吃、住、行和安全的基本保障上，距离享受型的设施差距还很大。旅游设备设施的文化内涵和品位，距离现代国际游客的需求，尚有较大的差距。

（二）我国旅游商品发展存在的问题

1. 旅游规划相对滞后。一些地区的旅游缺乏总体规划，各自为政，高密度建筑，破坏了原有良好的自然生态环境，甚至滥造景观，宣扬宗教迷信的神怪塑像、龙宫鬼殿充斥山野幽林，不伦不类。也有一些地区的规划理念滞后，专业化水平不高，规划深度不够，需要进一步借鉴和运用先进理念和方法，进行科学规划，使经济、社会和环境协调统一起来。

2. 资金投入不足。要使旅游商品可持续发展，需要相应的保护性投入，建设交通、通信和装备等保障设施，在科研、管理上加大力度，这些方面都需要相应的资金投入。在一些经济欠发达的地区或偏远地区，更需要政府政策、经费的大力支持，旅游自然生态环境的保护工作才能落到实处。

3. 人们对旅游自然生态环境保护的意识有待提高。我国少数地区，人们存在急功近利的心理，盲目开发的现状，甚至毁坏树木、践踏花草、狩猎打鸟、滥挖药材，对资源和生态环境造成极大破坏，导致环境恶化。因此必须加强宣传教育，提高人们对生态环境的保护意识。

4. 我国同质性旅游商品多、精品少。我国不少地方由于对旅游商品的文化内涵、特点和规律把握不到位，市场定位不明确，造成同质性旅游商品开发比较普遍，旅游商品的经营、管理和服务比较粗放，精品少。

（三）我国旅游自然生态环境破坏因素分析

1. 错误理念导致旅游生态环境被破坏。社会上曾流行着旅游是“无烟工业”的观点,认为旅游业不像传统工业那样会产生废水、废气、废渣,不会造成环境污染,因而导致各地往往把发展旅游作为发展经济的短平快商品,对保护自然生态环境不够重视。如,著名景区武陵源的核心景区,由于被日益增多的违章建筑挤占,不仅造成自然景观被破坏,还造成水土流失,河床升高。联合国教科文组织指出:“武陵源的自然环境已变成像个被围困的孤岛。”庐山风景区内各类疗养院、招待所、宾馆等建筑多达2 300余栋,建筑面积达50万平方米,城市化倾向十分严重。

在生态旅游的问题上,学术界虽然有近百种不同的解释,但归纳起来,认为生态旅游就是到偏僻的、负氧离子高、没有开发的地方去的旅游。这种错误观点背离了生态旅游的本质是树立保护生态环境的理念、职责和行为规范的理论①,从而导致了对生态环境优美、尚未开发的地区的盲目开发和破坏。

生态旅游的根本目的,是保护生态环境,实现生态环境的可持续发展。生态旅游也不是一种独立的旅游形态,一切传统的旅游形态都要保护生态,实现生态环境的可持续发展。

当生态旅游的错误观点席卷全球的时候,就导致了对优美生态环境的盲目开发,造成了对生态环境的巨大破坏。在这一观念的导向下,各种传统类型的旅游也不重视生态环境的保护,而且优美的生态环境也忽略了环境的保护,如果不再制止,若干年后就会全被破坏。由此可见,生态旅游的错误理念必将导致生态环境的严重破坏,妨碍自然生态环境的可持续发展。

2. 旅游商品经营者利益的驱使导致自然生态环境被破坏。由于对旅游生态资源的开发经营权缺少限制和监督,致使不少旅游活动是以利润最大化为目标的,给旅游生态资源带来了破坏。如,具有世界自然与文化“双遗”称号的黄山风景区,其西海景区海拔2 100米处,就有宾馆和招待所21处,床位近万张。为了满足供水需求,就地拦截山泉溪流修筑了水库;其北海景区的万松林,大部分已被酒店、商店、职工公寓和宿舍所取代。黄山风景区管委会及职工的生活区就建在桃花溪上,从工商税务、邮政通讯、交通金融、学校医院以至电视台、水电站、变电所、垃圾处理厂等各种设施一应俱全,城市化倾向十分明显。据报道,我国的自然保护区在开发过程中这种现象绝非个别。不少地方政府、旅游开发商和旅游经营部门为了满足旅游需求,都以经济收益为中心,热衷于在风景区内大兴土木,筑路修桥,架设缆车,兴建桑拿、舞厅等一应俱全的星级宾馆、饭店,导致景区“商业化”、“城市化”和“人工化”,极大地破坏了自然保护区内的自然风光。

3. 旅游活动导致自然生态环境被破坏。随着旅游业的发展给人们带来经济效益的同时,旅游自然生态环境也不同程度地遭到破坏,据我国“人与生物圈国家

---

① 刘敦荣,《生态旅游科学概念的界定》,大众科技,2008年第2期,174页。

② 《生态旅游是保护生态的理念和职责——生态旅游科学概念的探讨》,第五届环境与发展中国(国际)论坛论文集,315页。

委员会”一份调查资料显示:在已开展生态旅游的自然保护区中,有44%的保护区存在垃圾公害,12%出现水污染,11%有噪声污染,3%有空气污染,22%的自然保护区由于开展生态旅游而造成保护对象受到损害,11%出现旅游资源退化。

以索道为例,世界各国在作为国家公园的名山上修建索道都是严格控制的,其中美国、日本是明令禁止的。日本富士山海拔3 776米,公路只修到2 000多米,游人再多,也是自己一步步登上去的。而我国一些名山大川因修建现代索道,不仅破坏了自然风景的原貌,而且使游人大量聚集于山顶,导致景观和生态质量下降。

四季常绿的云南西双版纳,由于毁林开荒,导致森林面积急剧下降,原本良好的生态环境质量大打折扣。峨眉山的生态环境正受到严重损害,大气中SO_2浓度局部超标,NO浓度日益上升,雨、雾和土壤普遍酸化,高山区主要风景林冷杉衰亡严重。

二、旅游商品可持续发展的对策

(一)完善法律法规,依法办事,减少对生态环境的损害

1. 建立旅游资源保护的法律体系。建立旅游资源保护的法律体系,有法可依、有章可循。同时要健全执法机构,执法必严,违法必究,并赋予执法机构执法手段,如查封、冻结、没收、强制关闭、拆除等。

2. 加强有关法律法规的宣传教育。加强有关法律法规的宣传教育,提高游客和当地居民的法律意识。认识到人与自然、人与生物、人与环境的关系,自觉遵守环保法律法规。通过宣传教育,使公众充分认识到旅游开发与环境保护相协调,才能有效推动经济发展,做到经济效益、社会效益和环境效益相统一。

3. 权衡利害得失。对只注重眼前利益而不顾长远利益,只注重局部利益而不顾整体利益的短期行为,虽然可能带来短期的经济利益,但若有损于生态环境的发展,就应坚决制止。因此为实现生态环境的可持续发展必须权衡利害得失,否则将对生态环境造成毁灭性的损害。

(二)政府部门要加大投入力度

据悉我国对自然保护区的投入仅为国际标准的1/25,管理机构亦面临经费不足、人员不足等难题。为此,一方面政府须多渠道筹集资金增加投入,增加科研、交通、通信设备;另一方面,可运用市场机制,吸引外来资金。

(三)政府要发挥主导作用,实行宏观调控,不放任自流

景点的开发要进行可行性分析,自然保护区必须进行总体规划,合理开发。对开发项目,必须制定环境影响报告书,明确开发项目对保护区内的自然生态系统和珍稀濒危的野生动植物会造成的影响,并制定替代措施。对旅游环境容量、旅游设施和场所的规模、数量等加以严格控制。所有建筑布局都必须以保护和

提高生态环境质量为前提,保持自然的乡野特色,减少人工的雕琢。要和大自然融为一体,回归自然、认识自然、享受自然、保护自然。

(四)制定保护环境的具体措施

1. 处理好“三废”。宾馆、酒店的废水、废气、废渣(生活垃圾)必须集中处理,达到标准才能排放;在旅游景区内尽量使用电瓶车、马车等绿色交通工具。

2. 尽可能减少物耗。旅馆不设一次性拖鞋、浴帽、牙膏、牙刷等,毛巾应重复使用,减少洗涤剂污染;洗浴、抽水马桶等设施都要采用节水型。

3. 加强对游客环保意识的教育。加强游客环保意识的教育,不随地乱扔垃圾,不随地吐痰,不损害一草一木,还要节约水、电等能源,自觉维护生态平衡。

必须严禁捕猎、破坏树木、花草、植被等行为。钓鱼要在指定的水域内垂钓,不得使用网鱼、电鱼等掠夺性行为。

4. 组织游客参与保护大自然的活动。让游客参与保护大自然的活动,或植树、种草,或种菜、摘果,参与农事活动,让游客身心融入大自然之中,还可通过图示、标本、植物(农作物)铭牌等,让游客认识自然、热爱自然、保护自然。

第三节 旅游商品项目自我滚动发展

一、自我滚动发展是旅游商品可持续发展的根本保证

(一)自我滚动发展的概念和意义

自我滚动发展是指旅游企业在市场经营运转中,不断壮大自身的经济实力,保证保护生态环境和旅游商品项目可持续发展经费需求的行为和过程。

可持续发展要求经济、生态、社会三者的和谐持续发展。在可持续发展系统中,经济持续是基础,生态持续是条件,社会持续是目的。经济是国家实力和社会财富的基础,只有经济持续滚动发展,才能真正实现经济、生态、社会协调统一的发展。

人们从事旅游商品项目经营,只有按规律办事,把旅游开发和环境保护结合起来,合理调节旅游活动主体与客体之间的相互关系,才能获得最佳的经济效益。旅游商品项目可持续发展,实质上也是企业经济自我滚动式的发展。

(二)自我滚动发展是商品项目可持续发展的基础和保证

旅游商品项目自我滚动发展,必须有可靠的经济基础。这就需要积累资金,如筹集资金、吸引外来资金。有了资金积累便可加速开发进程,促进项目滚动发展。

(三)旅游商品的项目选择是商品滚动发展的前提

1. 旅游商品项目的选择。旅游商品项目的最佳选择是旅游项目滚动发展的

先决条件。旅游商品项目如果符合旅游客源市场的需求,能吸引游客,就可能获得预期的经济效益,从而就可能在经济上实现自我运转。

2. 旅游资源的选择。旅游商品项目的选定又要以有效的旅游资源为基础。有效的旅游资源,能高效地吸引游客。如能再进行有效的资源组合,便可以形成最佳项目的旅游资源。

二、旅游商品项目可持续发展的管理

(一)旅游商品项目可持续发展的经营管理

旅游商品项目可持续发展的经营管理,是以保证该商品项目实现可持续发展为目标而开展的经营管理活动。这种管理,既要保护好自然生态环境,又要实现经济上自我积累滚动发展。

经营管理包括可控制因素和不可控制因素。可控制因素有:商品、价格、销售渠道、人员促销等。不可控制因素有:市场营销的宏观环境因素,如经济、政治、法律、文化环境、自然气象、景观地理区位等因素;市场营销的微观环境因素,如企业机构、营销观念、中间商、游客、竞争者等。经营管理就是要尽可能地控制和影响可控制因素,而对不可控制因素要快速作出与之相适应的、有效的反应。

良好有效的经营管理还包括:高效处理游客投诉;保持环境优美整洁,增加游客的愉悦感;解决或杜绝游客排队等候时间过长等问题;尽快解决有损于游客旅游经历的质量问题,让游客感到安全有保障等。

随着旅游的发展,经营管理越来越被视为潜在的营销工具。例如,美国著名的迪士尼公司一直把经营管理当做独特卖点来创造竞争优势。迪士尼乐园管理有序、清洁、安全,员工受过良好训练,友好、热情。这种感觉被成功地"出售"给了旅游者,管理成为了迪士尼自我运转、自我滚动持续发展成功的主要原因。

(二)旅游商品项目可持续发展的质量管理

质量是指商品或工作的优劣程度。旅游商品质量,可理解为符合游客需求并使之满意的文化内涵。在游客眼中,质量就是指能够以最低的价格获得最佳的享受。

在物质商品领域,对购买者来说,质量就是价廉物美的商品;对供给方来说,质量就是指易于生产和销售能产生良好效益的商品;从投资者来说,质量则是能够带来最大利润和投资回报的商品。

旅游商品是以游客的观赏、感受、体验和旅游经营方提供服务为主体的特殊商品。它受到旅游供求双方许多可变因素的影响,因而每一位游客得到的商品质量都是不同的。同时,旅游商品具有无形性和不可保存性,这意味着商品的"瑕疵"不易被察觉,即使有"瑕疵"的商品也很难替换。旅游商品质量还可能随时间的变化而变化,一个旅游商品目前被认为是高质量的,但如果不及时适应市场环境的变化，将来也可能会被认为是低质量的，这就需要加强对旅游商品的质量管理，通过各种方式和手段对其质量进行监控，尽可能使其保持质量的稳定性，这是旅游商品能够可持续发展的重要保证。

旅游商品的高质量，意味着在市场上具有更高的竞争优势，意味着旅游者认为其物有所值，意味着旅游商品滚动运转的高速度、高效益。可见旅游商品可持续发展的关键在于保持商品的质量。

（三）旅游商品项目可持续发展的文化建设

旅游商品文化建设，是指为实现旅游商品的可持续发展，对旅游商品所进行的文化品位建设的理念、行为和过程。如，把树立旅游商品文化建设放在首位的理念，保护旅游商品项目的传统文化、环境文化、景观文化，并扩展其文化品位，全面展示旅游商品文化内涵等方面的理念，以及在其理念导向下的行为和过程。

文化是旅游的灵魂，是旅游者开展旅游活动精神感受的高雅文化追求。旅游者在旅游过程中，为了获得充实的文化精神感受，不仅要观赏自然美景或了解历史文化遗迹，也要对自然景观、野生动植物景观以及人文景观的文化特征有所了解，这是旅游者旅游的本质需求。为满足旅游者的文化需求，增添旅游商品的文化含金量，文化应成为旅游业开发旅游商品的价值取向。为此，旅游开发商应着力打造较高文化品位的旅游精品，为旅游商品的可持续发展创造更好的条件。因此，对旅游资源的文化内涵与特色的挖掘与保护，是旅游业可持续发展的重要契机。为使旅游商品的文化特色延续发展，对于那些体现民族传统文化、宗教文化和建筑文化的珍贵文物古迹在开放过程中要重点保护，并在开发的过程中充分体现其文化精髓，切忌过分商业化，破坏各种景观原有的文化内涵与特色。

风景名胜区的宾馆、饭店等设施的布局、造型等也要注重和自然人文景观的文化特征相协调、相匹配，不能在历史文物类景点特定环境的近邻大肆兴建现代建筑，以免造成对景观文化氛围的破坏，导致景观文化品位的下降；对自然生态类景点的资源承载能力，如果只为追求经济效益，不加限制地超量引进客源，就会造成景区生态环境的透支和资源的破坏；如不考虑旅游景区的功能价值取向，盲目引进经营性项目开发，则会造成景区文化方向的错位和旅游价值功能的丧失。

深入挖掘地域文化内涵，是形成旅游商品可持续发展的基础。将资源文化内涵揭示出来，就能形成景区的特色、魅力和广阔的市场前景。旅游商品文化内涵的挖掘要依据资源条件，把握文化脉络，寻找优势，进行市场准确定位，营造文化氛围，全力打造特色。

展示地域文化，是拓展可持续发展旅游商品市场的途径。为此，应弘扬先进文化，体现时代风尚；尊重历史沿革，符合地域特色；尊重科学知识；杜绝封建迷信，剔除文化糟粕。

由此可见，加强旅游商品项目文化品位建设，是实现旅游商品项目可持续发展保持活力的根本。

……………………………………………………………………

案例

欲哭无泪的黄果树瀑布

位于贵州省安顺市的黄果树瀑布，以其水面宽达81米、飞流直下74米的磅礴气势，令中外游客叹为观止，趋之若鹜，并已成为贵州省的旅游标志。然而，今日之黄果树却是另一番景象：昔日雄奇壮观的大瀑布已不复存在，取而代之的是一股不足1米宽的细流，有气无力地从崖顶悄然落下，颇有惨不忍睹之感。

据悉，如今的黄果树瀑布，只有每逢节假日或有重要来宾、领导参观时，才会专门开闸放水。即使如此，因水量太小仍无法领略大瀑布的壮丽景观。据说黄果树瀑布曾在1993年和1994年两次断流，这是有史以来从未有过的。其根本原因，是有关部门对黄果树瀑布的掠夺性经营，导致生态环境恶化及大面积的水土流失，瀑布上游的水资源严重缺乏。

长期以来，黄果树地区的植树造林活动收效甚微，其境内森林覆盖率仅为15.6%（贵州全省的森林覆盖率为30.6%）。森林覆盖率低，森林资源不足及林木成分质量不高，致使黄果树地区水土流失严重（有关部门虽在黄果树景区的上游修建水库调控水量，但仍是治标不治本的办法。）。

黄果树瀑布地处亚热带，气候温暖湿润，雨量充沛，风力较小，适宜多种林木生长，黄果树风景区年旅游综合收入达8 000万元，经济实力雄厚。为何这里的森林覆盖率仅为全省平均水平的一半呢？在瀑布周围，我们似乎找到了答案：大瀑布的顶部平台上，依旧是大面积的农田，几乎没有成片的林木；自上而下的客运缆车，在还算葱茏的山中划出一条醒目的“伤痕”。由此可见，黄果树景区更多地受到过多的索取，而植树造林、生态保护未能引起足够的重视。

如今的黄果树瀑布，在枯水季节要靠定期放水才能偶尔看到，久负盛名的自然奇观现在却成了十足的“人造景观”。1992年，黄果树与张家界、九寨沟等景区共同接受联合国教科文组织对申报世界自然遗产的实地考察时，就是因为森林资源少、生态环境差而未获通过。曾经以水景取胜、号称“世界最著名的瀑布之一”的黄果树瀑布，如今欲哭无泪！

亡羊补牢，犹未为晚。现在该是有关部门引起重视，不惜代价植树造林，彻底改变黄果树景区生态环境的时候了。

（资料来源：王兴国，《莫把“黄果树”变成人造景》，《中国国家地理》，2001年第7期）

案例思考

黄果树瀑布的状况说明了什么问题？

思考题

1. 试述可持续发展和旅游商品可持续发展的概念。

2. 为什么说旅游商品可持续发展是旅游发展的客观要求？

3. 试述自然生态环境的概念及其特征。

4. 试述旅游生态环境的概念及其特征。

5. 为什么说保护自然生态环境是旅游商品可持续发展的前提？

6. 为什么说永葆自然生态环境的美丽，是旅游商品可持续发展的支柱？

7. 试述我国旅游生态环境遭受破坏的现状并从中分析旅游商品可持续发展存在的问题。

8. 试分析我国自然生态环境遭受破坏的主要因素有哪些。

9. 实现旅游商品可持续发展应采取哪些有效的对策？

10. 什么是旅游商品项目的自我滚动发展？为什么要实现旅游商品项目的自我滚动发展？

11. 实现旅游商品可持续发展应如何加强经营管理？

12. 如何实现旅游自然生态环境的可持续发展？

13. 如何加强旅游商品项目的文化品位建设？

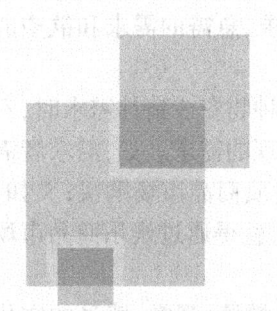

第十六章 旅游商品市场需求与供给

● 学习要点

旅游商品市场需求的概念和类型

旅游商品市场的十大需求

旅游商品市场供给的概念和类型

旅游商品市场需求和供给的相互关系

旅游商品市场供求的平衡与调节

旅游商品的需求规律和供给规律

旅游商品需求弹性及其弹性系数

旅游商品供给弹性及其弹性系数

第一节 旅游商品市场需求

一、旅游商品市场需求的概念和研究意义

(一)旅游商品市场需求的概念

1. 需求。需求,是指人们为了生存和发展的需要,对物资生活、精神生活和社会人际交往所产生的欲望和需求。需求有现实的需求、急需的需求和欲望的需求。

2. 商品市场需求。商品市场需求,是指人们产生某种物资或精神需求时,不是通过自己生产或劳动获得,而是通过市场购买得以实现的需求。如,需求者需要衣、食、住、行,以满足其生活的物质需求,就要通过物质商品市场购买;又如,需求者需要欣赏戏剧、音乐,以满足其文化精神的需求,就得通过娱乐商品市场购买。商品市场能满足人们各种需求。

3. 旅游需求。旅游需求,是指人们为了满足其外出游览、观赏、感受的文化精神需求,在一定的时间内,支付一定的货币,对某地区的自然景观或人文景观,进行游览观赏的追求和满足的欲望。现代旅游需求的满足是要购买旅游商品,即购买游览、观赏权力及其相应活动,才能获得文化精神感受的。

4. 旅游商品市场需求。旅游市场商品需求,是指旅游者需要外出游览、观赏自然景观或社会人文景观,需要通过旅游市场购买经营者所组织、策划相应的旅游线路和活动的需求。这种旅游线路和组织活动,不是旅游经营者满足自己的需求而组织安排的,而是为了满足游客的需要和追求,通过出卖,并获得相应的经济效益而安排组织的。所以它是一种商品。

(二)研究旅游商品市场需求的意义

1. 更好地满足旅游者的需求。研究旅游商品市场的需求可以及时掌握游客的需求及其发展变化,及时组织并提供适销对路的旅游商品,从而就可以更好地满足旅游者的需求。

2. 促使旅游企业获得最佳的经济效益。企业经常研究的内容有:市场需求;如何满足游客需求;如何以市场需求为导向,开发旅游商品;如何以现代营销观念,指导经营活动;研究企业发展的战略和策略。对这些问题的深入正确研究能促使企业获得最佳的经济效益。

3. 促进旅游市场的繁荣发展。旅游者对旅游商品的需求是旅游商品市场形成的基础,没有旅游商品需求,旅游商品市场就无法形成,旅游商品的价值也就无法实现。研究市场需求以及如何满足市场的需求,就可以促进旅游市场的繁荣发展。

二、旅游商品市场需求的特征

（一）文化性

旅游的本质，就是旅游者对文化精神追求的满足。所以旅游活动，就是旅游者的一种特殊的文化活动，也是游客获取新的文化知识和感受的审美活动。中国人民自古以来，就以“读万卷书，行万里路”的实践作为追求文化知识满足的途径。可以说，每个游客通过欣赏山水风光、游览名胜、观光古迹、体验民俗、感受民族风情，或是探亲访友、消遣度假等旅游活动，都能开阔视野、陶冶情操、愉悦身心、丰富生活、充沛精力、提高自身文化修养，从而获得文化精神需求的特殊感受，这也正是旅游商品文化性特征的反映。

（二）季节性

季节性是指因气候的差异和节日的到来，造成了旅游目的地出现淡季、旺季的季节性特征。如，夏季我国北方海滨旅游度假区就会吸引很多休闲、度假的旅游者，到冬季却较为萧条。又如，我国“五一”、“十一”、“春节”假日一到，旅游人数就大大增加，旅游就火爆起来，这就是旅游的季节性特征。

（三）同步性

同步性特征，是指游客的消费需求与供应商的供给产出具有同步进行的特征。如，旅游者对景区、景点的游览观赏，与供应商提供的景观展示和服务，都是同步进行的。二者都是在同一时间内同步进行的。

（四）整体性

游客的需求涉及食、宿、行、游、购、娱各个方面，因此，旅游需求是由各单项商品组成的。如，游客既需要交通部门提供交通工具和服务，也需要饭店、餐饮行业提供餐饮和服务，还需要导游的讲解和服务。这些单项商品，是一个不可分割具有整体性特征的商品。

三、游客的十大文化旅游需求

旅游是游客特殊文化活动，随着游客需求向理性化、大众化、品位化、多样化方向发展，从内容到形式都在发生变化，游客的旅游需求表现为以下十个方面。①

（一）求新

求新，是指游客不断追求崭新的旅游商品。崭新的旅游商品，是指新开发的从未有过的旅游商品，或者是指在原有旅游商品基础上，进行策划、设计、改造而赋予创新形象的旅游商品。

---

① 刘敦荣：《旅游市场需求和北京现代旅游产品开发》（98 北京国际发展战略研讨会论文集）。

求新,是游客首要的文化需求。游客对完全崭新的文化商品是特别有兴趣的,所以只有不断开发具有崭新文化形象的旅游商品,旅游开发者才能满足游客求新的需求。

我国各地旅游商,根据各自的资源、环境、交通等具体情况,分别推出了一系列旅游商品,如探险、攀岩、漂流、登山、滑雪、自行车赛、穿越戈壁滩等体育健身旅游商品。还分别开发了观光、山水、宗教、民俗、商务、会议、展览、探亲、修学、蜜月、休闲、徒步、散客、自驾车、家庭、温泉以及各类专项旅游商品、特殊旅游商品等类型的旅游商品,极大地满足了旅游者求新的需求。

再说,凡是商品都有市场生命周期,即投入期、成长期、成熟期和衰退期。旅游商品也是一样,也有其市场生命周期。当旅游市场商品进入衰退期时,就不能满足旅游者求新的需求,就需要开发新的旅游商品,这样才能不断满足旅游者求新的需求。

(二)求奇

新并不等于奇,新,是指现在不同于过去和原来。奇则是不同于一般,不同于普通。所以游客不但求新,而且求奇。现在普通的景观商品,难以满足现代游客求奇的追求。求奇,是指旅游者对旅游商品特定文化品位的追求。这里的特定文化品位,不是普通的旅游商品所具有的普通文化品位。例如,秦始皇兵马俑景观、万里长城景观、故宫景观、天安门景观、云南石林景观、桂林漓江景观,都具有各自特定的文化品位,是一般普通景观所不具备的。所以游客不但求新,而且求奇。

旅游者为寻求刺激,追求个性兴趣需求的满足,有的喜爱参加一些冒险惊奇的旅游活动;有的喜欢去新开辟的甚至尚未开辟的旅游目的地旅游;有的选择去到严酷恶劣的自然环境旅游,“向生命之极限挑战”等等。他们通过这样的经历,希望满足自己对新奇经历的特殊需求。为此,旅游商品经营者应针对旅游者求奇的需求,组织与求奇需求相适应的旅游商品的开发和经营。如,美国组织了游客孤身去北极探险,到阿拉斯加大峡谷垂直滑雪,在雪洞中做饭,去卢旺达跟大猩猩一起午睡,去扎伊尔莽林中过夜,与毒蛇共同生活等;又如,组织当一天“囚犯”,住一天监牢等活动。英国伦敦“假日迷”旅行社,曾经为游客推出了中东战争旅游活动,包括穿越战争前沿,冒着战火观看导弹进攻、部队反攻等场面。1997 年 9 月,中国邮电国际旅行社推出了“藏北无人区探险旅游”,让人们充分领略那人烟稀少、神奇莫测的土地的原始风貌和藏北风情。所有这些旅游商品的组织,都是为了满足游客求奇的需求。世界之大,无奇不有,求奇的旅游需求和相关旅游商品的开发如能层出不穷,旅游市场将更是一片繁荣的景象。

(三)求异

求异是指游客追求不雷同、不重复、具有差异性的旅游商品。例如:天天游洞、天天游江、天天游湖,都是雷同的旅游商品,游客是不乐于购买的,甚至连旅游往返的雷同线路,也是不受欢迎的。

人们对雷同的物资占有越多,其使用价值便相应递减。例如,人们穿同一式样的衣服,第一件的使用价值最大,第二件、第三件……使用价值便会逐步降低,甚至成为多余。

同样,旅游企业提供的旅游商品,如果在内容、类型、品种上没有差异,而是雷同、重复的商品,游客就会觉得乏味厌烦,而不会购买。所以,旅游商品经营者,必须根据旅游者求异的需求,提供具有差异性的旅游商品。

(四)求美

求美,是游客追求富有美感、获得美的文化精神享受的一种需求。爱美、求美,是人类的一种本能,爱美之心,人皆有之。追求美的感受是游客旅游的根本目的。求美,是旅游者开展旅游活动本质之所在,在旅游中,旅游者追求身心愉悦,获取最大的审美享受。早在两千多年前,老子就说“夫得是至美至乐也,得至美而游乎至乐,谓之至人”。他把“至美”、“至乐”,即一种超脱至上的美感归结为游的最高境界,这是关于旅游审美主题的最早命题,旅行家徐霞客登上莲花峰,看到黄山迷人的景色时,激动得“狂叫欲舞”,这就是徐霞客获得美的享受的外在表现。

当游客面对泰山之雄伟、华山之险峻、匡庐之飞瀑、衡山之烟云、雁荡之巧石、黄山之秀丽、西湖之浩渺、桂林之明秀、三峡之激流、钱塘江潮之奔腾咆哮时,获得不同的美的享受,这就是对自然景观外在形式韵律美和内隐结构意韵美的感受。游客对人文景观美的感受,则表现为人文的科学技术美、历史文化的积淀美与艺术美。戏曲绘画、音乐舞蹈的艺术美,书法雕刻、诗词歌赋的文化美,民俗风情的历史文化积淀美,更让游客流连忘返;制作精美的各类旅游购物品,如寿山石雕、景德镇陶瓷、苏州刺绣、芜湖铁画、山东草编、天津杨柳青年画等让人眼花缭乱;旅游工作者语言优美、举止文雅、仪表从容、态度大方、风度翩翩,也会让人感到如“春风拂面般”的美感。在旅游活动中,游客的审美需求、审美情趣、审美感受贯穿于旅游活动的全过程。旅游经营者应充分发掘自然风光、文化艺术、社会生活中的美,让旅游者在游览过程中充分感受大自然造化之神奇、人类文化历史积淀之光辉,物我融合、景我融合,从而进入审美的最高境界。

所有旅游商品,不论是新、奇、异,都必须具有美的文化内涵。应该说,旅游经营者开发的一切旅游商品,都必须首先满足旅游者求美的需求。

(五)求特

特,就是特色。特色是指“我有你无,你有我新,你新我特”。求特,是指旅游者对游览观赏的对象,具有独占性、权威性、排他性和不可替代性的特色文化内涵需求。旅游商品经营者只有提供有特色的旅游商品,才能满足旅游者的求特需求,从而才能吸引游客。随着旅游的发展,传统旅游商品已难以满足游客求特的需求。游客旅游主要是为了寻求对特色旅游商品的观赏感受。我国具有丰富独特的自然、人文资源和悠久灿烂的文化历史,是发展特色旅游商品的物质基础。中国的历史、文化、宗教、民俗风情、历史遗迹等,都是具有自身特色的旅游资源,对游客能产生极大的吸引力。旅游开发商应创造展现民族特色、中国历史文化精华的特色旅游商品。

(六)求乐

乐,就是娱乐、高兴、愉快,这是人们文化精神生活的重要内容。对游客更是旅游活动的重要追求。如果旅游的过程没有娱乐、高兴和愉悦,游客文化精神的本质需求就成为空话。因此游客都是希望通过旅游带来愉悦高兴和乐趣。因而参与性、刺激性强的娱乐型旅游商品更为旅游者所喜爱。如:各地已开发的体育型旅游商品:狩猎、滑雪、登山、潜水、游泳、划船、骑马、舞剑、打太极拳;科技文化型的旅游商品:游园会、联欢会、音乐节、电影节、艺术节、戏曲节、食品节、花卉节等;传统节庆型的旅游商品,如组织游客参加春节、灯会、庙会、祭祀、那达慕大会、泼水节、茶道、斗牛等活动。此外,像划龙舟、踩高跷、骑跑驴、玩旱船、耍龙灯、舞狮子、扭秧歌、放风筝、抖空竹、踢毽子、放烟火等古老的娱乐活动都具有独特的魅力,均可安插于相应旅游过程之中,使得游客在游览观赏中获得特色文化娱乐和愉悦的感受。

(七)求健康

健康,是指人们生理机能正常、无病,精神、精力旺盛的表现。健康是人们的第一需求,更是旅游者开展旅游活动的需求。因此旅游商品开发,一定要保证游客身体健康又不劳累。如,滑雪旅游、高尔夫球旅游、医疗旅游、疗养旅游、温泉旅游等保健型旅游商品,均有益于锻炼身体、消除疲劳、治疗疾病、增进健康。目前这类旅游商品主要有以下几种:

1. 矿泉、温泉浴疗的旅游商品。矿泉、温泉具有医疗、防病、治病作用,可以治疗心血管、风湿、哮喘等疾病。因此可开展矿泉、温泉浴疗的旅游商品,定受游客的喜爱。目前罗马尼亚已建立了近200个温泉疗养站,温泉在我国许多地方都在迅速发展。

2. 海浴医疗保健旅游商品。这是凭借自然海滨浴场,开展海水浴、日光浴等健身活动的一种旅游商品。可通过海水医疗保健作用,进行海水浴疗治病。目前,海滨疗养旅游已成为世界各国的时尚。

3. 泥浆医疗保健旅游商品。这是借助湖沼泥浆、海泥具有镇定、止痛、消炎医疗功能开发的一种旅游商品。这在罗马尼亚、以色列、瑞典、乌克兰等国开发得较好,对我国也是值得效仿的。

4. 高山、林地、湖区休养旅游商品。这是利用洁净的自然环境和空气中含有氧气和负离子较多的高山、林地、和湖区,开展的一种医疗保健旅游商品。如,瑞士莱蒙湖、匈牙利的巴拉顿湖、美国的五大湖等地,所建立的世界著名湖泊休养旅游商品。在我国山区、林地、湖泊等地，已建成160多个森林休养旅游区，都属这类旅游商品。

5. 老年保健康复医疗旅游商品。这是专为老年人开发的一种集游览、娱乐、健身、医疗于一体的特殊医疗保健旅游商品，也可称之为银色市场旅游商品。现在我国和世界上许多国家已进入老龄化社会，这种老年保健康复医疗旅游商品将是一个巨大的广阔市场。

6. 特殊保健旅游商品。这是各个国家、民族利用相关传统资源所开发的寓医疗、保健功能于旅游活动之中的一种旅游商品。如，中国凭借气功、武术、针灸、按摩、推拿、中草药等医疗、保健传统资源开发的旅游商品，游客既可游览观赏，又可治病强身，受到了游客的欢迎。又如我国和日本的药膳旅游也很受游客的青睐。

（八）求美食

旅游者外出旅游，不但需要填饱肚子，更渴望的是享受异地他乡的特色食品和美味佳肴。游客对食品的追求，并不专指山珍海味，主要是以品尝传统名点小吃、特产、特色菜等为主。

为满足游客求美食的需求，旅游食品经营商除了提供本地特色饮食商品外，还可把国内外的特色饮食商品集于一地一店，使得游客就地品尝国内外所有的特色饮食商品。

新加坡的"美食中心"备有全国著名的美食点心，专供游客品尝，招徕游客。香港饮食旅游商品，从佳肴盛宴到家常小菜，从广东、北京名菜到地中海式食品样样具备，中国各省名特小吃也在此云集，应有尽有，因此香港又被称做"亚洲美食之都"，许多人把到香港品尝异国他乡美味佳肴，作为旅游的主要目的之一。

当今世界，中、意、法三国烹饪艺术鼎足而立，中国烹饪更享有"食在中国"和"烹饪王国"的美誉。我国很多旅游企业开发了北京烤鸭美食旅游、宫廷御宴旅游、素食素斋旅游等旅游商品，受到了国内外旅游者的欢迎。

（九）求文化

追求文化精神感受是游客的本质追求，是游客的一种特殊文化活动。随着游客文化素质的不断提高，对旅游文化品位和文化内涵的要求也越来越高。而旅游文化品位和内涵，一般通过旅游景观、设施和服务得以展现。即通过旅游景观外在形态的韵律和旅游景观结构内在的意韵，旅游组织活动，旅游设施与建筑，以及服务从业人员的服饰、服务行为举止等方面得以展现。因此，旅游商品供应商应认真策划，科学组合，全面展现旅游整体商品的文化品位和文化内涵，并体现地方的、民族的文化特色，更好地满足游客的文化需求。

（十）求知识

我国古人早就提出了"读万卷书，行万里路"追求知识的倡导。游客是充满求知欲望的，有的还搜集或索取相关的知识资料，许多游客还乐于参加与自己专业对口的游览项目，以便学到更多的专业知识，所以游客都乐于追求相关科学知识的学习和考察。

为此旅游商品经营者应精心设计，提高旅游商品相应的科技知识的品位与内涵，把某些相关知识有机地与旅游活动结合起来，使旅游者开阔视野、增长知识。同时还可积极开发富有知识性的专项旅游商品，如修学旅游、科技考察旅游、古代遗迹考察旅游等旅游商品。修学旅游，尤其是海外修学旅游，目的性强，内容丰富，方式灵活，有助于国际知识的增长。修学旅游始于日本，至今已有100多年的历史，其目的地主要是中国内地、韩国、中国台湾及东南亚等国家和地区。韩国也把修学旅游作为提高国民素质的一种方式。我国北京地区组织国外青少年旅游团学习汉语、参观考察、与中学生听课交流、开展文化体育联欢，实际上也是一种修学旅游。科学考察旅游，如组织游客考察地质地貌、海洋、气象、动植物资源、生态环境保护、历史考古、科学探密、科学考察、科学观测等。旅游者可以去到一般旅游者难以去到的地方，如某些野外生态站、实验室及自然保护区等，这种旅游能够将专业知识学习与旅游观光结合起来，能更好地满足旅游者求知需求。

以上十大需求，即求“新、奇、异、美、特、乐、康、食、文化、知识”之间都是相互联系、不可分割的，是相互融合的，只是在不同的时间、不同的环境中，分别占有不同的分量或不同的比重而已。

第二节 旅游商品市场供给

一、旅游商品市场供给的概念

普通商品市场供给，是指出卖一定数量物质实体商品所有权的行为和过程。而旅游商品供给就不同，它是指旅游商品供应方针对游客的需求，只是暂时出卖具有游览、观赏价值的有形实体景观的观赏权、游览权，暂时出卖具有享受价值的有形实体如客房的使用权与无形服务的享受权的行为和过程。所以旅游商品供给，不同于一般的物资商品的供给。物资商品的供给是出卖有形实体所有权的，是可以带走的；旅游商品的供给，则是不出卖所有权，只暂时出卖景观观赏权、游览权，和在一定时间内对某些物质设施商品使用权和服务的享受权，如客房、交通车辆服务等，是不可以带走的。

二、旅游市场商品供给的类型

（一）按旅游商品供给的形态划分

1. 有形物质实体旅游商品的供给。有形物质实体的旅游商品供给，是指商品经营者供给的，只是具有有形物质实体形态，而不出卖所有权的旅游商品。这种商品又有两种形态：一种是只供游客游览、观赏、感受、体验的有形物质实体形态的商品，如旅游景区、景点、园林、动物园、博物馆等；另一种是指只供游客在一定时间内，对物质实体形态暂时具有使用权的旅游商品。如，饭店的设施、客房的设施、交通车辆等在约定时间内可供游客暂时使用。

2. 无形旅游商品的供给。无形旅游商品的供给，是指商品经营者提供的不具有有形物质实体形态，只是为满足旅游者更好地旅游的可见或不可见的体力或脑力劳动的服务活动。这种供给，虽然是无形的非物质实体形态的商品，但却是旅游供应中的主体商品。如：旅游商品经营者为游客在游览观赏的过程中提供可见性的导游服务；为游客在吃、住、行、游、购、娱的过程中，提供可见性的生活服务；为游客在游览观赏过程中，提供的组织、策划、设计、协调和管理的不可见性的无形服务。

3. 核心旅游商品的供给。核心旅游商品的供给，是指寓于有形或无形旅游商品供应之中，具有文化感受性、精神体验性的功能，并能满足游客文化精神的核心商品。核心旅游商品的供给，正是旅游者旅游的本质追求。如，游客购买的景区、景点有形物质实体商品，购买的真正目的，不是购买景区、景点有形物质实体，而是购买从对景区、景点有形物质实体观赏中，所获得的文化精神的感受和体验。这种文化感受和体验，就是旅游商品供给的核心商品。

（二）按旅游商品供给的性质划分

1. 基本旅游商品的供给。基本旅游商品的供给，是指旅游商品经营者根据旅游者最基本的、一般的、必需的旅游需求，组织提供的旅游商品供给。如，旅游景观、旅游设施、旅游服务、旅游交通等。

（1）旅游景观商品。旅游景观商品，是指出卖给游客游览观赏而又不出卖所有权的景观商品。如，自然景区、景点的景观，社会人文景区、景点的景观。这种景观的文化品位越高，知名度就越大，对游客的吸引力也就越大。这既是游客决定是否前往旅游的首选因素，也是旅游景观形象品位的标志。

（2）旅游设施商品。旅游设施商品，是指旅游商品经营者为旅游者旅游活动的顺利开展创造条件而提供的设备设施商品。如，旅游交通运输设施、旅游饭店食宿接待设施、旅游娱乐设施等。旅游设施的文化品位和完善程度及其规模的大小，也是旅游设施商品品位质量与接待能力的标志。

（3）旅游服务商品。旅游服务商品是指旅游商品经营者，为旅游者的旅游活动创造方便、舒适的条件、获得更好的游览体验和感受，而提供的可见和不可见的体力和脑力劳动服务商品。周密完善的旅游服务，反映了对游客的热情、礼貌、友好和真诚。这也是旅游服务商品质量和形象的直接体现。旅游服务始终贯穿于旅游活动食、宿、行、游、购、娱的始终。它包括接待服务、客房服务、餐饮服务、导游服务、交通服务、购物服务、翻译服务、生活服务等。

2. 辅助性旅游商品的供给。辅助性旅游商品供给，是指旅游商品经营者，为配合游客旅游活动的开展，提供辅助性质的商品。如，邮电通信、医疗卫生、供电、供水、供热、供气、环境保护、污水处理、道路交通、机场、码头、道路、桥梁、铁路、航线等工程设施，对游客旅游都起着辅助配合的作用，如果没有这些辅助性旅游商品的供给，会对游客旅游产生巨大负面影响。

三、旅游市场商品供给的特征

（一）不出卖商品的所有权

1. 不出卖商品所有权，只出卖景观的观赏权、感受权。不出卖旅游商品所有权，是旅游商品供给的最大特征，是旅游商品供给与一般物质商品供给的最大的区别。就旅游景观、景点实体商品的供给来说，只是暂时出卖有形景观、景点实体的观赏权、感受权、体验权的经历和过程，游览、观赏一结束，商品的供给也就结束。景区、景点的所有权游客是带不走的。

再说，游客旅游也只是需要对景观暂时的游览、观赏、体验和感受，不需要也不可能购买景观的所有权。只有在物质商品市场的运转中，物质实体商品供给才出卖所有权，商品实体才归购买者所有。

2. 旅游设施商品不出卖所有权，只出卖使用权。旅游设施商品，只是暂时出卖其有形实体的使用权，如旅游饭店的客房、娱乐设施、交通车辆等，都只是暂时出卖使用权，而不出卖所有权，所以它也是不能被带走的。而在物质商品市场中却不存在设施使用权的出卖。这又是旅游商品供给的重大特征。

3. 旅游服务商品只出卖为游客提供方便和服务的暂时享受权，而不出卖其他。服务商品是旅游商品中主要的无形商品。游客的旅游经历和过程中，需要暂时购买服务商品，以便获得旅游活动的质量、方便、享受和安全。游客对这种服务商品的消费和供给方对服务商品的生产是同步进行的。服务消费一结束，服务生产也就结束。

（二）具有高文化品位

旅游是旅游者的一种特殊文化活动，其本质就是追求文化精神感受的满足，这就要求旅游商品必须具有高文化品位，才能满足旅游者的需求，旅游企业也才能获得应有的经济效益。因此，无论旅游景区、景点的开发策划、设计、布局、道路建设、设备设施、服务行为、接待规范、建筑装饰等，或是旅游服务人员的服务理念、行为、着装，都应具有较高品位的文化形象和文化内涵，都必须具有高品位的文化含金量，这是现代旅游商品最显著的特征。可以说，没有文化内涵的商品，不能成为旅游商品。文化含金量越高的旅游商品，对游客的吸引力就越大。比如，“金钥匙”服务就是文化含金量最高的旅游服务商品。

旅游商品含金量的设计，深圳华侨城就是一个很好的例子。华侨城先后推出了“锦绣中华”、“中华民俗村”、“世界之窗”、“欢乐城”。“锦绣中华”和“中华民俗村”体现了东方园林与中华文化的精粹；“世界之窗”展示了西方文化的氛围；“欢乐城”借鉴了美国迪士尼适合青少年的娱乐文化的需求。四大公园所体现的东方和西方文化，相互补充，相映生辉。

（三）地域性、民族性

地域性是在不同地区供给的旅游商品所展现的地区差异性特征。地域性特征的形成，是由于不同地区的自然环境、地域差异、经济水平综合作用的结果。不同地域自然环境的差异是形成旅游商品地域性特征的基础。

民族性是不同的民族在其精神素质、民俗风情、思维观念、宗教信念、心理性格等文化习俗方面的差异性特征。同样一个民族，因所处地域、自然环境的不同，又会表现出民族特征的差异。

世界各民族都有自己的历史、文化和艺术，在一定范围内形成了各自独特的生活习性、民族风俗、艺术风格和审美意识，并以生活消费品为载体历史地延续下来。如，中国的唐装、旗袍、中山装，日本的和服等表现了不同的民族文化之间的差异性。

旅游商品市场供给，要体现民族特色和地方特色，要让游客感受到旅游商品所蕴含的地域性、民族性的文化底蕴和美感，才能吸引更多的游客群体。

（四）供给和消费的同步性

供给和消费的同步性，是指旅游有形实体商品或无形服务商品的供给，与游客的消费或享受，具有在同一时间内同步进行的特征。因为旅游商品供给的核心内容是供游客游览、观赏、感受、体验、享受、方便等，这就必然形成商品的供给过程与游客对商品的消费过程，这两个过程都是在同一时间内同步进行的。

四、旅游市场商品供给的发展趋势

（一）向供给的深度和广度发展

1. 向市场供给的深度发展。旅游商品供给的深度，是指旅游商品供给不断提高其文化内涵、文化含金量和文化品位发展的深度。随着游客的需求越来越理性化，对文化精神需求的品位越来越高，这就要求旅游市场商品供给向着高文化品位深度发展。旅游商品经营者，无论是景观景点商品供应，还是旅游景区商品的开发策划，无论旅游商品形象的塑造，还是服务商品的提供，或是为旅游者组织的旅游活动，都应深入研究如何向着提高其文化品位的深度发展。

2. 向商品供给的广度发展。旅游商品供给的广度，是指旅游商品供给的范围越来越大、层次越来越多、满足旅游者个性化需求越来越广的发展趋势。随着旅游越来越成为人们生活中不可缺少的组成部分，随着旅游市场不断的繁荣发展，旅游市场商品供给不但向其文化品位的深度发展，也向其范围的广度发展。

如，发展农业旅游、工业旅游、森林旅游、休闲旅游、探险旅游等，就是旅游商品供给向着其广度发展的表现。

（二）向市场供给的短线方向发展

旅游商品的短线供给，是指对旅游者在较短时间内旅游需求的供给。短线旅游一般指游客在一天或两天内开展的旅游活动。短线旅游时间短、费用少，而且方便，易于开展。如：人们利用双休日、节假日去城市郊区的景观、景点的旅游；农家乐休闲旅游，追求古朴，回归自然。短线旅游的兴旺发展极大地促进了旅游业的繁荣发展。自然，旅游商品供给必然向着适应短线旅游的需求方向发展。

与短线旅游相对应的是长线旅游，长线旅游需要游客和商品供应商较长时间精心设计、策划准备，游客要花费较长的时间和较多的费用，供应商要进行充分的准备。所以长线旅游的开展，不是那么容易随便就能开展的，而国内、省内、区内、县内的短线旅游都在火爆地发展。因而，旅游市场商品供应商也应该同时关注短线供应的发展趋势。

（三）向特色品牌化的方向发展

旅游商品供给是市场运作行为，而市场运作中，竞争是非常激烈的，竞争取胜的重要手段是商品供给的特色和品牌。特色是指商品供给的独占性、权威性、不可替代性与排他性。品牌就是商品特色的市场形象、市场评价和市场的美誉度。因此，商品供给应该具有自身的特色和品牌，这是市场竞争制胜的法宝，也是旅游市场商品供给的发展趋势。

（四）向规模化方向发展

规模是指事物发展的范围。规模化是指事物向着大范围、大规模的方向发展。旅游商品供给向规模化方向发展，是指旅游商品供给向着较大范围、较大规模的方向发展，并且成为旅游商品供给发展的特征。据预测，到2020年，旅游将成为世界第一大产业，旅游的发展规模是极为巨大的。需求决定供给，供给适应需求，所以旅游商品供给必然会朝着旅游需求规模化的方向发展。

第三节　旅游商品的供求平衡与调节

一、旅游商品供给与需求的关系

（一）商品需求决定商品供给

供给与需求是旅游市场经济活动的两个侧面。市场有什么样的商品需求，就会有什么样的商品供给。旅游市场也是一样，旅游商品需求决定着旅游商品的供给。没有旅游者吃、住、行、游、购、娱的市场需求，就不可能有相应旅游商品的市场供给。只有有了旅游者对自然山水游览观赏的需求，才会有旅游景区、景点的供给；只有有了旅游者对社会人文景观游览观赏的需求，才会有社会人文旅游景区、景点的供给。需求决定供给、制约供给、影响供给。如果没有旅游商品需求，旅游供给就失去了意义，旅游商品的价值也就无从实现。

旅游商品供给，也受其他因素的影响和制约，如受价格、竞争、质量、交通等因素的影响，但决定性的影响因素还是旅游需求。旅游商品需求的数量、品位和结构决定着旅游商品供给的数量、品位和结构。在商品供给的实践中，还要以需求预测为前提。

（二）商品供给必须适应商品需求

供给的目的是为了满足需求、适应需求，所以旅游商品供给必须以旅游商品需求的数量、品位和结构为前提，否则旅游商品的供给将是盲目的供给、毫无意义的供给。旅游供给只有适应、满足了旅游需求，旅游供给的商品价值才能得以实现。

（三）商品需求与供给相互依存、相互影响

1. 商品需求决定商品供给，又依赖于商品供给。商品需求决定商品供给，但需求又依赖于供给。没有供给，需求就难以实现，就成为空洞的需求。所以旅游商品供求也是一样，旅游需求决定旅游供给，旅游需求依赖于旅游供给，旅游商品供给是旅游商品需求得以实现的保证。

2. 商品供给决定于商品需求，又影响商品需求。旅游商品供给决定于商品需求，但又影响旅游商品需求。如果商品供给的质量、品位，不符合市场需求或不能满足市场的需求，就会影响需求或减少需求。如果商品供给的数量超过市场需求，就形成供大于求，商品价格就会下跌。

另一方面，商品供给又是商品需求得以实现的保证。没有商品供给，需求将无法实现，无法满足。反过来供给的质量或数量的变化，又影响需求的减少或增加。旅游商品市场也是一样，旅游商品供给决定于旅游商品需求，又影响商品需求。

3. 商品供给决定于商品需求，而商品供给又可以创造需求。市场商品需求决定供给，供给必须适应需求。但供给如果符合市场商品的潜在需求，这样的供给就可以创造市场新的需求。如，各地新开发的温泉旅游、探险旅游、漂流旅游、农家乐旅游、休闲旅游等新兴旅游商品供给的出现，便创造了旅游市场新的需求，引来了新的游客，促进了旅游市场的繁荣发展。

二、影响旅游商品需求的因素

影响旅游商品需求变化的因素很多，最主要的有：价格、游客的收入、游客的余暇时间、社会政治、经济、文化、交通、气候、战争、疾病等。现在就价格、收入和时间等因素分析如下。

(一)旅游商品价格

价格是商品价值的货币表现,价格又受市场供求关系的影响而围绕价值上下波动。价格的波动,又反过来影响市场的需求。当价格背离价值而偏高时,人们的需求就下降,旅游者的数量就减少;当价格背离价值而偏低时,人们的需求就增加,旅游者的数量也就增加。可见,价格是影响旅游商品需求的主要因素。因此,供应商应研究如何利用价格变化去调节需求,使市场供求得到平衡。

(二)游客可自由支配的收入

可自由支配收入,是指从游客个人收入中,扣除日常衣、食、住、行等基本生活消费和必要的社会消费,以及应交纳的税收以后,剩余的那一部分可随意支配的收入。随着社会经济的发展,人们收入的不断增加,人们用于满足其基本生活需求的开支在其总收入中的比例便相应下降,而可自由支配收入在其总收入中的比例便相应地提高,致使可用于满足享受和发展需求的开支比例也就相应地加大。这就为人们对旅游的需求创造了良好的经济条件。因此,可自由支配收入是影响、调节旅游商品市场需求的首要因素。旅游商品供应商,应根据人们可自由支配收入的变化,研究对旅游商品需求的对策,及时供给相应的旅游商品,以调节旅游商品的供求平衡。

(三)游客可自由支配的余暇时间

可自由支配的余暇时间,是指游客从每天 24 小时内,除去工作、生活、休息的必要时间外,还拥有多余的、可供其自由支配的时间。如,各国的节假日、双休日、民族节庆日、公休假日和带薪假日等,可达全年天数的三分之一左右。有的国家还允许人们把余暇时间集中使用,这样就为具有旅游需求的人们,创造了良好的时间条件。因此,可自由支配的余暇时间,又是影响、调节旅游商品市场需求的重要因素。旅游供应商应根据人们可自由支配的余暇时间的变化研究对策,及时供给相适应的旅游商品,以调节旅游商品的供求平衡。

三、影响旅游商品供给的因素

影响旅游商品供给的因素主要有:需求、价格、商品质量、交通、环境、政治经济、战争、气候等因素。

(一)旅游商品需求

需求决定供给,有什么样的需求,就有什么样的供给。但市场需求又受到其他相关因素的影响。因此,为了使得供给适应需求,供给商应及时了解掌握那些影响需求因素的动态变化,并及时调整旅游商品供给。

(二)旅游商品价格

价格是调节商品供求的杠杆。当价格上升时供给就增加;当价格下降时,供给就减少。而影响价格变化的因素，有需求的变化、供给的变化，以及市场竞争、商品质量、交通、经济、政治、环境等因素的变化。因此，供应商应及时掌握影响价格变化的因素，并及时调节旅游商品供给。

（三）市场竞争

竞争是市场供求的必然，也是影响和推动商品供给改进的积极因素。没有竞争，就没有商品供给的改进。因此，供给要适应市场竞争，供应商应及时了解市场竞争的变化，掌握影响竞争变化的因素，及时调节旅游商品供给。

（四）政治、经济、交通等因素

旅游目的地国家和游客所在国，政治上如果是不和谐、不友好，甚至是敌对的关系，必然影响旅游的入境和出境，影响需求和供给。对此供给商依靠自身的力量是无能为力的，需要依靠政府关系的改善。但亦可分析两国政府的有关政策，从中找出是否有能为我利用的可能和内容。如，我国曾经有过限制国外小汽车进口的政策，这一政策的核心是为了限制小汽车在我国的高档消费。为此日本就生产了一种双排座小汽车，成为既可以坐人又可以装货的生产型的小汽车，成功打进了我国市场。

就经济因素来说，有的国家制定了关税壁垒，这对商品供给者来说，需要依靠两国政府关系的改善。

交通因素是制约旅游商品供给的瓶颈，即使有了最能吸引游客、满足游客需求的商品供给，但交通不畅，进不去、出不来，供给就会受到严重制约。交通问题，一般都需要依靠政府的力量去解决，如，航空机场、高速铁路、高速公路的兴建等，非旅游企业自身能力所能完成，但旅游商品供给的企业，对商品供给的交通环境、线路、基地是可以选择的。

四、旅游商品市场供给与需求的平衡

需求和供给是一种互相依存、互相影响的市场关系。由于市场供给与需求，在市场运转过程中，分别受到各种市场因素的影响，特别是价格的影响，从而造成了市场供给和需求数量的变化。如果供给大于需求，便形成买方市场；如果供给小于需求，便形成卖方市场；如果市场商品供给数量和市场商品需求数量相等，便形成供给与需求的平衡。这种市场商品供给与需求的平衡与不平衡的变化，实际上反映了商品需求价格与商品供给价格的变化。

如图 16－1 所示，旅游商品需求曲线（*S*）和旅游商品供给曲线（*D*），实际上反映了旅游商品的需求价格和供给价格的变化情况。旅游商品的需求价格，是指消费者对一定数量旅游商品的购买意愿，以及能支付的最高价格；旅游商品的供给价格，是指旅游商品供应商愿意接受旅游者支付的最低价格。当需求曲线 *S* 和供给曲线 *D* 在同一个坐标图上展现时，这两条曲线必然会相交于一点。需

求曲线 S 和供给曲线 D 相交于 E 点。E 点所对应的商品需求价格和商品供给价格是相等的。E 点所对应的商品需求量和商品供给量也是相等的，所以称 E 为平衡点。E 点所对应的需求价格和供给价格，便是均衡价格；E 点所对应的需求数量和供给数量，便是均衡数量。

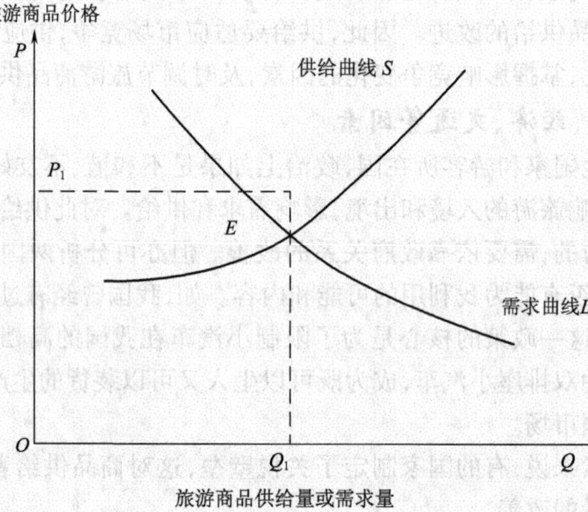

图 16－1　旅游商品供求平衡图

五、旅游商品市场供给与需求的调节

旅游商品市场需求和供给的平衡或不平衡关系，一般是相对的、暂时的、不稳定的。因为影响市场需求和供给的多种因素是不断变化的。旅游商品市场需求和供给，是随着影响市场因素的变化而变化的。为了使供给和需求稳定而顺利地进行，就需要使得供给和需求由不平衡转化为平衡。这个转化的过程，称之为市场商品供求平衡的调节。调节的方式，一般有需求对供给的调节、供给对需求的调节、价值规律的调节、政治和经济因素的调节。

（一）市场需求对供给的调节

调节市场供给的因素中，需求是调节的主要因素。如果其他因素不变，商品需求扩大时，商品供给便会增多；相反，需求下降时，供给就随着减少。这就是需求对供给的调节。供应商应根据对市场需求预测，及时调节商品供给数量，以达到市场供求的平衡。

（二）市场供给对需求的调节

调节市场需求的因素中供给也是调节的重要因素。如果其他因素不变，商品供给发生变化，商品需求也会发生变化。即供给增加，价格就下降，需求便会增加;相反,供给数量下降,价格就上升,需求也就会减少。这就是供给对需求的调节。供应商应根据对市场供给的预测,及时调节商品供给数量,以求得市场需求的平衡,这就是供给对需求的调节。

根据市场运作规律,市场供给也可以创造市场需求。如,深圳人造景观"锦绣中华"和"华侨城"景区的开发,不但创造了深圳旅游市场的需求,而且有力地推动了深圳旅游市场的繁荣发展。可见旅游市场的需求,也是可以通过供给来创造的。又如,湖南张家界一经开发,便创造了新的旅游需求,并成为世界的著名景区。

市场供给之所以能够创造市场需求,关键是市场存在着潜在的需求。这个潜在需求是由当地的政治、经济、人口、交通等各种环境因素决定的,所以要想开发新的旅游商品供给,必须调查分析市场的潜在需求。

(三)价值规律对市场供求的调节

价值是凝结在商品中无差别的社会必要劳动量,价格则是价值的货币表现。市场交换的商品价格,是以它的价值为基础的。即商品的交换,是根据两个商品所包含的社会必要劳动量(价值量)交换的。所以市场商品供求变化,是围绕价值而上下波动的。表示市场商品供求变化的价格变化,也是围绕价值而上下波动的。这种价格围绕价值上下波动并影响和调节市场供求变化的规律,就是价值规律。

价值规律的主要内容是:商品的价值取决于全社会生产该商品的社会平均必要劳动量;商品的交换,按照等价交换的原则进行交换;等价交换就是指商品在交换过程中,按照其价值量大小相等的原则进行交换;由于市场多种因素的影响,商品价格往往偏离它的价值。当旅游商品价格高于价值时,人们的需求量就降低,同时旅游商品供给数量也会加大;而当旅游商品供给大于需求时,旅游商品的市场价格又会下降。相反,当旅游商品价格低于其价值时,人们的需求量就增加,同时旅游商品供给数量也会减少,从而就造成了商品市场供给小于需求,此时,旅游商品的市场价格又会上升。这种现象的反复出现,就是价值规律通过价格围绕价值上下波动,从而不断调节市场供求作用的表现。

(四)政治经济因素对市场供求的调节

1. 政治因素对市场供求的调节。政治因素是指稳定、安全的政治环境。如果旅游目的地国家的政治局势不稳定,游客生命财产不安全,没有保障,旅游就无法进行,游客就会减少,供给也就减少了。可见政治因素是影响、调节旅游供求的重要因素。

如果旅游目的地国家政局稳定,又支持鼓励旅游,减轻税费,便会吸引游客,促进旅游需求的发展,如果又对资金困难的旅游企业给予贷款,就更会促进旅游商品开发。因此政治因素对市场供求起着巨大的调节作用。

2. 经济因素对市场供求的调节。旅游是市场经济高度发展的产物。经济繁荣,旅游也就繁荣。旅游在欧洲之所以最为繁荣,欧洲游客约占世界游客的70%,原因就是欧洲经济在全球发展得最早、最为繁荣。经济发达,交通也就发达,基础设施就完善,从而为旅游市场的繁荣发展创造了有利条件。相反,经济落后,旅游也就落后。可见,经济的繁荣与否,对旅游的繁荣发展,对旅游市场的供求,起着巨大的促进和调节作用。

第四节 旅游市场商品需求规律与需求弹性

一、旅游市场商品需求规律

(一)需求规律的内涵

1. 需求。需求,是指人们为了满足其物资、精神生活或人际交往方面的需要,或为获得某种商品的欲望。如果消费者仅有购买的欲望而无支付能力,需求就不能实现。所以有欲望又有支付能力的,需求就可以实现。

旅游需求,就是指旅游者为了满足其游览、观赏的文化精神需求,在一定的时间内,支付一定的货币,对某地区的自然景观或人文景观进行游览、观赏的欲望。

2. 需求规律。规律,是指事物的发展不以人们意志为转移的客观必然性。任何事物,都有其自身发展变化的客观规律。需求规律,也有需求自身发展变化的规律,但又受各种因素变化的影响。

影响需求规律的因素有:商品价格,消费者的收入,社会环境,人们偏好、文化、信仰、风俗、习惯等。把人们对某种商品的需求量作为因变量,把影响人们对这种商品需求的各种因素作为自变量,就可以得出一个需求函数:

$$Q_d = f(Y, X, P, H \cdots)$$

其中:Q_d 代表一定时期内某种商品的市场需求量,函数符号 f 后面括号里的字母代表影响需求的各种因素。这些因素中的任何因素发生变动,都会引起因变量 Q_d 相应变动。显然,同时考虑多种自变量对因变量的影响是很困难的,为了简化起见,假定其他自变量都保持不变,只考虑这种商品的价格(P)变化对需求的影响,这样就可以把上述需求函数式表示为:

$$Q_d = f(P)$$

商品的需求量和其价格变动的方向是相反的,在其他条件不变的情况下,当一种商品的价格变得越高,消费者愿意购买这种商品的数量就越少;价格越低,消费者愿意购买的数量就越多。商品价格变动引起商品需求量反方向的变动。

(二)旅游市场商品需求规律的内涵

1. 旅游市场商品需求规律的概念。旅游市场商品需求规律,是指人们对旅游市场的商品需求，随其影响因素的各种变化而呈正相关变化或负相关变化的规律。影响旅游需求的各种因素，主要有：商品价格，旅游者收入，旅游者的余暇时间，商品质量，旅游交通，旅游目的地的政治、经济、文化环境等。当影响旅游市场商品需求的其他因素不变时，旅游市场商品需求与旅游商品价格呈负相关变化，与旅游者可自由支配的收入和可自由支配的余暇时间呈正相关变化。

2. 游客的旅游商品需求与商品价格呈负相关变化。当影响旅游商品需求的其他因素不变的情况下，价格的变化是影响旅游需求的基本因素。具体展现为：价格上升、需求量就减少；价格下降，需求量就增加。这种呈现相反方向的变化关系称之为负相关关系。所以旅游商品市场需求的规律之一，就是旅游商品需求与旅游价格呈负相关关系，如图 16－2 所示。其中曲线 Q_d 为旅游商品需求曲线，展现了旅游商品需求与旅游价格的负相关关系。曲线由左上方向右下方倾斜，表示旅游商品的需求随价格上升而减少，随价格下降而增加。曲线的斜率为负值。

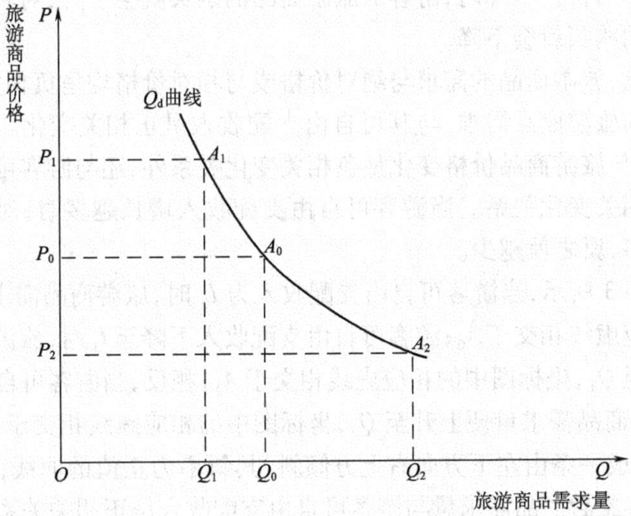

图 16－2　旅游商品需求与旅游商品价格的负相关关系

如图 16－2 所示，当商品价格为 P_0 时，商品需求量为 Q_0，连接坐标图中两条相应虚线相交于 A_0；当商品价格上升至 P_1 时，商品需求量就下降至 Q_1，连接坐标图中两条相应虚线相交于 A_1；而商品价格下降到 P_2 时，商品需求量就上升至 Q_2，连接坐标图中两条相应虚线相交于 A_2；再连接 A_0、A_1 和 A_2，便形成了一条由左上方向右下方倾斜的曲线 Q_d，其斜率为负值。曲线 Q_d 鲜明地展示了旅游商品需求量与旅游商品价格之间呈负相关关系。这种关系可用下列函数式表示：

$$Q_d = f(P)$$

式中：Q_d——一定时期内旅游商品需求量；

P——旅游商品价格(纵坐标);

Q——旅游商品需求量(横坐标);

f——旅游商品需求量与旅游商品价格的函数关系。

旅游商品价格不仅指旅游商品的绝对价格,也指旅游商品的相对价格。

绝对价格,是对某种商品用货币表示的价格。在不考虑其他因素对旅游需求的影响时,若绝对价格下降,旅游商品的需求就会上升,反之,若绝对价格上升,旅游商品的需求量就会减少。

相对价格,是指旅游商品与其他商品,或旅游商品与其他可以替代的有关商品,具有相对比例关系的价格。如,高档消费品、耐用消费品,以及可以满足人们精神文化享受的其他有形实体或无形服务的商品,都与旅游商品具有可以替代或不完全替代的关系。这些商品与旅游商品具有相对价格变化的比例关系。当这些商品与旅游商品的价格都发生变化,而旅游商品的相对价格上升时,游客对旅游商品的购买就会下降,对具有替代作用的其他商品的购买就会上升;相反,旅游商品的相对价格下降时,游客对旅游商品的购买就会上升,对具有替代作用的其他商品的购买就会下降。

由此可见,旅游商品的需求与绝对价格或与相对价格均呈负相关关系。

3. 游客的旅游商品需求,与其可自由支配收入呈正相关变化。游客购买旅游商品,除了与旅游商品价格变化呈负相关变化关系外,还与游客可自由支配收入变化呈正相关变化关系。当游客可自由支配收入增长越多时,对旅游商品的需求量就越多,反之就越少。

如图 16-3 所示,当游客可自由支配收入为 I_0 时,旅游商品需求量为 Q_0,坐标图中的相应虚线相交于 A_0;游客可自由支配收入下降至 I_1 时,旅游商品需求量便随之下降至 Q_1,坐标图中的相应虚线相交于 A_1;相反,当游客可自由支配收入上升至 I_2 时,商品需求量便上升至 Q_2,坐标图中的相应虚线相交于 A_2。连接 A_1、A_0 和 A_2 便形成一条由左下方向右上方倾斜、其斜率为正值的曲线,即 Q_d 曲线,它展现了游客旅游商品需求量与游客可自由支配收入呈正相关关系。这种关系,可用下列函数式表示:

$$Q_d = f(I)$$

式中:Q_d——一定时期内的旅游商品需求量;

I——游客的可自由支配收入;

Q——游客旅游商品需求量;

f——旅游商品需求量与可自由支配收入的函数关系。

4. 游客旅游商品需求与余暇时间呈正相关变化关系。游客旅游商品需求除了与旅游商品价格变化呈负相关关系,与游客可自由支配收入变化呈正相关关系外,还与游客可自由支配的余暇时间呈正相关关系。当游客可自由支配的余暇时间增长得越多时,对旅游商品的需求量增长的就越多;反之,游客可自由支

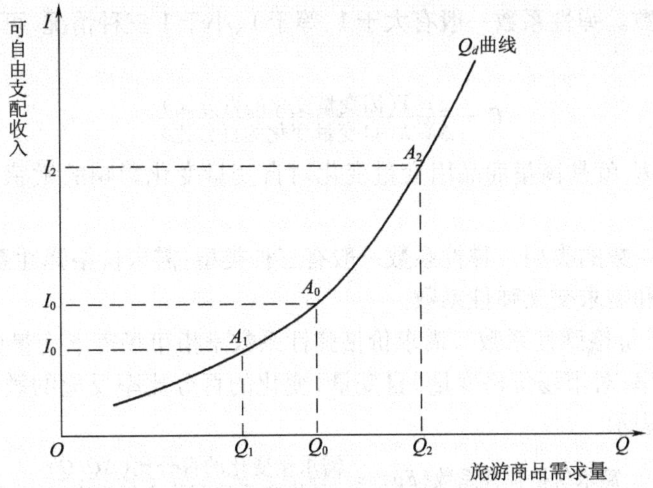

图 16－3　旅游商品需求与可自由支配收入之间的正相关关系

配的余暇时间越少时，对旅游商品的需求量就越少。这种正相关关系，亦可仿照图 16－3 绘制相似坐标图。

以上说明，在其他影响旅游需求量变化因素不变的前提下，旅游商品需求变化与商品价格变化呈负相关关系，与游客收入变化、游客余暇时间变化之间呈正相关关系。

二、旅游市场商品需求弹性及其弹性系数

（一）弹性和弹性系数

1. 弹性。弹性，是指某一事物的变化，因受到某种因素变化的影响而展现的敏感性。而同一因素的变化，对不同事物会引起不同程度、不同大小的变化。这种不同程度、不同大小的敏感性，对各种商品的销售都会产生影响，但因商品不同，其弹性不同，所以其影响程度就不尽相同。如，食盐的销售量，对价格因素的变化反应不很敏感，也就是说食盐的销售量不会因价格的变化而有较大的变化。而化妆品的销售量，则对价格的变化反应敏感，就会因价格的小小变化，而引起销售数量较大的变化。这种因变量的变化对自变量变化的影响敏感程度，就是自变量的弹性变化。所以食盐弹性小，对价格变化的敏感程度就小；化妆品弹性大，对价格变化的敏感程度就大。根据这一现象，商品经营者在市场经营的对策中，对弹性小的商品，可适当提高其销售价格；对于弹性大的商品，则应适当降低其销售价格。

2. 弹性系数。弹性系数是指一个函数因变量的变化率与一个自变量的变化

率之比，是反映因变量变化对自变量变化的敏感程度。弹性系数是一个没有计量单位的纯数。弹性系数一般有大于1、等于1、小于1三种情况，可用如下公式表示：

$$E = \frac{\Delta Y/Y(\text{因变量变化的百分比})}{\Delta X/X(\text{自变量变化的百分比})}$$

式中的 E，就是衡量商品因变量变化对自变量变化影响的敏感程度的弹性系数。

3. 弹性系数的类型。弹性系数一般有三种类型：需求价格弹性系数、需求收入弹性系数和需求交叉弹性系数。

(1)需求价格弹性系数。需求价格弹性系数是指市场需求变量（因变量）变化的百分比率，对市场价格变量（自变量）变化的百分比率反应的敏感程度。可用如下公式表示：

$$\text{需求价格弹性系数}(Ep) = \frac{\text{需求量变化的百分比}(\Delta Q/Q)}{\text{价格变化的百分比}(\Delta P/P)}$$

需求价格弹性系数的代数式：

$$Ep = \frac{\Delta Q}{Q} \div \frac{\Delta P}{P}$$

式中：ΔQ——一定时间内市场商品需求的变量，即本期市场商品需求量与前期市场商品需求量之差 $(Q_1 - Q_0)$；

ΔP——一定时间内市场商品价格的变量，即本期市场商品价格与前期市场商品价格之差 $(P_1 - P_0)$；

E_P——一定时间内市场商品价格弹性系数。

由于需求量与价格呈反方向变动，所以需求价格弹性系数一般为负值。

(2)需求收入弹性系数。需求收入弹性是指人们对某种商品的需求，受其收入的影响而产生变化的敏感性。

需求收入弹性系数，则是指人们对某种商品需求量变化百分比率，对其收入变化百分比率反应的敏感程度。可用如下公式表示：

$$\text{需求收入弹性系数 } E_I = \frac{\text{需求量变化的百分比}(\Delta Q/\Delta)}{\text{收入变化的百分比}(\Delta I/I)}$$

需求收入弹性系数的代数式如下：

$$E_I = \frac{(\Delta Q/Q)}{(\Delta I/I)}$$

式中：E_I——旅游市场商品需求收入弹性系数；

I——旅游者可自由支配收入；

ΔI——旅游者可自由支配收入的变动量，即本期旅游旅游者可自由支配收入 (I_1) 与前期旅游者可自由支配收入 (I_0) 之差 $(I_1 - I_0)$；

Q——旅游市场商品需求量；

ΔQ——旅游市场商品需求变动量，即本期旅游市场商品需求量 (Q_1) 与前期旅游市场商品需求量(Q_0)之差(Q_1-Q_0)。

由于需求量与收入成正方向变动,所以需求收入弹性系数一般为正值。

(3)需求交叉弹性系数。需求交叉弹性系数是指在可以互相替代或互补的商品中,一种商品需求量变化对另一种商品价格变动反应的敏感程度。或者说,是一种商品的价格变化会引起另一种商品需求量变化伸缩性的敏感程度。弹性系数就是反映这种伸缩性的敏感程度。即商品 A 的需求量 Q_A 的变化百分比与商品 B 的价格 P_B 的变化百分比的比值,就是商品 A 对商品 B 的需求交叉弹性系数。可用如下公式表示:

$$E_{AB}=\frac{\Delta Q/Q_A}{\Delta P_B/P_B}=\frac{\Delta Q_A}{\Delta P_B}\times\frac{P_B}{Q_A}$$

(二)市场商品需求弹性及其弹性系数在旅游管理中的应用

旅游市场商品需求弹性及其弹性系数,应用于旅游经营与管理之中,有三种方式。

1. 旅游市场商品需求价格弹性及其弹性系数在旅游管理中的应用。

(1)旅游市场商品需求价格弹性系数。旅游市场商品需求价格弹性,是指旅游市场商品需求量对旅游市场商品价格变化的敏感性。

旅游市场商品需求价格弹性系数,是指旅游市场商品需求量变化的百分比率对旅游市场商品价格变化的百分比率反映的敏感程度。可用如下公式表示:

$$\text{旅游市场商品需求价格弹性系数}=\frac{\text{旅游市场商品需求量变化百分比}}{\text{旅游市场商品价格变化百分比}}$$

这一文字公式可改为如下代数式:

$$E_P=\frac{\Delta Q}{Q}\div\frac{\Delta P}{P}$$

由于旅游市场商品需求量与旅游市场商品价格呈负相关变化关系,因此其弹性系数为负值。为便于分析比较,取其绝对值。

以上公式可演算为如下代数式:

$$E_P=\frac{\Delta Q}{\Delta P}\times\frac{P}{Q}$$

式中:E_P——旅游市场商品需求弹性系数;

P——旅游市场商品价格;

ΔP——旅游市场商品价格的变动量。即本期市场商品价格与前期市场商品价格的差额(P_1-P_0);

Q——旅游市场商品需求量;

ΔQ——旅游市场商品需求量的变动量。即本期旅游市场商品需求量与前期旅游市场商品需求量之差额(Q_1-Q_0)。

公式反映了旅游市场商品价格变化引起旅游市场商品需求量变化敏感程度的情况,一般有三种类型,即 $E_P>1$、$E_P<1$、$E_P=1$ 三种。

当 $E_P>1$ 时,说明市场商品价格只要稍有变动就会引起需求量较大幅度的变动，如图 16－4 所示。

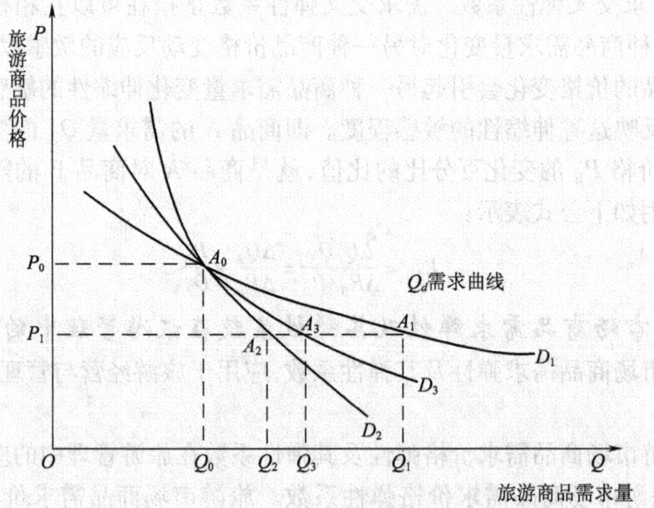

图 16－4　旅游商品价格需求弹性曲线图

图中价格为 P_0 时，需求量为 Q_0，两条虚线相交于 A_0；当价格以较小幅度下降为 P_1 时，需求量便以较大幅度上升至 Q_1，两条虚线相交于 A_1，再联结 A_0A_1，得到弹性曲线 D_1，其斜度不大，比较平缓，斜率也不大。这种弹性称为富有价格弹性，表现为需求价格弹性小。因此该商品需求价格弹性系数大于 1，即 $E_P > 1$。经营者在经营管理中，对待这种富有价格弹性的旅游商品，最好采取较小幅度的降价以引起需求量更大的上升，从而可获得更大的销量。

当 $E_P < 1$ 时，说明市场商品需求的变动幅度小于市场商品价格变动的幅度。说明该市场商品需求缺乏价格弹性。或者说需求价格弹性不足。如图 16－4 所示：当价格由 P_0 下降到 P_1 时，需求量便由 Q_0 上升至 Q_2，两条虚线相交于 A_2，联结 A_0A_2。得到弹性曲线 D_2，其斜度较弹性曲线 D_1 大得多，斜率也较大。

这种弹性称为缺乏价格弹性，也就是价格需求弹性大。这种商品的需求变化对价格变化的敏感程度不大。因此，旅游市场商品价格，即使发生较大幅度变动，也只会引起旅游需求量较小幅度的变化，这就是价格需求弹性大。因此该商品价格需求弹性系数小于 1，即 $E_P < 1$。对待这种缺乏价格需求弹性的商品，旅游经营者在管理中可适当提价，不会引起需求量有较大幅度的下降。如热线畅销的旅游商品属于缺乏价格需求弹性的旅游商品。

当 $E_P = 1$ 时，说明市场商品需求量变动的幅度，等于市场商品价格变动的幅度。即商品价格变化比率为 1% 时，商品需求量变化比率同样为 1%。如图 16－4 中曲线 D_3 所示，即商品价格由 P_0 下降至 P_1 时，商品需求便由 Q_0 上升至 Q_3

此为需求量上升的幅度。P_0 至 P_1 为价格下降的幅度。两个幅度是相等的，连接两条虚线相交于 A_3，得曲线 D_3，其斜度小于 D_1、大于 D_2。这种弹性变化，称之为价格需求单位弹性。像这样的单位弹性商品，在经营管理中，只能保持商品价格不变，以维持原有的需求量。

在一般情况下，基本生活资料消费品的需求价格弹性比较小，而奢侈品和高档消费品的需求价格弹性就比较大。因为基本生活资料消费品是人们维持生存的必需品，其消费数量基本上是一定的，而且需求的数量也不会随着价格的升高而减少或下降而增加，所以其需求价格弹性较小；奢侈品和高档消费品是人们追求满足其精神、心理享受需求的消费品，不是人们维持生存的必需品，即使价格发生微小变化，也会引起消费数量较大的变化，所以其需求价格弹性较大。

旅游商品是满足游客追求文化精神需求的商品，属于人们非基本生活资料消费品的享受型消费，属于高档消费品的范畴，其需求价格弹性自然就较大，价格的变化会引起需求量更大幅度的变化。因此旅游商品需求价格弹性系数大于一。

(2)弹性系数的计算。在一般情况下，$E_P > 1$，即需求价格弹性比较大。这种商品多为基本生活资料消费品。

【例 1】某景区门票价格，前期为 45 元/人，本期为 40 元/人；参观人数前期为 2 000 人/天，本期为 2 500 人/天，试计算其弹性系数，并分析情况提出新的策划管理方案。

解：根据弹性系数公式：

$$E_P = \frac{\Delta Q}{Q} \div \frac{\Delta P}{P}$$

代入相关数字得：

$$E_P = \frac{2\,500\text{ 人} - 2\,000\text{ 人}}{2\,000\text{ 人}} \div \frac{45\text{ 元} - 40\text{ 元}}{45\text{ 元}} = \frac{500}{2\,000} \div \frac{5}{45} = 2.25$$

分析：该景区采取小幅度降价策略后，赢得市场游客数量大增，从而使每天营业额增加 10 000 元。它的弹性系数为 $E_P > 1$ 说明富有价格弹性。表现为需求价格弹性大。因此在经营管理中，最好采取较小幅度的降价以引起需求量更大的上升，从而可获得更大的营业额。所以该案例的适当降价是正确的。

本案例每天增加营业额；(40 元 ×2 500 人) − (45 元 ×2 000 人) = 100 000 元 − 90 000 元 = 10 000 元

2. 旅游市场商品需求收入弹性及其弹性系数在旅游管理中的应用。

(1)旅游市场商品需求收入弹性。旅游市场商品需求收入弹性，是指旅游市场商品需求量对旅游者可自由支配收入变化的敏感性特性，也就是指旅游者可自由支配收入变化对旅游市场商品需求量变化的敏感性影响特性。

(2)旅游市场商品需求收入弹性系数。旅游市场商品需求收入弹性系数，是指旅游市场商品需求量变化，对旅游者可自由支配收入变化的敏感程度。即旅游市场商品需求量的相对变化比率与旅游者可自由支配收入相对变化比率之比。可用如下公式表示：

$$E_i = \frac{\Delta Q}{Q} \div \frac{\Delta I}{I}$$

式中：E_i——旅游市场商品需求收入弹性系数；

I——旅游者可自由支配收入；

ΔI——旅游者可自由支配收入的变动量，即旅游者本期可自由支配收入与旅游者前期可自由支配收入之差额$(I_1 - I_0)$；

Q——旅游市场商品需求量；

ΔQ——旅游市场商品需求的变动量，即本期旅游市场商品需求量与前期旅游市场需求量之差额$(Q_1 - Q_0)$。

因为旅游市场商品需求量变化，随旅游者可自由支配收入变化而变化，呈正相关变化关系，所以旅游市场商品需求收入弹性系数为正值。

旅游市场商品需求收入弹性系数也有三种类型：即 $E_i > 1$、$E_i < 1$、$E_i = 1$。

当 $E_i > 1$ 时，说明旅游者可自由支配收入对市场商品需求量的影响较大。此时可自由支配收入发生一定程度变化时会引起市场商品需求量发生更大程度的变化。

如图 16－5 所示，当旅游者收入为 I_0 时，引起相对的旅游商品需求量为 Q_0，作两条相应虚线相交于 A_0 点。而当旅游者收入较少地自 I_0 上升至 I_1 时，便引起相对的旅游商品需求量从 Q_0 增长到 Q_1，再作两条相应虚线相交于 A_1，连接 A_0A_1，得曲线 L_1，因其弹性系数 $E_i > 1$，故图示曲线 L_1 较为平缓，斜率也较小。

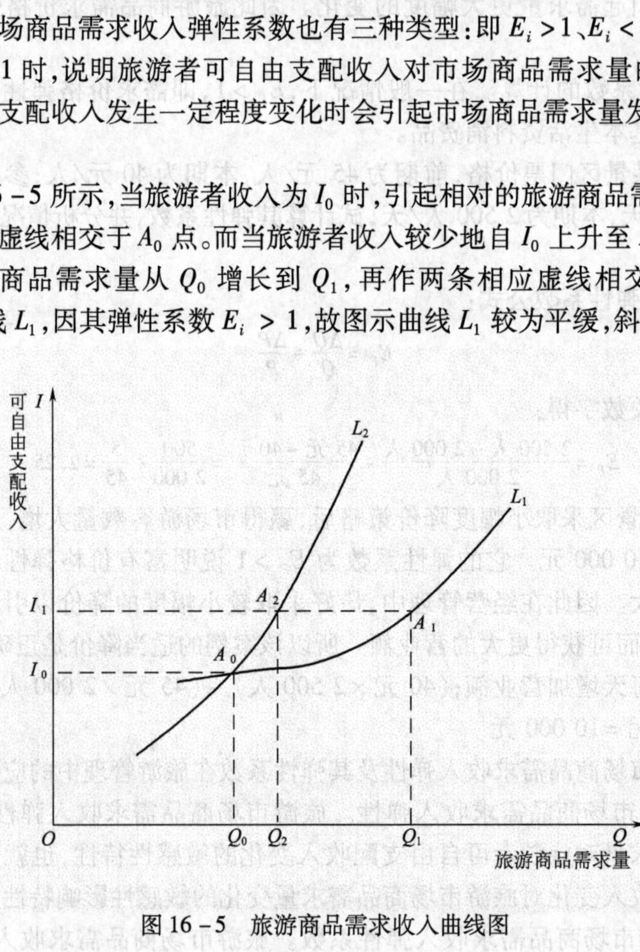

图 16－5　旅游商品需求收入曲线图

【例 2】游客每月可自由支配收入为 3 000 元/人 · 月时,某景区日售门票为 1 500 张,而当游客每月可自由支配收入增加到 3 500 元/人 · 月时,景区日售门票便增加到 2 500 张,试计算其相关弹性系数,并分析制定恰当的经营策略。

解:旅游商品市场需求收入弹性系数公式如下:

$$E_i = \frac{\Delta Q}{Q} \div \frac{\Delta I}{I}$$

代入相应数据得:

$$E_i = \frac{2\ 500\text{ 张} - 2\ 000\text{ 张}}{2\ 000} \div \frac{3\ 500\text{ 元} - 3\ 000\text{ 元}}{3\ 000} = 1.5$$

E_i 为 1.5,即 $E_i > 1$,说明游客收入每增长 1%,其需求量增长相对大于 1%。说明这是富有价格弹性的商品。也说明该景区商品质量是符合市场需求的。对待这样的商品,如果少量地降低价格,就会吸引更多游客的购买,从而会获得更好的经济效益。

根据目前该景区主体游客的可自由支配收入呈显著增长趋势的情况,市场商品经营者在提高商品供应质量的同时,销售量增长的比率趋势,可能呈现大于游客收入增长的比率趋势。

当 $E_i < 1$ 时,即游客收入每增加 1%,而该景区商品需求增长却小于 1%,如图 16 - 5 曲线 L_2 所示:当旅游者收入自 I_0 上升至 I_1 时,引起相对的旅游商品需求量从 Q_0 较少地增长到 Q_2,再作两条相应虚线相交于 A_2,连接 A_0A_2,得曲线 L_2。因其弹性系数 $E_i < 1$,故图示曲线 L_2 较为陡峭,斜率也较大。

当游客收入从 I_0 上升至 I_1 时,商品需求便由 Q_0 上升至 Q_2。而商品需求从 Q_0 上升至 Q_2 的比率,却小于游客收入从 I_0 上升至 I_1 的比率。这就说明该景区商品质量或品位,对吸引游客需求影响小。

【例 3】某景区日售门票 1 500 张时,游客平均可自由支配收入为3 000元/人 · 月,而当游客可自由支配收入上升到 3 500 元/人 · 月时,景区门票销售仅增加到 1 600 张,试计算其相关弹性系数,并分析制定恰当的营销方案。

解:根据系数公式计算:

$$E_i = \frac{1\ 600\text{ 张} - 1\ 500\text{ 张}}{1\ 500} \div \frac{3\ 500\text{ 元} - 3\ 000\text{ 元}}{3\ 000} = 0.4$$

通过计算,$E_i = 0.4$,即 $E_i < 1$,说明市场商品需求的变动幅度小于游客收入变动的幅度。即市场商品需求缺乏收入弹性,或者说需求收入弹性不足。其原因应该是该景区商品质量或品位对吸引游客需求影响小。为此,旅游商品经营者对景区商品质量、品位、管理等问题应重新策划考虑,方可吸引更多的游客,才能取得更好的经营效益。

$E_i = 1$ 时,说明旅游商品需求量的变化率等于游客收入变化率。即旅游商品质量变化率水平仍然维持在尚能满足游客收入变化率的水平。如果商品经营者经营管理促使商品质量提高率超过游客收入变化率,则能取得更大的经营效益。

【例4】游客平均可自由支配收入为2 000元/人·月时，某景区日售门票为1 000张，而游客可自由支配收入上升到2 200元/人·月时，该景区日售门票为1 100张，试计算旅游市场商品需求收入弹性系数。

解：根据系数公式计算：

$$E_i = \frac{1\ 100\text{张} - 1\ 000\text{张}}{1\ 000} \div \frac{2\ 200\text{元} - 2\ 000\text{元}}{2\ 000} = 1$$

分析：$E_i = 1$，说明该景区商品质量和经营管理变化比率，只是等于游客收入变化比率，因而只能保持相应提高的水平。随着游客旅游的理性化、高文化品位需求的提高，该景区商品销售将有相应下降的可能，这需要经营者立即认真研究改进。

3. 旅游市场商品需求交叉弹性及其弹性系数。

（1）旅游市场商品需求交叉弹性。旅游市场商品需求交叉弹性，是指一种商品的价格变化对另一种可以替换或具有互补功能商品的需求变化反映的敏感性。或者说，旅游市场商品需求交叉弹性，是指在可以相互替换或互补的商品中，一种商品的价格变化对另一种商品需求量变化的敏感性特性。

（2）旅游市场商品需求交叉弹性系数。旅游市场商品需求交叉弹性系数，是指一种商品的商品需求变动比率，对另一种商品价格变动比率的敏感程度。也就是说，在能够相互替代的商品中，一种商品的价格变化比率，引起另一种可以替换或互补商品需求变动比率的敏感程度。替代商品是指两种商品可以相互替代以满足同一种需求的商品，也可称为竞争商品。如，大米和面粉，咖啡和可可，桂林5日游和张家界3日游等。当其中一种商品的价格发生了变化，会引起人们对另一种商品需求量的变化。由于替代商品之间的价格与需求量变动的影响方向是相同的，故它们之间的需求弹性系数是大于零的正数。

如图16－6所示，如果以Q_A、ΔQ_A分别表示商品A的需求量和商品A需求变动量，以P_B、ΔP_B分别表示商品B的价格和商品B价格变动量，E_{AB}表示商品A的需求量与商品B的价格的相关弹性系数，则其公式应为：

$$E_{AB} = \frac{\Delta Q_A / Q_A}{\Delta P_B / P_B} = \frac{\Delta Q_A}{\Delta P_B} \times \frac{P_B}{Q_A}$$

或

$$E_{AB} = \frac{\Delta Q_A}{\Delta P_B} \cdot \frac{P_B}{Q_A}$$

【例5】桂林5日游与张家界5日游是可以替代的互补商品。当桂林5日游的价格由P_{B0}2 000元上涨至P_{B1}3 000元时，就会促使人们对张家界的需求量相对增加，即由Q_{A0}10 000人增加至Q_{A1}15 000人，如图16－6所示。试计算商品需求价格交叉弹性系数。

解：引用交叉弹性系数公式：

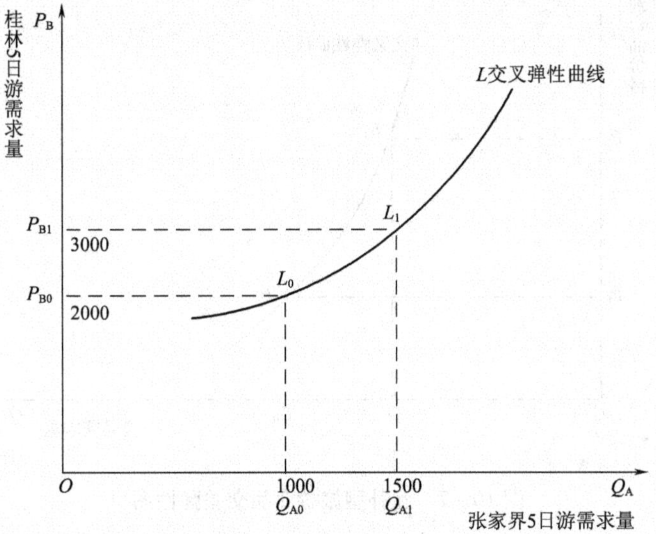

图 16－6　替代型旅游商品需求交叉弹性图

$$E_{AB}=\frac{\Delta Q_{A_0}}{\Delta P_{B_0}}\times\frac{P_{B_0}}{Q_{A_0}}$$

式中：Q_{A_0}——10 000 人；

Q_{A_1}——15 000 人；

P_{B_0}——2 000 元；

P_{B_1}——3 000 元。

代入公式：

$$E_{AB}=\frac{(15\ 000-1\ 000)}{(3\ 000-2\ 000)}\times(\frac{2\ 000}{10\ 000})=(\frac{5\ 000}{10\ 000})\times(\frac{2\ 000}{1\ 000})=0.25$$

如果两种商品需要配合使用，即为互补商品，如景观商品与短途交通商品是配合使用的互补商品。当景观商品价格上升时，会导致景观需求量与交通需求量同时下降，这里只是计算价格导致交通需求量交叉变化的关系，二者之间的变动方向是相反的，故它们的需求交叉弹性系数小于零。如图 16－7 所示。

当景观商品价格为 P_0 时，游览商品需求量为 Q_0，其虚线相交于 E_1；当景观商品价格由 P_0 上升至 P_1 时，游览商品需求量由 Q_0 下降至 Q_1，其虚线相交于 E_2，联结 E_1-E_2，呈 L 交叉弹性曲线，曲线陡峭，斜率较大。

【例 6】桂林龙胜唐家湾景区商品价格为 200 元（P_0）时，交通游览商品需求量为 500 人（Q_0）；而当景观商品价格上升至 250 元（P_1）时，交通游览商品需求量则为 330 人（Q_1），试计算其价格变化与交通游览商品变化的交叉弹性系数，并分析研究改进营销管理策划。

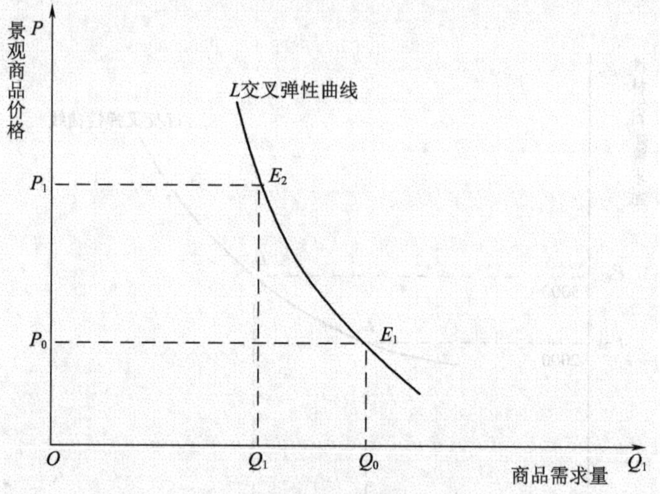

图 16－7　互补型旅游商品交差弹性图

解:交叉弹性系数公式及其演算如下:

$$E_{AB}=\frac{\Delta Q_{A_0}}{Q_{A_0}}\div\frac{\Delta P_{B_0}}{P_{B_0}}=\frac{\Delta Q_{A_0}}{\Delta P_{B_0}}\times\frac{P_{B_0}}{Q_{A_0}}$$

$$=\frac{Q_{A_1}-Q_{A_0}}{P_{B_1}-P_{B_0}}\times\frac{P_{B_0}}{Q_{A_0}}$$

$$=\frac{330\text{人}-500\text{人}}{250-200}\times\frac{200}{500}$$

$$=-1.306$$

分析:E_{AB}为 -1.306,应取其绝对值,故为 1.306。根据计算,$E_{AB}>1$ 说明,景观价格提高太大,导致了交通游览需求量减少过大,因其敏感程度较大。故应采取少量降价而不是提价,方可换取需求量更大的上升,以求得需求量的规模效益。当景观价格为 P_{B_0}200 元/人时,游览收入为 500 人 ×200 元 = 100 000 元,而当景观价格上升至每人 250 元/人(P_{B_1})时,游览收入为 330 元/人 ×250 元 = 82 500 元,故实际效益反而下降 17 500 元/人(100 000 元 - 82 500 元)。故价格不宜上升,或上升幅度不宜太大,最好适当下降。

第五节　旅游商品市场供给规律与供给弹性

一、旅游商品市场供给规律

旅游商品市场供给,是指旅游商品经营者在一定时期内,通过市场交换,将某些旅游商品以一定的价格出卖给旅游者的行为和过程。当商品价格上升时,供给量就会增加；反之，就会减少。商品价格的变化直接影响商品供给量的变化，即旅游商品供给量随旅游商品价格的上升而递增、随旅游商品价格的下降而递减。

旅游商品市场供给规律，则是指在影响旅游商品市场供给的其他因素不变的情况下，旅游商品的供给量与旅游商品的价格呈正相关变化关系。这种正相关变化关系，可用图 16－8 表示，并用如下公式表示其函数关系。

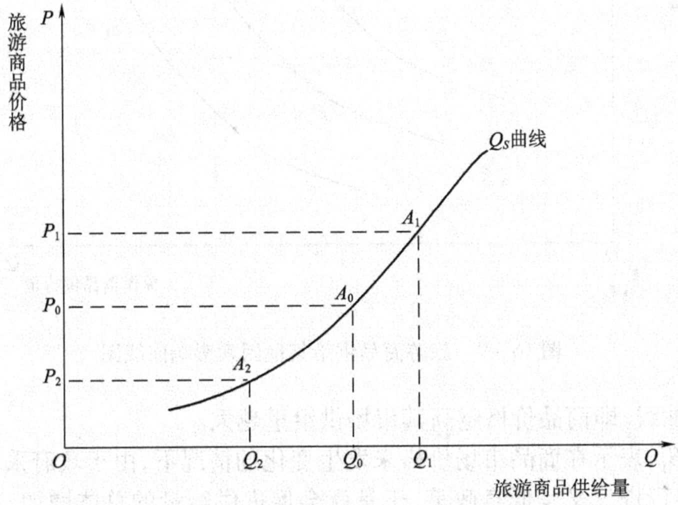

图 16－8　旅游商品市场供给量与旅游商品市场价格呈正相关关系

$$Q_S = f(p)$$

式中：Q_S——一定时期内旅游商品市场供给量；

P——旅游商品价格；

f——函数关系。

图中曲线 Q_S 是旅游商品市场供给曲线，由左下方向右上方倾斜。当旅游商品市场价格为 P_0 时，旅游商品供给量为 Q_0；当其价格上升到 P_1 时，旅游商品市场供给量就上升到 Q_1；当旅游商品市场价格下降到 P_2 时，旅游商品市场供给量又相应下降到 Q_2。这就是旅游商品市场供给量在其他影响因素不变的条件下，和商品价格呈同方向的正相关变化关系的展现。

如果其他影响旅游商品市场供给量的因素也在发生变化，就会对商品市场供给量起促进或抑制作用，旅游商品市场的整体供给数量就会相应的增加或减少。这些因素，如政府对旅游业的政策支持或抑制，银行对旅游业贷款利率的下降或升高，都会直接影响商品供给数量的增减。这些因素的变化对旅游商品市场所起的促进或抑制作用，如图 16－9 所示。

图中曲线 S_0，表示一定条件下旅游商品市场价格与旅游商品市场供给量之

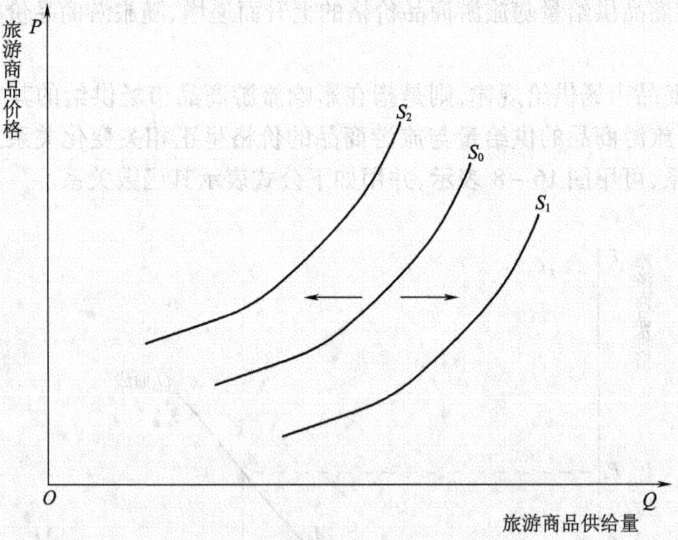

图 16－9　旅游商品供给其他因素影响曲线图

间的关系曲线。即商品价格越高其市场供给量越大。

曲线 S_1，表示在商品市场价格未发生变化的情况下，由于政府采取低税率扶持政策，银行贷款又是低息政策，于是就会促进供给量的总体增加，在图中形成与 S_0 曲线相平行的 S_1 曲线。即市场供给量随政府低税率和银行贷款低息政策而提高所呈现的曲线 S_1。

而曲线 S_2，则表示在商品市场价格未发生变化的情况下，由于政府采取高税收抑制政策，银行又采取高息贷款政策，从而抑制了供给总体数量的减少，在坐标图上表现为与 S_0 曲线相平行的 S_2 曲线。即市场供给量随政府高税收和银行高息贷款政策而减少所呈现的曲线 S_2。

二、旅游商品市场供给弹性及其供给价格弹性系数

（一）旅游商品市场供给弹性

旅游商品市场供给弹性，是指旅游商品供给对商品市场价格变化敏感性，或者说是指旅游商品市场供给对商品市场价格变化所反映出的敏感特性。

（二）旅游商品市场供给价格弹性系数

旅游商品市场供给价格弹性系数，是指测量旅游商品市场供给量随市场价格变化而变化的敏感程度，或者说是测量旅游商品市场供给弹性的尺度。即商品供给数量变化比率与价格变化比率的比率。可用计算公式表示如下：

$$E_S = \frac{\Delta Q}{Q} \div \frac{\Delta P}{P}$$

式中：E_S——旅游商品市场供给价格弹性系数；

Q——旅游商品市场供给量；

ΔQ——旅游商品市场供给量的变量$(Q_1 - Q_0)$；

P——旅游商品市场价格；

ΔP——旅游商品市场价格的变量$(P_1 - P_0)$。

根据旅游商品市场供给规律，旅游商品市场供给与旅游商品市场价格之间呈正相关变化关系，因此旅游商品供给弹性系数始终是正数（见图16－10）。

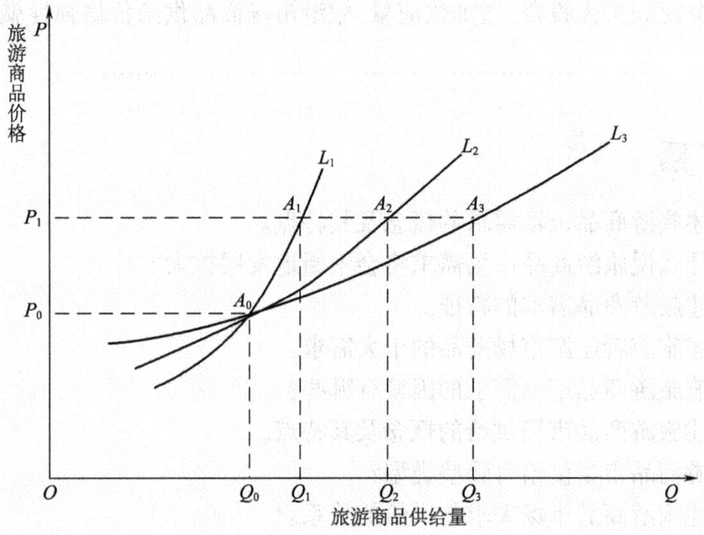

图16－10 旅游商品供给曲线图

根据旅游商品市场供给价格弹性系数的大小，可分为以下三种情况：

$E_S<1$，显示旅游商品市场供给的相对变化小于市场价格的相对变化。说明旅游商品市场供给是缺乏弹性的，或者说旅游市场商品供给的弹性不足。也就是说，旅游商品市场价格若发生一定幅度的变化，只会引起旅游商品市场供给量相对较小的变化。如果旅游商品市场价格变动为1%，旅游商品市场供给的变动则小于1%。具体地说，就是价格由P_0上升至P_1时，供给量只是由Q_0上升至Q_1，供给量的相对变化小于价格的相对变化。如图16－10曲线L_1所示，表示价格变化大，供给量变化小。

$E_S=1$，显示旅游商品的市场供给具有单位弹性。就是指供给量的相对变化等于价格的相对变化。具体地说，就是价格由P_0上升至P_1时，供给量由Q_0上升至Q_2。供给量的相对变化等于价格的相对变化。如图16－10曲线L_2所示，表示价格的相对变化等于供给量的相对变化。即1%的旅游商品的市场价格变化，所引起的旅游商品市场供给量的变化也等于1%。

$E_S > 1$,显示旅游商品市场供给量的相对变化大于市场价格的相对变化。说明旅游商品市场供给量是富有弹性的。也就是说,旅游商品市场价格发生一定变化,则会引起旅游商品市场供给量相对较大的变化。具体地说,就是价格由 P_0 上升至 P_1 时,供给量由 Q_0 上升至 Q_3。如旅游商品市场价格变动 1%,所引起的旅游商品市场供给的变动则大于 1%,如坐标图 16 - 10 曲线 L_3 所示。

此外,还应该注意,旅游商品市场供给弹性与时间的长短存在着密切联系。当旅游商品市场价格上升时,由于旅游市场商品供给者在短期内无法大量增加供给,因此旅游市场商品供给价格弹性较小;在较长时间内,旅游市场商品供给者则有充分时间扩大投资,增加供应量,旅游市场商品供给价格弹性就较大。

思考题

1. 试述旅游商品市场需求的概念及其特点。
2. 为什么说旅游商品市场需求将会不断地发展扩大?
3. 试述旅游商品需求的特征。
4. 试述旅游者旅游市场商品的十大需求。
5. 影响旅游商品市场需求的因素有哪些?
6. 试述旅游商品市场供给的概念及其特点。
7. 旅游商品市场供给有哪些类型?
8. 试述旅游商品市场需求与供给的关系。
9. 试述旅游商品市场需求与供给平衡的调节。
10. 试述旅游商品市场需求规律的概念和内涵。
11. 什么是弹性? 什么是弹性系数?
12. 试述旅游商品市场需求弹性和市场需求弹性系数的概念。
13. 试述旅游商品市场需求弹性系数的计算方法。
14. 试述旅游商品市场供给规律的概念和内涵。
15. 试述旅游商品市场供给弹性和市场供给弹性系数的概念。
16. 试述旅游商品市场供给弹性系数的计算方法。
17. 旅游企业应该如何利用弹性和弹性系数的科学概念进行科学的经营管理?

第十七章

旅游商品市场营销

● 学习要点

旅游商品市场营销观念

旅游商品市场营销策略

旅游商品市场营销开发策略

旅游商品市场营销发展策略

旅游商品市场营销组合策略

旅游商品市场营销策略的运用

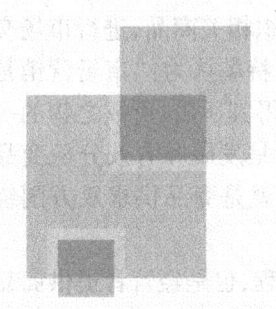

第一节 商品市场营销观念概述

一、商品市场营销观念

(一)商品市场营销

商品市场营销是指市场商品经营者开展的各种营销活动的行为和过程。即商品经营者根据市场供求情况、自身的条件,生产和组织相关商品,进行市场交换,获得相应效益的行为和过程。市场学家菲利普·科特勒认为:"市场营销是个人和集体,通过创造并同别人交换商品和价值,以获得其所需、所欲之物的一种社会过程。"市场学家路易斯·布恩认为:"市场营销是发展和有效分配商品或劳务给目标市场的活动。"概括地说,商品市场营销,就是商品供求双方围绕市场营运而开展交换活动的行为和过程。

商品市场营销,既是需求者购买商品满足需求的过程,也是经营者提供商品以满足其经营获利的过程。这种过程,就是商品的供求双方得以实现商品交换目的的过程,也是商品经营者的市场营销活动得以运行和实现的过程。

商品市场营销活动过程实现以前,供求双方的关系是对立的。消费者所关心的,是经营者所提供的商品,关心其价值和使用价值是否能满足自身需求,是否物有所值,并经过分析判断,作出是否购买决策;商品经营者所关心的,是他们的商品能否以理想的价格销售出去,使商品价值能转化为现实价值,从而实现其赢利目标,并经过分析判断,作出是否出卖决策。双方的这一对立关系,只有求得协调平衡统一时,交换才能得以实现。商品市场营销活动实现的过程,也就是双方供求矛盾得以协调解决的过程。

(二)商品市场营销观念

商品市场营销观念是经营者对商品市场营销活动的指导思想、思维方式和管理理念。市场营销活动就是商品经营者在其市场营销观念指导下开展的营销实践活动。

(三)商品市场营销观念演变

商品市场营销观念是商品经营者随着商品生产、市场供给、需求变化、市场竞争等方面的演变而形成的产物。

1. 生产导向的营销观念。生产导向,是指商品经营者以生产为中心作为开展市场营销活动的经营指导思想,即"以产定销"的指导思想。也就是经营者生产什么,市场就销售什么,消费者就跟着购买什么,经营者根本不问消费者是否需要、市场能否销售就进行生产。这种观念的形成,是由于市场商品供不应求,需求大于供给,不是商品找销路,而是顾客求商品,商品是"皇帝的女儿不愁嫁"。经营者生产多少商品,市场就能够销售多少商品,从而就形成了一种卖方市场。于是经营者就只管生产,从而就形成了生产导向的营销观念。这种观念产生于资本主义产业革命完成时期,约在1870~1920年之间,是当时西方商品经营者普遍奉行的营销观念。

2. 商品导向的营销观念。商品导向,是商品经营者以商品为中心指导市场经营活动的营销观念。在生产导向时期,市场商品供不应求,不愁销路,经营者只"迷恋"自己商品质量,而忽视市场需求变化,从而不太重视商品品种的更新换代,只是一味地以商品为中心,去指导市场营销活动,这实际上也是属于生产导向的营销观念。

这种营销观念夸大了商品的作用,忽视消费者的需求变化,不重视销售渠道的挖掘及商品的销售推广等,最终在生产力发展的大潮中失去了作用而被淘汰。这种观念与生产导向观念几乎是同时形成、流行和消失的。

3. 推销导向的营销观念。推销导向,是指商品经营者以推销商品为中心指导市场经营的营销观念。就是商品经营者将主要精力用于推销工作,在推销管理、商品广告和销售渠道上大做文章,用营销观念吸引、促进顾客购买,使商品得以销售。这种观念的形成,是由于商品供应超过了市场需求,并造成积压,而且同类商品相互竞争,严重影响销路,于是便形成了推销导向的营销观念。这是一种以生产为起点,大量生产,造成商品和资金积压,于是只好强力推销,其实质仍然属于"以产定销"即生产导向的范畴。这种观念只讲推销艺术,不管商品是否符合市场需求,不管是否会获得消费者的信任,经营者仍然在不断生产。因此,尽管在强力推销,但仍然造成企业的经营失败,这就使得商品经营者的营销观念又不得不发生变化。

4. 消费者导向的营销观念。消费者导向,是指商品经营者以满足消费者的需求为中心指导市场经营的营销观念,即"以销定产"的指导思想。也就是消费者需要什么商品,经销商就销售什么商品,厂商就生产什么商品。这是由于第二次世界大战后,随着科学技术和社会经济的发展,人们收入增加,需求不断变化,新商品不断出现,竞争日益激烈,商品市场便由卖方市场转向买方市场,市场的主导权就转向了买方。此时,经营者必须研究消费者需要什么商品,提供什么样的商品才能满足消费者需求,才能适应市场需求。只有这样才能保证市场营销真正的优势。所以到了20世纪60年代以后,市场营销以消费者为导向的观念也就普遍形成了。这就是消费者导向的营销观念,西方学者称之为市场营销观念,即以市场为导向的营销观念,20世纪60年代以后被西方经济发达国家的企业普遍采用。

5. 生态协调平衡导向的营销观念。生态协调平衡导向的营销观念,是指商品经营者以确保其经营销售活动与市场周围生态环境保持协调平衡的经营指导思想。

这种观念的形成，是来源于企业的经营活动往往与其所处生态环境产生的不相协调的矛盾。如，商品经营的发展，往往以造成社会生态环境的破坏为代价。如，"白色污染"（塑料饭盒、塑料袋、泡沫等）给社会生态环境造成了严重污染和危害。于是形成了生态学市场导向的营销观念，以求得企业与生态环境的协调平衡发展。本书对此改为生态协调平衡导向的营销观念，以便更能直观清晰地表述这一观念，两者的实质是一致的。

6. 社会市场营销导向的营销观念。社会市场营销导向，是指商品经营者的营销活动，以有利于消费者利益、社会利益和企业利益的营销观念为导向的营销观念。这一观念产生于20世纪70年代，这一时期，企业和市场学家认识到：企业卖出的商品不仅要符合市场的要求，满足消费者的需要，还应符合社会的利益；不仅要考虑企业的利润，还要考虑消费者的利益和社会的利益，要与社会各方面保持综合平衡，所以这一观念也是对生态协调平衡导向观念的补充和完善。

以上六种市场营销观念，可概括为两类，即生产导向和消费导向两类营销观念。生产导向观念，是以产定销的营销观念，包括生产导向、商品导向、推销导向观念；消费导向观念，即以销定产的营销观念，包括消费者导向、生态协调平衡导向和社会市场营销导向观念。

7. 大市场营销导向的营销观念。大市场营销导向，是指商品经营者的营销活动，不仅要适应外部环境的市场需求，而且要努力改变或部分改变外部环境对市场营销的影响和制约，使其有利于市场经营的营销观念。大市场营销导向的营销观念认为，企业虽然受到外部资源、市场、竞争等外部环境不可控因素的影响和制约，但企业通过经营、销售和某些相关活动，仍可以影响外部环境，打破不可控的外部因素的影响。如企业向外部传递信息、提供劳务和商品、以企业的良好形象改变外部环境的不利影响；又如通过公关活动，必要时还可通过政府力量，使外部环境有利于市场营销活动的开展。如，利用世贸组织的平台，处理多方面关系，影响外部环境，改变或部分改变外部环境给企业市场营销所造成的影响。

大市场营销导向观念，是20世纪90年代以来市场营销观念的最新发展。它以整个世界为一个大的市场环境，按照最优化的原则，把不同国家的企业组织起来，以最低的成本，以企业最佳形象的展示，甚至动用政府外交的力量，打破外在环境对市场营销的影响和制约，以最高的营销效率满足全球市场的需求。大市场营销的观念是对传统营销理论的重大发展，在理论上突破了"外部环境不可控制和改变"理论的制约。

学术界还提出了一系列新观念。如人类观念（Human Concept）、理智消费观念（Intelligent Consumption Concept）、生态准则观念（Ecological Imperative Concept），其共同点都认为企业生产经营不仅要考虑消费者需求和利益，而且要考虑整个社会的长远利益。

上述七大商品市场营销观念，虽然是一般物质商品市场的营销观念，但对旅游商品市场营销是可以借鉴和应用的。

二、旅游商品市场营销

旅游商品市场营销，是指旅游商品经营者围绕市场供求开展旅游商品营运的活动和过程。也就是旅游商品经营者，根据旅游商品的市场需求、市场供应、旅游资源、无形的服务、有形景观实体观赏权和有形实体使用权的暂时出让，而开展的各种营销活动的行为和过程。旅游商品市场营销是在旅游商品市场观念的导向下开展的营销活动。

三、市场营销观念在旅游商品市场营销中的应用

市场营销观念，原本是市场经济物质商品的市场营销观念，但物质商品市场的各种营销观念可以借鉴应用于旅游商品市场营销活动之中。

（一）"以销定产"观念的应用

物质商品市场"以销定产"的营销观念，就是以满足消费者需求为中心，开展市场营销的指导思想。旅游商品的开发，也应从不同类型旅游者的需求出发，进行不同的设计和策划，去满足旅游者的需求。如，不同民族、宗教信仰、风俗习惯、文化品位的旅游者，各有不同的生活和文化需求。旅游商品经营者除开发一般的旅游商品外，还应特别开发能满足不同类型旅游者需求的商品，才能促进旅游商品市场的繁荣发展。

（二）生态协调平衡营销观念的应用

物质商品市场生态协调平衡的营销观念，也可应用于旅游商品市场开发和市场经营过程之中。旅游在开发营销过程中，普遍存在破坏生态环境的现象。如，各地在景区兴建的索道、宾馆、商店等，都给生态环境造成了不同程度的创伤。如不再以生态协调平衡的营销观念指导旅游市场营销，旅游商品市场的可持续发展就无从谈起了。

（三）社会市场营销导向营销观念的应用

社会市场营销导向的营销观念，强调消费者、企业和社会三者利益的平衡。旅游几乎与社会所有行业都有关联，旅游商品在其市场营销活动中，也必须强调旅游消费者、商品经营供应者和各行业利益的协调和平衡，才能使得旅游商品市场供求矛盾得以解决。

（四）大市场营销导向营销观念的应用

商品大市场营销导向的营销观念，强调企业努力改变外部环境对市场营销的影响和制约。这应用于旅游商品市场的营销活动，就可能减少或避免外部环境因素给旅游带来的影响和损失。旅游市场既包括国内市场，也包括国际市场，

有的国家更多地是以国际市场为主体,特别是在经济全球化形势下,国际市场已经成为旅游商品经营的最大平台。国际环境的变化,对旅游市场的影响和制约是极为明显的。将大市场营销导向的营销观念运用于旅游商品市场营销,就可以及时调整与国际市场的关系,取得市场营销的主动权。

第二节 旅游商品市场营销策略

一、旅游商品市场营销策略

(一)战略

战略原指对战争的全局或战争某一阶段总目标的整体性、长远性、方向性设计和规划的指导方针,现已普遍用于政治、经济和社会其他各个领域,如政治战略、经济战略、外交战略、旅游发展规划战略等。旅游商品市场营销,自然也有其自身规划的发展战略。

(二)策略

策略指为实现战略总任务在一定时期内的具体任务而制订的行动部署和方式方法。策略具有一定的灵活性,在具体任务未实现以前,可在战略原则的许可范围内,根据形势发展变化作相应的变化。

战略决定策略,策略服务于战略。策略与战略又是相对的,在一定范围内的战略任务若在另一更大范围内,则成为策略任务,反之亦然。

(三)旅游商品市场营销策略

旅游商品市场营销策略,是指旅游商品经营者,为实现其营销战略总任务在一定时期内的具体营销任务,而制定的营销行动部署和方式方法。旅游商品市场营销策略的类型,主要有旅游商品市场开发策略、旅游商品市场发展策略和旅游商品市场营销组合策略。

二、旅游商品市场开发策略

(一)旅游商品市场开发的含义

旅游商品市场开发,一般是指旅游商品经营者对新旅游商品市场开发,或指在原有旅游商品市场范围的基础上,开发更大市场的行为和过程。

旅游新商品市场开发,是指商品经营者所开发的项目是市场上从未出现过的新项目,是游客从未购买、从未享受过的旅游商品项目。如,新开发的景区景点项目、旅行社新组合的旅游线路、新打造的旅游商品项目、根据新的市场需求开发的新的客源市场。

旅游商品市场更大范围的市场开发,是指旅游商品经营者根据其业务繁荣发展的需要，开发更大范围的客源市场的行为和过程。例如，现在的桂林漓江游览项目，只有乘船游览、乘竹筏游览和沿着江岸徒步游览的项目，如果增加游客租船自驾游览项目、快艇游览项目或其他项目，便是一种新的旅游商品市场开发项目。

旅游商品市场开发能够给旅游者带来新的不同体验和享受，能够增加新的客源，促进旅游市场的繁荣发展。应该说，这是旅游商品经营者需要经常考虑的营销课题。

（二）旅游商品市场开发策略的概念

旅游商品市场开发策略，是指旅游经营者为实现其开发的战略任务而确定一定时期内市场开发任务所制定的行动部署和方式方法。

（三）旅游商品市场开发策略的模式

1. 第一代旅游商品市场开发的策略模式。第一代旅游商品市场开发模式，是一种初级市场的开发模式。主要是指旅游商品开发者，依靠旅游资源优势吸引游客的市场开发模式，故又称资源导向模式。这只是以游览观光为主要内容去满足旅游者基本需求的模式，是一种基础较低的“初级商品”模式，而且对旅游资源具有一定的破坏性。这一代旅游商品，在世界范围内已基本成熟，在我国已进入成长期或成熟期。为进一步满足市场需求，第二代旅游商品市场开发模式，已被提上了日程。

2. 第二代旅游商品市场开发策略模式。第二代旅游商品市场开发模式，是指开发者对资源深化利用、有机组合，使之具有较高文化品位、主题集中、设计独特、观赏性与参与性相结合的一种旅游商品市场开发模式。这一模式还同时对同一旅游资源设计出不同的游览方式、线路和内容，以满足不同旅游者的需求，因而颇受旅游者的喜爱。第二代旅游商品市场开发模式，是一种需求导向模式。例如，桂林王城独秀峰景区，平时以景区资源设计的正常线路接待常规的旅游团队，而在暑假，为满足学生的需求，同时对同一资源举办夏令营活动。又如，桂林作为一个国际知名的旅游城市，不仅设计有“山水甲天下”的山水观光游，还设计了山水文化体验之旅、户外运动之旅、探险攀岩之旅、徒步之旅、自驾车之旅、文化节庆活动之旅等多元化的旅游线路。

第二代旅游商品市场的开发，展现了旅游资源的合理组合，商品结构精心设计，挖掘了旅游资源的潜在价值，更好地满足了旅游者的不同需求，同时也给旅游企业创造了更好的经济效益。但第二代旅游商品市场的开发，只是以点为主，对旅游资源的全面利用仍然需要深入研究，为此第三代旅游商品市场开发，又提上了日程。

3. 第三代旅游商品市场开发策略模式。第三代旅游商品市场开发模式是在第二代旅游商品的基础上，对旅游资源深层次开发、利用、提炼和升华，全面满足国际旅游多样化需求，开发特种旅游、专题旅游等多元化的旅游商品模式。第三代旅游商品市场开发模式既提升了旅游商品自身的品位,又能满足游客多样化的需求。

例如,桂林愚自乐园景区商品的开发历时30年之久,建园第一阶段以国际雕塑为核心,属于单一旅游商品模式。自1999年又开始第二阶段策划,建设多元化旅游商品模式,经十年时间,已成功运营。现又进行第三代旅游商品开发模式的建设,即最具特色的洞窟艺术策划,分为历史洞窟、艺术洞窟与洞窟美术馆三大类型。其中:历史洞窟依山而筑,长约1.5公里,将以当代人类社会的文化与文明为主题,以永久性的壁饰、浮雕配以精心设计的洞窟工程。这个阶段的商品模式,由长存不朽的洞窟结构,展现当代社会独有的多元化艺术面貌。这一浩繁工程,约需二十年时间才能完成。

该园借此使桂林由国际旅游名城再向前推进,成为当代享誉国际的奥林匹克艺术圣地,引领中国走向全球文化艺术的舞台。

愚自乐园第三代旅游商品市场开发模式,使该企业走上一条长足发展的道路。

三、旅游商品市场发展策略

(一)旅游商品市场发展策略的概念

旅游商品市场发展策略,是指经营者为实现商品市场发展战略,制定现阶段的行动方针、部署和方式方法。即根据市场预测、竞争、销售,等因素,制定现阶段实现战略目标的行动方针、部署和方式方法。

(二)旅游商品市场发展策略的类型

1.旅游商品市场定位策略。

(1)旅游商品市场定位策略。旅游市场定位策略是指商品经营者在市场细分基础上,确定目标市场的策略,也就是进行市场调查、分析环境、选择市场机会、规避不利因素、确定目标市场的策略。

(2)旅游商品市场定位策略的类型。

①无差异性市场定位策略。无差异性市场策略,是指旅游企业把整个旅游市场定位为目标市场的策略,即以一种商品、一种市场营销组合去满足整个旅游市场所有消费者需求的策略。这种策略的优点是,一个品牌、一种商品便于管理,能降低经营成本;但缺点是商品单一,不能满足不同游客的不同需求。实际上这是按照生产导向营销观念制定的市场定位策略。如果一个旅行社只有一条旅游线路,一个酒店只有一种标准间房间,是不可能满足所有游客需求的。因而这种策略,不可能作为企业长足发展的定位策略,但财力有限的企业,仍然在采用这一策略。

②差异性市场定位策略。差异性市场策略是指企业针对细分市场的差异,

以不同类型的商品进行市场定位的策略。如一个饭店,可提供不同品位、价格的客房,有标准间、单人间、套房,也有豪华间乃至总统套房;旅行社在同一条旅游线路的游程,有二日游、三日游,又有四日游、五日游。这样,就可以满足支付能力不同、兴趣各异、时间长短不一的各种游客的需求,其销售额必然增长,效益就更好。但由于增加不同品种、规格、品位的商品,就要增加人力、财力和物力,这对有的企业是有困难的。所以这一策略的采用,企业可从实际出发。

③密集型市场定位策略。密集型市场策略,是指旅游企业将其所有人、财、物力资源,投入在一个或少数几个细分市场,实行专业化的生产和经营的市场定位策略。由于密集性市场定位策略的实施,企业便可在局部市场范围内,投入比其他企业更多的人力、财力、物力,可以集中优势塑造超人一等的优质服务和优质商品,满足特定游客的需求,从而就可以在局部市场占有较高的份额,获得较好的经济效益。比如,桂林幸运酒店集中人力、财力、物力接待日本客人,所以前往桂林旅游的日本团队大部分都住在这个酒店。又如,北京永安宾馆建成公寓式宾馆,集中力量接待长住客,其客房预定率高达110%。

(3)影响旅游企业市场定位的因素。

①企业实力。企业人、财、物以及生产能力、销售能力和管理能力,是企业市场定位的重要因素。

②市场的同质性。市场的同质性是指各细分市场的相似程度,是影响市场定位的重要因素。企业选择同质性市场为目标市场,对市场经营是有利的。

③商品的同质性。商品同质性是指不同商品特征的相似程度。企业选择同质性商品为目标市场,对市场经营是最为有利的。

④商品市场生命周期。旅游企业应选择在成长期或成熟期的旅游商品为目标市场商品,以此来确定市场定位。

⑤竞争状况。竞争状况是指市场竞争者的数量、实力和本企业在市场竞争中的实力和地位,是对企业市场经营有直接影响的因素,企业应据以制定相应的竞争对策,然后确定商品的市场定位。

⑥企业的公共关系。公共关系是企业应与社会相关行业建立的关系,是影响企业市场定位的环境因素。

2.旅游商品市场定时策略。旅游商品市场开发定时策略,是指旅游企业把握时机,在最有利时间进行市场营销的策略。

(1)新商品市场定时策略。新商品最好在原商品成熟期进入市场,这时商品销售量最大。若进入过早,原商品销售量还不大,就会造成新商品滞销。若进入过迟,则会失去最有利的成熟期时机。若新商品能填补市场空白,宜尽快进入。

(2)换代商品市场定时策略。换代商品进入市场时,应在老商品处于销售最旺盛的时候,即在老商品成熟期的早期和中期进入。等到原有老商品进入衰退期时,新的商品就已成长为成熟期的商品了,企业整个销售的链条就可连贯下去,企业的收益也就会比较平稳了。

(3)仿制商品市场定时策略。仿制商品应在原商品进入成长期的时候进入,便能获取充分发展的空间,可增加市场占有份额。如果进入太迟,原商品已进入成熟期,市场需求已经饱和,就很难争取发展空间。

同时,仿制商品进入市场时,还应考虑淡旺季对商品销售的影响、竞争者销售策略变化的影响和市场环境变化的影响。

3. 旅游商品市场进入策略。

(1)旅游商品市场进入策略的概念。旅游商品市场进入策略,是指企业为进入市场,采取有力措施,在生产和销售方面创造进入市场的能力和条件的策略。

(2)旅游商品市场进入策略的措施。

①创造进入市场的生产能力。创造进入市场的生产能力,是指企业依靠自身实力,或优选合作者,或引进外资,在一定的时间内,生产足够的商品,形成占有目标市场的生产能力。

②组建进入市场的销售队伍。当前的市场是买方市场,光有能力生产商品是不够的,还必须组建有力的商品销售队伍,而且要以销定产,采取直接或间接的销售方式,使商品的潜在价值实现为现实的价值,才能尽快进入市场。

4. 旅游商品市场渗透策略。

(1)旅游商品市场渗透策略的概念。旅游商品市场渗透策略,是指旅游企业在现有市场营销的基础上,不断挖掘原有市场潜力,不断采取有效经营措施,逐步扩大商品销售额的策略。市场渗透策略优点是风险小、投资少,能直接扩大企业效益。

(2)旅游商品市场渗透策略实施的方法。

①确定潜在市场。分析市场的饱和程度和饱和极限,确定潜在市场大小,采取各种措施宣传促销,采取有奖或折扣销售或累计积分销售等方法,刺激潜在顾客购买,增加新客户。

②加强市场竞争力度。提高旅游商品质量,改进服务,树立市场形象,从竞争者手中争夺新客源。

③投入产出比较。企业对渗透策略使用的投入产出效益进行比较分析,判断能否符合企业市场营销的总体目标。

④策略比较。企业采取渗透策略时,对新商品开发策略、多元化经营策略、仿制商品开发策略、换代商品开发策略等与渗透策略进行比较,以确定渗透策略是否为最佳策略。

5. 旅游商品市场开发策略。旅游商品市场开发策略,是指旅游企业在原有市场基础上,拓展新的市场和客源、扩大原有市场份额的策略。如改进经营管理，加强促销，采取措施降低成本，改进商品性能、质量、功能，投入更多的人力、物力和财力，拓展新的市场。

6. 旅游商品市场多元化经营策略。

(1)旅游商品市场多元化经营策略的概念和作用。旅游商品市场多元化经营策略，是指企业以多品种、多种类商品投入市场的经营策略。

企业经营商品的品种越多，各个品种的商品分别在商品总额中的比重就越小，承担的风险就越小。企业采取多元化经营策略，具有强大的应变能力，减少商品经营的风险，企业就能始终保持旺盛的生命力。如，日本的丰田、东芝、松下、三菱等公司，无不以上千种乃至上万种型号规格、几十大部类的系列商品供应市场。这些公司还实行多行业的经营方式，如，同时开办超级市场、银行、工厂、物业，实施生产、销售、流通、金融一体化等多行业务经营方式。我国中旅集团除了经营长、短线路旅游商品以外，还从事商贸、信贷、民航代理等多部门的经营。

(2)旅游商品市场多元化经营策略的形式。

①开发多品种、多规格、多门类商品经营和多行业、多领域的商品经营。

②探索旅游与贸易、工商行业或其他行业相结合的路子。

③利用新的技术生产新的商品，形成新的竞争优势。

另外，注意开拓多种营销渠道，并不断变化创新。

(3)旅游商品市场多元化经营策略的实施。旅游商品市场多元化经营策略的实施，既要实施多元化经营，又要围绕商品、市场、企业的平衡，协调发展，量力而行；既要考虑企业的实力条件，把握市场的机遇，进行商品的最佳组合，又要突出重点，不要一味追求商品的项目和数量，不可盲目而上，要在可行性研究的基础上进行商品多元化经营。

四、旅游商品市场营销组合策略

(一)旅游商品市场营销组合策略的概念

旅游市场营销组合策略，是指旅游商品经营者根据市场变化的外部环境和内部经营条件，将旅游商品、价格、分销渠道和促销策略进行协调组合，获得最佳整体效益的活动和过程。

(二)旅游商品市场营销组合策略的意义

1. 营销组合策略是企业市场营销的纽带。企业通过营销组合策略，可以协调各方面的矛盾，形成一个既有分工又有联系的有机整体的销售工作系统，可以按照营销组合策略的运作程序完成整体销售目标。在这一过程中，商品营销组合策略自然就成为企业市场营销联系各部门的核心和纽带。

2. 营销组合策略是企业市场竞争的有力手段。传统的竞争手段是竞相削价，结果只会两败俱伤。而商品市场营销组合策略充分利用非价格竞争的策略，作为竞争的有力手段。如，把商品的质量、服务、销售渠道、人员促销、广告宣传等作为竞争的手段，并展现其中某些因素的优势。

3. 营销组合策略有利于企业销售费用的分配。企业销售费用的数额是比较大的，企业通过营销组合策略，就可以在各个有关业务部门之间进行合理、有效的分配，使各个部门的销售预算费用得到保证和满足，又可合理使用、节省开支。

由此可见，旅游市场营销组合策略对企业商品经营具有重要意义。

思考题

1. 什么是商品市场营销？什么是商品市场营销观念？

2. 试述商品市场营销观念的类型及其演变的过程。

3. 为什么说生产导向、商品导向、推销导向的营销观念属于生产导向营销观念的范畴？

4. 为什么说消费者导向、生态协调平衡导向和社会市场营销导向观念属于以销定产营销观念的范畴？

5. 什么是大市场营销观念？这在市场营销理论上有什么新的突破？

6. 你认为应如何将市场营销观念应用于旅游商品市场营销活动之中？

7. 什么是市场营销策略？市场营销策略有哪些类型？

8. 试述旅游商品市场开发和旅游商品市场开发策略的概念。

9. 试述旅游商品市场开发策略的三种模式。

10. 什么是旅游商品市场发展策略？旅游商品市场发展策略有哪些类型？

11. 什么是旅游商品市场定位策略？旅游商品市场定位策略有哪些类型？

12. 试述无差异性市场策略、差异性市场策略和密集性市场策略的概念和应用。

13. 试分析影响市场定位的因素并考虑可采取哪些对应的措施。

14. 试述旅游商品市场定时策略的概念和类型。

15. 试述旅游商品市场进入策略的概念和采取的措施。

16. 试述旅游商品市场渗透策略的概念和实施的方法。

17. 试述旅游商品市场开发策略的概念和实施的做法。

18. 试述旅游商品市场多元化经营策略的概念和作用。

19. 试述旅游商品市场营销组合策略的概念和意义。

第十八章
旅游商品市场开发

● 学习要点

旅游商品市场的概念

旅游商品市场开发的概念、意义和原则

旅游商品市场开发策略

旅游商品市场开发的十大类型

旅游商品市场组合的概念、意义和策略

旅游商品市场组合创新的概念与原则

旅游商品市场组合的过程

第一节 旅游商品市场开发

一、旅游商品市场

（一）旅游商品市场的概念

市场是指商品交换的场所。因为市场交换物质类型不同，便有不同的门类市场。如，农贸市场、服装市场、外贸市场、娱乐市场、旅游市场、水果市场、木材市场等。各个门类市场都有各自的特点，旅游市场与一般的物质市场不同，在旅游市场交换的商品，是供应商为满足旅游者旅游文化精神感受的需求，出卖有形实体暂时的观赏权、感受权、体验权和无形服务的享受权，以及某些有形实体的暂时使用权和某些社会人文资源的观赏、感受和体验权的总和，它是不出卖所有权的。它既具有普通物质商品的属性，又具有不同于普通物质商品的属性。因此旅游商品市场的概念也有不同于普通物质商品市场概念的内涵。旅游商品市场，当然也是商品交换的场所，但这个场所不是像物质商品交换的场所那样指某一个地点场所，而是指整个旅游活动经历的过程。也就是指游客从定购、出发、入境、住宿，直到旅游活动结束离境返程的整个过程。所以说，旅游商品市场，是指旅游供求双方在进行旅游商品交换的过程中，所反映的供求双方关系和各种经济关系的总和。它不仅包括旅游商品交换中相关群体的经济关系，而且涉及一定范围内旅游商品交换供求之间的各种经济活动和经济关系。

（二）旅游商品市场类型的划分

为了便于市场开发、经营管理、正确制订营销计划和营销战略、顺利实现营销目标，必须及时掌握了解不同市场的特征和需求变化，因此对旅游商品市场的类型进行划分具有现实的积极意义。

1. 按地理区域或行政区域划分旅游市场。地理区域是指游客所在的地区范围。不同的地理区域有不同的特征，不同地区的游客也有不同的需求，于是就形成不同地区特征的旅游市场。世界旅游组织将世界划为七大区域，从而将世界旅游市场划分为七大市场，即欧洲市场、北美市场、拉美市场、东亚及太平洋市场、非洲市场、中东市场和南亚市场。

国内旅游市场可按省、市等行政区域划分，如北京旅游市场、上海旅游市场、桂林旅游市场、四川旅游市场等。

2. 按商品性质划分旅游市场。各类旅游商品具有不同的性质。按其特性划分，便形成了不同性质的旅游市场。如，观光旅游商品市场、度假旅游商品市场、会议旅游商品市场、商务旅游商品市场、娱乐旅游商品市场、体育旅游商品市场、探险旅游商品市场、宗教旅游商品市场、修学旅游商品市场、民俗旅游商品市场等。

3. 按旅游者的社会经济状况划分旅游市场。旅游者的社会经济状况，包括经济收入、社会地位、从事职业和教育程度等。社会经济状况决定于游客的经济收入和支付能力，收入越高，旅游的可能性越大。按旅游者的社会经济状况划分旅游市场，有利于经营者目标市场的选择。

按旅游者的社会经济地位，在美国一般划分为六个阶层：①上层社会的阶层，一般占社会总人口的1%弱；②次上层社会的阶层，占总人口的2%左右；③中上层社会的阶层，占社会总人口的12%左右；④中层社会阶层，占总人口的12%左右；⑤中下层社会的阶层，占社会总人口的35%左右；⑥下层社会的阶层，占社会总人口的20%左右。

我国按照旅游者经济地位划分旅游者阶层的研究成果不多，但旅游企业在市场开发经营中，可以根据自身历年经营的实践，参照国外的研究成果结合我国的实际，去确定自己的目标市场。

二、旅游商品市场开发

（一）旅游商品市场开发的概念

旅游商品市场开发是指旅游商品经营者，针对商品市场的发展变化进行设计、组合、创新、策划的行为和过程。由于旅游商品市场需求的发展变化，需要商品经营者在原有开发设计的基础上改进、组合，甚至需要重新设计、创新，使得旅游资源和企业的潜在价值转化为现实价值，才能适应市场发展的需求。例如，国际旅游市场在其发展之初的需求，多是包价旅游，随后逐渐趋向于部分包价旅游甚至自助旅游。旅游企业只有不断改进市场开发以适应市场的发展变化，才能求得市场繁荣和发展。

（二）旅游商品市场开发的意义

1. 旅游商品市场开发是旅游发展的根本问题。

（1）旅游问题是市场问题。旅游问题是游客旅行游览的问题，涉及游客的需求和如何使其需求得到满足的问题，即需求和供给的问题。而需求和供给问题，正是旅游市场问题的主体内容，游客的需求问题就是经营者的供给问题。需求决定供给，供给必须满足需求，无论需求还是供给，都要通过市场。所以旅游问题，就是市场问题。

（2）市场问题是客源问题。市场的需求是游客的需求，游客的需求是各类客源的需求，所以旅游客源问题也就成为旅游市场的中心问题。因而旅游市场问题，也就是旅游客源问题。

（3）客源问题是市场开发问题。旅游客源及其需求是不断发展变化的，这就要求经营者不断深入研究旅游客源及其需求的发展变化，考虑开发适销对路的旅游商品，去满足游客不断变化的需求，不断吸引更多的客源。没有客源就没有市场需求，也就没有市场供给，市场也就无法形成，所以客源问题是市场开发问题。

(4)市场开发问题是旅游发展的根本问题。旅游商品市场开发问题，是保证商品供给、满足游客需求的问题。抓好市场开发，才能满足游客需求，才能发展旅游，所以旅游商品市场开发问题正是旅游发展的根本问题。

2. 使得旅游资源的潜在价值转化为现实价值。旅游资源可分为现实旅游资源和潜在旅游资源。现实的旅游资源，是指已经开发并正在接待游客观光游览，已产生现实价值的旅游资源。潜在的旅游资源，是指具有某种诱人的魅力，但尚未开发，只是具有潜在价值的旅游资源。潜在的旅游资源需要策划开发，才能转变为现实的旅游资源，其潜在的价值才能转化为现实价值。如，一座古代民宅，年代久、规模大、建筑风格独特，是一个具有艺术价值、观赏价值和潜在经济价值的潜在的旅游资源，但只有经过开发成为一个新的旅游景点，才能使该民宅由潜在的旅游资源转化为现实的旅游资源，才能使其潜在价值转化为现实价值。

3. 促进社会经济繁荣，带动其他行业发展。旅游业是一项联动性的产业，旅游市场的需求与相关的众多行业息息相关，它的发展可以带动其他行业的发展，从而促进社会经济的繁荣。如，世界著名的西班牙"太阳海岸"，在辟为旅游区之前，是仅有10多户人家居住的海边小村落。开辟为旅游区后，旅馆林立，商业兴旺，车水马龙，成为现代旅游城镇。美国夏威夷瓦胡岛旅游区，开发前是一片荒凉的海滩，20世纪50年代辟为旅游区后，建立了旅馆群、商业街，人口达到就90万，每年接待的旅游者近400万人次，成为世界著名的旅游区。

在当今社会化大生产的条件下，国民经济各部门、各行业都有机地联系在一起，一个新兴旅游商品市场的兴起和发展，其影响几乎涉及国民经济的各个部门和行业，从而促进和带动其他行业的发展，也间接扩大了社会劳动者的就业。

4. 促进旅游资源所在地区经济的繁荣和发展。旅游业的开发可发挥产业连带功能，促进地方经济的发展。如，我国东部沿海地区，旅游业加速了沿海地区外向型经济的发展，旅游业成为沿海地区创汇的拳头行业。又如，我国张家界地区，原是"久居深宫人未识"的自然山区，一经开发便成为世界著名的旅游景区，并带动了整个地区交通、商业、工业、教育、文化、建筑、经济的全面繁荣发展。

(三)旅游商品市场开发的原则

1. 市场导向原则。市场导向是指以市场需求变化为依据、以满足旅游者的需求为标准去开发旅游商品的原则。因此旅游业经营者在市场分析和市场定位时，应遵循市场经济规律，注重市场调查和预测，随着市场的变化而选择开发重点，减少开发的盲目性。考虑商品的升级换代，以新的商品去迎合和满足旅游者的需求变化。

目前很多国家进入老龄化社会，这种老龄化社会的人口，将从健康、休闲等社会生活的各个方面，提出新的旅游需求。旅游商品开发者，应分析和适应老龄化的需求变化，并设计、开发、适应这种变化的旅游商品。

2. 特色原则。特色是指独占性、不可替代性、权威性。即做到“你无我有，你有我优，你优我新，你新我奇”。鲜明的特色展现了鲜明的个性、风格和形象，并能使旅游者产生深刻的印象。突出特色，发展个性，塑造形象，展现风格，已成为现代旅游竞争获胜的“法宝”。因此无论在资源开发、设施建设还是商品组合、服务提供上，都要有鲜明的个性、特色、风格和形象。例如，香港以“魅力香港，万象之都”为主题开发“都市旅游”，突出东西方文化，展现了中外文化交汇于香港的个性特征和国际大都市丰富多彩的风貌。

3. 可持续发展的原则。可持续发展原则，是通过保护自然生态环境，使经济自我滚动运转，使商品市场永远延续发展的原则。生态环境是经济、社会发展的基础，经济滚动运转是自然生态持续发展的条件。

自然生态可持续发展，是指旅游市场开发要保护自然生态环境，延续发展永远利用，把保护生态环境放在第一位。为保护生态环境，我国采取的措施有：普及生态环境知识，提高旅游者和旅游管理者的生态环境意识。坚持保护与开发并重的方针，制止“建设性”破坏。掌握合理的旅游区承载量。绿化环境：城市人均绿地应达9平方米以上，绿地面积应占城市面积30%～50%，才能形成良好的生态环境；风景区绿地面积应在70%以上。重点加强对生态环境敏感地带的保护。

经济滚动运转可持续发展，是在坚持自然生态可持续发展的同时，商品项目在经济上要能持续运转自我滚动，这是自然生态可持续发展的经济基础和条件。

保护自然生态和经济滚动是实现可持续发展不可分割的两个组成部分，二者相辅相成、互相促进。

4. 效益原则。效益原则是指旅游商品的开发要以效益为导向，要考虑生态效益、社会效益和经济效益。

5. 竞争原则。竞争原则是指旅游商品开发要树立竞争的观念，采取竞争的措施，使企业在市场经济的竞争中立于不败之地的原则。坚持竞争的原则，应树立商品形象，保证商品质量，在旅游的各个环节注入新的科技文化含量。

第二节　旅游商品市场开发的类型和策略

一、旅游商品市场开发的十大类型

（一）区域旅游商品市场的开发

区域旅游商品市场开发是指在国内一定地区范围内开发旅游商品市场的类型。这一类型包括两种模式。

1. 邻近区域内开发的商品市场。如，粤、港、澳大三角旅游，已经开发十多年，已经形成了一个发达的旅游地区。又如，江、浙、沪也形成了一个发达的旅游区域。再如，环渤海地区，北京、天津、大连、北戴河等，基本上构成了环渤海旅游地区的框架。

2. 以商品组合、线路组合形成的区域开发的商品。如，长江三峡游，贯穿了江苏、湖北、湖南、重庆和四川五省市；丝绸之路旅游串起了西北五省。

区域旅游商品市场的发展是客观的必然。为了适应市场发展，区域旅游商品市场的开发必须打破行政区域封锁和地方保护。

（二）新兴旅游商品市场的开发

随着人们生活水平的不断提高和对旅游的需求变化，开发了各种新兴的旅游商品。新兴旅游商品创意高，适应市场变化，满足游客新的需求，因而发展较快。

1. 工业旅游商品的开发。工业旅游商品，是以厂区、生产线、生产工具、劳动对象和产品等为资源开发的专项旅游商品。工业旅游商品种类多，覆盖面广，填补了我国旅游商品领域的空白，也为旅游商品的丰富和发展拓宽了思路。

2. 农业旅游商品的开发。农业旅游商品是指以农业资源为依托开发的农业旅游商品，包括农业观光、瓜果采摘、乡间度假等。如，珠海市农科中心，成为无土栽培旅游基地和农业科技示范点，使得单纯的高科技农业被赋予了全新的旅游功能，先后接待过 70 多批国家首脑和专家访问，接待过数百万游客的参观考察。又如，浙江宁波溪口，以原来的植物景观和农业项目作为基础，投入少量资金，就建成占地 300 亩的杜鹃谷等景点，并在其中安排了滑草、踩水车、采摘鲜果等农业旅游项目，为溪口风景区注入了巨大的活力。又如，北京锦绣大地观光园，游客除了可以观赏花卉、无土栽培的蔬菜，立体养殖，国际良种家畜之外，还可以在餐厅享用纯绿色、无污染的蔬菜和其他食品，游览结束，商品部备有园中栽培的新鲜蔬菜供游客购买。可见，农业旅游商品市场的开发，促进了农业资源的综合利用，满足了城市居民回归自然、追求绿色的需求，丰富了旅游商品的开发，实现了第一产业与旅游业的结合。

3. 红色旅游商品的开发。这是以重游革命圣地为主题的旅游活动，近年来已成为新兴旅游商品中的重点。如，“北京—井冈山—南昌”的革命摇篮行，“北京—西安—延安”的革命圣地行，均以“寓教于游”的方式，既可以让人在青山绿水间放松身心，又可以缅怀追寻先烈的遗迹，比起一般的旅游活动更多了一层意义。

（三）现代旅游饭店商品市场的开发

1. 开发高技术含量的旅游饭店商品。新技术革命对人类社会的影响已深入到现代饭店商品市场的开发中，传统饭店的改造更应重视高新技术的应用。如，许多饭店正在大力开发设备自动化、消防自动化、保安自动化、办公自动化、通信自动化，即五个自动化“五A”功能和良好服务的“智能酒店”。又如，希尔顿集团计划在月球建造第一个月球宾馆——“月球希尔顿”，将拥有5 000个房间，2个巨型太阳能电池板为它提供能源，还要拥有人造海洋和海滩，再有一个蔬菜种植场，这更是集中了当今世界的最新技术。

2. 开发高附加值、多功能的饭店商品。现代住客除了在饭店住宿和就餐外，还有工作、商务、健身、保健、娱乐、美容等多元化需要，因此饭店还应具有更多的附加功能，以便满足现代住客多元化的需要。

3. 开发民族特色的饭店商品。客人住宿重要的是追求文化精神的体验和享受，所以饭店商品开发应尽可能地展现民族特色和地方风格的传统文化优势，使客人感受到当地文化，饭店本身也会成为客人欣赏的对象。

（四）旅游交通商品市场的开发

旅游交通是实现游客空间移动的活动。如，三峡游，游客在湖北宜昌登船，逆水而上，先过西陵峡，长约76公里，游客可以欣赏滩险水急的景观，进入巫峡，长44公里，游客可欣赏幽深秀丽的美景，最后进入瞿塘峡，游客可饱览雄奇险峻的胜景。三峡游使旅游者的空间位移与游览观赏紧紧结合在一起，所以旅游交通就成了游的一部分。

加强旅游交通商品市场的开发，可以丰富游客的旅游内容，提高游客的游兴，旅中游，使游变成动态性的活动，随着行程中的景观变化，使游客可以欣赏到多种多样的景色。同时，景观的变动，会使游客在较长时间中处在兴奋之中，从而增添了游兴。如，近年来铁路推出了集吃、住、行、玩于一身的旅游专列，以安全舒适、运行里程长、游览景点多、服务档次高和“一线多景，车沿景走，车随客行”的专列得到了广大旅客的青睐。如，广西以巡游宣传的方式，形成了广西旅游铁路“大篷车”，这是广西乃至全国第一列以促销旅游品牌为目的的旅游交通商品，给广西旅游业带来前所未有的效应。

旅游交通体系分为五大类：陆路交通、水上交通、空中交通、城市观光交通、索道交通。旅游交通体系是多功能的，包含了运输、观光、娱乐功能。如城市观光巴士则满足了旅游者的观光要求，且能悠闲、从容地进行。又如城市三轮车，它的主要功能也已经转化了，这种特有的交通方式更适合旅游者观赏当地风情民俗的要求。旅游交通商品市场的开发在可持续发展过程中会起到更重要的作用。

（五）餐饮商品市场的开发

“餐饮”就是膳食与饮料，包括食物、菜肴、酒类、饮料。“民以食为天”，食是旅游的六大要素之一。现在我国餐饮商品经营有以下几种态势：弘扬传统，推陈出新；追求品位，讲究文化；南北交汇，菜系合流；中西合璧，洋为中用。从而满足了顾客求新、求奇、求廉、求方便、求享受、求味美的消费心理。

我国餐饮商品市场的开发有基础深厚。中华饮食文化有几千年文明历史，博大精深、有“烹饪王国”的美称，举世闻名，有各具特色的地方风味，也有色彩斑斓的宴席。地方风味是构成中国菜的主要部分，如中国的四大菜系：鲁菜、川菜、粤菜和苏菜，还有闻名遐迩的浙菜、闽菜、湘菜、徽菜、京菜、沪菜等。

菜品创新也是开发途径。如，“仿古菜”、“仿唐菜”、“孔府菜”“随园菜”、“仿红楼菜”等都颇受欢迎。又如，“苏州船宴”是起源于唐宋时期的船菜，配合环境布置，周围陈设以水乡和船的主题相契合，使食客有食在船上、游在水乡之感。

餐饮是出卖所有权的物质商品，因与旅游紧密相关，开发餐饮商品市场既促进了餐饮商品市场的发展，也促进了旅游商品市场的繁荣。

（六）旅游娱乐商品市场的开发

旅游娱乐商品是配合和丰富游客旅游活动而伴随产生的项目商品，如地方戏曲、杂耍魔术、节庆活动、龙灯狮舞、民歌曲艺、龙船彩灯。我国传统的、民族的、地方的娱乐资源极为丰富，尽可挖掘开发，使其转化为经济效益。

随着娱乐业的发展，有综合性的游乐园，也有专题性的游乐园和主题公园。旅游娱乐商品市场的开发将有力地促进旅游业的繁荣发展。

（七）购物商品市场的开发

购物商品是指游客在旅游过程中购买使用、送礼、收藏或在旅途中消费的物质商品。购物商品开发，除具有一般物质商品实用性外，还应具有艺术性、纪念性的功能。

实用性，要求购物品能满足实用的需求，因地制宜、因时制宜、因人制宜，并具有特色。

艺术性，要求购物商品新颖、精致、美观、艺术，给人以美的感受，具有欣赏价值和收藏价值。

纪念性，要求购物商品显示出旅游的地区、时间与活动的特征，以引起游客美好的回忆。

（八）旅游商务、会议商品市场的开发

21 世纪世界旅游业新的特点和趋势，是商务会议将成为团体旅游的最大客源。商务会议旅游，是游客以经商和参加会议为目的，把商务、会议与旅游结合起来的活动。商务旅游者大多数是高层白领，文化水平高，收入水平高，消费能力强，旅行经验丰富，出游频率高，平均每人每年出差 6 次，平均每次在外停留 4 天。美国国内商务旅游的游客 3 日平均花费是 1 037 美元，国际旅游的费用是 3 452美元。商务活动离不开谈判、签约、宴请、展示，这也给旅游目的地带来市场机遇。

会议旅游也是一个大市场。会议旅游者的消费水平为一般观光休闲旅游者的 2～3 倍。全世界国际会议收入每年将以 8%～10% 的速度增长。据国际大会和会议协会的统计，全世界每年举办的参加国超过 4 个、与会外宾人数超过

50 人的各种国际会议有 40 万个以上，其市场价值超过 2 800 亿美元。

加强商务、会议旅游商品市场的开发，是旅游业的一个重要商机。新加坡近年来已成为亚洲乃至世界一流的商务会议城市，它对海外商务会议客人的优惠包括：大型展览会可免费安排 3 天考察；展览会开幕式上提供舞狮表演和欢迎标牌；入住酒店免费提供欢迎水果，房价享受折扣，结账时间可推迟，免费提供一间套房；服务细致，体贴入微，如向客户免费提供一种被称为“Shell”的促销小册子，外页印有关新加坡交通旅游的图文，客户只要在内页打上自己的资料，就可直接发给与会者。

（九）旅游节庆、会展商品市场的开发

举办节庆与会展，最能体现旅游目的地的形象和风貌，影响大且有轰动效应，常引起媒体的关注，能够吸引大批游客，扩大接待规模，增加当地收入。如，辽宁省举办金秋国际旅游节，包括辽宁国际旅行商大会、辽宁旅游商品设计大赛、大连国际服装节、抚顺满族风情节等多项活动，成为辽宁规模最大、内容最丰富的旅游节庆活动。又如，北京的香山红叶节、上海的南汇桃花节、青岛的啤酒节、上海的国际电影节等。

（十）旅游休闲商品市场的开发

旅游休闲商品包括度假型旅游商品、疗养保健型旅游商品和体育健身型旅游商品。

1. 度假旅游商品。这是指为游客假期修养和消遣而开发设计的旅游商品，表现形式有度假区、度假村和度假俱乐部。度假旅游要有特殊的环境要求，如可选在气候适宜、空气新鲜、环境宁静、风景优美、远离喧嚣、具有自然野趣的海滨、湖畔、温泉和山林等自然环境良好的地方，形成海滨度假、湖滨度假、温泉度假和山林度假商品；旅游功能设施齐全，游览、娱乐、住宿、餐饮等内容应有尽有；必须具备一定的体育、娱乐、健身、疗养设施，以满足人们的参与需求。

2. 疗养保健型旅游商品。这是使旅游者的身体素质和健康得到改善而开发设计的疗养型旅游商品。如，温泉、矿泉、森林、海水、泥沙、洞穴等，都可以开发为疗养保健型旅游商品，关键在于挖掘具有保健价值的资源。例如，树木在生长过程中，会产生具有杀菌作用的有机物质，对人体恢复呼吸系统和神经系统功能非常有利，森林公园的森林浴对疗养保健极为有益。又如，海水、海藻和泥沙对于治疗关节炎等疾病具有较好的疗效，据此，可建设海水疗养中心，开展保健旅游。洞穴空气干净，细菌少，空气电离很弱，匈牙利、捷克等一些国家利用洞穴环境建立洞穴医院，治疗呼吸道疾病。又如，新疆伊宁的火龙洞中散发含硫黄等微量元素的热气，有助于治疗皮肤病和高血压。

3. 体育旅游商品。这是为游客以参加某项体育活动为主要目的而开发设计的旅游商品，或是在旅游度假区内参加的某项体育旅游活动。如，参加高尔夫球、网球、骑马等活动，也可参加以某项体育活动为主题的专项旅游活动，例如滑

雪旅游、骑自行车旅游等，还可以是学习某种体育技巧的旅游活动，如学习中国的太极拳及其他一些地方拳种。中国功夫享誉世界，对国外旅游者具有一定的吸引力，可以组织专门的体育研修活动。例如，河北沧州孟村向旅游者推出传统武术太极拳专修旅游，日本、东南亚和我国港澳地区的武术爱好者纷纷参加这一专项旅游活动。

二、旅游商品市场开发策略

（一）旅游商品定价策略

商品价格关系到商品在市场中的竞争地位。旅游企业制订开发计划时，必须考虑好价格因素，科学定价、科学决策，与促销、分销决策相配合，这样会赢得竞争优势。

旅游价格是由旅游商品所包含的社会必要劳动即价值量的大小决定的。商品的价值量是价格的主要决定因素。旅游价格的高低还受成本、市场需求、市场条件及环境等因素的影响和制约。

旅游商品供给具有一定的垄断性，独一无二的自然风光和名胜古迹，是人工难以模仿的。旅游商品价格，多由资源所在国或地区确定，因而价格有一定的垄断性。价格还受竞争、货币币值和汇率、一国的通货膨胀和政府政策等因素的影响。

旅游商品定价。一般有以下几种策略：

1. 新产品定价策略。新产品定价时，一般没有政府的限价措施，可以灵活地定价。企业可以在弥补开发成本基础上定价。新产品定价策略可以分为高价格的撇油定价和低价格的市场渗透定价。

2. 心理定价策略。定价时，根据游客的购买心理和情绪反应而制定的策略。心理定价策略有：尾数定价策略、习惯定价策略、声望定价策略以及价格线定价策略。

3. 促销定价策略。定价时，考虑促销活动的需要，使价格与促销活动相互协调的策略、价格领先策略和跟随定价策略。

（二）旅游商品销售渠道策略

商品销售渠道策略，事实上就是指商品销售途径和方式。销售渠道的途径有直接销售渠道和间接销售渠道。

1. 直接销售渠道。这是指商品生产者直接向消费者出售商品的渠道，即所谓的零层次渠道。它的基本模式有：

（1）旅游商品生产者→旅游消费者。旅游商品生产者同时又是零售商，在生产现场直接向消费者销售。

（2）旅游商品生产者→旅游消费者。旅游商品生产者在客源地或在消费者家中,直接向消费者销售,或向旅游消费者直接预订销售。

(3)旅游商品生产者→自设销售网点→旅游消费者。旅游商品生产者在市场现场自设零售系统,在销售点直接向消费者销售。

2. 间接销售渠道。这是指旅游商品生产者通过中间商销售商品的流通渠道。它的基本模式有:

(1)旅游商品生产者→旅游零售商→旅游消费。这是旅游商品生产者通过单层次中间零售商支付佣金销售商品的销售渠道,是由旅游零售商现场销售。

(2)旅游商品生产者→旅游批发商→旅游零售商→旅游消费者。这是旅游商品生产者通过批发商和零售商两个层次的中间商销售商品的销售渠道。旅游商品生产者只同旅游批发商有直接业务关系,批发商只同零售商有直接业务关系,由旅游零售商现场销售。

(3)旅游商品生产者→本国旅游批发商→外国旅游批发商→旅游零售商→旅游消费者。这是旅游商品生产者通过多层次中间商销售商品的销售渠道,亦称三层次或多层次销售渠道。常见于我国国际旅游业,最后由旅游零售商现场销售。

销售渠道的采用,随着企业类型和规模的不同而有差异,规模较大的旅游企业往往同时采用多种不同模式的销售渠道。

3. 影响销售渠道模式选择的因素。影响企业选择销售渠道模式的因素,有企业内部的因素,也有外部经营的因素。

(1)旅游商品因素。高档次商品因其价格昂贵,致使其市场相对较小,并且消费者多为回头客。因此,经营高档旅游商品的旅游企业,如旅游景点、娱乐企业、餐馆、铁路公司、汽车客运公司、出租汽车公司和汽车租赁等企业,几乎都采用直接销售渠道的模式。旅游批发商、海上游船旅游公司、包机旅游公司和国际航空公司,则采用间接销售渠道模式。

(2)市场因素。市场因素很多,如市场规模、消费者市场与旅游商品生产者之间的空间距离以及消费者市场的集中程度等。市场规模越大,需要的销售网点就越多,就要开辟间接销售渠道,借助中间商组织客源扩大销售。只要不影响经济效益,渠道再长也是可取的。反之,如果目标市场规模较小,例如高档市场,则适合采用直销模式。客源地距离旅游商品生产地较远,例如国际客源市场,则要采用间接销售渠道。

(3)企业自身因素。如企业的经营规模较大,可采取间接销售渠道;如接待能力和自身营销实力较强,可设直接销售渠道。

(三)旅游商品促销宣传策略

促销是旅游企业按照以销售为中心的营销观念进行策划设计所采取的行为和过程。通过促销活动,促进商品的销售,扩大业务。

宣传也是促销行为,是与消费者信息沟通的行为与过程。包括:通过各种渠道(媒介)向顾客发布旅游商品信息;开展营业推广活动,传递信号,激发顾客的兴趣和购买欲望,通过公共关系手段树立形象;派遣推销员面对面地宣传,向购买者推销。广告、人员推销、营业推广和公共关系等四种因素要综合运用构成旅游商品促销宣传组合,就可产生更大的效益。

旅游商品促销宣传最基本的策略是推拉策略。

1. 拉的策略。这是企业利用广告、公共关系、宣传推广树立企业声誉,沟通关系,激发游客欲望,促进销售的方法。具体方法有:

(1)广告、宣传品销售法。通过广告宣传,介绍景点、旅游项目、旅游价格。

(2)邀请销售法。邀请有影响力、有号召力的游客观赏旅游,扩大该旅游地的声誉。

(3)代理、试销销售法。为新开辟的旅游点寻找目标客源,通过销售代理,扩大旅游地介绍宣传力度,加深游客的了解。

2. 推的策略。这是企业派出熟悉旅游资源、项目以及服务质量的推销人员到目标市场去向旅游消费者进行直接宣传、诱导旅游消费的一种活动。采用的方法有:

(1)网点推销法。即根据旅游消费的客源多少,在不同区域建立企业销售网点,采取食、住、行、游、购、娱一条龙服务或灵活服务。

(2)上门服务推销法。即推销人员主动上门热情宣传,耐心解答旅游者的各种问题,提供购票、订票、送票、退票等服务,广泛征求游客方面的意见、建议,提高服务水平与质量,赢得旅游者的信任和好感,以此来建立稳定的顾客网络。

(四)旅游商品生命周期策略

商品生命周期是指商品从投入到市场开始,经过成长、成熟直到衰退,最后被淘汰退出市场的全部过程。商品生命周期包括四个阶段:投入期、成长期、成熟期、衰退期。不同阶段的商品具有不同的特征,企业必须进行判断和预测,采取相应策略,并随着市场的发展不断调整。

旅游商品投入期的策略,是企业要尽量缩短投入期,迅速进入市场,根据商品试销结果尽快改进定型。注重商品的质量,保证服务规范。商品刚进入市场,需要大量的广告宣传和各种促销手段,尽快使顾客、中间商认识和了解商品的特点,打开销路,占领市场。

旅游商品成长期的策略,企业要抓住市场机会,扩大接待能力,提高质量,增加品种,提供系列服务,挖掘潜在市场,扩大市场占有率。

旅游商品成熟期的策略,是保护原有市场和开拓新的市场,采用商品多样化和价格差异化策略吸引顾客,保住市场占有率,延长成熟期。

旅游商品衰退期的策略,要保留利润项目,促使商品更新换代。若商品销售量和利润下降到最低限度,当机立断,退出市场。

第三节 旅游商品市场组合与创新

一、旅游商品市场组合的概念、意义和原则

（一）旅游商品市场组合的概念

旅游商品市场组合，是指商品经营者为了有效开发市场，将各类相关商品进行精心设计和组合，成为更加精美的整体商品的行为和过程。游客旅游的六大需求是食、住、行、游、购、娱。旅游经营者就需要将这些要求组合成不同形式、不同档次的旅游商品整体。包括将交通、景观、饭店、旅行社、设备设施、服务、民俗、购物等在内的各项旅游商品，组合成为一个整体的旅游商品。游客购买的便是集各种旅游商品功能为一个整体功能的旅游商品。游客便可在统一安排下享受六大需求的旅游商品。

旅游商品市场组合要最有效地利用资源，最大限度地满足游客某一项目的需求，组合成以某一商品项目为主体的各种各样的综合性的旅游商品整体。通过开发、组合、包装、宣传和推广，使潜在的项目需求变成现实的消费。如，北京推出的“香山红叶节”、“大观园红楼庙会”、“大观园中秋之夜”和“九九重阳登山节”的商品组合，辽宁省推出的“冬季冰雪”、“国际雪雕比赛”的商品组合，山东的“啤酒节”等都是根据各自条件、资源、气候、人文特点以某一项为主体进行精心设计，集旅游六大需求于一体而组合的各种具有主体项目需求的旅游商品。

（二）旅游商品市场组合的意义

旅游商品市场组合是旅游商品市场有效开发的先导，成功的组合可以突出旅游主体项目商品的特色，提升主体项目旅游商品的品位，对游客产生强大的吸引力。旅游商品市场组合具有重大意义。

1. 有助于延长游客停留时间。旅游商品开发越多，组合得越好，游客停留的时间就越长。美国对尼亚加拉大瀑布项目的开发，使游客从不同的角度，以不同的方式，获得不同的感受和欣赏。如：可站在瀑布边矮墙外观赏瀑布景观；可登上附近的三个瞭望塔鸟瞰瀑布全景，还可以在塔的旋转餐厅用餐；乘坐横跨深谷的空中缆车，从远处眺望瀑布全景；乘坐直升机盘旋于瀑布上空；可以到瀑布两侧的观景平台观赏；乘坐游艇驶入瀑布内部一游。这样组合，游客停留时间就得到了有效的延长。

2. 有助于旅游资源的深度加工，提供经济效益。旅游资源的深度加工，是企业的市场组合对同一种旅游资源进行深度开发并组合成多种形式的旅游项目，可吸引不同层次、不同类型的游客，从而提高资源的使用效果、提高经济效益。

3. 丰富旅游商品数量。游客旅游需要购买不同组合的商品，而一种单项旅

游商品可以进行许多不同数量的组合,可以和许多饭店、航空公司组合,构成无数个旅游组合商品供游客选择。同时对已有的组合商品,可“拆零”、“组装”搭配,又可组合成新的旅游商品。

4. 有利于游客满足旅游需求。旅行社通过组合可创造出合乎旅游者需要的旅游商品,从而有助于游客作出购买决策。因此,组合旅游商品不仅满足需求,而且创造新的需求。

5. 有利于企业提高竞争能力。旅游业的竞争日趋激烈,而那些创意组合的旅游企业却能创造更为有利的竞争条件,得到更多的客源和市场份额。

6. 有利于改善旅游市场的商品结构。旅游商品组合使旅游商品的开发和建设向新的深度和广度进军,从而使旅游商品的结构得以改善。

(三)旅游商品市场组合的原则

1. 独创性原则。旅游商品是否具有吸引力和竞争力,关键在于是否具有与众不同的独创性。尤其是在旅游资源差别不大的情况下,旅游商品的设计和组合更要巧妙构思,大胆创意。如,无锡马山重建唐宋名刹祥符禅寺,兴建了88米高露天青铜释迦牟尼立像,既是我国最大的立佛,又是五方五佛中的东方大佛。此外,大佛脚下还设计了四个第一:神州第一鼎、江南第一钟、天下第一掌、华夏第一壁,在同类景点中树立了独特的形象。

2. 个性化原则。旅游商品组合应针对不同游客不同需求,组合满足游客个性化需求的旅游项目。游客个性化需求是现代旅游市场发展的趋势。

3. 参与性原则。随着人们生活质量的提高,游客已不再满足于纯粹的观光旅游,而是更加注重个性化、参与性、娱乐性和享受性的旅游。旅游经营者也因此开发了参与性的旅游。如,新西兰的昆士敦,以早年淘金遗迹为旅游者设计了淘金的参与性项目,昔日的残迹成为游客的重要游览对象。参与性项目要求尽量逼真,如近年流行的彩弹射击项目,以模拟实战为特点,使游客产生如临其境的感觉。

4. 延伸性原则。这是指商品能在时空方面延伸的原则。如,上海卢湾区推出的“玫瑰婚典”,第一次就有几百人参加,随后参加这一富有文化内涵和浪漫情调婚礼的人数不断增加。如今,上海、南京、无锡、苏州、宁波、杭州、绍兴等城市连年开发这一喜庆旅游项目,可见具有时间延续性的旅游项目发展潜力很大。

二、旅游商品组合构思与方案筛选

(一)组合构思

旅游商品组合是指旅游商品如何组合的构思,这就需要有多种构思方案,以便选择出可供组合的最佳方案。构思方案的提出,主要依靠本企业经营管理人员、科技工作者、行业顾问、管理顾问、广告公司等。

（二）构思方案筛选

1. 判断组合的多种构思是否符合企业的发展规划和利润目标。

2. 分析构思组合方案能否满足市场需要，分析企业的资金能满足哪些方案的需要。

3. 剔除不恰当的构思方案，评出等级，选出最佳方案。

三、旅游商品市场组合创新

（一）旅游商品市场组合创新的概念

旅游商品组合创新就是创造一种有特色、有新意、有新的文化内涵的旅游商品组合，为旅游商品拓展一个新的发展空间。

（二）创新的原则

1. 敢于创新。就是概念创新、理念创新、时尚创新、趋势创新、风格创新、感觉创新、形象创新和效益创新。要有领导潮流、倡导时尚、“没有市场，就创造一个市场”的勇气和精神。美国迪士尼乐园的成功，就在于沃尔特将制作卡通片的一些手法和想象力，创造性地移植到一个真实的世界中，开创了主题公园这一现代旅游娱乐场所的先河。创新有概念创新、理念创新、时尚创新、趋势创新、风格创新、感觉创新、形象创新和效益创新。

2. 旅游商品本身的创新。事物本身的创新变化，哪怕是十分微小的创新，也往往比所有其他广告和宣传的努力有效十倍，这是改变人们对事物态度最有效的方法。所以，要改变人们对某个旅游组织和旅游商品的看法，首先就是使得旅游组织和旅游商品本身有所创新。如，美国布兰尼夫国际航空公司机群的五颜六色，改变了公司黯淡、保守的与其他航空公司雷同的形象，从而改善了人们对布兰尼夫公司的态度。美国迪士尼乐园如果没有冒险乐园、开拓乐园、童话乐园和未来乐园的创新，主题公园也许就不可能风靡全球。

3. 技巧和手段的创新。如果商品本身没有真正的改变，手段和技巧的创新就起着决定性的作用。美国的阿维斯公司就是一个典型案例：“我们是第二流的，但我们正在加倍努力”。通过承认和大肆渲染该公司的二流地位，消费者开始感到阿维斯公司不同了。通过“我们正在加倍努力”的信息向人们承诺：将更尽力为消费者提供良好的服务。这样，尽管阿维斯公司所提供的服务在内容上并未显著改变，但是人们对于该公司的态度却大大改变了。

思考题

1. 试述旅游商品市场的概念。

2. 试述旅游商品市场类型的划分。
3. 试述旅游商品市场的发展趋势。
4. 试述旅游商品市场开发的意义。
5. 试述旅游商品市场开发的原则。
6. 为什么说旅游商品市场开发是旅游发展的根本问题?
7. 试阐述旅游商品市场开发的类型。
8. 简述旅游商品市场开发的策略。
9. 在旅游商品市场开发实践中,应如何灵活采用有关市场开发策略?
10. 试述旅游商品市场组合的概念和意义。
11. 试述旅游商品市场组合的原则和方法。
12. 为什么旅游商品市场组合要敢于创新? 要如何创新?

第十九章

旅游商品管理

● 学习要点

旅游商品管理的意义

旅游商品管理的任务

旅游商品管理的内容

旅游商品管理的方法

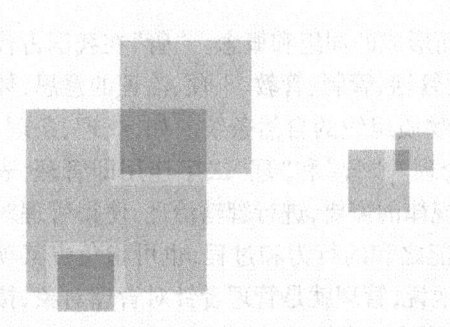

第一节 旅游商品管理的概念、意义、任务和内容

一、旅游商品管理的概念

（一）管理的含义

管理，是由“管”和“理”两个字组合而形成的词组和概念。“管”在我国古代指钥锁，有负责、经理的意思，后来引申为管辖、管制、管教、干预、治理的意思，体现着权力和责任的归属。“理”本意是指物质组织的自然条纹。如，纹理、条理，后来引申为道理、事物的规律，如讲理、合理。“管”和“理”二字连用即管理，表示在权力和责任的范围以内，按照条理、规律的需要，进行管辖治理，使得管理对象的总体效益或功能大于部门效益或功能之和的行为和过程，也可指负责某项工作使其顺利进行的行为和过程。具体地说，管理就是管理者针对管理对象，按照事物发展规律的需要，通过计划、组织、指挥、监督、协调等管理职能实施的行为和过程。如商品管理，是指企业为使商品市场顺利营运，获取最佳的经济效益，按照商品市场的营运规律，实施管理职能的行为和过程。又如物资管理，就是指相关企业，以物质为管理对象，按照物质运行的客观规律，通过管理职能的实施，使各种物资资源进行最佳的有效配置，以获得物质的整体效益大于各种物质效益之和的行为和过程。

可见，管理就是管辖治理的意思。事物存在两个以上影响因素时，就需要管理，使管理的效果大于两个以上因素效果之和。譬如，两个人在一起工作时就要管理，使两个人的思想和行为统一起来，其效果就会大于两个人的能量之和；又如，一个旅游饭店是由各个部门组合形成的，通过管理，饭店的整体效益就会大于各个部门效益之和；各个部门又分别由各自的员工组合形成，通过管理，各个部门员工的思想和行为统一起来，部门的整体效益就会大于该部门员工创造的效益之和；又如，通过管理，统一了生产的程序、规范、标准和技术，把不同的零部件加工组合成为一个产品，于是产品的整体功能就大于各个零部件功能之和。

（二）管理的类型

因管理领域和内容的不同，管理可分为经济管理、军事管理、政法管理、科技管理、教育管理、企业管理、旅游管理、市场管理、商品管理、物资管理等等。每个领域中因管理对象的不同，又可细分为若干类型的管理。如旅游管理中，还可分为旅游市场管理、旅游资源管理、旅游人力资源理、旅游设备管理、旅游商品管理、旅游饭店管理、旅行社管理等等。

旅游业具有综合性、国际性、关联性、开放性等多种特点，旅游业必须与国民经

济各部门协调发展，解决好旅游业与其他行业的矛盾，对影响旅游发展的各种因素妥善处理，同时对旅游领域内部各个部门之间，特别是旅游业与旅游者之间的矛盾、利益、关系等都应妥善处理。可见，旅游管理就是旅游业与其他行业之间、旅游行业之间或旅游企业与其内部各个部门之间处理矛盾协调关系的行为和过程。

旅游管理，概括来说就是旅游商品市场营运的管理。具体地讲，就是旅游行业依据国家的相关政策法规和质量标准，以旅游商品为管理对象，通过计划、组织、指挥、监督、协调等管理职能，在市场营运中，对其进行最有效的资源配置，协调好各方面的内外关系，处理好各种矛盾，实现旅游商品市场营运的可持续发展，实现旅游商品最佳经营效益的行为和过程。

管理又可分为宏观领域管理和微观领域管理。宏观管理一般是从全局、整体、战略的高度作为管理的研究内容，如总体规划、设计、发展战略等；微观领域管理则是从局部、策略、具体问题作为管理的研究内容，如，商品的价格、质量、标准、规模等。

宏观领域管理和微观领域管理也是相对而言的。在旅游商品管理领域中，有其全局、整体、战略的宏观领域的管理，也有局部、策略、价格、质量、标准、规模等微观领域的管理。在旅游企业（如在旅行社、旅游饭店、旅游度假区等企业）的经营管理活动中，既有涉及全局、整体、战略的宏观领域管理，也有涉及局部、策略、价格、质量、标准、规模等的微观领域的管理。本章介绍的主要是旅游商品的宏观管理。

（三）旅游商品管理的概念

旅游商品管理，是指旅游商品经营企业，根据旅游商品市场营运的客观规律和政府相关的旅游政策以及企业自身经营目标，针对自己所经营的旅游商品实际，以及市场竞争的实际，实施管理的职能，使得商品市场顺利运行，从而取得最佳经济效益的行为和过程。

旅游商品管理，可以使旅游市场营运有序，科学配置资源，协调关系，处理好矛盾，合理分配各方利益，减少损失，促进旅游商品市场健康有序地发展。

二、旅游商品管理的任务

旅游商品管理的任务，就是旅游管理机构或旅游企业按照市场营运规律，运用法律、经济、行政等手段，对旅游商品市场行使计划、组织、领导、监督和协调管理职能，从而促进旅游商品市场的协调发展，保障旅游商品的有效供给，实现最佳的经济效益、社会效益与环境效益的统一。旅游商品管理的任务具体有以下四个方面。

（一）制定旅游商品的发展战略

发展战略是旅游企业发展的宏观决策。它是企业发展的全局性、方向性、整体性的问题。战略决策的成功是最大的成功，战略决策的失误是最大的失误。

发展战略的制定，要依据市场规律，从实际出发，即从资源状况、社会经济发展水平、民风习俗、政府法令政策和企业自身条件出发，去制定企业商品发展战略。国内一些人造景观的失败，主要是发展战略失误所导致的。他们未从本地的市场、客源、环境、交通、资源的实际出发，盲目跟随深圳人造景观之风，不仅花费了大量资金，而且对环境造成破坏。所以制定旅游商品的发展战略，是旅游商品管理的首要任务。

（二）旅游商品发展战略的实施

发展战略制定后必须全面实施，这就要求制定实施的具体计划，确定管理任务，建立组织管理机构，分工协作，行使管理职能，协调平衡各方面的关系，才能实现发展目标的战略任务。

旅游企业计划的制订必须以发展战略和发展目标为依据，科学、周密地平衡、协调各方关系。而计划的实施，又必须建立相应的组织机构，科学地指挥、监督、调节各种关系。譬如，一个旅游景观商品的开发，涉及建筑、园林、林业、文化、宗教等部门的协作；旅游活动的开展，需要交通部门、饭店行业、旅行社等许多企业的参与。可见制订并实施旅游战略的具体计划，是旅游商品管理的重要任务。

（三）促进旅游商品质量标准化管理

质量是商品好坏程度的标志，是商品的生命。但旅游商品质量与一般的物质商品质量不同，主要表现在旅游景区、景点商品的高文化品位，旅游服务商品的高文化品位，旅游设施商品的文化品位上。如，景区、景点的等级，饭店的星级，旅行社的等级等，都是质量高低的展现。而旅游服务商品质量的高低又是通过游客的满意程度来展现的。所有这些国家旅游局都颁布了相关质量标准化的法规。如，我国国家旅游局颁布的《旅游饭店星级划分与评定》、《旅游区（点）质量等级的划分与评定》、《旅游标准化工作管理暂行办法》等，都是围绕着质量标准化管理制定的。可见，推行旅游质量标准化工作管理，是旅游行业和旅游企业质量工作的重要组成部分。所以旅游商品管理的重要任务，就是促进旅游质量标准化的实施和旅游企业的标准化建设。旅游标准化是旅游业的技术基础，是提高旅游业整体效能、实现科学管理的重要手段。

旅游标准化工作的首要任务，应该在旅游全行业范围内，制定贯彻有关旅游国家标准化实施细则和行业标准，并进行监督检查，推动旅游企业开展标准化工作，推动旅游行业各项工作标准化、制度化和规范化建设，提高旅游行业的质量水平和管理水平。

（四）促进旅游商品的协调发展

旅游业是一个综合性行业，它涉及社会领域的许多部门，这就要求我们在发展旅游业时，必须平衡各方面的关系。在计划实施过程中，还必须组织和调节各部门，以及旅游部门内部分工和协作关系。譬如对一个旅游区（点）的开发，涉及建筑、园林、林业、文化、宗教等部门之间的协作问题。又如一个旅游者到达旅游目的地，要乘坐飞机、火车、轮船、汽车等，这又涉及民航、铁路、水运、公路运输等部门，这也同样要有很好的协作。假如某一个中间环节出现问题，就会影响旅游商品的协调发展。所以促进旅游商品的协调发展，是旅游商品管理的重要任务。

三、旅游商品管理的内容

旅游商品管理，主要包括质量管理、价格管理、计划管理、设施建设管理和安全管理五个方面。

（一）旅游商品的质量管理

1. 旅游商品质量管理的概念。质量是指产品或工作的优劣程度。旅游商品的质量，则是指旅游商品使用价值优劣程度的展现。旅游商品的质量管理，是指旅游商品的经营者对商品的质量进行有效管理，以求取得最佳的经济效益而采取相应的措施、行为和过程。

2. 旅游有形物质商品的质量管理。旅游商品可分为有形的物质商品和无形的服务商品。有形物质旅游商品，如暂时出卖景区、景点的游览、观赏、感受、体验权的商品。对有形物质旅游商品的质量管理，可从加强景区、景点的文化品位建设和相应设备、设施的文化品位建设，塑造最佳的市场文化形象着手，使游客获得最佳的文化精神感受。

3. 旅游无形服务商品的质量管理。服务是一种具有特殊使用价值的商品，旅游商品主要又是以服务为主要内容的无形商品。所以，从这一角度来看，旅游商品的质量，主要就是旅游服务商品的质量。旅游服务质量主要是服务人员的技能水平和文化素质的综合展现，具体地体现为旅游者对服务的满意程度。总体表现为旅游者对物质消费服务和精神消费服务的满意程度。

要使旅游者对旅游服务获得最佳的满足，旅游企业就必须提供高文化品位、高质量的服务商品。而服务商品的文化品位，应该展现在旅游设备、设施的文化品位和服务人员为游客提供旅游服务行为活动中所展现的文化品位。而旅游服务活动又包括服务人员直接对游客提供的服务行为，也包括有关部门人员间接对游客提供的服务行为。

因此，旅游服务行为活动是一个综合性的活动，旅游服务质量管理，也是全面综合性的管理。既包括满足游客物质消费服务和满足游客精神性消费服务的质量管理，又包括旅游服务活动全过程的质量管理。如，从准备服务开始，或从接受委托代办开始，到为游客提供食、住、行、游、购、娱等，直至旅游结束的各个环节的服务，从旅游点、旅游设施的建筑设计开始，到信息反馈为止，都要有标准的质量要求。

旅游商品的质量管理也是全员性的质量管理,是要依靠全体从业人员来实现的质量管理,而不是仅仅依靠少数领导人员和管理干部的管理。从领导到职工,人人有责,件件工作都要有分工,有质量标准要求。整个旅游质量管理要树立标准化的服务理念,展现标准化、规范化、程序化的服务行为和服务形象,使游客对旅游服务质量表示最大的满意。

(二)旅游商品的价格管理

1. 商品价格关系到旅游业的市场营运。价格是价值的货币表现,价值是价格的基础。商品价格不仅正确反映商品价值,而且影响市场商品的供求。旅游商品价格制定得是否正确,关系到企业的市场效益。

2. 旅游商品价格的构成、类型和价格制定的依据。

(1)旅游商品价格的构成。用公式表示如下:

旅游商品价格 = 商品成本 + 企业赢利

商品成本 = 商品的生产成本 + 经营成本

生产成本,是指旅游商品在其生产过程中,所消耗的各项物质耗费和物化劳动的耗费所构成的。经营成本是指旅游商品在其经营过程中,所消耗的各项物质和物化劳动的耗费。

赢利也是指旅游商品企业从其经营总收入中,扣除生产成本和经营成本之后的剩余部分。即:

赢利 = 经营总收入 -(生产成本 + 经营成本)

赢利中还包括上缴的税金部分。所以赢利包括企业的纯利润和税金两个部分。

(2)旅游商品价格的类型。

①按照游客购买旅游商品的方式划分有两类价格:

• 单项价格,是指旅游者购买某一单项旅游商品或购物品所支付的价格。如,景区门票价格、单项观光旅游价格、饭店客房住宿价格、交通价格等。

• 统包价格,是指游客在其整个旅游过程中,包括游客从旅游出发地到旅游目的地游览往返过程中,一次性购买并支付的一切费用的总和,其中包括了企业的赢利。统包价格通常以统包形式出现,是由旅行社提供由旅游者选择并一次性支付的价格。

②按照游客旅游范围购买旅游商品划分有两类价格:

• 国际旅游商品价格,是游客购买国际旅游商品所支付的价格,其中包括有的国家需要交纳关税的费用。

• 国内旅游商品价格,是旅游者购买在国内旅游商品所支付的价格。

按照季节的不同划分的价格类型有:旺季旅游商品价格、平季旅游商品价格以及淡季旅游商品价格。

3. 旅游商品价格制定的依据。

(1)依据商品价值制定价格。价值是凝结在商品中无差别的社会必要劳动量,是商品价格制定的基础。不论有形的旅游物质实体商品还是无形的旅游服务商品,都凝结着无差别的社会必要劳动量。因此,旅游商品价格的制定,必须以其价值作为制定商品价格的依据。而旅游商品主要是高文化品位的商品,又主要是以无形服务为主体的商品,因此旅游商品中所凝结的无差别的社会必要劳动量都高于一般物质商品中所凝结的无差别的社会必要劳动量,所以旅游商品价格,一般都高于物质商品的价格。

(2)依据市场供求因素变化制定价格。商品价值规律揭示:价值是商品价格制定的基础,价值决定价格。但价格又受供求变化的影响,市场价格随着供求关系变化的影响围绕价值而上下波动。所以旅游商品和其他物质商品一样,也要受市场供求变化的调节。商品在市场营运过程中,虽然商品价格受到市场供求变化的影响,价格与其价值发生背离,但在价值规律调节作用下,最终会使价格回归到价值的附近。因此,商品价格要依据市场供求因素的变化去制定。如,旅游商品的淡季价格和旺季价格,以及地区价格的差异,都是依据市场供求因素变化所制定的价格。

(3)依据市场竞争因素变化制定价格。有市场就有竞争,竞争是商品市场营运的必然,是影响市场供求的重要因素。因此,商品价格的制定要依据市场竞争因素的变化而定。

(三)旅游商品计划管理

计划,是实施战略目标的具体设计和策划。旅游商品计划,是指实施旅游商品战略目标的具体设计和策划。旅游商品计划管理,是指旅游企业对旅游商品计划的制订、实施、检查进行管理协调的行为和过程。包括计划的制订、组织、指挥、监督、协调的行为和过程。

旅游是一个综合的服务产业,它不仅需要其他行业的配合,更需要旅游行业内部各部门的协调合作。另外,我国地域广阔,各地经济发展水平不一,旅游资源条件不同,旅游设施和旅游服务水平存在差异,因此,为了保障旅游业有序发展,必须实行计划管理。各地应依据自身条件制定不同的旅游商品发展计划。

旅游商品计划管理的步骤包括:在市场调查预测基础上,确定旅游商品的发展目标,围绕基本目标,统筹兼顾,制订计划;根据计划决策,实施计划;对计划的实施结果进行评定,为下次计划做好准备。

旅游商品计划管理的内容包括:旅游资源开发及旅游设施计划、旅游基本建设(含旅游景点、旅游饭店以及各种配套设施的建设)计划、旅游商品服务质量计划、人才计划、旅游商品开发计划以及旅游商品市场营销计划等各种计划的管理。

（四）旅游商品的设施管理

设施是旅游企业为开展业务活动所设置的设备设施，是旅游企业各部门使用的建筑、工具、机器、器具、仪器、仪表、生活用具等物质技术装备的总称。旅游企业设施的先进和落后及完好率，直接影响旅游企业的商品质量和服务质量，因此，旅游商品的设施设备管理是非常重要的。

旅游企业的设施设备具有长期、重复使用的特征，在会计科目中列为固定资产。旅游商品设施建设管理，包括对设施的建设、选购、安装、使用、保养、维修、更新等一系列过程，整个管理过程可以分为经济管理和技术管理两部分。经济管理由旅游企业的经营者决定，技术管理由工程人员负责。

（五）旅游商品的安全管理

1. 旅游安全管理的相关规定。我国历来十分重视旅游安全工作。国家旅游局、公安部早在1988年就发出了“关于进一步加强旅游安全保卫工作的通知”；1990年制定并发布了《旅游安全管理暂行办法》；1994年颁布了《旅游安全管理暂行办法实施细则》，我国的旅游安全管理工作初步纳入了规范化和制度化的轨道，使旅游安全管理工作有法可依。

2. 旅游安全管理的方针、原则。旅游安全管理工作应当贯彻“安全第一，预防为主”的方针，遵循统一指导、分级管理、以基层为主的原则，实行在国家旅游管理部门的统一领导下，各级旅游行政管理部门分级管理，依法保护旅游者的人身、财物安全。

（六）旅游商品的财务管理

旅游企业经营资金是关键。企业经营的先决条件是资金的筹集；其次是合理运用资金。企业在市场营运过程中，必然会产生资金耗费，形成成本费用开支，同时又会获得营业销售收入，使耗费掉的成本得到补偿和回收。营业收入减去成本费用后的差额，就是旅游企业的纯收入。纯收入要在国家与投资者之间进行分配，而对以上资金的筹集、运用、利润分配的一系列财务活动，便构成了旅游商品的财务管理。

旅游企业如何进行财务管理以提高资金利用率，如何进行合理的利润分配，这些都是财务管理的重要内容，也是企业发展的关键。

第二节 旅游商品管理的方法

管理方法是执行管理职能的手段，是劳动分工、协调关系的途径，是管理者对管理对象施加影响的措施。管理方法可分为标准化管理方法、经济管理方法、行政管理方法和法律管理方法。

一、标准化管理方法

（一）标准与标准化

1. 标准。标准，是指衡量事物的准则，又是衡量事物的依据和原则。管理就是依据衡量事物的标准进行的管理。

2. 标准化。标准化是指企业为了组织生产，在产品质量、品种、规格、零部件等方面，所实行的一套统一的技术标准、管理制度和方法。我国现在通行的标准有两种：国家标准和部颁标准。国家标准是由国家统一颁布的标准；部颁标准是由部一级行政机构颁布的标准。所以，标准化就是指企业的生产和管理，以国家的或部委颁布的统一标准为准则进行管理的行为和过程。

（二）旅游区（点）等级标准的评定

1. 旅游区（点）的概念。旅游区（点）是指经县级以上（含县级）行政管理部门批准成立，有统一管理机构，范围明确，具有参观、游览、度假、康乐、求知等功能，并提供相应旅游服务设施的独立单位。包括旅游景区、景点、主题公园、度假区、保护区、风景区、森林公园、动物园、植物园、博物馆、美术馆等。

根据国家旅游局《旅游区（点）质量等级评定办法》规定，凡在中华人民共和国境内，正式开业接待旅游者一年以上的旅游区（点）均可申请参加质量等级标准评定。

2. 旅游区（点）质量的等级标志。开展旅游区（点）质量等级评定，是依据《旅游区（点）质量等级的划分与评定》的国家标准进行的。

旅游区（点）质量等级划分为五级，从高到低依次为AAAAA、AAAA、AAA、AA、A级旅游区（点）。A越多表示旅游区（点）的品质越高、设施越完善、服务质量越好。旅游区（点）质量等级的标志、标牌、证书由国家旅游行政主管部门统一规定并颁发。

3. 旅游区（点）质量等级标准划分的依据与方法。旅游区（点）质量等级的确定，依据"服务质量与环境质量评价体系"、"景观质量评价体系"的评价得分，并参考"游客意见评价体系"的得分数。

"服务质量与环境质量评价体系"，包括旅游交通、游览、旅游安全、卫生、通讯、旅游购物、综合管理、旅游资源与环境保护等八个评价项目。

"景观质量评价体系"，包括资源要素价值与景观市场价值两大评价项目。每一评价项目继续分为若干评价子项目。对各子项目评给分值，各旅游区（点）按各评价项目及子项目的相应得分确定其等级。

"游客意见评价体系"，是旅游区（点）质量等级评定的重要参考依据。包括总体印象、可进入性、游路设置、旅游安排、观景设施、路标指示、景物介绍牌、宣传资料、讲解服务、安全保障、环境卫生、旅游厕所、邮电服务、购物、餐饮、旅游秩序、景物保护等评价项目。每一评价项目分为很满意、满意、一般、不满意四个档次，并依此计算游客意见得分数。

为使评价体系更趋科学性、合理性、客观性、公平性，国家旅游局又根据《旅游区（点）质量等级的划分与评定》国家标准制定了一套《服务质量与环境质量评分细则》、《景观质量评分细则》及《游客意见评分细则》，从而使这一评定更具有可操作性。

4. 旅游区（点）质量等级的评定与监督检查。

（1）旅游区（点）质量等级标准评定。为了全面推行旅游区（点）质量等级标准评定工作，规范旅游区（点）质量管理，提高其服务水平，促进旅游区（点）质量等级评定工作的规范化、制度化，国家旅游局制定了《旅游区（点）质量等级评定办法》，规定旅游区（点）质量等级评定按国家和地方两级进行。

国家旅游局负责全国旅游区（点）质量等级标准评定工作。国家旅游局设立旅游区（点）质量等级评定委员会，负责全国旅游区（点）质量等级评定的组织、领导工作，并具体负责评定 AAAA 级和 AAA 级旅游区（点）。

各省、自治区、直辖市旅游局设立地方旅游区（点）质量等级评定委员会，在国家旅游局旅游区（点）质量等级评定委员会的指导下，负责本地区旅游区（点）质量等级评定工作，具体负责本地区 AA 级和 A 级旅游区（点）的评定和向国家旅游局推荐本地区符合条件的 AAAA 级、AAA 级旅游区（点）。AA 级、A 级旅游区（点）评定需向国家旅游局备案。

（2）旅游区（点）质量等级标准评定的依据。旅游区（点）质量等级标准评定依据下列文件和相应的评分细则如下：

①《旅游区（点）质量等级划分与评定》（GB/T17775－1999）国家标准。

②《旅游区（点）质量等级的划分与评定》服务质量与环境质量评分细则。

③《旅游区（点）质量等级的划分与评定》景观质量评分细则。

④《旅游区（点）质量等级的划分与评定》游客意见评分细则。

（3）旅游区（点）质量等级标准评定的程序。旅游区（点）质量等级的产生，严格按照"自检—申报—初评—评定—审批—公告"的程序。

①各旅游区（点）根据国家标准及各项评定细则进行自检，认为达到要求的可向当地旅游局申报。经当地旅游局审核后，报上级具有评定权限的旅游局旅游区（点）质量等级评定机构进行初评。

②初评合格的 AAAA 级、AAA 级旅游区（点），各省、自治区、直辖市旅游局负责向国家旅游局推荐，经国家旅游局质量等级评定机构评定，由国家旅游局审批、公告。

③初评合格的 AA 级、A 级旅游区（点），由各省、自治区、直辖市旅游局组织评定、审批、公告，并向国家旅游局备案。

（4）旅游区（点）质量等级评定后的监督检查。对已经评定质量等级的旅游区（点），每年要进行部分复核，至少每三年完成一次全面复核。旅游区

（点）达不到标准规定要求的，质量等级评定机构将根据具体情况，通过签发警告通知书、通报批评、降低或取消等级等方式进行处理。

（三）饭店宾馆星级标准评定

饭店星级的评定，根据1993年国家技术监督局发布的《旅游涉外饭店星级的划分与评定》（GB/T14308－1993）进行。此项标准对指导与规范旅游饭店的建设与经营管理，促进我国旅游饭店业与国际接轨，发挥了巨大的作用。为适应新形势发展的需要，1997年国家对该标准进行了修订。

1. 星级饭店的概念、评定范围及其标志。旅游涉外饭店（Tourist hotel）是指能够接待观光客人、商务客人、度假客人以及各种会议客人的饭店。因为以星（★）表示旅游涉外饭店的等级和类别，所以人们又通常把已获得星级的饭店，称为星级饭店。根据1998年8月22日国家旅游局修订颁布的《中华人民共和国评定旅游涉外饭店星级的规定》，凡在中华人民共和国境内，正式开业一年以上的旅游涉外饭店（包括宾馆、酒店、度假村等），均可申请参加星级评定。

星级用五角星（★）表示，用一颗五角星表示一星，两颗五角星表示二星级，三颗五角星表示三星级，四颗五角星表示四星级，五颗五角星表示五星级。

2. 饭店星级的划分标准。旅游涉外饭店划分为五个星级，即一星级、二星级、三星级、四星级、五星级。星级越高，表示饭店档次越高。本标准的标志按有关标志的标准执行。

星级的划分以饭店的建筑、装饰、设施设备及管理、服务水平为依据，具体的评定办法按照国家旅游局颁布的设施设备评定标准、设施设备的维修保养评定标准、清洁卫生评定标准、服务质量评定标准、宾客意见评定标准等五项标准执行，特别强调的是旅游涉外饭店的建筑、附属设施和运行管理应符合消防、安全、卫生、环境保护现行的国家有关法规和标准。

3. 饭店星级标准评定及其监督检查。

（1）饭店星级标准评定的机构设置和评定的范围。为适应我国旅游业和饭店业发展的需要，提高旅游涉外饭店的设计、建设、管理和服务水平，使之既有中国特色又符合国际标准，保护饭店经营者和旅游消费者的利益，国家旅游局特制定了《中华人民共和国评定旅游涉外饭店星级的规定》。

全国旅游涉外饭店星级评定最高权力机关是国家旅游局，国家旅游局设饭店星级评定机构，负责全国旅游涉外饭店星级评定领导工作，并具体负责评定全国四星级、五星级饭店。

省、自治区、直辖市旅游局设饭店星级评定机构，在国家旅游局领导下，负责本地区旅游涉外饭店星级评定工作，并具体负责评定本地区一星级、二星级、三星级饭店。一、二星级饭店的评定结果报国家旅游局饭店星级评定机构备案；三星级饭店评定结果报国家旅游局饭店星级评定机构确认，并负责向国家旅游局饭店星级评定机构推荐四、五星级饭店评定。

(2)饭店星级标准评定的文件依据。

①《旅游涉外饭店星级的划分及评定》(GB/T14308 - 1997)国家标准。

②《旅游涉外饭店星级的划分及评定》设施设备评分标准。

③《旅游涉外饭店星级的划分及评定》设施设备的维修保养及清洁卫生评定标准。

④《旅游涉外饭店星级的划分及评定》服务质量评定标准。

⑤《旅游涉外饭店星级的划分及评定》宾客意见评定标准。

申请星级的饭店,如在《旅游涉外饭店星级的划分及评定》(GB/T14308 - 1997)中达不到必备项目的要求,或在选择项目(三星级以上)中达不到相应星级所规定的项目数量,则不能得到所申请的星级。申请星级的饭店,如达不到《旅游涉外饭店星级的划分及评定》设施设备评分标准规定的应得分数,或达不到《旅游涉外饭店星级的划分及评定》设施设备的维修保养及清洁卫生评定标准、《旅游涉外饭店星级的划分及评定》服务质量评定标准、《旅游涉外饭店星级的划分及评定》宾客意见评定标准中任何一项所规定的得分率,则不能得到所申请的星级。

(3)饭店星级标准评定后的复核监督。执行星级复核及处理制度,对已经评定星级的饭店,按照《旅游涉外饭店星级的划分及评定》(GB/T14308 - 1997)及《旅游涉外饭店星级的划分及评定》设施设备的维修保养及清洁卫生评定标准、《旅游涉外饭店星级的划分及评定》服务质量评定标准、《旅游涉外饭店星级的划分及评定》的宾客意见评定标准进行复核,至少每一年复核一次。复核工作结束后,应由检查员写出复核报告,并通报饭店的最高管理层。一星级、二星级、三星级饭店的复核报告上报省、自治区、直辖市旅游局星级评定机构;四星级、五星级饭店的复核报告上报省、自治区、直辖市旅游局星级评定机构并报国家旅游局饭店星级评定机构。

已取得星级的饭店,经复核如达不到上述标准的要求,旅游涉外饭店星级评定机构将根据具体情况签发警告通知书、通报批评、降低或取消星级。

(四)旅游船星级标准评定

1. 内河旅游船星级标准概念、评定范围及标志。星级,表示内河旅游船服务设施和服务质量的等级。阳光甲板,指供旅游者室外观光或开展其他室外活动的甲板。本标准适用于我国内河水域,具有 24 小时(含 24 小时)以上营运能力的旅游船。

星级用五角星表示,一颗五角星表示一星级,二颗五角星表示二星级,三颗五角星表示三星级,四颗五角星表示四星级,五颗五角星表示五星级。

2. 内河旅游船星级标准的划分和依据。内河旅游船划分为五个星级,即一星级、二星级、三星级、四星级、五星级。星级越高,表示旅游船的服务等级越高。

内河旅游船星级划分的依据是以内河旅游船的装饰、设施、设备及管理、服务水平、旅游者满意程度为依据，具体的评定办法按旅游船设施设备评定细则、设施设备的维修保养评定细则、清洁卫生的评定细则、服务质量的评定细则及宾客意见评定细则执行。

3. 内河旅游船星级标准的评定及监督检查。星级评定是根据本标准星级的划分条件和各项评定细则，进行全面考核综合评定的。

内河旅游船星级评定的有效期限为3年。内河旅游船星级每年按标准进行复核。

各旅游船有责任据实向检查员提供旅游船情况和资料，反映宾客的满意程度，为检查员提供工作便利。凡已评定星级的内河旅游船，其安全营运、经营管理和服务水平达不到与星级相符的标准，国家旅游船星级评定机构可视不同情况作出口头警告、书面警告、通报批评、暂降低星级并限期整顿、降低星级、取消星级的处罚。

二、经济管理的方法

（一）经济管理的概念

经济管理，是指旅游企业根据经济规律，运用经济杠杆，执行管理职能，调整各种关系，引导商品开发、生产和经营的一种经济管理方法。

经济杠杆包括：价格、税收、信贷、利润、工资、奖金、津贴、罚款、定额、经济合同、经营责任制和经济核算等。

各种关系的调整，有宏观经济的调整和微观经济的调整。宏观经济调整，主要是运用价格、税收、信贷三大经济杠杆。微观经济的调整主要是运用工资、奖金、津贴、罚款等管理手段。

（二）宏观管理的三大经济杠杆

1. 价格。价格是商品价值的货币表现，也是国家用以调节各种经济利益关系的主要杠杆。如可以运用价格杠杆的作用调节生产、调节流通、调节供求关系等。我国的价格原来由国家进行高度集中管理，长期价格不变，忽视了价值规律的作用，致使价格体系存在相当紊乱的现象，不少商品价格既不反映价值，也不反映供求关系变化对价格的调节作用。改革开放后，逐步建立起了社会主义市场经济，对商品定价逐步放开，实行了指导性价格和对旅游商品的最高和最低限价管理，这样，旅游商品的价格主要就靠市场供求关系变化的调节了。例如，1994年6月17日国家计委和国家外汇管理局联合制定的《涉外价格和收费标准、计价管理暂行办法》就是运用价格调节，进行管理的方法，去指导旅行社、涉外饭店的。

2. 税收。税收是又一个重要的经济杠杆。税收是参与国民收入的分配与再分配，调节国民经济，对国民经济产生重要影响的经济杠杆。税收杠杆的调节功能，是通过税种、税目、税率、加成以及减免税金来实现的。税收杠杆的具体调节过程，体现了国家对企业相应经济活动的鼓励或限制政策。税收杠杆具有强制性、固定性，用以调节国家同企业、经济单位同个人的利益关系。

3. 信贷。信贷是银行存款、贷款等信用活动的总称，是银行根据国家信贷政策、国家经济计划和市场经济运行的实际需要调节存款和贷款利率，确定不同的贷款方向、贷款条件和贷款数量，通过对资金运动的控制，调节和控制整个国民经济发展的重要经济杠杆。从宏观调控上看，银行信贷控制着货币投资方向，控制着有货币支付能力的基本建设投资总量和投资方向，对调节产品结构、协调积累与消费比例，以及保持市场商品供求平衡，具有十分重要的作用。从微观上看，银行与每一个企业和单位都建立起信贷关系，企业的一切经济活动都要通过银行进行，从而使银行可以通过信贷关系对企业的经济活动进行监督和施加影响。中国旅游信托投资公司就是为发展旅游业提供信贷的机构。当前国家设立的旅游国债项目资金，就是为了引导旅游业健康发展而设立的。

（三）微观管理的主要手段

1. 工资。工资是指企事业单位按时支付给员工的劳动报酬。

2. 奖金。奖金是指企事业单位奖励优秀员工或做出贡献的员工的资金。

3. 津贴。津贴是指企事业单位发给员工工资以外的补助费。

4. 罚款。罚款在这里是指企事业单位强制违规、违纪员工缴纳一定数量的资金。

三、行政管理的方法

（一）行政管理的概念

行政管理，是指旅游管理机构和管理者，利用职权，下达指示、命令、任务等形式，直接控制管理对象，执行管理职能的一种管理方法。简单地说，就是企业管理机构和管理者利用他的职务和职位来进行管理的一种方法。这里特别强调的是利用职责、职权、职位来进行管理，而不是个人和特权。任何一个组织为了管理，总要建立起若干行政组织，行驶其管理职权。它的主要职责，是接受上级领导的授权和命令，又向下级授权和命令。它实行的是严格的等级制度，每一级的职责和权力范围都有严格的规定，做到对上级的命令负责执行，对下级的行动负责后果。

（二）行政管理的方法

1. 命令。命令是上级对下级发出的带有强制性并有明确要求的决定。命令对下级能做什么、不能做什么、如何做、何时做、何时完成、不做或不按要求做的如何惩罚都有明确规定。命令下达，必须执行，没有松动的余地。

命令又分为指令和禁令。指令是规定下级做什么、如何做的命令。禁令是规定下级不准做什么的命令。做到有令必行,有禁必止。

2. 指示。指示是上级对下级工作的指导性意见。它也带有强制性,下级对指示中规定的任务也必须执行,但在具体执行的方式方法上有一定的松动,不像命令规定那样十分严格。下级可以根据情况选择它有利于完成任务的适当执行的方式和方法。

3. 建议。建议,是上级组织和领导对下级组织和人员提出的工作主张、意见。下级组织和人员可视具体情况在管理工作中予以体现和参照执行。与行政命令和指示相比较,建议的强制性更弱一些。建议也指个人向集体、领导提出自己的主张、意见。

四、法律管理的方法

(一)法律管理

法律管理,是指运用法律和具有“法”的属性的某些规定,执行管理职能的一种管理方法。法律管理方法有两层含义:第一层含义指由国家制定和颁布的法律、法规,并建立相应的司法机构和制度,以保护旅游商品管理的各项经济政策、经济制度、经济方法的实施。它包括依照各级国家机构制定和颁布的有关法律、法规来管理旅游,也包括依照各级国家机构、各级管理部门依法制定的有关规范性文件来管理企业。第二层含义指由旅游商品行业自身制定的具有“法”的属性的规章制度。规章制度不得与法律相抵触。规章制度,是行业协会对旅游企业经济活动制订的各种规则、章程、程序和办法。规章制度是行业协会对旅游商品进行行业管理的重要依据,是企业生产经营等活动中共同遵守的规范和准则。

(二)旅游商品管理的相关法律

当前旅游商品管理所依据的相关法律,主要有《中华人民共和国宪法》及其修正案,《中华人民共和国民法通则》、《中华人民共和国合同法》、《中华人民共和国消费者权益保护法》、《中华人民共和国产品质量法》、《中华人民共和国外国人入境管理法》、《中华人民共和国公民出境入境管理法》及其实施细则、《中华人民共和国民事诉讼法》、《中华人民共和国仲裁法》、《中华人民共和国家赔偿法》、《中华人民共和国行政处罚法》和《中华人民共和国铁路法》。

行业管理的法律法规有:《旅行社管理条例》及其实施细则、《导游人员管理条例》、《中国公民自费出国旅游管理暂行办法》、《旅游汽车、游船管理办法》、《旅游安全管理暂行办法》及其实施细则、《旅行社办理旅游意外保险暂行规定》、《旅行社质量保证金暂行规定》及其实施细则和《旅游投诉暂行规定》等。

....

思考题

1. 什么是管理？管理有哪些职能？管理有哪些类型？
2. 什么是旅游商品管理？试述旅游商品管理的意义。
3. 试述旅游商品管理的任务。
4. 试述旅游商品管理的内容。
5. 如何理解旅游商品的质量管理？
6. 试述旅游商品价格的构成、类型和价格制定的依据。
7. 试述旅游商品标准化管理方法的概念。
8. 试述我国旅游区（点）质量标准化管理的内容、方法和过程。
9. 试述我国星级饭店等级标准化管理的内容、方法和过程。
10. 试述我国星级游船等级标准化管理的内容、方法和过程。
11. 试述宏观经济管理三大经济杠杆在经济管理中的作用。
12. 微观经济管理有哪些管理手段？
13. 行政管理有哪些方法？
14. 试述法律管理的概念及其含义。

参考文献

[1]刘敦荣.旅游商品学[M].2版.天津:南开大学出版社,2005.

[2]李天元,王连义.旅游学概论[M].天津:南开大学出版社,1991.

[3]甘枝茂,马耀峰等.旅游资源与开发[M].天津:南开大学出版社,2000.

[4]林南枝.旅游市场学[M].2版.天津:南开大学出版社,2000年.

[5]《旅游区(点)质量等级的划分与评定》国家标准.

[6]邹统钎.饭店传统管理理论前沿与中国的实践.广州:广东旅游出版社,2002.

[7]马勇,毕斗斗.旅游市场营销[M].汕头:汕头大学出版社,2009.

[8]刘敦荣,周培义.生态旅游是保护生态的理念和职责——生态旅游科学概念的探讨[M].第五届环境与发展中国(国际)论坛论文集.北京:现代教育出版社,2009.

[9]叶文.城市休闲旅游　理论·案例[M].天津:南开大学出版社,2006.

[10]刘敦荣.旅游文化学[M].天津:南开大学出版社,2007.

[11]刘敦荣.生态旅游科学概念的界定[J].大众科技,2008,2.

[12]刘敦荣.旅游市场营销学[M].桂林:漓江出版社,1992.

[13]国家旅游局人教司.现代旅游饭店管理[M].北京:中国旅游出版社,2002.

[14]邢颖.餐饮企业战略管理[M].北京:高等教育出版社,2004.

[15]邵万宽.创新菜点开发与设计[M].北京:旅游教育出版社,2004.

[16]熊四智,唐文.中国烹饪概论[M].北京:中国商业出版社,1998.

[17]马开良.餐饮管理与实务[M].北京:高等教育出版社,2003.

[18]王学泰.中国饮食文化[M].北京:中华书局,1983.

[19]刘彤.旅游烹饪职业道德[M].成都:四川人民出版社,2003.

[20]张文祥.旅游文化[M].2版.北京:中国财政经济出版社,2005.

[21]魏小安.中国旅游饭店业的竞争与发展[M].广州:广东旅游出版社,1999.

[22]萧放.中国民俗文化特征论[J].宝鸡文理学院学报(社会科学版),2003,2.

[23]旅游涉外饭店星级的划分及评定国家标准(GB/T14308-1997).

[24]余兵,沈克.特种旅游的概念功能及开发[J].信阳农业高等专科学校学报,2008,6.

[25]张轶.中国民俗文化特征初探[J].南京理工大学学报(社会科学版),

2004,5.

[26]黄海燕,王培英. 旅游服务礼仪[M]. 天津:南开大学出版社,2006.

[27]刘丽川. 民俗学与民俗旅游[M]. 上海:同济大学出版社,1990.

[28]吴必虎,余青. 红色旅游开发管理与营销[M]. 北京:中国建筑工业出版社,2006.

[29]何建明. 现代酒店管理经典[M]. 长春:辽宁科学技术出版社,1996.

[30]谷惠敏. 世界著名饭店集团管理精要[M]. 长春:辽宁科学技术出版社,2001.

[31]印开蒲. 生态旅游与可持续发展[M]. 成都:四川大学出版社,2003.

[32]杨小鹏. 白天鹅宾馆管理实务[M]. 广州:广东旅游出版社,1997.

[33]黎洁,赵文红. 旅游企业经营战略管理[M]. 北京:中国旅游出版社,2001.

[34]高曾伟. 论民俗文化的主要特征[J]. 镇江高专学报,2003,1.

[35]谷惠敏. 世界著名饭店集团管理精要[M]. 长春:辽宁科学技术出版社,2001.

[36]江英军. 现代旅游饭店筹建实务[M]. 北京:中国旅游出版社,2003.

[37]陈天来,陆铮岚. 饭店环境管理[M]. 长春:辽宁科学技术出版社,2000.

[38]陆铮岚. 绿色饭店[M]. 长春:辽宁科学技术出版社,2001.

[39]刘赵平. 分时度假·产权酒店[M]. 北京:中国旅游出版社,2002.

[40]王捷二,彭学强. 现代饭店规划与设计[M]. 广州:广东旅游出版社,2002.

[41]刘敦荣. 旅游商品的科学概念及其相关的理论与实践[M]. 中国当代思想宝库(三). 北京:中国经济出版社,2002.

[42]马晓京. 旅游商品的开发对策[M]. 中南民族学院学报(人文社会科学版),2001,2.

[43]曹国新. 我国旅游商品市场的问题及症结[J]. 商业时代,2005,26.

[44]方百寿,罗玲. 中国旅游商品研究[J]. 商业研究,2002,12.

[45]笛学玲. 旅游商品概念性定义与旅游纪念品的地方特色[J]. 旅游学刊,2004,1.

[46]傅文伟. 旅游资源评估与开发[M]. 杭州:杭州大学出版社,1994.

[47]苟自钧. 深度开发旅游商品　拉长我国旅游产业链[J]. 经济经纬,2005,4.

[48]黄继元. 中国旅游商品发展问题研究[J]. 云南社会科学,2005,2.

[49]文军. 论我国旅游商品开发[J]. 商业研究. 2006,8.

[50]姜若愚,张国杰. 中外民族民俗[M]. 北京:旅游教育出版社,2006.

[51]杨丽娟. 试议民俗文化旅游资源的开发[J]. 昆明大学学报,2003,2.

后　记

《旅游商品学概论》一书，是三年前我在广西南宁讲学时，应首都经济贸易大学出版社邀约，为我国大专院校旅游专业学生学习而组织撰写的专业教材。2002 年，我已经组织队伍撰写了《旅游商品学》一书，并由南开大学出版社出版，这是国内外第一部旅游专业的大学本科教材，随后几次修订，一直被用做国内各大学旅游专业的本科教材用书。但国内各出版社，至今十年来尚未出版供给旅游高职院校的《旅游商品学概论》教材，而我国旅游正处在繁荣发展的兴旺时期，各旅游院校极需此类专业教材。为此，首都经济贸易大学出版社有鉴于此，邀请我完成《旅游商品学概论》的写作任务。并嘱意既要能满足本科生教材的需要又要同时能满足高职生教材的需要。为此，本书对原有《旅游商品学》的结构和内容作了重大的调整，并重新组织写作队伍重新撰写，原来以理论性内容为主，现调整加强了实践性内容，增加了实践性较强的章节。在文字修饰上，进行了更为通俗的阐述。这样，两个出版社前后出版的两本旅游商品学教材，都保持了各自的特色，都能适应市场不同层次的需求。

本书的撰写，是我首先对组织写作队伍讲述了全书写作的理论依据、指导思想、内容、结构、体系，然后我书面提供了全书章节的结构体系和论点论据，供分工撰写的作者参考。各章节作者的多次书稿，都分别经我多次修次。最后，我对全书作了多次系统修改。由于我电脑打字技术很差，且多次出现故障，丢失内容，再加上我生病入院，导致延误了出版日期，深以为歉。

本书由首都经济贸易大学出版社王玉荣编辑全力修改审定，使本书得以尽快出版，特致衷心感谢！

在《旅游商品学概论》第二版的修订过程中，由于本人身体不适，因而延误了一些时间，好在得到了为本书写出八个章节的部分或全部书稿的优秀硕士王红霞同志的大力支持，她在百忙中为本书的修订打字花了不少时间，特表示衷心感谢！

应该说，本书也是国内首创的大学本科和大学专科的旅游专业教材，因为全书的观点和结构体系，都是我们自己立论的。但观点错误和疏漏之处在所难免，敬请专家学者和同仁批评指正，更欢迎直接与我们探讨，共同促进本书的不断完善，促进我国旅游事业的繁荣发展。

2016 年 12 月 30 日
于桂林旅游学院